中国地下水科学
院士及博士生导师简介

主编　周金龙

黄 河 水 利 出 版 社

·郑州·

内 容 提 要

本书从基本情况、主要学术贡献、主讲课程、研究生培养情况、科研获奖情况、主持省部级以上科研项目、著作或教材、代表性论文、专利等方面汇集了我国地下水科学领域的9位院士、78位博士生导师的简历及其学术成果。在附录中给出了未入编本书正文的与地下水科学有关的10位院士的简介。

本书对于地下水科学与工程、水文学及水资源等专业高年级本科生、研究生、中青年地下水科研工作者借鉴专家学者的研究思路和方法、确定科研选题,大学生报考硕士、博士研究生具有较高的参考价值。

图书在版编目(CIP)数据

中国地下水科学院士及博士生导师简介/周金龙主编.—郑州:黄河水利出版社,2011.3

ISBN 978-7-5509-0004-2

Ⅰ.①中… Ⅱ.①周… Ⅲ.①地下水-研究-博士生-导师-介绍-中国 Ⅳ.①K825.89

中国版本图书馆 CIP 数据核字(2011)第035639号

组稿编辑:马广州　电话:13849108008　E-mail:magz@yahoo.cn

出 版 社:黄河水利出版社

地址:河南省郑州市顺河路黄委会综合楼14层　邮政编码:450003

发行单位:黄河水利出版社

发行部电话:0371-66026940、66020550、66028024、66022620(传真)

E-mail:hhslcbs@126.com

承印单位:黄河水利委员会印刷厂

开本:787 mm×1 092 mm　1/16

印张:22.75

字数:520千字　印数:1—1 000

版次:2011年3月第1版　印次:2011年3月第1次印刷

定价:50.00元

《中国地下水科学院士及博士生导师简介》编辑委员会

前 言

自新中国成立以来,我国地下水勘察、科研及教学工作取得了长足的进展,为我国地下水资源合理利用与保护提供了重要的技术支撑。这些成绩的取得凝聚了几代地下水科研、教学与勘察工作者的努力,老一辈专家学者不仅为我们今天的发展奠定了坚实的物质基础,同时也为我们积累了宝贵的精神财富;中青年科研、教学、勘察工作者正以老专家、老学者为榜样,不断提高自己的思想素质、业务水平和管理才能,努力为我国地下水科学事业的发展不断创造新业绩。

为了回顾我国地下水科学(水文地质学)的发展历史,展示我国几代地下水科学专家学者的学术成就,从水(地表水、土壤水、地下水)—生态环境—盐渍土系统角度研究地下水,加强不同行业、不同部门地下水科研工作者的学术交流,推动我国地下水科学的全面发展,由周金龙教授提议,并得到黄河水利出版社编辑部主任马广州副编审的大力支持,我们决定编撰《中国地下水科学院士及博士生导师简介》一书。原定书名为《地下水耕耘者:水文地质专家学者简介及其成果》,鉴于专家学者的标准难以界定,更改为现书名。

确定选题后,我们依据《中国地下水科学的机遇与挑战》(科学出版社,2009)附录C和附录E提供的线索,2000~2010年相关中文期刊论文及会议论文作者简介,与地下水有关的专著(译著)作者信息,本书主编参加"全国地下水与环境学术研讨会(2005.12,海口)"、"地下水资源与环境2006国际地下水专题学术研讨会(2006.7,北京)"、"国际水文地质学家协会第34届大会(2006.10,北京)"、"全国高等院校水利水电类精品规划教材编审会暨教材建设研讨会(黄河水利出版社主办,2008.1,郑州)"、"中国自然资源学会2008年学术年会(2008.7,天津)"、"第四届海峡两岸土壤及地下水污染与整治研讨会(2008.8,西安)"、"全国地下水污染学术研讨会(2008.12,杭州)"、"南开大学环境科学与工程学院博士论文答辩会(2009.6,天津)"、"天津水利水运科学研究院水环境监测中心(交通部重点实验室)评估鉴定会(2009.6,天津)"、"首届全国地下水开发利用与污染防治技术交流研讨会(中国水利技术信息中心主办,2009.6,南京)"、"教育部高等学校水利学科教学指导委员会水文与水资源工程专业教学指导分委员会2009年年会(河海大学主办,内蒙古农业大学承办,2009.7,呼和浩特)"、"地方病与地质环境国际学术研讨会(中国地质调查局等主办,2009.8,长春)"、"第七届地下水模拟国际学术会议MODEL-CARE2009(中国地质大学主办,2009.9,武汉)"、"全国水体污染控制与综合治理高级研讨会(中国水利建设信息中心主办,2010.6,上海)"、"International Academic Workshop on Modern Agricultural Techniques of Oasis Agriculture in Arid Area 干旱区绿洲农业现代技术国际学术研讨会(新疆农业大学、新疆水利学会主办,2010.8,乌鲁木齐)"、"非常规水源利用技术研讨会暨产品技术推广会(中国水利科技发展中心主办,2010.8,杭州)"、"2010城市地质环境与可持续发展论坛(中国工程院土木、水利与建筑工程学部,中国地质调查局,教育部城市环境与可持续发展联合研究中心主办,2010.8,上海)"、"中国地质学会水

文地质专业委员会2010年年会暨‘全国地下水与环境科学’研讨会(中国地质学会水文地质专业委员会、中国地质科学院水文地质环境地质研究所主办,中国地质科学院岩溶地质研究所承办,2010.10,桂林)”等国内相关学术会议,及主持或参加的“973”项目,国家科技支撑项目,新疆维吾尔自治区重大科技专项咨询会、协调会、成果汇报会收到的通讯录,于2010年6月18日开始陆续向部分院士及博士生导师发出征稿函、征稿短信和电话,得到了不少博士生导师的响应。他们在百忙中整理好个人资料并通过电子邮件发给我们,部分博士生导师对本书的编撰给予了很高的评价,他们的评价更加坚定了我们编撰好本书的信心。

为了节省专家学者的时间,在等待专家学者个人材料的同时,我们利用2010年暑假的时间,召集李巧、栗现文、贾瑞亮、周殷竹、赵玉杰、傅周燕等同学利用相关单位的网站、百度、中国知网、水科学网专家库(www. waterscience. cn/zhuanjiaku/)等网络资源以及已出版的纪念文集整理出有关专家学者的资料,经本书主编修改统稿后形成征求意见稿。

在“2010城市地质环境与可持续发展论坛(2010.8,上海)”会议间隙,本书主编就此书的编撰专门征求了中国地质大学(北京)副校长万力教授的意见,他提出了如下建设性的建议:邀请国内相关高校、科研院所的领导或知名博士生导师担任本书的指导专家,以提高本书的信誉度;“中国地质学会水文地质专业委员会”和“中国水利学会地下水科学与工程专业委员会”成员应尽量纳入本书。

自2010年9月下旬开始,我们分别向本书编委会主任沈照理先生和编委会委员(以姓氏拼音字母排序)焦赳赳教授、靳孟贵教授、任理教授、宋献方研究员、王文科教授、吴吉春教授、杨金忠教授、于青春教授、张发旺研究员、赵勇胜教授、周志芳教授等12位专家发出了邀请函,他们通过邮件或电话或在研讨会上当面确认接受邀请。编委会的12位专家在2010年9~10月利用业余时间义务对本书的总体结构、前言、编制说明、拟入编人员名单进行了审阅,提出了不少有益的建议,他们都对编写本书给予了肯定的评价。根据12位专家的建议,2010年10月中旬本书主编对征求意见稿进行了统一修改,形成修订稿。

本书主编于2010年10月19~20日将修订稿通过电子邮件发给拟入编专家(9位院士、80余位博士生导师)本人或长期合作者修改、补充或确认。截至2011年1月16日,收到9位院士和78位博士生导师的反馈意见(书面或口头)、修改稿或确认函,由这9位院士和78位博士生导师的简介构成本书的正文。10位与地下水科学有关的院士简历(资料直接引自中国科学院和中国工程院网站的“院士信息”)列于附录1。

地下水科学领域的院士及博士生导师分别工作在相关高校以及国土资源、水利、城建、环境保护等部门的科研院所、勘察设计单位。虽然我们尽了最大的努力,但由于本书编撰者时间、水平有限,肯定还有不少成绩卓著的院士及博士生导师未能编入本书正文,在此表示深深的歉意。同时,期望未编入本书的院士及博士生导师以及不断进入博士生导师行列的地下水科学工作者能将你们的资料通过电子邮件发给本书主编周金龙教授(zjzhoujl@163.com),以便在3~5年后编辑、出版《中国地下水科学院士及博士生导师简介(增补版)》时收录的人员更全面。我们设想在不远的将来,依托某高校或科研机构的网站建立中国地下水科学专家库,以实现对专家学者个人基本信息及其成果的动态展示。

希望通过本书的介绍,能对普及地下水科学知识起到一定的推动作用,使地下水科学能为更多的人所了解。

本书对于地下水科学与工程、水文学及水资源等专业高年级本科生、研究生、中青年地下水科研工作者借鉴专家学者的研究思路和方法、确定科研选题,大学生报考硕士、博士研究生,大学生和研究生选择就业单位具有较高的参考价值。

本书的出版得到了国家自然科学基金项目(51069016,50969010)、新疆维吾尔自治区水文学及水资源重点学科(xjswszyzdxk2010 1202)、国家科技支撑计划课题(2007BAD38B01)、新疆维吾尔自治区重大科技专项课题(200731137-3,20073314-4)、水利部公益性行业专项经费项目(200801050)、新疆维吾尔自治区高校科研计划资助重点项目(XJEDU2007I13)和新疆农业大学农业节水和水资源中心建设基金(20100728)的资助。

衷心感谢中国地质科学院水文地质环境地质研究所张发旺研究员提供“中国地质学会第七届水文地质专业委员会委员名单”、河海大学地球科学与工程学院周志芳教授提供“中国水利学会地下水科学与工程专业委员会第一届委员名单”、国土资源部科学技术高级咨询中心朱耀琪研究员联系陈梦熊院士。

由于资料来源和入编人数多,个人信息难免有出入,敬请入编专家学者本人和读者批评指正。

编 者

2011 年 1 月

编制说明

1. 入编本书正文的专家学者包括国土资源、水利、城建、环境保护等行业(部门)主要从事地下水科学科研与教学的院士及博士生导师。

2. 每一位院士及博士生导师的全部信息资料为独立的一节。

3. 按被介绍的院士及博士生导师姓氏拼音字母顺序排列。

4. 基本内容一般包括:

(1)基本信息表:姓名(汉语拼音)、性别、出生时间、籍贯、最高学历、学位、主要工作单位、电子邮箱、电话、邮编、通信地址、照片等。

(2)基本情况:学习经历、工作经历、学术兼职等。

(3)主要学术贡献。

(4)主讲课程。

(5)研究生培养情况。

(6)获得的省部级以上科研奖励(括号内分子为排名,分母为获奖总人数)。

(7)主持的省部级以上科研项目。

(8)著作或教材:作者、书名、出版社、出版年份。

(9)代表性论文:因篇幅所限,1950 年以前(含 1950 年)出生的老专家列出全部英文论文、SCI/EI 源刊论文和排名前 2 位的中文论文(有助于了解地下水科学的发展历史)。为了与现行国内高校和科研院所科研考核标准相衔接,1951 年以后(含 1951 年)出生的中青年专家只列 SCI/EI 源刊中文论文、英文期刊论文和国际学术会议论文。为了节省篇幅,中文期刊论文统一著录为“作者. 题目. 期刊名,年-期”。本书中“与地下水有关的中文期刊论文”数量依据 2010 年 8 月 15 ~ 19 日 www. cnki. net 查询结果(以“姓名 + 地下水”为检索词,采用“模糊”匹配,检索时间为“1979 ~ 2010 年”)。部分专家学者的研究专业(或方向)较多,本书只列其有关地下水的论文。姓名处加“ * ”表示为通讯作者。

(10)专利。

目 录

第一部分　中国地下水科学　院士简介

陈梦熊 Chen Meng-xiong（1917.10.12—）

性别	男		籍贯	浙江上虞
学历	本科		学位	学士
职称	教授级高级工程师		职务	咨询委员
工作单位	国土资源部科技咨询研究中心			
E-mail	chenmx@ public. bta. net. cn		电话	
邮编	100035	通信地址	北京市西城区官英园西区 37 号	

一、综合介绍

生于江苏南京，祖籍浙江上虞，著名水文地质学家，中国科学院资深院士。长期在原地矿部水文地质工程地质局担任副总工程师职务，主管水文地质科技业务，领导完成全国区域水文地质普查工作。20 世纪 80 年代以来，主要致力于地下水资源与环境水文地质问题的研究。

1942 年毕业于西南联合大学。1991 年当选为中国科学院学部委员（院士）。现任国土资源部科技咨询研究中心咨询委员。

自 20 世纪 50 年代以来，负责组织领导并完成全国区域水文地质普查任务，获 1985 年国家科技进步奖二等奖。

60 年代主编黄淮海平原和松辽平原水文地质图系，开创了跨流域图系的典型模式，获 1978 年科学大会奖。

70 年代创立了一套具有我国特色的水文地质图编图方法，在全国得到普遍应用，获得国内外较高评价。

80 年代初，组织完成全国地下水资源的计算与评价，并开始致力于水资源、地下水系统以及环境水文地质问题的研究，发表了许多重要论著，多次获地矿部科技成果奖。其中，参与完成国际水文计划关于《地下水流系统分析》和《水资源开发的负效应与管理》两项国际协作的研究课题，在国际上获得较高评价。曾先后在国内外参加国际学术会议 10 余次，并在国际组织中担任多项职务，对促进国际学术交流和提高我国学术地位，作出了重要贡献。

2005 年荣获德国地质学会颁发的 Leopold von Buch 奖，2006 年荣获何梁何利科学基金地球科学奖。

二、学术专著

1. 陈梦熊. 中国地下水研究论文选集——陈梦熊院士90华诞暨从事地质工作65周年纪念. 中国大地出版社,2007.

2. 陈梦熊. 中国水文地质工程地质事业的发展与成就——从事地质工作60年的回顾与思考. 地震出版社,2003.

3. 陈梦熊,马凤山. 中国地下水资源与环境. 地震出版社,2002.

4. 林学钰,陈梦熊等. 松嫩盆地地下水资源与可持续发展研究. 地震出版社,2000.

三、学术论文

在国内外先后发表论文140余篇(其中1979年以来与地下水有关的中文期刊论文65篇)。

1. 陈梦熊. 关注民生问题　构建和谐社会. 水文地质工程地质,2007-2.

2. 陈梦熊. 西北干旱区水文系统的演变与荒漠化. 地球科学与环境学报,2005-1.

3. 陈梦熊. 西北干旱区水资源的合理开发利用与荒漠化防治(英文). 地球科学与环境学报,2005-4.

4. 陈梦熊. 关注西北干旱区生态环境保护与重建. 今日国土,2004-Z2.

5. 陈梦熊. 城市水资源的合理利用与可持续发展. 地质通报,2003-8.

6. 陈梦熊. 论水文地质学的新学科体系. 中国地质教育,1999-3.

7. 陈梦熊,岑嘉法等. 宁南缺水地区水资源考察和建议. 中国地质,1998-2.

8. 陈梦熊. 第二届未来地下水危机国际学术会议纪要. 水文地质工程地质,1998-5.

9. 陈梦熊,岑嘉法等. 加快勘查步伐　合理开发利用西北地下水资源——以塔里木盆地为例. 中国地质,1997-7.

10. 陈梦熊. 第21届IUGG大会及IAHS学术讨论会概况. 水文地质工程地质,1996-1.

11. 陈梦熊. 环境水文地质学最新发展与今后趋向. 国土资源科技管理,1995-3.

12. 陈梦熊. 参加"地下水资源未来危机"国际学术会议的报导. 水文地质工程地质,1994-6.

13. 陈梦熊. 地下水系统理论的引进与实践. 中国科学院院刊,1993-2.

14. 陈梦熊. 现代水文地质学的演变与发展. 水文地质工程地质,1993-3.

15. 张寿全,陈梦熊等. 从系统理论看现代水文地质学的几个基本概念. 水文地质工程地质,1993-3.

16. 陈梦熊. 现代水文地质学的演变与发展. 大自然探索,1993-3.

17. 陈梦熊. 水文地质学的最新发展与今后展望. 石家庄经济学院学报,1993-5.

18. 陈梦熊. 国际水资源管理学术讨论会. 水文地质工程地质,1991-1.

19. 陈梦熊. 水资源与城市规划和城市发展. 资源科学,1990-6.

20. 陈梦熊. 朱庭祜(1895~1984). 中国地质,1990-8.

21. 陈梦熊,焦淑琴等. 让作为经济和社会发展手段的水文地质图发挥最大限度的作用. 水文地质工程地质,1990-3.

22. 陈梦熊. 我国岩溶地区水文地质图编图经验. 中国岩溶，1988-3.

23. 陈梦熊. 当前水资源研究的主要问题与有关意见. 资源科学，1986-3.

24. 陈梦熊. 关于城市建设与环境地质问题. 中国地质，1986-10.

25. 陈梦熊. 中国地下水资源的区域特征与初步评价. 自然资源学报，1986-1.

26. 陈梦熊. 国际水文地质协会第 18 届大会简介. 工程勘察，1986-1.

27. 陈梦熊. 试论“环境水文地质学”的基本概念与研究范畴. 吉林大学学报（地球科学版），1985-2.

28. 陈梦熊. 最新《水文地质图国际图例》评介. 工程勘察，1985-3.

29. 陈梦熊，焦淑琴. 我国水文地质编图工作的发展与成就. 中国地质，1984-10.

30. 陈梦熊. 荷兰英格伦教授来华讲学. 水文地质工程地质，1984-2.

31. 陈梦熊. 试论地下水资源的基本概念与评价原则. 资源科学，1983-4.

32. 陈梦熊. 参加国际水文科学大会地下水论文会的报导. 水文地质工程地质，1983-2.

33. 陈梦熊. 关于地下水资源级别划分的初步方案. 工程勘察，1983-3.

34. 陈梦熊. 水文地质国外动态. 工程勘察，1983-6.

35. 陈梦熊. 我国的地下水资源及其开发利用. 资源科学，1982-2.

36. 陈梦熊. 国际水文科学协会（IAHS）水文科学大会概况. 水文地质工程地质，1982-6.

37. 陈梦熊. 我国代表团参加国际水文科学协会在英召开的水文科学大会. 工程勘察，1982-5.

38. 陈梦熊. 关于地下水勘探类型的划分与其他几个有关问题. 工程勘察，1980-4.

2010 年 12 月 13 日本人通过电子邮件确认此简介。

李佩成 Li Pei-cheng (1934.12.26(农历)—)

性别	男		籍贯	陕西乾县
学历	研究生		学位	副博士
职称	教授		职务	
工作单位	长安大学环境科学与工程学院			
E-mail	li_peicheng@163.com		电话	
邮编	710054	通信地址	长安大学环境科学与工程学院	

一、综合介绍

水文地质、水资源与环境及农业水土工程学家。2003 年当选为中国工程院院士。1956 年毕业于西北农学院水利系并留校任教;1963 ~ 1966 年在苏联莫斯科地质勘探学院水文地质工程地质系攻读副博士学位。曾先后在西安交通大学、陕西工业大学(现西安理工大学)、西北农业大学工作和任教,并曾在北京外国语大学、中国农业科学院和苏联加里宁工学院学习进修,开展合作研究。

在西北农业大学工作期间曾任该校副校长,兼任由他参与创办的我国第一个干旱半干旱地区农业研究培训中心主任、农业部科技委员、陕西省决策咨询委员会委员等职。1992 年调入西安地质学院(后并入长安大学)工作至今,在此期间创建了"国际干旱半干旱地区水资源与环境研究培训中心(中德合作)(国土部批准)"、"西安地院地质工程勘察研究院(建设部批准)"、"水与发展研究院"等科研机构,并担任首任主任和院长。还兼任陕西省委、省政府决策咨询委员会特邀咨询委员,水利部地下水专家组专家,国土资源部中国地质调查局顾问等职。

二、主要研究领域和成就

长期在大西北和黄土高原从事水文地质、农业水土工程、水资源与环境、国土整治等方面的理论研究与工程实践,多有建树。

(一)为建立农业领域地下水开发利用科学技术体系做了奠基性工作

20 世纪 60 年代,广大干旱半干旱地区一方面苦于缺水,另一方面一些灌区又因次生盐碱化而大量排除地下水。从农田水利学、水文地质学等学科交叉研究切入,为兴利除害,建立地下水开发利用工程技术体系,做了奠基性工作:

(1)创立了"割离井法"理论。1964 年创立了灌排井群非稳定渗流计算"割离井法"理论,研究出适用于 13 种不同水文地质条件及井群运行方式的系列模型,解决了潜水井群设计中井距、井深、井径以及合理出水量等的正确计算难题,出版了专著《地下水非稳定渗流解析法》(科学出版社,1990),近年指导博士生完成了上述模型的计算机实现。

(2)提出"滞流原理"。1975 ~ 1978 年,参加全国首次地下水资源评价联合攻关,提

出潜水含水层“滞流原理”，揭示了含水层释水机理，先后创立了测求水文地质参数的两种新方法。

(3)研试成功黄土辐射井。辐射井虽是已有井型，但黄土辐射井却属重大创新。特别是依据黄土特性由他创造性设计的总长千米的辐射孔，不装滤水管，节约管材，降低造价，减小进水阻力，不冲不淤，出水量比其他井型大8～12倍，并改变了“黄土不能成为含水层”的传统认识。黄土辐射井在10余省市推广，效益重大。1978年获全国科学大会奖（第一获奖人）。

(4)发明“轻型井”。采用薄壁特型管材、减小井径、增大透水能力等配套技术，创造出施工快、造价低的灌排两用新井型——轻型井，1989年获国家发明四等奖。

(5)主持编写了我国第一部《地下水利用》统编教材和农业院校《地下水动力学》统编教材；建成我国第一个地下水利用实验室，安装了大型水力积分仪，填补了我国当时的空白；推动《地下水》杂志的创办及全国地下水情报网的建立，被水利部聘为全国地下水专家组专家。

（二）前瞻性地研究并提出“‘三水’统观统管”治水理论及其相应工程技术体系，成效巨大

“三水”——地面水、地下水（包括土壤水）和天上水，在科研和工程实践中长期被割裂，导致旱涝盐渍加重。从深入剖析水循环原理切入，研究提出“‘三水’统观统管”治水理论和相应的工程技术措施，成功地用于实践：

(1)20世纪60年代初，提出在灌区推行“井渠结合，排灌结合，灌溉与供水结合”方略，用于陕西泾惠灌区，有效防治了盐渍灾害，增加了灌溉水源，使粮食单产翻番，灌溉面积倍增。

(2)70年代初，提出人工引渗修建地下水库的理论和技术，并主持国家试验工程，中央及地方电台、报刊多次报道，推动了我国地下水人工补给工作。

(3)80年代初，针对陕西宝鸡峡灌区严重的渍涝灾害，提出减少地面水灌溉量，适度增大井水灌溉量的“增井减渠，以（井）灌代（渠）排”的治理方案，现场试验示范两年，推动该灌区改良土地54.8万亩。

(4)主持了相关的博士点基金项目，撰写出版了专著《黄土原灌区三水转化机理及调控研究》（陕西科技出版社，1999）。

(5)90年代初，为解决西安严重水荒，提出“群峪（河）协井，两水并用”方案，采用后水荒基本解除，被评为西安市劳模。

由他主持的“西安市供水水资源系统优化配置研究”项目2003年被鉴定为国际先进水平。

(6)1996年与德国同行合作并经国土资源部批准创建了“国际干旱半干旱地区水资源与环境研究培训中心”，2006年经长安大学批准成立了“水与发展研究院”，为深化旱区水资源与环境研究建立了有力平台。

2001年被评为全国优秀科技工作者，2006年被评为中国科协第三届西部开发突出贡献者。

(三)教书育人,致力学科创新,培养出高质量专门人才

作为教师,李佩成敬业重教,50年来勤勤恳恳教书育人。他将产学研有机结合,在教育改革和教学工作中成绩突出。他倡议创办了四个新专业,著书十余部,其中主编统编教材两部;先后培养硕士和博士生60余人,其中已有14人成为教授、博士生导师,1人论文被评为全国百篇优秀博士论文。在他年过6旬后还兼任本科生班主任,关心学生,言传身教,由他担任班主任的班级,2002年被评为陕西省优秀班集体。

1991年获国务院政府特殊津贴,1992年、1993年分获陕西省优秀教学成果特等奖和国家级一等奖,1997年、1998年分别被评为陕西省师德标兵、优秀博士生导师,2004年被评为全国师德先进个人。

三、代表性中文期刊论文

发表中文期刊论文110余篇,与地下水有关的40余篇:

1. 李佩成,郝少英. 论跨国水体及其和谐开发. 水文地质工程地质,2010-4.
2. 李佩成. 关于"内在水"补给土壤水的假设与初证. 地下水,2010-2.
3. 姜凌,李佩成等. 贺兰山西麓典型干旱区绿洲地下水水化学特征与演变规律. 地球科学与环境学报,2009-3.
4. 姜凌,李佩成等. 内蒙古阿拉善腰坝绿洲地下水水化学特征. 干旱区资源与环境,2009-11.
5. 李梅,李佩成等. 济南市南部山区雨水利用模式探讨. 节水灌溉,2008-3.
6. 卢玉东,李佩成等. 潜水非稳定井流变边界渗流模型的解析解与数值解. 西安石油大学学报(自然科学版),2007-2.
7. 李佩成. 地下水的管理与科学研究. 中国水利,2007-15.
8. 李佩成,刘燕. 减灾增益,强化地下水的研究和人才培养. 地下水,2006-3.
9. 卢玉东,李佩成. 承压含水层水压力传递滞流效应的定量分析. 灌溉排水学报,2006-4.
10. 易秀,李佩成. 陕西交口灌区地下水防铬砷污染安全埋深的探讨. 农业环境科学学报,2005-2.
11. 易秀,李佩成. 陕西交口抽渭灌区灌溉对土壤和地下水的影响研究. 灌溉排水学报,2004-5.
12. 周维博,李佩成. 井渠结合灌区节水灌溉的有效途径. 沈阳农业大学学报,2004-Z1.
13. 李佩成. 论中国农业水土工程面临的新问题及其历史使命. 沈阳农业大学学报,2004-Z1.
14. 周维博,李佩成. 灌溉水资源的分类与功能分析. 灌溉排水学报,2003-1.
15. 常安定,李佩成. 一类非稳定井流模型的准解析解. 西安理工大学学报,2003-1.
16. 李佩成. 论新时期地下水开发利用与管理的新使命. 地下水,2001-1.
17. 李佩成. 论新时期地下水经营管理新使命. 西安工程学院学报,2001-2.
18. 李佩成. 论自流灌区的节水与养水. 灌溉排水,2000-1.

19. 周维博，李佩成. 农田灌溉中节水与养水的哲理思考. 节水灌溉，2000-1.

20. 李佩成. 给水度合理取值的研究——以黄土给水度取值为例. 地下水，2000-1.

21. 刘俊民，李佩成. 论渭北黄土台原灌区地下水可持续利用. 干旱地区农业研究，1999-1.

22. 李佩成. 黄土含水层给水度合理取值的研究. 水利学报，1999-11.

23. 魏晓妹，李佩成. 灌区地下水动态调控数学模型的建立及求解. 西北农业大学学报，1999-2.

24. 周维博，李佩成. 农田灌溉中节水与养水的哲理思考. 西北水资源与水工程，1999-4.

25. 李佩成，卢玉东等. 再论渗流计算的割离井法及其微机实现. 灌溉排水，1998-1.

26. 冯国章，李佩成. 西北内陆河区水资源天然分布的缺陷及其持续开发利用的对策. 干旱地区农业研究，1997-3.

27. 李佩成. 试论地下水研究面临的历史转变. 地下水，1994-4.

28. 李佩成. 论发展节水型农业. 干旱地区农业研究，1993-2.

29. 李佩成，刘俊民等. 枣子沟流域水资源的形成条件、评价及其开发利用. 干旱地区农业研究，1990-3.

30. 王纪科，李佩成. 地下水开发利用的管理. 地下水，1987-3.

31. 李佩成. 试论“刚性”承压含水层及其渗流计算. 地下水，1986-1.

32. 李佩成，王纪科. 地下水水质的污染与防护. 地下水，1986-4.

33. 李佩成，王纪科. 地下水资源的评价（上）. 地下水，1986-1.

34. 王纪科，李佩成. 地下水资源的评价（下）. 地下水，1986-2.

35. 王纪科，李佩成. 第三讲　地下水的运动. 地下水，1985-1.

36. 李佩成，王纪科. 第四讲　地下水的渗流计算（上）. 地下水，1985-3.

37. 李佩成，王纪科. 第四讲　地下水的渗流计算（下）. 地下水，1985-4.

38. 李佩成. 试论承压地下水弹性释放学说及其局限性. 地下水，1984-2.

39. 李佩成. 第一讲　地下水的定义、种类、来源和形成条件. 地下水，1984-3.

40. 李佩成，王纪科. 第二讲　地下水的物理性质与化学成分. 地下水，1984-4.

41. 李佩成. 人工“引渗”建立“地下水库”. 陕西水利，1973-3.

42. 李佩成. 利用地下水灌溉的好处及其在国外的发展概况. 中国农业科学，1963-6.

胡安焱 2010 年 8 月 11 日供稿。

林学钰 Lin Xue-yu (1937.3—)

性别	女		籍贯	福建福州
学历	本科		学位	学士
职称	教授		职务	所长
工作单位	吉林大学环境与资源学院/水资源与环境研究所			
E-mail	xylin37@126.com		电话	0431-88502595
邮编	130026	通信地址	长春市西民主大街6号吉林大学环境与资源学院	

一、个人简历

(一)教育经历

1953.9—1957.9　就读于长春地质学院水文地质工程地质系；

1980.10—1982.12　美国爱达荷大学和宾夕法尼亚州大学进修；

1990.4—1990.10　澳大利亚科学工业研究所(CSIRO)高级访问。

(二)主要工作经历

1957.9—1980.10　长春地质学院水文地质工程地质系,助教,讲师；

1982.12—1990.4　长春地质学院水文地质工程地质系,副教授,教授, 副院长；

1990　长春地质学院应用水文地质研究所, 所长；

1997.10　当选为中国科学院院士；

2001.3—2004.3　吉林大学环境与资源学院院长,吉林大学水资源与环境研究所所长；

2004.3—　吉林大学环境与资源学院名誉院长,吉林大学水资源与环境研究所所长。

二、主要研究领域和成就

水文地质/环境水文地质。

水文地质与环境地质学家。现任吉林大学水资源与环境研究所所长,北京师范大学水科学研究院教授,国际水文地质学家协会和国际水文科学委员会委员;中国矿物岩石地球化学学会第六届理事会副理事长;环境地球化学国家重点实验室学术委员会副主任;环境污染过程与基准教育部重点实验室学术委员会主任;《吉林大学学报(地球科学版)》主编;Journal of Transport in Porous Media、《水文地质工程地质》等期刊编委。

早年主要从事地下水管理模型的理论与方法研究,使中国地下水管理工作进入系统化、模型化、定量化的新阶段。在区域和城市地下水资源评价、水流模拟、预报研究方面取得多项成果, 建立了我国最早的一批地下水水质模型。近年来,在地下水污染修复与控制的理论和方法方面进行了系统研究,是中国最早从事环境水文地质和地下水资源管理研究的学者之一。

先后主持完成国家、省部级科研生产项目57多项，获国家科技进步奖二等奖1项、三等奖2项，省部级科技成果一等奖3项、二等奖4项；共出版学术专著19部，在国内外学术期刊上发表学术论文200余篇。

参加和主持过多次国际学术会议，是第28届和第30届国际地质大会环境水文地质分会的召集人和1998年"未来地下水危机国际会议"学术委员会主席，多次参加美、欧、澳洲等有关国家的学术会议或进行互访。

先后被评为吉林省有突出贡献的中青年专业技术人才、全国三八红旗手、长春市暨吉林省特等劳动模范、全国五一劳动奖章获得者等，获吉林省政府授予的吉林英才奖章，享受国务院政府特殊津贴。

三、代表性学术著作

1. 杨天行，傅泽周，刘金山，林学钰. 地下水流向井的非稳定运动的原理和计算方法. 地质出版社，1980.

2. 林学钰，李生彩，赵勇胜等. 地下水溶质运移数学模型手册. 吉林科学技术出版社，1985.

3. 林学钰，焦雨. 石家庄市地下水资源的科学管理. 长春地质地学学报水文地质专辑，1987.

4. 林学钰，侯印伟等. 地下水水量、水质模拟及管理程序集. 吉林科学技术出版社，1988.

5. 廖资生，曹玉清，林学钰. 中华人民共和国国家标准　地质矿产术语分类代码(中册，水文地质部分). 中国标准出版社，1989.

6. 杨悦所，林学钰. 实用地下水管理模型. 东北师范大学出版社，1992.

7. 赵勇胜，林学钰. 地下水污染模拟及污染的控制和处理. 吉林科学技术出版社，1994.

8. 王兆馨，林学钰等. 中华人民共和国国家标准　地下水资源管理模型工作要求. 中国标准出版社，1994.

9. 林学钰，廖资生. 地下水管理. 地质出版社，1995.

10. 赵林，林学钰. 地下水氮污染控制与治理的人工微生物技术理论与方法. 西安地图出版社，1996.

11. 宫辉力，林学钰等. 城市水资源－环境管理决策支持系统. 西安地图出版社，1996.

12. 廖资生，束龙仓，林学钰. 基岩裂隙水专家系统. 陕西科学技术出版社，1997.

13. 林学钰，陈梦熊等. 松嫩盆地地下水资源与可持续发展研究. 地震出版社，2001.

14. 林学钰，廖资生等. 现代水文地质学. 地质出版社，2005.

15. 林学钰，王金生等. 黄河流域地下水资源及其可更新能力研究. 黄河水利出版社，2006.

16. 赵勇胜，林学钰等. 环境及水资源系统中的GIS技术. 高等教育出版社，2006.

四、主要代表性论文(33 篇)

1. 林学钰.论地下水库开发利用中的几个问题.长春地质学院学报，1984-2.

2. 林学钰.关于城市垃圾堆放的环境水文地质问题.长春地质学院学报,1984-4.

3. 林学钰.关于地下水系统内污染质运移模型的探讨.长春地质学院学报,1985-2.

4. 林学钰,廖资生.水文地质基础工作在地下水模型研究中的重要性.水文地质工程地质，1992-1.

5. Lin Xueyu, Yang Yuesuo. 1991. The optimization of groundwater supply system in Shijiazhuang City. China. Water Science Technique, 24(11):17-76. Pergamou Press PLC. England.

6. Lin Xueyu. 1992. Application of system theory and fractal theory in groundwater resources research in China. Proceeding of International Workshop on Groundwater and Environment. Beijing, 8:16-18.

7. Lin Xueyu, Yang Yuesuo. 1992. Study on the theory and method of groundwater management model. Abstracts of 29th IGC. Kyoto. Japan. 8.

8. Lin Xueyu, Yang Yuesuo. 1993. Approach on the theory and method of integrated groundwater management model in China. International Conference on Groundwater Quality. Tallinn. Estonia, 9:6-9.

9. Lin Xueyu, Liao Zisheng, Zhang Wenguo. 1994. An optimal management model for karst water supply dewatering in Fengfeng Coal Mining Area, Northern China. International Conference on Future Groundwater Resources at Risk. Helsinki. Finland, 13-16.

10. Lin Xueyu, Yang Yuesuo. 1994. Integrated development of Shiyang River Basin. Gansu Province. China. International conference on Integrated River Basin Department. Wallingford. England, 13-16.

11. Lin Xueyu, Liao Zisheng. 1996. Groundwater Development and Side Effects in Main Cities Along the Coastal Zone of China. International Symposium on Groundwater Discharges to the Coastal Zone. Russian Academy of Science. Moscow Russia, July 6-10.

12. Lin Xueyu, Liao Zisheng. 1996. Water Resources and its Developing Strategic Decision. International Symposium on Resources. Environment and Disaster in Tumenjiang Area. Soul. Korea.

13. Yang Y, Lin X, Zou L, et al. 1999. Sustainable groundwater management under the impacts of urban growth in a developing county—a case sduty in the City of Shijiazhuang, China. Environmental Management and Health, 10(1): 18-30. (Literati Club Awards for Excellence 2000).

14. Moon J W, Moon H S, Woo N C, Hahn J S, Won J S, Song Y, Lin X, Zhao Y. 2000. Evaluation of heavy metal contamination and implication of multiple sources from Huchun Basin, northeastern China. Environmental Geology, 39(9):1039-1052.

15. Yang Y S, Kalin R M, Zhang Y, Lin X, Zou L. 2001. Multi-objective optimisation

for sustainable groundwater resource management in a semi-arid catchment. Hydrological Science Journal,46(1):55-72.

16. Yang Y S, Lin X Y, Elliot T, et al. 2001. A Natural-gradient field tracer test for evaluation of pollutant-transport parameters in a porous-medium aquifers, Hydrogeology Journal,29(3):313-320.

17. 廖资生,林学钰.松嫩盆地地下水有害组分的形成及分布规律.勘察科学技术,2002-4.

18. 林学钰,廖资生.地下水资源的基本属性和我国水文地质科学的发展.地学前缘,2002-3.

19. 廖资生,林学钰等.松嫩盆地地下水水质评价图的编图原则与方法.地球科学进展,2003-2.

20. 林学钰,廖资生等.黄河下游傍河开采地下水研究——以郑州—开封间黄河段为例.吉林大学学报(地球科学版),2003-4.

21. 廖资生,林学钰等.黄河下游傍河开采地下水的试验研究——以郑州北郊黄河滩地为例.中国科学E辑:技术科学,2004-增刊Ⅰ.

22. Liao Z S, Lin X Y, Shi Q Z. 2004. Study on the groundwater exploitation test in the Yellow River lower reaches. Science in China(Series E-Engineering and Materials Sicence). Sup: 14-24.

23. Zhang L Y, Lin X Y, Aboubacar T, Liu R, Zhang Y L. 2004. Screen and capacity of predominant strain for toluene biodegradation in groundwater. Chemical Research in Chinese Universities,20(5): 539-542.

24. Lin X Y, Wang X Y, Liao Z S. 2004. Engineering scheme for geothermal water wells development in Kaifeng Area of China. Transactions of Nonferrous Metals Society of China,14(1):8-13.

25. Gnansounou D R, Lin X Y. 2004. Evaluation and optimization of water resources in Guangrao County of China. Transactions of Nonferrous Metals Society of China,14(1):1-7.

26. 林学钰,廖资生等.黄河流域地下水资源及其开发利用对策.吉林大学学报(地球科学版),2006-5.

27. Teng Yanguo, Ni Shijun, Zhang Chengjiang, Wang Jinsheng, Lin Xueyu, Huang Yi. 2006. Environmental geochemistry and ecological risk of vanadium pollution in Panzhihua Mining and Smelting Area, Sichuan, China. Chinese Journal of Geochemistry,25(4):378-384.

28. Cheng J P, Yuan T, Wang W H, Jia J P, Lin X Y, Qu L Y, Ding Z H. 2006. Mercury pollution in two typical areas in Guizhou Province, China and its neurotoxic effects in the brains of rats fed with local polluted rice. Environmental Geochemictry and Health,28(6): 499-507.

29. 林学钰."地下水科学与工程"学科形成的历史沿革及其发展前景.吉林大学学报(地球科学版),2007-2.

30. Lin Xueyu, Su Xiaosi, et al. 2007. Study on groundwater renewable capability in the Yellow River Basin of China, Abstract of 34th Congress of IAH.

31. Lin Xueyu, Tabouré Aboubacar, Wang Xinyi, et al. 2007. Use of a hydrogeochemical approach in determining hydraulic connection between porous heat Kaifeng Area, Henan, China. Applied Geochemistry, 22(2):276-288.

32. Wang H L, Jiang N, Lin X Y. 2007. Experimental study on denitrification by the co-processes of bio-fluidized bed and activated sludge filtering bed. Progress in Environmental Science and Technology, Vol. 1: 1015-1018.

33. 林学钰,王心义等. 地下热流系统及其开发工程配置——以河南省开封市区为例. 吉林大学学报(地球科学版),2008-6.

苏小四教授于2010年11月30日通过电子邮件供稿。

刘昌明 Liu Chang-ming(1934.5.10 —)

性别	男		籍贯	湖南长沙
学历	研究生		学位	副博士
职称	研究员		职务	主任
工作单位	中国科学院地理科学与资源研究所			
E-mail	liucm@ igsnrr. ac. cn		电话	010-64889306
邮编	100101	通信地址	北京市朝阳区大屯路甲11号	

一、综合介绍

1995 年当选为中国科学院院士。

博士生导师,中国科学院陆地水循环及地表过程重点实验室名誉主任,中国科学院水资源研究中心专家委员会主任,中国科学院陆地水循环及地表过程重点实验室学术委员会主任,北京师范大学地学、资源与环境学部主任。1956 年毕业于西北大学,后又毕业于苏联莫斯科大学(Moscow State University)。曾任中国科学院水问题联合研究中心主任,1999 ~ 2004 年任中国地理学会副理事长,1987 ~ 1999 年任水文专业委员会主任,1992 ~ 1998 年任中国林学会森林水文与流域治理分会副理事长,1997 ~ 2001 年任 IUGG/IAHS(国际水文科协)中国国家委员会副主席,1991 ~ 1994 年、2002 年至今任联合国国际水文计划(IHP)中国国家委员会副主席,1995 ~ 1997 年任国际雨水集流协会(IRCSA)副主席,1991 ~ 1996 年任国际地理联合会水文对全球变化响应研究会主席,1997 ~ 2003 年任 IGBP/BAHC中国国家工作委员会主席,1998 ~ 2001 年任国际 IGBP/BAHC 国际指导委员会(SSC)委员,2000 ~ 2008 年任国际地理联合会(IGU)副主席,2003 年至今任中国环境科学学会副理事长,中国水利学会水文、水资源两个专业委员会委员,全球水系统(GWSP)国际科学指导委员会委员,国际对地观测水循环(IGWCO)科学咨询专家组(SAG)成员,英国"水文过程"《Hydrological Processes》(SCI)杂志与"水资源开发"《International Journal of Water Resources Development》(EI)杂志国际编委,美国《Water International》(SCI)杂志编委,国内核心刊物《中国地理学报》主编,《中国生态农业学报》主编,国家 973 项目(G19990436)首席科学家。长期从事水文、水资源等方面研究,是我国地理水文研究领域的倡导者与开拓者,发展了地学方向的水文学和水资源研究,在水循环、产汇流模式、水文试验、农业水文、森林水文、生态与环境水文、气候变化与人类活动对水文水资源影响等方面多有建树;将水文学的地球物理、工程方向与农田水利等学科相结合,在水文与水资源研究中开拓创新,有系统性的贡献;解决了缺少资料地区小流域暴雨洪水计算难题,有突出创新;在南水北调环境影响的研究中,发展了地理系统分析,建立了模型;在水文过程、水量转化及调控研究中提出的多水转化理论,深化了水循环理论;提倡的雨水资源化具有概念上的革新。承担多个国家重大咨询研究项目,发表论文 400 余篇,获国家级、院(省、部)级科技成果奖13次。

二、与地下水有关的代表性论文

1. 黄振芳,刘昌明. 基于博弈论综合权重模糊优选模型在地下水环境风险评价中的应用. 水文, 2010-4.

2. 朱芮芮,郑红星,刘昌明. 黄土高原流域地下水更新时间估算(英文). Journal of Geographical Sciences(地理学报(英文版)), 2010-2.

3. 朱芮芮,刘昌明等. 无定河流域地下水更新时间估算. 地理学报, 2009-3.

4. 王仕琴,宋献方,王勤学,肖国强,刘昌明等. 华北平原地下水动态变化(英文). Journal of Geographical Sciences(地理学报(英文版)),2009-2.

5. 刘昌明. 水资源科学评价与合理利用若干问题的商榷. 中国水利, 2009-5.

6. 蒋晓辉,刘昌明. 黑河下游植被对调水的响应. 地理学报, 2009-7.

7. 刘昌明等. SPAC界面水分通量调控理论及其在农业节水中的应用. 北京师范大学学报(自然科学版), 2009-Z1.

8. 曹建生,张万军,刘昌明等. 太行山区坡地暂时饱和区形成机理及渗流补给特性. 农业工程学报, 2007-5.

9. 曹建生,张万军,刘昌明等. 岩土二元介质水分运动与转化特征试验研究. 水利学报,2007-8.

10. 戴向前,刘昌明等. 我国农村饮水安全问题探讨与对策. 地理学报, 2007-9.

11. 刘昌明. 建设节水型社会　缓解地下水危机. 中国水利, 2007-15.

12. 陈利群,刘昌明等. 基流研究综述. 地理科学进展, 2006-1.

13. 刘昌明等. "绿水"与节水:中国水资源内涵问题讨论. 科学对社会的影响, 2006-1.

14. 刘昌明. "黄河流域水资源演化规律与可再生性维持机理"研究进展. 地球科学进展,2006-10.

15. 陈利群,刘昌明等. 黄河源区气候对径流的影响分析. 地学前缘,2006-5.

16. 刘卓,刘昌明. 东北地区水资源利用与生态和环境问题分析. 自然资源学报,2006-5.

17. 曹建生,刘昌明等. "岩土二元结构"小流域降雨入渗补给地下裂隙潜流过程初步研究. 自然科学进展,2005-6.

18. 曹建生,刘昌明等. 小流域地下裂隙潜流对降雨入渗补给的响应特性. 水文地质工程地质,2005-5.

19. 王红瑞,刘昌明等. 水资源短缺对北京农业的不利影响分析与对策. 自然资源学报,2004-2.

20. 王中根,郑红星,刘昌明等. 基于GIS/RS的流域水文过程分布式模拟:I模型的原理与结构. 水科学进展, 2004-4.

21. 刘昌明. 南水北调:在节水的基础上实施缓解北方水危机. 科学对社会的影响, 2003-3.

22. 傅国斌,李丽娟,于静洁,刘昌明. 内蒙古河套灌区节水潜力的估算. 农业工程学报, 2003-1.

23. 刘昌明. 发挥南水北调的生态效益　修复华北平原地下水. 南水北调与水利科技，2003-1.

24. 贾金生，刘昌明. 华北平原地下水动态及其对不同开采量响应的计算——以河北省栾城县为例. 地理学报，2002-2.

25. 王西琴，刘昌明等. 河道最小环境需水量确定方法及其应用研究（Ⅰ）——理论. 环境科学学报，2001-5.

26. 毛学森，刘昌明. 太行山山前平原地下水变化趋势与农业持续发展. 水土保持研究，2001-1.

27. 张永强，刘昌明等. 太行山山前平原浅层地下水位动态分析——以河北省栾城县为例. 中国生态农业学报，2001-2.

28. 成立，刘昌明. 水资源及其内涵的研究现状和时间维的探讨. 水科学进展，2000-2.

29. 陈建耀，刘昌明等. 利用大型蒸渗仪模拟土壤－植物－大气连续体水分蒸散. 应用生态学报，1999-1.

30. 刘昌明. 土壤－植物－大气系统水分运行的界面过程研究. 地理学报，1997-4.

31. 刘昌明等. 南水北调与华北平原农业持续发展. 中国生态农业学报，1993-1.

32. 李宝庆，刘昌明等. 零通量面方法的应用研究. 地理研究，1990-2.

33. 刘昌明. 南水北调水量平衡变化的几点分析. 地理科学，1982-2.

34. 罗开富，郭敬辉，刘昌明等. 中国河水季节变化的类型. 科学通报，1957-16.

三、代表性专著

1. 刘昌明，任鸿遵. 水量转换实验与计算分析. 科学出版社，1988.

2. 许越先，刘昌明，J·沙和伟. 农业用水有效性研究. 科学出版社，1992.

3. 刘昌明，傅国斌. 今日水世界. 清华大学出版社，暨南大学出版社，2000.

4. 刘昌明，陈效国. 黄河流域水资源演化规律与可再生性维持机理研究和进展. 黄河水利出版社，2001.

5. 刘昌明. 21 世纪中国水文科学研究的新问题新技术和新方法. 科学出版社，2001.

6. 刘昌明，陈志恺. 中国水资源现状评价和供需发展趋势分析. 中国水利水电出版社，2001.

7. 刘昌明. 水文水资源研究理论与实践：刘昌明文选. 科学出版社，2004.

8. 刘昌明. 西北地区生态环境建设区域配置与生态环境需水量研究. 科学出版社，2004.

9. 刘昌明，杨胜天，孙睿. 基于 RS/GIS 技术的黄河流域水循环要素研究. 黄河水利出版社，2006.

10. 刘昌明，郑红星，王中根等. 流域水循环分布式模拟. 黄河水利出版社，2006.

11. 柳长顺，刘昌明，杨红. 流域水资源合理配置与管理研究. 中国水利水电出版社，2007.

12. 王红瑞，刘昌明. 水文过程周期分析方法及其应用. 中国水利水电出版社，2010.

2010 年 10 月 20 日宋献方研究员通过电子邮件确认此简介。

卢耀如 Lu Yao-ru(1931.5—)

<table>
<tr><td>性别</td><td colspan="2">男</td><td>籍贯</td><td>福建福州</td></tr>
<tr><td>学历</td><td colspan="2">本科</td><td>学位</td><td>学士</td></tr>
<tr><td>职称</td><td colspan="2">教授</td><td>职务</td><td></td></tr>
<tr><td>工作单位</td><td colspan="4">中国地质科学院水文地质环境地质研究所　同济大学</td></tr>
<tr><td>E-mail</td><td colspan="2">yrlu@ tongji. edu. cn</td><td>电话</td><td>021-65985200</td></tr>
<tr><td>邮编</td><td>200092</td><td>通信地址</td><td colspan="2">上海市四平路1239号同济大学地下建筑与工程系</td></tr>
</table>

一、个人简历

1950 年入清华大学地质系本科学习,1952 年院校调整入新组建的北京地质学院(现为中国地质大学)水文地质工程地质系。1953 年由北京地质学院提前毕业。喀斯特学家及水文工程与环境地质学家。中国地质科学院水文地质环境地质研究所研究员,同济大学教授、博士生导师,贵州师范大学名誉校长。1997 年当选为中国工程院院士。

50 多年来,潜心研究喀斯特地区的水文、工程与环境地质问题。参加实践及指导一系列水利水电工程的勘测研究,涉及长江、黄河、珠江、淮河等流域,包括三峡、乌江渡、新安江等百余座水利枢纽;指导有关交通、城镇、矿山等建设的工程地质与环境地质勘测研究;提出有关地质—生态环境的新认识并积极开展研究,为喀斯特地区开发作出了贡献;积极进行地质灾害防治工作,为重大灾害防治提出了重要科学认识。20 世纪 60 年代初,主持了我国第一个喀斯特研究室,倡议并首先筹备喀斯特地质研究所(现中国地质科学院岩溶地质研究所),建立了一套有关喀斯特发育与工程效应的理论,最先提出喀斯特地区石漠化问题的理念并进行相应的开拓研究探索。以其在喀斯特研究上的卓越成就,被誉称为“喀斯特卢”。曾任我国援外大型工程高级专家,并曾在欧美国家及我国港台地区讲学。已公开出版近百篇中英文论文,10 部论著与图系。其中,主编的《中国岩溶——景观·类型·规律》一书,被国内外学者认为经典论著。《中国岩溶》、《中国岩溶(喀斯特)发育基本规律及其若干水文地质工程地质特征》、《中国南方(岩溶为主)地区地质—生态环境图系》、《岩溶水文地质环境演化及其工程效应研究》、《地质—生态环境与可持续发展——中国西南及邻近岩溶地区发展途径》、《中国喀斯特——奇峰异洞的世界》等科学论著,在国内外引起了多方反响。曾获全国科技大会奖、地质矿产部地质科技二等奖、第四届全国优秀科技图书二等奖及第六届李四光地质科学荣誉奖。

二、学术兼职

教育部城市环境与可持续发展联合研究中心主任,贵州师范大学名誉校长和中国南方喀斯特研究院首席科学家,国家减灾委专家委员会委员,国家环境咨询委员会委员,中国环境与发展国际合作委员会委员,联合国教科文组织桂林喀斯特研究中心理事会理事,

三都澳海峡经济区院士专家组组长,贵州省地理学会第十届理事会理事长,琼州海峡跨海工程专家组成员,《地质学报》中文版编委,《中国地质》、《地质通报》特邀编委,《水文地质工程地质》顾问,《隧道建设》顾问,《江苏大学学报(自然科学版)》顾问,《水利水电科技进展》顾问;美国太平洋大学循环经济研究院学术委员会成员,联合国科教文组织桂林喀斯特研究中心理事会理事。

三、主要研究方向

水文地质、工程地质、环境地质、喀斯特水文地质、地质灾害与防治。

四、主持科研项目(课题)

1. 官厅水库坝址渗漏塌陷地质条件研究(地质、水利、电力三部合组研究队)(1956—1957);

2. 长江三峡水利枢纽南津关石灰岩坝区水文地质工程地质条件研究(1960—1961,国家重点项目);

3. 贵州喀斯特发育规律研究(1960—1961,国家研究项目中课题);

4. 滇东地区喀斯特发育规律研究(1961—1963,国家研究计划中课题);

5. 黄河甘泽坡坝址水文地质工程地质条件研究(1960—1962,国务院项目);

6. 川汉线圆梁山长隧道喀斯特及有关水文地质工程地质条件研究(1965—1966,国家科委项目);

7. 中国西南地区喀斯特图系(1/100 万)(1964—1966,国家科委项目);

8. 阿尔及利亚费尔泽水电站边坡稳定性及毛泽东水电站坝址渗漏研究(1973—1974,水利部派出项目,高级专家组成员);

9. 中国岩溶(喀斯特)发育规律及有关水文地质工程地质条件研究(1972—1973 和 1975—1976,国家计委项目,为恢复我国国际地科联席位而准备有关成果,负责人);

10. 中国岩溶地区水利水电建设有关岩溶发育及水文地质工程地质条件研究(1976—1980,地质矿产部项目);

11. 中国岩溶发育及有关图集编制(1982—1986,地矿部、所项目);

12. 西南少数民族地区经济发展与自然条件研究(1987—1989,国家民委项目);

13. 台湾地区地质环境考察研究(1994,台湾大学邀请,访问学者);

14. 香港地区岩溶塌陷及有关灾害研究(1995,香港大学香港土木署邀请,专家访问);

15. 岩溶地区水文地质环境与工程效应研究(1992.6—1995.12,国家自然基金项目 49172144);

16. 中国地质生态环境及其 21 世纪演化预测研究(1994—1995,地矿部项目);

17. 石膏岩溶与灾害效应(1996—1997,中英合作项目,中方首席科学家);

18. 中国可持续发展水资源战略研究(1998—2000,中国工程院重大咨询项目,负责西南地区水资源的研究);

19. 中国大都市地下空间开拓的地质 - 生态环境效应(预研究)(2001—2002,中国地

质调查局项目)；

20. 硫酸盐岩溶发育机理与环境效应研究(1992. 6—1995. 12，国家自然基金项目49872095)；

21. 西北地区水资源配置生态环境建设和可持续发展战略研究(2002—2004，中国工程院重大咨询项目，项目组成员，负责有关自然历史卷中《西北地区水生态环境基本特征及其演化》)；

22. 东北地区水土配置专题(2004—2005，中国工程院重大咨询项目，项目组成员，负责其中有关典型矿区地质灾害与生态环境修复方面的调查研究)；

23. 福建海西区地质－生态环境与可持续发展研究(2005—2007，福建省项目，项目发起及顾问指导)；

24. 中国工程院国家重大咨询项目“三峡工程阶段性评估”地震地质课题组(2008. 2，地震地质组副组长)；

25. 河北环渤海地质—生态环境与可持续发展途径研究(2007—2010，河北省项目)；

26. 山东半岛城市群地质生态环境与工程效应研究(2006—2008，山东发改委项目)；

27. 贵州乌江流域岩溶地下水系统与生态水文地质研究(2008—2009，国家自然基金项目40772150)；

28. 中国喀斯特及有关长隧道等工程效应研究(2009—2010，地调局项目)。

五、著作(专著12部)

1. 中华人民共和国地质部水文地质工程地质研究所(卢耀如等编写). 喀斯特地区综合性地质—水文地质测量方法指南：比例尺1∶10万～1∶50万. 1959.

2. 中国地质科学院(卢耀如等主编)(由于当时的条件未署名). 中国岩溶. 上海人民出版社，1976.

3. Chinese Academy of Geological Sciences (Lu Yaoru, et al.)(由于当时的条件未署名). Karst in China. Shanghai: Shanghai People's Publication，1976.

4. 卢耀如. 中国岩溶——景观·类型·规律. 地质出版社，1986.

5. 卢耀如. 中国南方(岩溶为主)地区地质—生态环境图系(1/3 500 000). 地质出版社，1993.

6. 卢耀如，唐宏才. 第30届国际地质大会论文集. 地质出版社，1998.

7. 卢耀如等. 岩溶水文地质环境演化与工程效应研究. 科学出版社，1999.

8. 卢耀如. 岩溶——奇峰异洞的世界. 清华大学出版社/暨南大学出版社，2001.

9. 卢耀如. 地质—生态环境与可持续发展——中国西南及邻近岩溶地区发展途径. 河海大学出版社，2003.

10. 卢耀如，张凤娥. 硫酸盐岩岩溶及硫酸盐岩与碳酸盐岩复合岩溶－发育机理与工程效应研究. 高等教育出版社，2003.

11. 卢耀如. 中国喀斯特——奇峰异洞的世界. 高等教育出版社，2010.

12. 卢耀如等. 山东半岛城市群地区地质—生态环境与可持续发展研究. 地质出版社，2010. 8.

六、代表性论文

发表论文71余篇，其中国际会议论文13篇，SCI和EI各收录4篇。

1. 卢耀如. 略论喀斯特——读“六郎洞喀斯特的水源问题”一文随笔. 水文地质工程地质，1958-1.

2. 卢耀如. 第四纪地层的坝基渗漏问题. 水文地质工程地质，1958-11.

3. 卢耀如. 官厅水库矽质石灰岩内喀斯特发育的规律性及其工程地质特征//中华人民共和国地质部水文地质工程地质研究所水文地质工程地质论文集. 地质出版社，1959.

4. 卢耀如. 对三峡南津关坝区的水文地质工程地质条件的初步认识. 水文地质工程地质，1959-3.

5. 卢耀如. 南津关坝区碳酸盐岩地层的岩性及其对喀斯特发育起控制作用的实际意义//中华人民共和国地质部水文地质工程地质研究所：水文地质工程地质论文集2（三峡专集）. 地质出版社，1959.

6. 卢耀如等. 南津关坝区喀斯特地层的渗透性//中华人民共和国地质部水文地质工程地质研究所：水文地质工程地质论文集2（三峡专集）. 地质出版社，1959.

7. 卢耀如. 南津关坝区的水文地质工程地质条件//中华人民共和国地质部水文地质工程地质研究所：水文地质工程地质论文集2（三峡专集）. 地质出版社，1959.

8. 卢耀如. 谈谈目前喀斯特研究工作中的两个问题. 水文地质工程地质，1960-3.

9. 卢耀如. 喀斯特水动力条件的初步研究（摘要）//中国科学院地学部编. 全国喀斯特研讨会议论文选集. 科学出版社，1962.

10. 卢耀如. 中国南方喀斯特发育基本规律的初步研究. 地质学报，1965-1.

11. 卢耀如等. 初论喀斯特的作用过程及其类型//第一届全国水文地质工程地质学术会议论文选编，第二辑（喀斯特问题专辑）. 中国工业出版社，1966.

12. 卢耀如等. 紧密褶皱地区喀斯特水动力条件研究. 中国地质学会第一届喀斯特学术会议论文. 1966.

13. 卢耀如等. 水溶液性质及温度对可溶性矿物和岩石溶解度的影响问题的初步讨论//中国地质学会第一届喀斯特学术会议论文. 1966.

14. 卢耀如等. 华南某坝区的喀斯特及其水文地质工程地质条件//中华人民共和国地质部地质科学研究院论文集，丁种，水文地质工程地质. 中国工业出版社，1966.

15. 卢耀如等. 中国岩溶（喀斯特）发育规律及其若干水文地质工程地质条件. 地质学报，1973-1.

16. Lu Yaoju (ru), Jie Xianyi, Zhang Shanglin. The development of karst in China and some of its hydrogeological and engineering geological conditions, Beijing, 1978.

17. 卢耀如. 略论岩溶（喀斯特）及其研究方向. 自然辩证法通讯，1982-1.

18. 卢耀如. 岩溶地区主要水利工程地质问题与水库类型及其防渗处理途径. 水文地质工程地质，1982-4.

19. 卢耀如，刘福灿. 岩溶研究的发展及基本内容和理论问题的概略探讨//中国地质学会第二届岩溶学术会议论文选集. 科学出版社，1982.

20. 卢耀如. 关于岩溶(喀斯特)地区水资源类型及其综合开发治理的探讨. 中国岩溶,1985-1,2.

21. 卢耀如. 中国喀斯特及其若干水文地质特征//国际交流地质学术论文集. 地质出版社,1985.

22. 卢耀如. 中国喀斯特地貌的演化模式. 地理研究,1986-4.

23. 卢耀如. 中国岩溶地区水文环境与水资源模式. 中国岩溶,1988-3.

24. 卢耀如. 岩溶地区水利水电建设中一些环境地质问题的探讨//全国第三次工程地质大会论文选集. 成都科技大学出版社,1988.

25. Lu Yaoru. The distribution and basic features of caves in China . Proceedings of the 9th International Congress of Speleology. Barcelona, Spain. 1986, Vol. I: 214-217.

26. Lu Yaoru. Process of karst caverns' development and three phrases' flow. Proceedings of the 9th International Congress of Speleology. Barcelona, Spain. 1986, Vol. I: 273 -276.

27. Lu Yaoru. Karst geomorphological mechanisms and types in China . International Geomorphology 1986 Part Ⅱ . John Wiley & Sons Ltd. , 1987:1077-1092.

28. Lu Yaoru. Water resources in karst regions and their comprehensive exploitation and harnessing. International Geomorphology 1986 Part Ⅱ. John Wiley & sons Ltd. , 1987.

29. Lu Yaoru. The basic features of coastal karst in China. For the expert working group meeting cum workshop on the urban geology of coastal area. Organized Jointly by the Mineral Resources Sections of the Natural Resources Division of ESCAP and the Ministry of Geology & Mineral Resources of China,1987.

30. Lu Yaoru. Hydrogeological environments and water resources patterns in China . Proceedings of the IAH 21st Congress. Karst Hydrogeology and Karst. Environment Protection, Part Ⅰ. Geological Publishing House, China,1988:64-75.

31. 卢耀如. 喀斯特洞穴发育过程与三相流//中国地理学会地貌专业委员会编辑组. 喀斯特地貌与洞穴研究. 科学出版社,1990.

32. Lu Yaoru. Assessment of the exploitation of water resources in mountain regions of China . International Conference jointly Convened with IAHS on Water Resources in Mountainous Regions, Lausanne, Switzerland. 1990, 22(Part 1-2):1068-1075.

33. Lu Yaoru. Artificial environmental effects on hydrogeological evolutions in some karst regions of China (abstract). International Symposium and Field Seminar of Hydrogeological Processes in Karst Terrance. Turkey,1990:99-100.

34. 卢耀如. 论地质—生态环境的基本特征与研究方向//地质矿产部水文地质工程地质编辑部. 环境地质研究. 地震出版社,1991.

35. Lu Yaoru. The features of goological disasters and the ways for their researches, preventions and treatments. Geological Hazards. Proceedings of Beijing International Symposium. 1991.

36. 卢耀如. 喀斯特为主地质—生态环境质量及其评判——以中国南方几省(区)为例//宋林华,丁怀元. 喀斯特景观与洞穴旅游. 中国环境科学出版社,1993.

37. 卢耀如. 南方岩溶山区的基本自然条件与经济发展途径的研究//赵延年主编. 中国少数民族和民族地区九十年代发展战略探讨. 中国社会科学出版社,1993.

38. 卢耀如. 江河流域综合治理要重视地质环境效应——从淮河、太湖1991年水灾谈起. 中国地质灾害与防治学报,1993-1.

39. Lu Yaoru. Efferts of hydrogeological development in selective karst regions of China. IAHS Publication No. 207. Hydrogeological Processes in Karst Torranse, 1993:15-24.

40. Lu Yaoru. Features and geologic ecologic environment and cave patterns. Proceedings of Ⅺ International Congress of Speleology, Beijing, China,1993:19-20.

41. Lu Yaoru. Evaluation of cave activity for use in karst forecasting. Proceedings of Ⅺ International Congress of Speleology, Beijing,China,1993:169-171.

42. Lu Yaoru. Comparative researches on evolutions of karst environment in main constructing regions in China (abstract). Third International Geomorphology Conference, Programme with Abstracts, Hamilton, Ontario, Canada,1993:189.

43. Lu Yaoru. Introduction of a series of enrironmental maps in the principle karst regions of south China (abstract). Third International Geomorphology Conference, Programme with Abstracts, Hamilton, Ontario, Canada, 1993: 189.

44. Lu Yaoru, Cooper A H. Gypsum karst in China. International Journal of Speleology, 1996,25(3-4): 297-307.

45. Lu Yaoru, Duan Guangjie. Artificially induced by hydrogeological effects and their impacts of environments on karst of North and South of China//Fei Jin,Krothe N C. Hydrogeology: Proceedings of the 30th International Geological Congress, Vol. 22, VSP, Utrecht, The Netherlands,1997:113-120.

46. Lu Yaoru, Tong Guobang, Zhang Feng'e, et al. Geoecological environmental types and qualities and predict on their evolutions in 21st Century in China//Zhang Zonghu, Mulder E F J, Liu Dongsheng, et al. Geosciences and Human survival, Environment, Natural Hazards: Proceeding of the 30th International Geological Congress, Vol. 2 & 3, VSP, Utrecht, The Netherlands,1997:117-133.

47. Lu Yaoru,Cooper A H. Gypsum karst geohazards in China//Beck B F, Stephenson J B. The engineering geology and hydrogeology of karst terranes: Proceedings of the Sixth Multidisciplinary Conference on Sinkholes and the Engineering and Environmental Impacts of Karst. A. A. BALKEMA/ Rotterdam/ brook field,1997: 117-126.

48. 卢耀如. 长江三峡及其上游岩溶地区地质—生态环境与工程效应研究//李振声. 中国减轻自然灾害研究. 全国减轻自然灾害研讨会论文集. 中国科学技术出版社,1998.

49. 卢耀如. 长江全流域国土地质—生态环境有待进行综合治理. 环境保护,1998-10.

50. 卢耀如. 国土地质—生态环境综合治理与可持续发展——黄河与长江流域防灾兴利途径讨论. 中国地质灾害与防治学报,1998-3.

51. 卢耀如. 长江流域国土地质—生态环境与洞庭湖综合治理的探讨. 湖南地质,1998-4.

52. 卢耀如. 略论地质—生态环境与可持续发展——黄河断流与岩溶石山保障三峡工程问题的探讨. 大自然探索,1999-1.

53. 卢耀如. 岩溶山区地质—生态环境与大农业及其可持续发展//邵时雄,侯春堂. 中国农业地学研究新进展. Hong Kong: Scientist Press International, Inc. 1999.

54. 卢耀如. 地质灾害的监测与防治//宋健. 1999/2000 中国科学技术前沿(中国工程院版). 高等教育出版社, 2000.

55. Lu Yaoru. Rational exploitation of resources and prevention of geohazards in karst regions. ACTA GEOLOGICA SINICA. 2001, 75(3): 239-248(SCI: 000170773300002).

56. 卢耀如. 大都市空间开拓与 21 世纪可持续发展. 上海城市发展,2001-6.

57. Lu Yaoru, Zhang Feng'e, Qi Jixiang, et al. Evaporite karst and resultant geohazards in China. Carbonate and Evaporates. 2002,17(2): 159-165(SCI: 000179808000011).

58. 卢耀如等. 硫酸盐岩岩溶发育机理与有关地质环境效应. 地球学报,2002-1.

59. 卢耀如,任继周. 中国西南地区水资源开发利用//张宗祜,卢耀如. 中国西南地区水资源开发利用. 中国工程院重大咨询项目"中国可持续发展与水资源战略研究"第 9 卷. 中国水利水电出版社,2002.

60. 卢耀如等. 中国水资源开发与可持续发展. 国土资源,2003-2.

61. 卢耀如等. 西北地区水生态环境特征及其演化//钱正英,沈国舫,潘家铮. 西北地区水资源配置生态环境建设和可持续发展战略研究(自然历史卷). 科学出版社,2004.

62. 卢耀如. 中国西南地区岩溶地下水资源的开发利用与保护//张建云等. 中国水文科学与技术研究进展——全国水文学术讨论会论文集. 河海大学出版社,2004.

63. Lu Yaoru, Zhang Feng'e, Liu Changli, et al. Ground water systems and eco-hydrological features in the main karst regions of China. ACTA GEOLOGICA SINICA, 2006, 80(5): 743-753(SCI: 000243019200014).

64. 卢耀如等. 中国主要岩溶地区地下水系统及其生态水文特性. 地质学报,2006-10.

65. Lu Yaoru. Karst water resources and geo-echology in typical regions of China. Environmental Geology, 2007, 51(5): 695-699(EI: 20070110350394).

66. 卢耀如等. 硫酸盐岩与碳酸盐岩复合岩溶发育机理与工程效应研究. 中国工程科学,2008-4.

67. 卢耀如. 地质灾难的类型与性质. 社会观察,2008-7.

68. 卢耀如. 对四川汶川大地震灾害的思考与认识. 环境保护,2008-11.

69. 卢耀如. 地质灾害防治与城市安全——卢耀如院士在上海社科院的演讲. 解放日报, 2008-06-29(8).

70. 卢耀如. 自然灾害链与城市安全. 上海科普教育,2008-2.

71. 卢耀如. 复合灾害预警,重建需经岁月考验. 中国科技奖励,2010-10.

七、获奖情况

1. 1978 年,《中国岩溶(喀斯特)发育规律和若干水文地质工程地质条件》及图册《中国岩溶》获全国科技大会奖;

2. 1987 年,《中国岩溶——景观·类型·规律》获全国科技进步奖二等奖;

3. 1988 年,《岩溶——奇峰异洞的世界》获全国优秀图书二等奖;

4. 1987 年,《中国岩溶》获地质科技奖二等奖;

5. 1999 年,获第六次李四光地质科学荣誉奖;

6. 2007 年,《岩溶(喀斯特)发育规律与相关地质灾害成灾机理研究》获河北省自然科学奖三等奖;

7. 2008 年,获河北省人民政府特殊贡献院士奖。

同济大学刘琦博士于 2010 年 11 月 7 日通过电子邮件确认此简介。

薛禹群 Xue Yu-qun(1931.11.2—)

性别	男		籍贯	江苏无锡
学历	硕士研究生		学位	硕士
职称	教授		职务	
工作单位	南京大学地球科学与工程学院			
E-mail	yuqunx@ nju. edu. cn		电话	025-83597076
邮编	210093	通信地址	南京市汉口路8号	

一、综合介绍

1952年毕业于北方交通大学唐山工学院,1999年当选为中国科学院院士。

1952年后一直在南京大学地球科学与工程学院(以前称地质系、地球科学系)任教至今。其间,1955~1957年在长春地质学院水文地质研究班随苏联莫斯科地质勘探学院水文地质教授克利门托夫学习。1982~1984年在美国亚利桑那大学水文与水资源系任访问学者,随美国工程院院士纽曼教授进修并从事地下水数值模拟研究。现为南京大学地球科学与工程学院教授、博士生导师。早年从事水文地质研究,1973年至今主要从事地下水动力学,特别是地下水数值模拟的研究,在模型及其求解方法的研究上取得了一系列的创新性成果。曾任地质矿产部水文地质课程指导委员会副主任,国家自然科学基金会评议组、专家咨询委员会成员,国际水文地质学家协会刊物《Hydrogeology Journal》编委,现任中国地质学会水文地质专业委员会名誉主任。

出版教材和专著10部,总字数达500余万字。其中,《地下水动力学》作为全国通用教材,自问世以来,除1979年版以外,还另外先后出了三版,多次重印。此外,还有《水文地质学的数值法》、《海水入侵咸淡水界面运移规律研究》、《地下水数值模拟》等著作。发表论文150余篇,其中31篇被SCI收录、8篇被EI收录。有关成果曾获江苏省科技成果一等奖,教育部(国家教委)一、二等奖。

二、代表性论著

1. 薛禹群. 中国地下水科学的机遇与挑战. 水文地质工程地质,2010-1.

2. 薛禹群. 中国地下水数值模拟的现状与展望. 高校地质学报,2010-1.

3. 薛禹群,张幼宽. 地下水污染防治在我国水体污染控制与治理中的双重意义. 环境科学学报,2009-3.

4. Xue Yuqun, Wu Jichun, Zhang Yun, Ye Shujun, Shi Xiaoqing, Wei Zixin, Li Qinfen, Yu Jun. Simulation of regional land subsidence in the Southern Yangtze Delta. Science in China Series D: Earth Sciences,2008,51(6).

5. 薛禹群,吴吉春等. 长江三角洲(南部)区域地面沉降模拟研究. 中国科学D辑:地

球科学,2008-4.

6. 薛禹群,谢春红. 地下水数值模拟. 科学出版社,2007.

7. 张云,薛禹群等. 抽灌水条件下上海砂土层的变形特征和变形参数. 水利学报,2006-5.

8. 张云,薛禹群等. 地下水位变化模式下含水砂层变形特征及上海地面沉降特征分析. 中国地质灾害与防治学报,2006-3.

9. 薛禹群,张云等. 我国地面沉降若干问题研究. 高校地质学报,2006-2.

10. Xue Yuqun, Zhang Yun, Ye Shujun, Wu Jichun, Li Qinfen. Land subsidence in China. Environmental Geology, 2005,48(6).

11. 叶淑君,薛禹群等. 上海区域地面沉降模型中土层变形特征研究. 岩土工程学报,2005-2.

12. Ye Shujun, Xue Yuqun, Xie Chunhong. Application of the multiscale finite element method to flow in heterogeneous porous media. Water Resources Research,2004,40(9).

13. 薛禹群,叶淑君等. 多尺度有限元法在地下水模拟中的应用. 水利学报,2004-7.

14. 薛禹群,张云等. 中国地面沉降及其需要解决的几个问题. 第四纪研究,2003-6.

15. 张云,薛禹群. 抽水地面沉降数学模型的研究现状与展望. 中国地质灾害与防治学报,2002-2.

16. 卞锦宇,薛禹群等. 上海市浦西地区地下水三维数值模拟. 中国岩溶,2002-3.

17. 吴吉春,薛禹群等. 山西柳林泉局部区域溶质运移二维数值模拟. 水利学报,2001-8.

18. 韩非,薛禹群等. 基于人工神经网络的地下水状态方程——以山东莱州湾南岸地下水研究为例. 高校地质学报,2001-4.

19. 吴吉春,薛禹群等. 山西柳林泉域地下水流数值模拟. 水文地质工程地质,2001-2.

20. 朱桂娥,薛禹群等. 回灌条件下地下水的动态特征——以上海市浦西地区第Ⅱ承压含水层为例. 水文地质工程地质,2001-4.

21. 韩非,薛禹群等. 莱州湾南岸咸水入侵条件下地下水的水化学特征与卤水形成. 地质论评,2001-1.

22. 薛禹群. 地下水资源与江苏地面沉降研究. 江苏地质,2001-4.

23. Xue Yuqun, Wu Jichun, Ye Shujun, Zhang Yongxiang. Hydrogeological and hydrochemical studies for salt water intrusion on the south coast of Laizhou Bay, China. Ground Water,2000,38(1).

24. 薛禹群等. 内陆单斜构造内咸水入侵淡水含水层三维数值模拟. 地质学报,2000-4.

25. 吴吉春,薛禹群等. 山西柳林泉裂隙发育区溶质运移三维数值模拟. 南京大学学报(自然科学版),2000-6.

26. 朱桂娥,薛禹群等. 上海市多层结构地下水系统准三维模型的改进. 中国岩溶,2000-4.

27. 黄海,薛禹群等. 越流含水层系统地下水有毒元素污染数值模拟——以太原盆地地下水汞污染为例. 环境科学,1999-1.

28. 张勇,薛禹群等. 高浓度条件下地下水的运动方程. 南京大学学报(自然科学版),

1999-3.

29. 张勇,薛禹群等. 高温差条件下达西定律的理论推导. 水科学进展,1999-4.

30. 张勇,薛禹群等. 考虑浓度梯度作用的达西定律理论推导. 水文地质工程地质,1999-1.

31. 张勇,薛禹群等. 考虑温度变化的地下水运动方程及其在储能模型中的应用. 地质论评,1999-2.

32. 薛禹群,吴吉春. 面临21世纪的中国地下水模拟问题. 水文地质工程地质,1999-5.

33. 许劼,薛禹群等. 太原市地下水酚、氰污染成因与途径分析及水质保护措施. 水文地质工程地质,1998-5.

34. 吴吉春,薛禹群等. 越流含水层系统中的溶质运移方程. 水文地质工程地质,1998-1.

35. 薛禹群,吴吉春. 地下水数值模拟在我国:回顾与展望——为《水文地质工程地质》创刊40年而作. 水文地质工程地质,1997-4.

36. 张永祥,薛禹群等. 莱州湾南岸潍坊地区咸－卤水入侵及其地下水化学特征. 地球科学——中国地质大学学报,1997-1.

37. 张永祥,薛禹群,陈鸿汉. 潍坊咸－卤水入侵引起的地下水化学成分变化及其对环境的影响. 环境科学学报,1997-3.

38. 吴吉春,薛禹群等. 太原盆地地下水污染数值模拟. 南京大学学报(自然科学版),1997-3.

39. 薛禹群,吴吉春等. 越流含水层系统地下水污染数值模拟. 地质学报,1997-2.

40. 吴吉春,薛禹群等. 海水入侵含水层中水－岩间阳离子交换的实验研究. 南京大学学报(自然科学版),1996-1.

41. 张永祥,薛禹群,陈鸿汉. 莱州湾南岸晚更新世后地层中沉积海水的特征及其形成环境. 海洋学报(中文版),1996-6.

42. 吴吉春,薛禹群等. 海水入侵过程中水－岩间的阳离子交换. 水文地质工程地质,1996-3.

43. 薛禹群,吴吉春等. 元宝山露天煤矿地下水疏干数值模拟. 煤炭学报,1996-3.

44. 薛禹群,谢春红等. 地下水数值模拟和电模拟中存在的问题. 水文地质工程地质,1996-6.

45. 张志辉,薛禹群. 第25届国际水文地质学家大会概况. 水文地质工程地质,1995-3.

46. 薛禹群,谢春红等. 三维非稳定流含水层储能的数值模拟研究. 地质论评,1994-1.

47. 吴吉春,薛禹群等. 龙口—莱州地区海水入侵的发展与水化学特征. 南京大学学报(自然科学版),1994-1.

48. 吴吉林,薛禹群等. 沿海含水层海水入侵监测——以龙口市黄河营海水入侵三维观测网为例. 工程勘察,1993-1.

49. 薛禹群,谢春红等. 特征线和匹配人工弥散系数联合法求解地下水中的溶质运移问题. 工程勘察,1993-5.

50. 薛禹群,吴吉春. 数值模拟是反映客观规律和定量评价的重要手段——兼评几种流行看法和有关问题. 水文地质工程地质,1992-2.

51. 薛禹群，谢春红等. 海水入侵研究. 水文地质工程地质，1992-6.

52. 薛禹群，谢春红等. 山东龙口—莱州地区的海水入侵. 地质学报，1992-3.

53. 薛禹群，张幼宽等. 双重介质渗流模型及其里兹有限元解在矿坑涌水量预测中的应用. 水文地质工程地质，1984-2.

三、主要获奖情况

1.《地下水动力学》教材于2000年1月获国家教育部科技进步奖二等奖（教材类），第一完成人；

2.“海水入侵规律及三维可混溶海水入侵模型与相应解法”于1997年3月获国家教委科技进步奖三等奖，第一完成人；

3.“含水层中热量运移数学模型和数值模拟研究”于1993年6月获国家教委科技进步奖二等奖，第一完成人；

4.“地下资源评价和水位预报方法研究”于1978年获江苏省重要科技成果一等奖，第一完成人。

吴吉春教授于2010年11月26日供稿，中文期刊论文来自 www.cn

袁道先 Yuan Dao-xian(1933.8.24—)

性别	男		籍贯	浙江诸暨
学历	专科		学位	
职称	研究员		职务	
工作单位	中国地质科学院岩溶地质研究所			
E-mail	dxyuan@ karst. edu. cn		电话	
邮编	541004	通信地址	广西桂林市七星路50号	

一、综合介绍

1952 年毕业于南京地质探矿专科学校。1991 年当选为中国科学院学部委员(院士)。国土资源部岩溶地质研究所研究员。西南大学、中国地质大学(武汉,北京)、华中科技大学、浙江大学教授。曾任国土资源部岩溶地质研究所所长。

20 世纪 60 ~70 年代提出岩溶地下水最基本的特征是含水介质不均匀性的概念,指导水文地质勘查工作。80 年代建成岩溶水文地质试验场,建立了包气带地下水运动机制、调蓄功能的数学模型。总结了中国区域岩溶的基本特征,进行全球岩溶对比研究,总结了中国开放系统和半开放半封闭系统岩溶发育的地球化学机制。用岩溶地球化学场及示踪技术验证趵突泉的补给途径。研究岩溶作用与全球碳循环的关系,以石笋信息研究全球气候变化,提出岩溶动力学。

代表作有《岩溶地区供水水文地质工作方法》、《岩溶学词典》、《岩溶环境学》、《中国岩溶学》、《Karst of China》、《Global Karst Correlation》、《中国岩溶动力系统》、《碳循环与岩溶地质环境》。现任 UNESCO 国际岩溶研究中心学术委员会主任、美国《Environmental Earth Sciences》编委。

二、代表性论文

发表论文 188 篇,其中与地下水有关的中文期刊论文 31 篇。

1. 杨平恒,袁道先等. 以 PCA 揭示降雨期间岩溶地下水文地球化学的形成. 科学通报,2010-9.
2. 袁道先. 岩溶动力学理论的发展与国际岩溶研究中心的成立. 中国岩溶,2009-2.
3. 袁道先. 新形势下我国岩溶研究面临的机遇和挑战. 中国岩溶,2009-4.
4. 袁道先,章程. 岩溶动力学的理论探索与实践. 地球学报,2008-3.
5. 袁道先. 岩溶石漠化问题的全球视野和我国的治理对策与经验. 草业科学,2008-9.
6. 王宇,袁道先等. 云南省岩溶水系统特征及调查要点(英文). 云南地质,2007-2.
7. 王宇,袁道先等. 云南省岩溶水地球物理探测实践(英文). 中国岩溶,2007-2.
8. 贾亚男,袁道先. 不同土地利用方式对贵州岩溶土壤微量重金属元素含量的影响.

土壤通报,2007-6.

9. 蒋勇军,袁道先等. 典型岩溶农业区地下水质与土地利用变化分析——以云南小江流域为例. 地理学报,2006-5.

10. 贾亚男,袁道先等. 桂林东区土地利用变化对浅层岩溶地下水质的影响. 西南师范大学学报(自然科学版),2006-4.

11. 蒋勇军,袁道先等. 典型岩溶流域土地整理的生态评价——以云南小江流域为例. 中国岩溶,2006-4.

12. 袁道先. 现代岩溶学在中国的发展. 地质论评,2006-6.

13. 王宇,袁道先等. 泸西小江流域岩溶水有效开发模式. 中国岩溶,2005-4.

14. 曹建华,袁道先等. 受地质条件制约的中国西南岩溶生态系统. 地球与环境,2004-1.

15. 章程,袁道先. 典型岩溶地下河流域水质变化与土地利用的关系——以贵州普定后寨地下河流域为例. 水土保持学报,2004-5.

16. 蒋勇军,袁道先等. 岩溶流域土地利用变化对地下水水质的影响——以云南小江流域为例. 自然资源学报,2004-6.

17. 贾亚男,袁道先. 土地利用变化对水城盆地岩溶水水质的影响. 地理学报,2003-6.

18. 刘再华,袁道先等. 四川黄龙沟景区钙华的起源和形成机理研究. 地球化学,2003-1.

19. 袁道先. 岩溶地区的地质环境和水文生态问题. 南方国土资源,2003-1.

20. 袁道先. 以地球系统科学理论推动水文地质学发展——21 世纪水文地质学发展战略与优先资助领域研讨会. 水文地质工程地质,2003-1.

21. 赵景波,袁道先等. 西安灞河流域现代岩溶作用与 CO_2 吸收量. 第四纪研究,2000-4.

22. 刘再华,袁道先. 中国典型表层岩溶系统的地球化学动态特征及其环境意义. 地质论评,2000-3.

23. 袁道先. 对南方岩溶石山地区地下水资源及生态环境地质调查的一些意见. 中国岩溶,2000-2.

24. 袁道先. 美国著名水文地质学家辛普逊简介. 水文地质工程地质,1996-6.

25. 袁道先. 人类活动对岩溶水文系统的影响. 地球学报,1990-1.

26. 袁道先. 论岩溶环境系统. 中国岩溶,1988-3.

三、与地下水有关的主要英文论文及专著

1. On the heterogeneity of karst water. 1985. Karst Water Resources(Proceedings of the Ankara-Antalya symposium, July,1985), IAHS publ. No. 161, p281-292.

2. Some characteristics of groundwater protection in karst area. 1986. IAH memoires, Vol. XIX, Part 2, p135-142, Novinar Publishing House, Praha.

3. New observations on tower karst. 1986. International Geomorphology, Part II, p1109-1123, John Wiley and Sons LTD.

4. Keynote address: environmental and engineering problems of karst geology in China. 1987. Proceedings of the second multidisciplinary conference on sinkholes and the environmental impacts of karst, Orlando, FL. USA, p1-11, A. A. Balkema/Rotterdam/Boston.

5. Editorial-an environment worthy of special attention. 1988. Environmental Geology and

Water Sciences, Springer, Vol. 12, No. 1, p1-2.

6. Hydrology of the karst aquifer at the experimental site of Guilin in South China. 1990. Joint Paper with C. Drogue, Journal of Hydrology, 115(1990)285-296, Elsevier, Amsterdam, the Netherlands.

7. Karst in South China and its comparison with North China karst. 1990. Studia Carsologica, 3, p5-18, Czechoslovak Academy of Sciences, Inst. of Geography, Brno.

8. IGCP 299 "geology, climate, hydrology and karst formation", joint paper with William Back, Episodes, 1991, Vol. 14, No. 1, p80-81.

9. Karst and karst water in China. 1992. In IAH book "hydrogeology of selected karst regions", edited by W. Back and H. Paloc, Verlag Heinz Heise, p315-338.

10. Environmental change and human impact on karst in South China. 1993, In Paul. W. Williams (editor), karst terrains, environmental change and human impact, Catena supplement 25, Cremlingen, p99-107.

11. Karst in China. 1995. Episodes, Vol. 18, No. 1-2, p62-65.

12. Sensitivity of karst process to environmental change along the PEP-II transect. 1997. Quaternary International, Vol. 37, p105-113.

13. The Carbon Cycle in Karst, Z. Geomorph. N. E, Suppl. 108, 91-102, July, 1997.

14. Environmental Geology (Ed.), Proceedings of the 30th International Geological Congress, Vol. 24, VSP, The Netherlands, 1997, p299.

15. Rock Desertication in the Subtropical Karst of South China, July. 1997. Z. Geomorph. N. F. Suppl. 108, p81-90.

16. Contribution of IGCP 379 "karst processes and carbon cycle" to global change, Episodes, Sept. 1998, Vol. 21, No. 3, p198.

17. Global Karst Correlation, Final Report of IGCP 299 "Geology, Climate, Hydrology and Karst Formation" (Ed.). 1998. Science Press, Beijing, VSP Publisher, The Netherlands, p308, 70 colour photos.

18. IGCP 448: World Correlation of Karst Ecosystem (2000-2004), Episodes, 2000, 23 (4): 285-286.

19. Karst processes and the carbon cycle, final report of IGCP379(Ed.). 2002. Geological Publishing House, Beijing, China, p220, 12 color photos.

20. Guest Editorial: Geological Environments and Human Health in China, Environmental Health Perspectives, Journal of the National Institute of Environmental Health Sciences, USA, Volume 110, Number 9, September 2002, p500.

21. Yangshuo Karst, China. 2004. In John Gunn(Ed.), Encyclopedia of Caves and Karst Science, Taylor & Francis Books, Inc., New York, London, p781-783.

22. Timing, Duration, and Transitions of the Last Interglacial Asian Monsoon, Science, Vol. 304, No. 5670, 23 April, 2004, p575-578.

本人于2010年12月14日通过电子邮件提供英文论文及专著，并确认此简介。

张蔚榛 Zhang Wei-zhen(1923.10.5—)

性别	男	籍贯	河北丰润
学历	研究生	学位	副博士
职称	教授	职务	
工作单位	武汉大学水利水电学院		
E-mail	Zhangwzh@ cae. cn	电话	027-68775236
邮编	430072	通信地址	武汉市武昌区珞珈山武汉大学水利水电学院

一、综合介绍

农田水利和地下水专家。1945 年毕业于原北京大学工学院。1955 年毕业于原苏联科学院(获技术科学副博士学位)。长期从事农田水利和地下水开发利用的教学和科研工作。先后承担和参加了国家科技攻关和国家自然科学基金等多项研究项目。在华北平原地下水开发中强调:深层地下水补给有限,地下水的开采应以利用浅层地下水资源为主,并较系统地研究了浅层地下水资源评价主要参数的计算方法。在农田排水方面提出了不同条件下多种农田排水计算公式。先后主编专著《地下水非稳定流计算和地下水资源评价》,研究生教材《地下水动力学和土壤水动力》和《地下水文和地下水调控》,并发表论文多篇,其中大部分已收录到《张蔚榛论文集》。1997 年当选为中国工程院院士。

二、代表性论文

共发表中文期刊论文 59 篇,其中与地下水有关的中文期刊论文 39 篇。

1. 张蔚榛等. 对灌区水盐平衡和控制土壤盐渍化的认识. 中国水利,2003-16.

2. 张蔚榛. 地下水的合理开发利用在南水北调中的作用. 南水北调与水利科技,2003-4.

3. 张蔚榛. 农业节水问题的几点认识. 中国水利,2001-8.

4. 张瑜芳,张蔚榛. 考虑作物产量和化肥流失时排水设计标准的确定方法. 水利学报,2001-2.

5. 张蔚榛等. 麦田在降雨入渗和排水条件下化肥流失的试验研究. 灌溉排水,1999-3.

6. 张蔚榛,张瑜芳. 渍害田地下排水设计指标的研究. 水科学进展,1999-3.

7. 张蔚榛,张瑜芳等. 排水条件下化肥流失的研究——现状与展望. 水科学进展,1997-2.

8. 张蔚榛,张瑜芳等. 小麦受渍抑制天数指标的探讨. 武汉水利电力大学学报,1997-5.

9. 张瑜芳,张蔚榛等. 以小麦生长受抑制的天数为指标的排水标准试验研究. 灌溉排水,1997-3.

10. 张瑜芳,张蔚榛等. 排水农田氮素运移、转化及流失规律的研究. 水动力学研究与进展 A 辑,1996-3.

11. 沈荣开,张蔚榛等. 三峡工程对江汉平原土壤沼泽化及渍害影响的研究. 武汉水利电力大学学报,1995-4.

12. 张蔚榛,张瑜芳. 有关农田排水标准研究的几个问题. 灌溉排水,1994-1.

13. 张瑜芳,张蔚榛. 以作物受渍持续时间为基础的地下水排水标准. 中国农村水利水电,1994-9.

14. 张蔚榛,蔡美娟. 均质壤土给水度的室内试验和数值模拟. 武汉大学学报(工学版),1988-2.

15. 张瑜芳,张蔚榛. 垂向一维均质土壤水分运动的数值模拟——数学模型和计算方法. 工程勘察,1984-4.

16. 张瑜芳,张蔚榛. 垂向一维均质土壤水分运动的数值模拟在降雨入渗和蒸发条件下的运用. 工程勘察,1984-5.

17. 张瑜芳,张蔚榛. 垂向一维均质土壤水分运动的数值模拟在不同地下水位控制和蒸发条件下的运用. 工程勘察,1984-6.

18. 张蔚榛,张瑜芳. 土壤的给水度和自由空隙率. 灌溉排水学报,1983-2.

19. 张蔚榛,沈荣开. 明沟排水条件下稻田的渗漏和冲洗种稻对地下水的淡化作用研究. 水利学报,1983-11.

20. 张蔚榛,张瑜芳. 土壤释水性和给水度数值模拟的初步研究. 水文地质工程地质,1983-5.

21. 张蔚榛,沈荣开. 河渠影响下地下水非稳定流计算(双层结构含水层情况). 武汉大学学报(工学版),1982-1.

22. 张蔚榛. 包气带水分运移问题讲座(一)——包气带水分运移基本方程. 水文地质工程地质,1981-1.

23. 张蔚榛,张瑜芳. 包气带水分运移问题讲座(四)——蒸发条件下土壤水分运动(上). 水文地质工程地质,1981-4.

24. 张蔚榛,张瑜芳. 包气带水分运移问题讲座(四)——蒸发条件下土壤水分运动(下). 水文地质工程地质,1981-5.

25. 张蔚榛,张瑜芳. 河渠影响下地下水非稳定流计算(双层结构含水层情况). 武汉大学学报(工学版),1981-4.

26. 张蔚榛,张瑜芳. 群井自三层结构含水层取水(水源地成圆形和长方形布置)时地下水非稳定流计算. 工程勘察,1980-2.

资料来自 http://www.cae.cn/cn/ysxx/qtysmd/,2010 年 11 月 28 日杨金忠教授通过电子邮件确认此简介。

张宗祜 Zhang Zong-hu(1926.2.19—)

性别	男		籍贯	河北满城
学历	研究生		学位	副博士
职称	教授		职务	名誉所长
工作单位	中国地质科学院水文地质环境地质研究所			
E-mail	zhzhang0@heinfo.net		电话	
邮编	050803	通信地址	河北省正定县中山东路92号	

一、个人简历

1948年毕业于北京大学,1955年毕业于莫斯科地质勘探学院研究生部,获副博士学位。现为中国地质科学院水文地质环境地质研究所名誉所长,中国地质学会水文地质专业委员会名誉主任,国际水文地质学家协会会员。1980年当选为中国科学院院士,1984年国家批准其为博士生导师,1994年当选为中国工程院首批院士。

二、主要成就

50多年来,在水文地质、工程地质、第四纪地质专业研究工作中,主持、设计并亲自参加了多项国家及部级重大科研攻关项目及基础研究项目,多次获国家及部级重大科研成果奖励;主编了一系列图件,出版了30多部著作。1980年获全国地质系统劳动模范,1984年获国家有突出贡献专家证书,1993年获李四光地质科学荣誉奖,1998年获中国工程科学技术奖,2000年获何梁何利基金科学与技术进步“地球科学奖”。多年来在以下方面作出突出贡献(只列与地下水有关的):

(1)“六五”至“七五”期间,国家科委把“华北地区水资源评价及开发利用”作为国家重点科技攻关项目,由水利部负责地表水部分,地矿部负责地下水部分,相互配合,进行研究。张宗祜承担了地下水部分的工作,负责制订研究计划和实施方案,组织了30个单位的200余名专业人员,对华北地区(包括河北、河南、山西、山东及京、津地区)的地下水资源的量及时空分布规律、地表水与地下水调蓄的可行性、缓解水资源供需矛盾的途径进行了全面系统的研究。此项工作取得的最主要的突出成就为:①解决了大区域复杂地质条件地区地下水资源量计算中的最大关键难题,即资源量计算用的水文地质参数的确定。为此,进行了大量野外现场试验,对不同自然条件地区的各种参数,特别是降水入渗、给水度、渗透系数等,通过检验、验证、筛选,建立了华北地区水文地质参数系列,使华北地区地下水资源量得到了正确可靠的评价。至今该成果仍是各地区地下水资源计算的基础,被各部门广泛应用。②在华北平原内大气降水入渗转化为潜水的过程中,水分运移转化机制是决定降水对地下水补给量和补给速率的关键。在研究工作中采用了同位素和中子水分仪等先进方法技术,解决了华北平原浅层地下水补给量的计算方法,论证了不同降水条

件地区补给量与地下水位埋深的关系，提出并确定了华北平原地下水合理开采的临界深度和最佳水位，使华北平原在开采地下水时对浅层地下水位可以进行合理调控。这一成果在河南、山东等地区得到实践证明，并取得了巨大的社会、经济效益。③为了扩大华北地区可利用的水资源量，提出了增补地下水资源的多种途径，经过在北京、天津、石家庄三地进行现场调蓄入渗试验，评价了华北平原水资源地下调蓄的可行性和广泛应用条件，圈定出16个最佳调蓄地段，提出建立调蓄与开采水源地的联合运用系统工程的建议。

(2)为解决黄土高原地区大型引水灌溉渠道渗漏问题，研究了黄土地层中水流入渗的规律。通过进行大规模和长时间的黄土渗透性现场实验研究，提出了黄土地层中入渗水流运移规律和黄土渗透系数的新概念，指出了国内外普遍应用的达西定律在黄土地层中应用的局限性及修订意见。结合甘肃大型引水工程(引洮总干渠)的施工，在海拔2 130米的黄土梁峁上，进行了大型渗水试验，连续进行了1 800个小时的试验，取得了最宝贵的第一手试验资料，总结出有关黄土渠道渗漏过程的规律：一是长时间渗透过程中，渗透浸润线的变化和渗漏量变化取决于黄土地层结构和黄土的自身微结构；二是长期渗透过程中，黄土层的渗透系数随入渗时间的变化而改变着。因此，确定了黄土的渗透性 K 值不是常数。这两点认识，对评价黄土地区引水渠道渗漏量和渗漏稳定状态时间有十分重要的意义。

(3)“八五”期间，作为首席科学家主持了地质矿产部重点基础研究项目“中国北方晚更新世以来地质环境演化与未来生存环境变化趋势预测”。研究地区包括青藏高原、黄土高原、鄂尔多斯高原以及华北平原和渤海沿海地带，通过对典型地区的古环境演变的研究，掌握了更新世以来我国北方古环境特点，并据此预测下个世纪我国北方生存环境的变化趋势。因此，在空间上选择了上述相毗邻的典型的地质－地理区域，在时间上选定了晚更新世(15万年以来)、全新世(1万年以来)以及历史时期(2 000年以来)三个时段分析了其古气候、古环境的变化，并探讨了21世纪我国北方的气候、陆地水资源、国土资源这三个生存要素的变化趋势。1998年出版了专著。

(4)1993～1996年的国家自然科学基金重点项目“人类活动影响下华北平原地下水环境的演化与发展”，由地矿部水文地质工程地质研究所、中国地质大学(北京)环境科学系和南京大学地球科学系共同完成，张宗祜为项目负责人。该项目是一项研究华北平原第四系地下水系统在自然条件叠加人为因素影响下的地下水动力场和地下水地球化学场演化与发展的综合性环境地学课题。通过对包气带水分、物质、能量的转换与传输的研究，地下水地球化学环境演化规律的研究，地下水超量开采条件下地下水循环系统形成及其演变规律的研究和地下水环境演化预测等，全面系统地对华北平原地下水在人类活动影响下的演化发展作了科学总结。并利用地下水作为气候、环境的信息载体，把地下水的研究与外部环境的研究结合起来，在地下水中进行全球变化信息的提取、分析、对比、解译，获得了重要进展。

三、与地下水有关的代表性论著

撰写了《中国黄土》、《中国第四纪地质》等多部著作，发表中文期刊论文50余篇(其中与地下水有关的中文期刊论文14篇)。

1. 王大纯,张宗祜. 水文地质学的研究现状和今后发展方向. 科学通报,1965-6.

2. 张宗祜等. 甘肃定西附近黄土渗透性及湿陷性试验研究//地质部地质科学院论文集(丁种). 水文地质工程地质,1966,第1号.

3. 张宗祜. 发展中的水文地质学. 水文地质工程地质,1979-1.

4. 张宗祜等. 中华人民共和国水文地质图集. 地图出版社,1980.

5. 张宗祜,张之一等. 黄土湿陷变形过程中微结构变化特征及湿陷性评价//国际交流地质学术论文集. 地质出版社,1985,第6集.

6. 张宗祜,任福弘等. 三十年来水文地质工程地质研究工作的回顾与展望. 地球学报,1986-3.

7. 张宗祜. 水文地质、工程地质与环境地质研究的主要动向概述. 当代地质科学动向,1987.

8. 张宗祜. 第四纪地质研究在水文地质工程地质工作中的意义. 海洋地质与第四纪地质,1987-4.

9. 张宗祜. 地质环境与环境地质//中国水文地质工程地质勘查院编. 环境地质研究. 地震出版社,1991.

10. 张宗祜等. 应积极开展人类活动影响下地下水环境的演化及发展的研究. 水文地质工程地质,1992-5.

11. 张宗祜. 中国水文地质学发展简史//中国地质学科发展的回顾. 中国地质大学出版社,1995.

12. 张宗祜等. 开展中国大陆水圈演化研究,保护人类生存环境. 地球学报——中国地质科学院院报,1995-1.

13. 张宗祜. 我国水资源问题的分析及对策. 中国科学院院刊,1996-1.

14. 张宗祜等. 黄土高原区域环境地质问题及治理. 科学出版社,1996.

15. Zhang Zonghu. A brief development history of hydrogeology in China. Proc. 30th Intern, Geol. Congr, Vol. 26, Wang, et al. (Eds.) VSP, 1997.

16. 张宗祜. 亚洲水文地质图 (1:800万). 地质出版社,1997.

17. 张宗祜等. 人类活动影响下华北平原地下水环境的演化与发展. 地球学报,1997-4.

18. 曾溅辉,张宗祜等. 非饱和带土体-浅层地下水系统氟的地球化学——以河北邢台山前平原为例. 地球学报,1997-4.

19. 张宗祜,施德鸿等. 论华北平原第四系地下水系统之演化. 中国科学D辑,1997-2.

20. 张宗祜等. 中国北方晚更新世以来地质环境演化及未来生存环境变化趋势预测. 地质出版社,1999.

21. 张宗祜等. 华北平原地下水环境演化. 地质出版社,2000.

22. 张宗祜等. 大陆水循环系统演化及其环境意义. 地球学报,2001-4.

23. 张宗祜. 中国北方晚更新世以来地质环境及未来生存环境变化趋势预测. 第四纪研究,2001-3.

24. 张宗祜,卢耀如. 中国可持续发展水资源战略研究报告集第9卷:中国西部地区水资源开发利用. 中国水利水电出版社,2002.

25. 张宗祜等. 河北省阳原台儿沟剖面泥河湾河湖相层岩石地层的划分. 地质通报, 2003-6.

26. 张宗祜,李烈荣. 中国地下水资源. 中国地图出版社,2004-9.

27. 张宗祜,李烈荣. 中国地下水资源与环境图集. 中国地图出版社,2004-9.

28. 张宗祜. 环境地质与地质灾害. 第四纪研究,2005-1.

29. 张宗祜. 华北大平原. 自然,2005-12.

30. 张宗祜等. 1∶400 万中国地下水资源图、1∶400 万中国地下水环境图. 中国地图出版社,2006.

31. 张宗祜等. 区域地下水演化过程及其与相邻层圈的相互作用. 地质出版社,2006.

四、主持或参加的与地下水有关的主要学术活动

1955 年初,通过副博士论文答辩,荣获地质矿物学副博士学位。学位论文题目为"黄土地区运河设计和修建中的工程地质研究";

1956 年,参加国家 1956 ~ 1965 年科技发展规划有关地质矿产方面的编制工作,筹建地质部水文地质工程地质研究所;

1957 年,参加中苏地质专家长江三峡坝址地质鉴定组对长江三峡比较坝址及嘉陵江坝址的考察,并提出地质鉴定报告;

1957 年,负责中苏科技合作项目:中国黄土工程地质研究;

1959 年,赴苏联莫斯科及中亚细亚地区考察黄土地区工程建设及研究机制,并在原全苏水文地质工程地质研究所作学术报告,在苏联刊物《苏联地质学》上发表关于中国黄土的学术论文;

1963 年,参加全国农业发展十年(1963—1972)规划会议;

1983 ~ 1987 年,负责主持国家科委"六五"第三十八项重点科技攻关项目"华北地区水资源评价及开发利用研究(地下水部分)";

1992 年,应西藏自治区政府邀请赴西藏一江(雅鲁藏布江)两河(拉萨河,年楚河)考察农业、水利;

1993 年,参加并负责中国科学院院士咨询考察团赴东部沿海地区(珠海三角洲、长江三角洲及黄河三角洲)的海平面上升科学考察;

参加并负责我国西南岩溶石山地区(贵州、云南)中国科学院院士考察团工作,参加并负责中国科学院院士西北(甘肃、内蒙古)水资源情况考察团的咨询考察工作,参加地矿部及陕、甘、宁、青、新、内蒙六省区召开的西北地区地下水资源勘查开发座谈会,并作了学术报告;

1996 年,参加中国科学院云南澜沧江及攀西地区考察工作, 主编完成了"亚洲水文地质图"(1∶250 万);

1998 年,赴台湾地区参加海峡两岸地质环境与自然灾害学术研讨会,在会上作了学术报告;

2000 年,参加中国科协 2000 年年会,大会上作特邀报告"我国西北地下水资源开发利用";

2001 年 12 月，赴香港地区参加“两岸三地华人地质研讨会”，会上作学术报告；

2001～2003 年，参加中国工程院“中国可持续发展水资源战略研究”综合组工作，负责“西北地区水资源开发利用”报告编写；

2006 年，在北京召开的第三十四届国际水文地质大会上作了“中国地下水的现状与未来”的报告。

资料来自 http://www.iheg.org.cn/web/iheg09/kydw/zzonghu.asp，李政红修改，2010 年 11 月 14 日张发旺研究员通过电子邮件确认此简介。

第二部分　中国地下水科学博士生导师简介

卞建民 Bian Jian-min (1968.5—)

性别	女		籍贯	吉林延吉
学历	博士研究生		学位	博士
职称	教授		职务	副主任
工作单位	吉林大学环境与资源学院地下水科学与工程系			
E-mail	bianjm@ jlu. edu. cn bianjianmin@ 126. com		电话	13844190052
邮编	130026	通信地址	长春市西民主大街938号 吉林大学环境与资源学院	

一、个人简历

(一)受教育经历

1987.9—1991.7　长春地质学院,本科;

1993.9—1996.7　长春科技大学,硕士;

1997.9—2000.12　吉林大学,博士;

2000.12—2002.12　中国科学院贵阳地球化学研究所,博士后;

2009.3—2009.10　加拿大多伦多大学,访问学者。

(二)工作经历

1991.7—1993.9　吉林省地质环境监测总站;

1996.7—　吉林大学。

二、研究方向

水资源评价与管理,水环境与水生态。

三、讲授课程

地下水动力学,水文地质学基础,专业英语,水环境监测与评价,生态水文地质学。

四、主持的与地下水有关的省部级科研项目

1. 苏打盐渍土区区域水田开发的盐分迁移响应研究，国家自然科学基金（2011—2013）；

2. 突变理论在海洋溢油风险评估中的应用研究，国家海洋局海洋溢油鉴别与损害评估技术重点实验室开放研究基金。

五、与地下水有关的代表性论文

1. Bian Jianmin, Tang Jie, Lin Nianfeng. Relationship between saline-alkali soil formation and neotectonic movement in Songnen Plain, China. Environmental Geology, 2008, 5: 1421-1429（SCI 收录）.

2. Bian Jianmin. Groundwater resources optimal allocation countermeasures in the Liaohe Oil field area. Proceedings of the 34th Congress of International Association of Hydrogeologists October 9-13, 2006, Bejing, China, 2006. 10.

3. Lin Nianfeng, Tang Jie, Bian Jianmin. Characteristics of Environmental Geochemistry in the Arseniasis Area of the Inner Mongolia of China. Environmental Geochemistry and Health, 2002, 24(3): 249-259（SCI 收录）.

4. Bian Jianmin. Simulating the impact of land-use change on regional infiltration in the western of Jilin Province, 2010 EPPH（EI 收录）.

5. Bian Jianmin, Tang Jie, Feng Ling. The hydrogeochemical characters in the arsenic poisoning area in the West of Jilin Province. 2009. International Forum on Porous Flow and Applications（ISTP 收录）.

6. Bian Jianmin, Tang Jie. Environmental characteristics and arsenic enrichment in groundwater, western Jilin, China. Proceedings of WIR-12, Kunming, August, 2007. Talor & Francis Group, Landon, UK: 1011-1015（ISTP 收录）.

7. 汤洁，卞建民等. GIS-Pmodflow 集成技术进行松嫩平原西部潜水环境预警. 水科学进展，2006-4.

8. 卞建民等. 吉林西部砷中毒区高砷地下水反向地球化学模拟. 吉林大学学报（地球科学版），2010-5.

六、著作及教材

1. 迟宝明，戴水汉，卞建民等. 地下水动力学习题集. 科学出版社，2001. 9.

2. 汤洁，卞建民，李昭阳，房春生. 3S 技术在环境科学中的应用. 高等教育出版社，2009. 12.

七、获得的省部级以上奖励及荣誉称号

1. 吉林乾安农业生态环境地质综合研究，2001 年获吉林省科技进步奖三等奖；

2. 吉林西部生态环境与综合修复技术研究，2002 年获吉林省科技进步奖二等奖；

3. 吉林西部水资源环境预警研究,2004 年获国土资源部科技进步奖二等奖;
4. 吉林西部碱化沙化土地防治研究,2007 年获吉林省科技进步奖三等奖;
5. 地下水动力学习题集,2007 年获吉林省普通高等学校优秀教材二等奖;
6. 地下水动力学习题集,2008 年获吉林大学优秀教材一等奖;
7. 水文与水资源工程实习指导书,2009 年获吉林大学校级教学成果三等奖。

本人于2010年11月25日通过电子邮件供稿。

陈鸿汉 Chen Hong-han(1956—)

性别	男		籍贯	四川乐山
学历	博士研究生		学位	博士
职称	教授		职务	重点实验室主任
工作单位	北京地质大学(北京)水资源与环境学院			
E-mail	chenhh@ cugb. edu. cn		电话	010-82323345
邮编	100083	通信地址	北京地质大学(北京)水资源与环境学院	

一、个人简历

1978 年 3 月考入长春地质学院水文地质工程地质系水文地质专业，1982 年 2 月毕业，获工学学士学位，1985 年 9 月至 1988 年 7 月在长春地质学院攻读水文地质专业硕士学位(硕士研究生导师：曹以临教授)，于 1988 年 7 月通过硕士学位论文答辩，获工学硕士学位，1990 年 9 月至 1993 年 12 月于国家地震局地质研究所攻读地球动力学与大地构造物理学专业水文地质方向博士学位(博士研究生导师：罗焕炎研究员)，1993 年 12 月通过博士学位论文答辩，获工学博士学位。

1982 年 2 月至 1997 年 7 月在长春地质学院水文地质工程地质系从事水文地质教学科研工作，1997 年 7 月至今在中国地质大学(北京)从事地下水科学和工程、环境科学与工程专业的教学科研工作；1987 年 12 月获讲师任职资格，1994 年 12 月晋升为副教授，2000 年 12 月晋升为教授，2003 年 12 月被评为博士生导师。2004 年任水资源与环境工程北京市重点实验室主任。

二、学术兼职

中国环境科学学会环境影响评价分会副主任委员、中国地质学会岩溶专业委员会委员、中国地质学会洞穴研究会委员、《中国岩溶》编委会委员、《水文地质工程地质》编委会委员。

三、主要研究方向

地下水污染评价与控制修复，环境评价与规划。

四、主持的国家级和省部级科研项目(课题)

1. 南水北调中线总干渠水质安全保障关键技术与工程示范课题(国家水体污染控制与治理科技重大专项课题 2009ZX07212-003，2009—2011)；

2. 释氧渗透反应格栅去除地下水中有机污染物的生物化学机理研究（国家自然科学基金项目，2011—2013）；

3. 北京城近郊区浅层地下水质变化和污染的动力学过程（国家重点基础研究发展规划项目 G1999045706，1999—2005，首席助理、课题负责人）；

4. 地下水中氯代烃污染的生物活化共代谢降解研究（国家自然科学基金项目 40372109，2004—2006）；

5. 污染场地的土壤地下水有机污染健康风险评价与修复研究（国家科技部国际科技合作项目，2007—2008）；

6. 全国地下水污染防治规划（国家环境保护部，2006—2010，项目技术组主要负责人）；

7. 南水北调中线干渠两侧水源保护区划定技术方法（国务院南水北调工程建设委员会办公室，2007—2008，项目技术组负责人）；

8. 国家环境保护总局：全国饮用水水源地环境保护规划（2005—2007）（项目技术组主要参加人，负责编制《饮用水水源保护区划分技术规范》中的地下水部分）；

9. 苏锡常地区浅层地下水有机污染调查（国家地质调查局国土资源大调查项目 200310400046，2003—2005）；

10. 北京地下水有机污染调查（国家地质调查局国土资源大调查项目 J3. 2. 3，1999—2003）；

11. 国家水环境污染控制与模拟重点实验室基金课题——沿海地区地下水环境系统动力学方法研究（1998—1999）。

五、著作

1. 陈鸿汉，刘俊，高茂生. 城市人工水体水文效应与防灾减灾. 科学出版社，2008.

2. 张永祥，陈鸿汉. 多孔介质溶质运移动力学. 地震出版社，2000. 10.

3. 朱远峰，陈鸿汉等. 岩溶空隙位置的定量预测及其连通性的数学模拟. 地震出版社，1999. 10.

4. 陈鸿汉等. 沿海地区地下水环境系统动力学方法研究. 地质出版社，1999. 10.

六、代表性论文

发表论文 100 余篇，其中 SCI 收录 10 篇。

1. M. Seyf-laye Alfa-Sika, Liu Fei*, Chen Honghan. Optimization of key parameters for chromium (VI) removal from aqueous solutions using activated charcoal. Journal of Soil Science and Environmental Management, Vol. 1(3), p55-62, May 2010.

2. Li Binghua, Chen Honghan, Wang Kui, Cao Xiaojuan. PAHs in the shallow groundwater of Taihu Plain: distribution and sources identification by molecular ratio and statistical techniques. Journal of China University of Geosciences, 2007, 7(18): 62-65(SCI).

3. Ren Zhongyu, Chen Honghan, Liu Guohua. Delineating water resource protection area along the trunk canals of the middle route of the south-to-north water diversion project. Journal of

三、研究方向

土壤－地下水污染物迁移规律与原位修复技术，定量环境与健康风险评估，废弃矿山地球化学演变与污染防治，固体废物填埋的水文地质风险评估，地下水资源管理。

四、代表性的学术论文

1. Chen M. 2010. Alternative integration procedures in combining multiple exposure routes for the derivation of generic assessment criteria with the CLEA model. Journal of Land Contamination and Reclamation, Vol. 18:2, p135-150.

2. Geng C, Luo Q, Chen M, Li Z, Zhang C. 2010. Human health and ecological risk assessment of Tricholorthene for a former chemical works in Shanghai. Journal of Human and Ecological Risk Assessment, Vol. 16:2, p429-443.

3. Chen M, Soulsby C, Younger P L. 1999. Predicting the generation of minewater pollution and its impacts on the quality of the River Almond following abandonment of Polkemmet Colliery, Scotland. Quarterly Journal of Engineering Geology, 32:351-362.

4. Soulsby C, Moir H, Chen M, Gibbins C. 1998. Assessing the impact of groundwater development on Atlantic salmon spawning habitat in a Scottish river: integrating hydrogeological and hydroecological models. In: Wheater, H. and Kirby, C.. (Eds.) Hydrology in a Changing Environment: hydrological and ecological interactions. Wiley, Chichester, 3-16.

5. Soulsby C, Chen M, Ferrier R C, Helliwell R C, Jenkins A, Harriman R. 1998. Hydrogeochemistry of groundwater in an upland Scottish catchment. Hydrological Processes, 1111-1127.

6. Chen M, Soulsby C. 1997. Risk assessment for a proposed groundwater abstraction Scheme in northern Strathmore, northeast Scotland: a modelling approach. Journal of the Chartered Institution of Water and Environmental Management, 11(1):47-55.

7. Chen M, Soulsby C, Willetts B. 1997. Modelling river-aquifer interactions at the Spey Abstraction Scheme, northeast Scotland: Implications for Aquifer Protection. Quarterly Journal of Engineering Geology, 30(2): 123-136.

8. Soulsby C, Chen M, Malcolm R. 1997. Groundwater protection in the UK: towards blending science and policy. In: Water Quality, Processes and Policy (Edited by Webb B W, Trudgillt S T T, Walling D E). John Wiley and Sons.

9. Chen M, Soulsby C. 1997. Modelling Stream-Aquifer Interactions: a case study of environmental risk assessment for a proposed groundwater abstraction scheme in northeast Scotland. In: Sustainability of Water Resources under Increasing Uncertainty (Edited by Dan Rosbjerg). IAHS Publication, 241:427-435.

资料来自 http://www.issas.cas.cn/yjsjy/dsjj/bssds/201007/t20100705_2892949.html，本人于2010年11月26日通过电子邮件确认此简介。

陈 威 Chen Wei(1970—)

性别	男		籍贯	天津市
学历	博士研究生		学位	博士
职称	教授		职务	重点实验室主任
工作单位	南开大学环境科学与工程学院			
E-mail	chenwei@ nankai. edu. cn		电话	022-66229516
邮编	300071	通信地址	天津市南开区卫津路94号	

一、研究领域

土壤与地下水污染和修复，环境有机化学。

二、主要学术经历

1988.9—1992.7　南开大学环境科学系环境化学专业，获学士学位。

1992.9—1994.7　南开大学环境科学系环境化学专业，攻读硕士学位。

1994.9—1997.5　美国莱斯大学环境科学与工程系，获硕士学位。

1997.6—1999.9　美国莱斯大学环境科学与工程系，获博士学位。

1999.3—2004.8　美国 Brown and Caldwell 环境工程公司，工程师。

2004.2—　南开大学环境科学与工程学院，校特聘教授(环境科学岗位)、博士生导师；天津市城市生态环境修复与污染防治重点实验室主任。

2004.2—　莱斯大学土木与环境工程系，客座教授。

2006.2—　南开大学中美环境修复与可持续发展中心，主任。

三、主要学术任职

天津市城市生态环境修复与污染防治重点实验室主任，南开大学中美环境修复与可持续发展中心主任。中国环境科学学会土壤与地下水环境专业委员会委员，中国自然资源学会资源循环利用专业委员会委员，《环境化学》编辑委员会委员。

美国莱斯大学(Rice University)土木与环境工程系客座教授，美国化学学会(American Chemical Society)会员，美国德克萨斯州注册工程师(Registered Professional Engineer)。

四、社会职务

天津市青年联合会第十一届委员会委员，天津市留学人员联谊会/天津市欧美同学会理事，南开大学侨联暨留学归国人员联谊会委员。

五、荣誉与奖励

入选2008年中国优秀百篇最具影响国际学术论文，获得“天津市优秀留学人员”荣誉称号，入选2006年天津市“131创新型人才培养工程”第一层人选，入选2005年教育部“新世纪优秀人才支持计划”，获得2005年霍英东教育基金会高等院校青年教师基金资助。

六、主持的与地下水有关的省部级科研项目

1. 极性有机污染物与碳基纳米材料的特殊作用对不可逆吸附的影响（国家自然科学基金面上项目20977050，2010.01—2012.12）。

2. 利用新型纳米技术去除饮用水中藻毒素和内分泌干扰物的研究（教育部高等学校科技创新工程重大项目培育资金项目708020，2009.1—2011.12）。

3. 土壤中持久性有机有毒污染物的迁移转化规律及对地下水的影响（国家自然科学基金重点项目20637030，2007.1—2010.12）。

七、主讲课程

2005年至今，讲授土壤与地下水污染和修复（南开大学硕士生/博士生课程）

2007年至今，参与讲授污染生态化学（南开大学本科生课程）

八、与地下水有关的代表性论文

1. Yang W, Kan A, Chen W, Tomson M. 2010. pH-Dependent effect of zinc on arsenic adsorption to magnetite nanoparticles. Water Research (in press).

2. Wang L, Zhu D, Duan L, Chen W. 2010. Adsorption of single-ringed N-and S-Heterocyclic aromatics on Carbon Nanotubes. Carbon, 48(13):3906-3915.

3. Ji L, Chen W, Xu Z, Zheng S, Zhu D. 2009. Adsorption of sulfonamide antibiotics to Multi-walled Carbon Nanotubes. Langmuir, 25(19):11608-11613.

4. Chen W, Duan L, Wang L, Zhu D. 2009. Response to comment on “Adsorption of Hydroxyl-and Amino-Substituted aromatics to Carbon Nanotubes”. Environmental Science & Technology, 43(9):3400-3401.

5. Ji L, Chen W, Duan L, Zhu D. 2009. Mechanisms for strong adsorption of tetracycline to carbon nanotubes: A comparative study using activated carbon and graphite as adsorbents. Environmental Science & Technology, 43(7):2322-2327.

6. Chen J, Chen W, Zhu D. 2008. Adsorption of nonionic aromatic compounds to single-walled carbon nanotubes: Effects of aqueous solution chemistry. Environmental Science & Technology, 42(19):7225-7230.

7. Duan L, Zhang N, Wang Y, Zhang C, Zhu L, Chen W. 2008. Release of hexachlorocyclohexanes from historically and freshly contaminated soils in China: Implications for fate and regulation. Environmental Pollution, 156:753-759.

8. Chen W, Cong L, Hu H. Zhang P, Li J, Feng Z, Kan A, Tomson M. 2008. Release of

adsorbed polycyclic aromatic hydrocarbons under cosolvent treatment: Implications for availability and fate. Environmental Toxicology and Chemistry, 27(1):112-118.

9. Yang W, Duan L, Zhang N, Zhang C, Shipley H, Kan A, Tomson M, Chen W. 2008. Resistant desorption of hydrophobic organic contaminants in typical chinese soils: Implication for long-term fate and soil quality standards. Environmental Toxicology and Chemistry, 27(1): 235-242.

10. Chen W, Duan L, Zhu D. 2007. Adsorption of polar and nonpolar compounds to Carbon Nanotubes. Environmental Science & Technology, 41(24):8295-8300.

11. Chen W, Lakshmanan K, Kan A T, Tomson M B. 2004. A program for evaluating dual-equilibrium desorption effect on remediation. Ground Water, 42:620-624.

12. Chen W, Kan A T, Newell C J, Moore E M, Tomson M B. 2002. More realistic soil cleanup standards with dual-equilibrium desorption. Ground Water, 40:153-164.

13. Chen W, Kan A T, Tomson M B. 2001. Modeling irreversible sorption of hydrophobic organic contaminants in natural sediments. in Persistent, Bioaccumulative, Toxic Chemicals I, Fate and Exposure, American Chemical Society.

14. Kan A T, Chen W, Tomson M B. 2001. Resistant desorption kinetics of chlorinated organic compounds from contaminated soil and sediment. in Persistent, Bioaccumulative, Toxic Chemicals I, Fate and Exposure, American Chemical Society.

15. Chen W, Kan A T, Tomson M B. 2000. Response to comment on "irreversible adsorption of chlorinated benzenes to natural sediments—implication for sediment quality criteria." Environmental Science & Technology, 34:4250-4251.

16. Chen W, Kan A T, Tomson M B. 2000. Irreversible adsorption of chlorinated benzenes to natural sediments—implication for sediment quality criteria. Environmental Science & Technology, 34:385-392.

17. Chen W, Kan A T, Fu G, Tomson M B. 2000. Factors affecting the release of hydrophobic organic contaminants from natural sediments. Environmental Toxicology and Chemistry, 19:2401-2408.

18. Kan A T, Chen W, Tomson M B. 2000. Desorption kinetics of neutral hydrophobic organic compounds from a field contaminated sediment. Environmental Pollution, 108:81-89.

19. Chen W, Kan A T, Fu G, Vignona L C, Tomson M B. 1999. Adsorption-desorption Behaviors of hydrophobic organic compounds in sediments of lake charles, Louisiana, USA. Environmental Toxicology and Chemistry, 18:1610-1616.

20. Kan A T, Fu G, Hunter M, Chen W, Ward C H, Tomson M B. 1998. Irreversible sorption of neutral hydrocarbons to sediments: experimental observations and model predictions. Environmental Science & Technology, 32:892-902.

资料来源 http://env.nankai.edu.cn/showteacher.asp? id=20;http://cohesion.rice.edu/engineering/CEVE/people_detail.cfm? faculty_id=39,本人于2010年10月22日通过电子邮件确认此简介。

陈 喜 Chen Xi(1964.1—)

性别	男		籍贯	江苏淮安
学历	博士研究生		学位	博士
职称	教授		职务	
工作单位	河海大学水文水资源学院			
E-mail	xichen@ hhu. edu. cn		电话	025-83786981
邮编	210098	通信地址		南京市西康路1号

一、个人简历

1984年7月在河海大学获水文水资源专业学士学位,1990年3月在河海大学获水文地质及工程地质专业硕士学位,1999年11月在河海大学获水文水资源专业博士学位。1984年8月至1987年8月在武汉水利电力学院从事教学和科研工作,助教。1990年3月至1998年12月在河海大学从事教学和科研工作,讲师、副教授。

1998年12月至2000年11月在香港中文大学从事博士后研究。2000年11月至2002年7月在美国Nebrask-Lincoln大学从事博士后研究。2002年8月至2005年8月任河海大学水资源环境学院教授、原水资源开发教育部重点实验室副主任。2007年2~8月,澳大利亚西澳大学Gledden高级访问学者。2005年9月至今,任水文水资源及水利工程科学国家重点实验室首席教授、博士生导师。2004年入选教育部"新世纪优秀人才支持计划"。2009年获江苏省"333高层次人才培养工程"中青年科学技术带头人。

主要研究方向:地表水与地下水相互作用、地下水数值模拟、流域水文过程数值模拟等。

二、主持的省部级以上科研项目

1.2011—2013 "地下水消落对产流机制及河川径流影响研究"(国家自然科学基金面上项目,51079038)。

2.2010—2013 "西南喀斯特流域水文变异性及生态水文过程耦合模拟研究"(国家自然科学基金重点项目,40930635)。

3.2008—2010 "流域生态水文多维机理及耦合模型研究"(教育部科学技术研究重大项目,308012)。

4.2006.9—2010.8 "西南喀斯特山地石漠化与适应性生态系统调控"第四课题"喀斯特地区水循环动力过程及其水文生态效应"(973项目课题,2006CB403204)。

5.2007.1—2009.12 "河岸带水文过程模拟及河道蓄水补源的生态水文效应"(国

家自然科学基金面上项目，50679025）。

6. 2007. 1—2009. 12 “GCM降尺度与水文模型耦合预估未来气候变化对水文水资源极值影响”（教育部博士点基金）。

7. 2006. 11—2009. 12 “雨洪资源化利用技术研究及应用”（科技部支撑计划，2006BAB14B04）。

三、代表性论文（发表学术论文100余篇）

1. Chen X, Zhang Z C, Chen X H, Shi P. 2009. The impact of land use and land cover changes on soil moisture and hydraulic conductivity along the karst hillslopes of southwest China, Environmental Earth Sciences, DOI:10. 1007/s12665-009-0077-6.

2. Chen Xi, Zhang Xinnan, Qian Minkai. Estimation of groundwater recharge from precipitation and loss for evapotranspiration by soil moisture model, Journal of Hydrological Engineering, 13(5):333-340,2008.

3. Chen Xi, Chen Yongqin, Zhang Zhicai. A numerical modeling system of hydrological cycle for estimation of water fluxes in Huaihe River Plain region, China, Journal of Hydrometeorology, 8(4):702-714,2007.

4. Chen X, Chen Y D, Xu C Y. 2007. A distributed monthly hydrological model for integrating spatial variations of basin topography and rainfall. Hydrological Processes,21:242-252.

5. Chen Xi, Chen Yongqin, Chen Xunhong. Simulation of baseflow accounting for the effect of bank storage and its implication in baseflow separation. Journal of Hydrology,327:539-549, 2006.

6. Chen Xi, Qi Hu. Groundwater influences on soil moisture and surface evaporation. Journal of Hydrology, 297: 285-300, 2004.

7. Chen Xunhong, Chen Xi. Simulating the effects of reduced precipitation on groundwater and streamflow in the nebraska Sand hills. Journal of the American Water Resources Association, 40(2):419-430, 2004.

8. Chen Xi, Chen Xunhong. Stream water infiltration, bank storage, and storage zone changes due to stream-stage fluctuations. Journal of Hydrology, 280:246-264, 2003.

9. Chen Xunhong, Chen Xi. Sensitivity analysis and determination of streambed leakance and aquifer hydraulic properties. Journal of Hydrology,284:270-284, 2003.

10. Chen Xi, Chen Xunhong, Q Hu, C Rowe, M Anderson. Geological and climatic controls to streamflows in the nebraska sand hills. Journal of the American Water Resources Association, Vol. 39, No. 1, 2003.

11. Chen Xunhong, Chen Xi. Effects of aquifer anisotropy on the migration of infiltrated stream water to a pumping well. Journal of Hydrologic Engineering, Vol. 8, No. 5, 2003.

12. 程勤波，陈喜等. 变水头入渗试验推求垂向渗透系数的计算方法. 水科学进展，2010-1.

13. 陈喜，陈洵洪. 美国Sand Hills地区地下水数值模拟及水量平衡分析. 水科学进

展,2004-1.

14. 陈喜,施鑫源. 引黄灌区水盐平衡多维动态规划. 水利学报,1997-增刊.

四、获得的省部级以上科研奖励

1996 年获水利部科技进步奖三等奖;1996 年获宁夏回族自治区科技进步奖三等奖;2009 年度获淮河水利委员会科学技术奖一等奖;2009 年获江苏省科技进步奖一等奖(2009-J-1-17-R2)。

五、专利

1. 发明专利:陈喜,程勤波,张志才,谢永玉. 一种用于测量土壤垂向饱和渗透系数的方法. Document Number:201010018237.4.

2. 实用新型专利:石朋,瞿思敏,杨宇,陈喜. 一种用于测量地下水探测点水面的装置. Z-L 200820132074.0.

3. 实用新型专利:石朋,瞿思敏,陈喜. 一种分时集雨器. Z-L 200820132073.6.

六、主讲课程

主讲本科生地下水水文学、地下水开发利用课程;主讲硕士研究生地下水数值计算、高等地下水动力学课程,共指导硕士生、博士生 30 余名。

七、学术兼职

中国自然资源学会水资源专业委员会委员,中国水利学会地下水专业委员会委员,美国地球物理学会(AGU)会员,国际水文协会(IAHS)会员,《Journal of Ecohydrology》编委,《Water Science and Engineering》编委。

本人于 2010 年 10 月 26 日通过电子邮件确认此简介。

陈宗宇 Chen Zong-yu(1963.7—)

性别	男		籍贯	辽宁北镇
学历	博士研究生		学位	博士
职称	研究员		职务	主任
工作单位	中国地质科学院水文地质环境地质研究所 国土资源部地下水科学与工程重点实验室			
E-mail	chenzy@ heinfo. net		电话	0311-88012335
邮编	050061	通信地址	河北省石家庄市石岗大街406号	

一、个人简历

1986年毕业于长春地质学院水文地质专业,同年在辽宁省地矿局第一水文地质工程地质大队工作;1987年进入中国地质科学院水文地质工程地质研究所;1995年在联合国大学(冰岛)进修流体化学;1998~2001年在吉林大学攻读博士学位;2002~2004年在中国地质大学(北京)博士后流动站工作,2002年被中国地质科学院评聘为研究员,2005年起任国土资源部地下水科学与工程重点实验室主任,2007年获博士研究生指导教师资格。现为中国地质科学院创新基地研究员,科技部国际科技合作计划同行评价专家,国家自然科学基金项目评议人,中国地质学会水文地质专业委员会委员。

二、主要方向

同位素水文地质,地下水演化与气候变化,地热地球化学。

三、主要学术贡献

先后负责各类科研项目20余项,已合著出版专著5部,发表论文50余篇;获省部级成果奖一等奖1项、二等奖3项、三等奖1项。

提出我国华北平原含水层和包气带可以作为古气候记录档案,识别出了华北平原地下水系统中3万年来不同时间尺度的古气候变化的同位素记录;与国外同行合作,获得了东亚地区首个地下水惰性气体古温度记录,并与其他古气候研究成果进行了对比。该方面的研究不仅为全球变化提供了新的信息源,而且开展了我国地下水研究领域的新方向。

提出了从“构造”与“气候”等古环境因素探索地下水循环演化的视野和思路,以及据此重新区分和认识地下水资源属性的观点,揭示了华北平原3万年来的地下水循环演化过程,并指出华北平原中东部深层地下水资源在某种程度上具有不可更新资源的属性;提出在地下水资源开发管理中,必须考虑形成年龄较老地下水参与现代水循环较弱的特点,从地下水循环演化来论述地下水资源的可更新性及可持续性;丰富了大陆水循环的研究

内容，为地下水资源开发管理提供理论依据。

先后在我国的华北平原、河西走廊平原、银川平原、准噶尔盆地、松嫩平原开展了同位素水文地质调查研究工作，揭示了我国北方区域地下水循环演化过程，初步构筑了我国北方盆地大陆尺度的地下水形成、演化的基本框架；建立了不同典型分区地下水补给、径流和排泄的演变规律，识别出内陆河流域地下水三种主要补给机制，为干旱区地下水资源开发管理提供了理论依据。

四、获得的省部级以上科研奖励

1. 华北平原地下水可持续利用能力(2010)，获河北省科技进步奖二等奖；

2. 松嫩平原地下水资源及其环境问题调查评价(2010)，获国土资源科学技术奖二等奖；

3. 西北内陆水循环演化及水资源利用－生态环境保护优化模式(2006)，获国土资源科学技术奖二等奖；

4. 区域地下水演化过程及其与相邻层圈的相互作用(2004)，获国土资源科学技术奖一等奖；

5. 东南沿海地区地热资源的地质评价(1990)，获地质矿产部成果科技进步奖三等奖。

五、主持的省部级以上科研项目

1. 深层含水层系统变异与地下水可更新能力演变机理(2010—2015)，国家重点基础研究发展计划(973计划)课题(编号:2010CB42880)；

2. 利用松嫩平原地下水环境示踪剂重建古补给和古温度(2009—2011)，国家自然科学基金项目(批准号:40872153)；

3. 河套平原地下水更新与可持续性评价(2009—2010)，中国地质调查局地质调查项目专题；

4. 华北平原地下水安全与可持续利用(2007—2010)，国土资源部"十一五"重大创新项目(编号:1212010734411)；

5. 中国北方区域地下水演变(2005—2007)，中国地质调查局地质调查项目综合研究专题；

6. 利用环境示踪剂研究华北平原古气候和地下水更新(2005.1—2005.12)，国家自然科学基金国际(地区)合作与交流项目(批准号:40511130309)；

7. 从华北平原含水层中古环境信息研究地下水的循环和更新(2005—2007)，国家自然科学基金项目(批准号:40472125)；

8. 松嫩平原地下水循环演化及其更新能力研究(2003—2005)，中国地质调查局地质调查项目专题(编号:200310400035)；

9. 黑河流域降水－融水－地表水－地下水之间的水力联系(2000—2003)，国土资源部科技专项计划项目课题(编号:200010301-3)；

10. 华北地下水中三万五千年来的古水文－气候旋回(1998—2000)，国家自然科学

基金项目(批准号:49871705);

11. 包气带剖面中古气候记录和古水文补给研究(1996—2000),地矿部环境地质开放研究实验室基金(编号:K96001)。

六、代表性论文

1. 陈宗宇,齐继祥,张兆吉等. 北方典型盆地同位素水文地质应用. 科学出版社,2010.

2. Chen Zongyu, et al. 2010. Identifying the recharge sources and age of groundwater in the Songnen Plain (Northeast China) using environmental isotopes. Hydrogeology Journal, DOI: 10.1007/s10040-010-0650-9.

3. C von Rohden, A Kreuzer, Chen Zongyu, W Aeschbach-Hertig. 2010. Accumulation of natural SF_6 in the sedimentary aquifers of the North China Plain as a restriction on groundwater dating. Isotopes in Environmental and Health Studies, DOI: 10.1080/10256016.2010.494771.

4. C von Rohden, A Kreuzer, Z Chen, R Kipfer, W Aeschbach-Hertig. 2010. Characterizing the recharge regime of the strongly exploited aquifers of the North China Plain by environmental tracers. Water Resour. Res., 46, W05511, DOI:10.1029/2008WR007660.

5. Chen Zongyu, Qi Jixiang, Wei Wen, Wang Ying. Groundwater renewability in the deep confined aquifer, North China Plain. In: Global Groundwater Resources and Management, Editor: B. S. Paliwal, Selected Papers from the 33rd International Geological Congress, General Symposium: Hydrogeology, Oslo (Norway) Aug. 6-14, 2008. Scientific Publishers (India), Jodhpur, p175-184.

6. Chen Zongyu, et al. 2007. Isotope evidence of paleorecharge of the confined aquifers in the North China Plain. Water-rock Interaction, Vol. 1, p713-716.

7. Chen Zongyu, et al. 2006. Environmental isotopic study on the recharge and residence time of groundwater in the Heihe River Basin, Northwestern China. Hydrogeology Journal, 14 (8).

8. Chen Zongyu, et al. 2005. Isotopes and Sustainability of Ground Water Resources, North China Plain. Ground Water, 2005, 43(4):485-493.

9. Chen Zongyu, et al. 2003. Paleoclimatic interpretation of the past 30,000 yr from isotopic studies of the deep confined aquifer of the North China Plain. Applied Geochemistry, Vol. 18/7.

10. Chen Zongyu, et al. 2001. Isotopic stratification and its implications in groundwater of Northern China. Journal of University of Geosciences, Vol. 12, No. 3.

11. 陈宗宇. 天津塘沽低温热储回灌的水-岩相互作用地球化学模拟. 地球科学——中国地质大学学报,1998-5.

本人于2010年11月26日通过电子邮件确认此简介。

邓英尔 Deng Ying-er(1967.11—)

性别	男		籍贯	湖南邵阳
学历	博士研究生		学位	博士
职称	教授		职务	
工作单位	成都理工大学环境与土木工程学院			
E-mail	dengye6789@ sina. com 546730457@ qq. com		电话	13980048837
邮编	610059	通信地址	成都市二仙桥东三路1号 成都理工大学环境与土木工程学院	

一、个人简历

1986年9月由湖南邵阳考入大庆石油学院开发系开发工程专业，1990年6月毕业，获工学学士学位；1996年8月～1997年6月在中国科技大学第五系学习；1997年7月～1999年7月在中国科学院渗流研究所攻读渗流力学专业博士学位，1999年7月通过博士学位论文答辩，1999年7月获工学博士学位。先后分别于成都理工大学地质资源与地质工程博士后流动站做第一期博士后、四川大学土木工程博士后流动站做第二期博士后。

2001年晋升副教授，2004年晋升教授，2006年增列为博士生导师。2009年被批准为第八批四川省学术和技术带头人后备人选。

现为成都理工大学环境与土木工程学院教授、地质灾害防治与地质环境保护国家重点实验室固定研究人员。

二、学术兼职

四川省咨询业协会教授级注册咨询师，四川省科技青年联合会会员。

三、主要研究方向

环境地质工程、水文地质、岩土力学与渗流等。

四、主持及参与的省部级以上及国际合作科研项目(课题)

主持省部级以上科研项目11项，主持厅局级纵向课题及横向课题4项，作为主要成员参与省部级以上科研项目(课题)5项、横向课题5项。代表项目如下：

1. 低渗透介质中流体渗透的环境地质特征研究(国家自然科学基金项目40202036，2003—2005，负责人)；

2. 非饱和裂隙黏土工程安全性的关键因素研究(国家自然科学基金项目40572163，2006—2008，负责人)；

3. 煤层气渗流机理研究(国家973项目专题,2003—2005,负责人);

4. 非饱和裂隙黏土的抗剪强度及温度效应研究(四川省青年科学基金项目,2005—2007,负责人);

5. 弱渗透非饱和黏性土非线性渗流固结规律研究(教育部博士点基金项目,2010—2012,负责人)。

五、著作

出版专著1部,教材1部。

1. 邓英尔,刘慈群,黄润秋等. 高等渗流理论与方法. 科学出版社,2004.

2. 邓英尔. 渗流力学. 成都理工大学教材,2001.

六、代表性论文

发表论文60余篇,其中国际会议论文2篇,SCI收录2篇,EI收录12篇。

1. Deng Yinger, Xie Heping, Huang Runqiu, Liu Ciqun. Law of nonlinear flow in saturated clays and radial consolidation. Applied Mathematics and Mechanics, 2007, 28(11): 1427-1436(SCI收录).

2. Deng Yinger, Liu Ciqun. Mathematical model of two-phase fluid nonlinear flow in low-permeability porous media with applications. Applied Mathematics and Mechanics, 2003, 24(10): 1184-1193(SCI收录).

3. Deng Yinger, Liu Ciqun. Mathematical simulation of soil consolidation with circular moving boundary. Proceedings of the International Symposium on Coupled Phenomena in Civil, Mining, Petroleum Engineering. The university of Oklahoma, 1999: 255-260.

4. Deng Yinger, Liu Ciqun. Numerical simulation of unsteady flow through porous media with moving boundary. Proceedings of the Third International Conference on Fluid Mechanics. Beijing Institute of Technology Press, 1998: 759-765.

5. 邓英尔,谢和平,黄润秋,刘慈群. 低渗透孔隙-裂隙介质气体非线性渗流运动方程. 四川大学学报(工程科学版), 2006-4(EI收录).

6. 邓英尔,谢和平. 全过程沉降预测的新模型与方法. 岩土力学,2005-1(EI收录).

7. 邓英尔, 黄润秋,郭大浩,张遂安. 煤层气产量的影响因素及不稳定渗流产量预测. 天然气工业,2005-1(EI收录).

8. 邓英尔,黄润秋,麻翠杰,刘慈群. 含束缚水低渗透介质气体非线性渗流定律. 天然气工业,2004-11(EI收录).

9. 邓英尔,黄润秋,刘慈群. 非饱和低渗透黏土非线性渗流定律与固结. 水动力学研究与进展A辑,2009-1.

七、获得的省部级以上科研奖励

2007年《裂缝性油气藏地球物理预测及应用》获教育部科技进步奖一等奖(9/10)。

八、主讲课程

主讲本科生的渗流力学、地下水动力学、污染物迁移模型、环境信息系统、水力学、流体力学、地质认识实习、水文地质生产实习、Porous Flow Mechanics 等课程；主讲硕士研究生和博士研究生的高等渗流力学，硕士研究生的水环境系统规划与决策等课程。

九、研究生培养

2001 年以来，协助指导 1 名硕士研究生和 1 名博士研究生；2005 年以来，独立指导 11 名硕士研究生。

十、发明专利

参与研制的“岩石高压渗透试验系统”获授权实用新型专利（专利号 ZL200820062046.6）。

本人于 2010 年 11 月 26 日通过电子邮件供稿。

董新光 Dong Xin-guang(1957.2.7—)

性别	男		籍贯	新疆石河子
学历	硕士研究生		学位	硕士
职称	教授		职务	副厅长
工作单位	新疆水利厅			
E-mail	xinguangdong@163.com		电话	13909914207
邮编	830000	通信地址	乌鲁木齐市黑龙江路19号	

一、综合介绍

学历:1982年2月毕业于新疆农业大学农田水利工程专业,获学士学位;1984年7月至1985年7月在中国地质大学助教班学习地下水资源评价与地下水系统分析,完成水文地质专业的全部硕士学位课程;1994年7月毕业于新疆农业大学地下水系统分析专业,获硕士学位。

科研方向:主要从事地下水开发利用、干旱区水资源系统、土壤盐碱化治理与水盐动态研究以及计算机在水利专业中的应用的教学、科研与生产工作。

工作经历:讲师,1985~1994年,在新疆农业大学水利与土木工程学院任教,主要从事地下水资源开发利用、水资源系统研究与教学工作;副教授,1994~1999年,在新疆农业大学水利与土木工程学院任教,主要从事水资源利用与保护研究、土壤盐碱化治理与水盐动态研究;教授,1999~2008年,在新疆农业大学科研管理处工作,除完成专业研究、指导硕士和博士研究生外,主要从事学校的科研管理工作;2008年8月调入新疆水利厅,任副厅长。

二、主持的省部级以上科研项目

1. 干旱区现代节水农业技术集成与示范(国家科技支撑计划课题2007BAD38B01,2007.10—2010.12);

2. 棉花膜下滴灌关键技术及棉区水盐调控技术开发与示范(新疆维吾尔自治区重大科技专项200731137-1,2007.10—2010.12);

3. 干旱内陆盆地绿洲区水盐演化规律研究(973计划前期研究专项2007LS700504,2007.7—2008.12);

4. 干旱区可调控暗管排水条件下的农田水盐运移规律研究(国家自然科学基金项目40662002,2007.1—2009.12);

5. 开孔河流域水土开发对生态环境影响研究(国家自然科学基金项目40261008,

2003—2005)；

6. 新疆地下水资源调查评价(水利部,2003—2004)；

7. 节水农业管理体制、运行模式与政策研究(国家863攻关项目"北方干旱内陆河灌区节水农业综合技术体系集成与示范"专题2002AA6Z3201-6502,2002—2005)；

8. 塔里木河下游应急输水对地下水和生态响应研究(水利部创新项目"塔里木河下游应急输水及生态改善监测评估研究"专题SCX2001-02,2002—2004)；

9. 新疆额尔齐斯河流域农业可持续发展技术研究与示范(国家科技攻关计划"新疆专项"课题2001EP050007,2001—2003)；

10. 土壤盐渍化发生与改良措施(中国工程院"中国西部水资源合理配置、生态环境治理与经济可持续发展战略研究"子课题,2001—2003)；

11. 三工河流域水资源优化配置与高效利用技术与示范(新疆维吾尔自治区科技厅200233116A,2000—2001)；

12. 内陆区域水资源开发利用系统研究(国家自然科学基金项目59869001,1999 2001)。

三、获奖情况

1. "投影寻踪(PP)在干旱多维时序预报中的应用及软件包",1994年获自治区科学技术进步奖三等奖,名列第五；

2. "流域水资源规划的系统模型",1998年获自治区第五届自然科学优秀论文一等奖,名列第一；

3. "新疆准噶尔盆地典型流域水资源系统优化配置研究",获西南地区科技图书三等奖,名列第一；

4. "塔里木盆地世行项目区水盐平衡与地下水模拟研究",2000年获自治区科技进步奖三等奖,名列第三；

5. "新疆准噶尔盆地西北缘白垩系弱含水层油田供水水源地优化开采研究",2001年获自治区科技进步奖三等奖,名列第一；

6. "新疆焉耆盆地水资源利用与环境保护模式研究",2002年获自治区第七届自然科学优秀论文二等奖,名列第一；

7. "新疆乌鲁木齐市乌拉泊干河子调蓄型水源地供水水文地质勘察",2002年获水利部银质奖；

8. "新疆地下水资源调查与评价",2005年12月获新疆第八届优秀工程勘察一等奖(第一获奖人),2006年7月获新疆优秀水利工程勘察奖(第一获奖人)；

9. "干旱内陆河流域水盐监测与模型研究及应用",2006年7月获新疆2005年度科技进步奖二等奖(第一获奖人)；

10. "干旱区绿洲耗散型水文模型及其在塔里木河流域的应用",2007年1月获教育部科技进步奖二等奖(第三完成人)；

11. "新疆水资源可持续利用及重点工程布局综合研究",获2007年度国家科技进步奖二等奖(第三完成人)。

四、学术兼职

新疆地质学会副理事长，新疆水利学会副理事，新疆水利学会计算机专业委员会和地下水专业委员会副主任，中国水利学会会员，国际水利工程与研究协会(IAHR)会员，中国自然资源学会委员。

五、学术专著

1. 邓铭江，王世江，董新光，章曙明. 新疆水资源及其可持续利用. 中国水利水电出版社，2009.

2. 董新光，周金龙，陈跃滨. 干旱内陆区水盐监测与模型研究及应用. 科学出版社，2007.

3. 董新光，邓铭江. 新疆地下水资源. 新疆科技出版社，2005.

4. 周金龙，虎胆·吐马尔白，董新光，郭西万，周义. 新疆平原区大气降水、灌溉水、土壤水与地下水水量转化关系实验研究. 新疆科技卫生出版社，2002.

5. 郭西万，董新光等. 新疆准噶尔盆地油田区地下水及其利用. 新疆科技卫生出版社，2000.

6. 董新光等. 新疆准噶尔盆地典型流域水资源系统优化配置研究. 新疆科技卫生出版社，1997.

六、代表性论文

发表与地下水有关的期刊论文 81 篇。

1. Zhou Jinlong, Dong Xinguang, Li Guomin. Evaluation of groundwater quality in Xinjiang Plain Area. Frontiers of Environmental Science & Engineering in China，2010，4(2)：183-186(SCI 收录).

2. 王水献，董新光，刘延锋. 焉耆盆地绿洲区近 50 年地下水文时空变异及水盐演变. 地质科技情报，2009-5.

3. 董新光，姜卉芳，邓铭江，周金龙. 内陆盆地的盐分布与平衡分析研究. 水科学进展，2005-5(EI 收录).

4. 靳孟贵，刘延锋，董新光，周金龙. 节水灌溉与农业面源污染控制研究——以新疆焉耆盆地为例. 地质科技情报，2002-1(EI 收录).

本人于 2010 年 10 月 28 日通过电子邮件确认此简介。

冯启言 Feng Qi-yan(1964—)

性别	男	籍贯	山东
学历	博士研究生	学位	博士
职称	教授	职务	副院长
工作单位	中国矿业大学(徐州)环境与测绘学院		
E-mail	fqycumt@ 126. com	电话	13705205590
邮编	221116	通信地址	江苏省徐州市中国矿业大学环境与测绘学院

一、综合介绍

1984 年毕业于南京大学水文地质工程专业,1987 年毕业于中国矿业大学煤田地质系,获硕士学位并留校任教,2000 年获矿产普查与勘探工学博士学位。多年来一直从事煤矿水文地质、水文地球学、地下水资源评价与水保护、矿区环境保护、二氧化碳地质处置等方向的科研教学工作。从 1998 年开始指导硕士研究生,从 2002 年开始指导博士研究生。为本科生讲授水文地质学基础、环境影响评价、水文地球化学、环境地学等课程,为研究生讲授环境地质与生态保护、污染生态学等课程。

目前为中国矿业大学(徐州)环境与测绘学院教授,博士生导师,环境科学与工程一级博士点学科带头人;中国矿业大学(徐州)环境与测绘学院副院长,矿山生态修复教育部工程研究中心副主任;煤炭工业技术委员会矿区环境保护专家委员会委员,环境保护部环境工程评估中心常聘专家,自然资源学会水资源委员会委员,江苏省煤基 CO_2 捕集与地质储存重点实验室学术委员会委员。

二、科研奖励

杨村煤矿 16 上、17 煤底板突水机理动态研究,获煤炭部科技进步奖三等奖(2000);

煤中微量元素的地球化学研究,获山东省科技进步奖二等奖(2000);

低渗透含水层水文地质参数模拟研究与应用,获山东省科技进步奖三等奖(2005);

兖州矿区侏罗系红层赋水规律及充水规律预测研究,获国家安监局安全生产科技进步奖二等奖(2006);

兖州矿区 3 煤顶板砂岩含水层赋水规律及水害防治研究,山东省科技进步奖二等奖(2009)。

三、著作或教材

1. 冯启言,韩宝平. 任丘油田水文地球化学演化与水 – 岩作用研究. 中国矿业大学出

版社,2001.

2. 冯启言,肖昕,李红艺,云桂春. 环境监测. 中国矿业大学出版社,2007.

3. 冯启言,孟庆俊,王晓,肖昕,白向玉. 环境影响评价. 中国矿业大学出版社,2008.

4. 冯启言,严家平,王明仕, 刘桂建. 环境地质学. 北京大学出版社,2010.

四、代表性论文

1. 冯启言,韩宝平. 鲁西南地区的红层岩溶及其水文地质意义. 中国矿业大学学报,1998-1.

2. Feng Qiyan, Han Baoping. Study on karst aquifer contamination under rivers of Xuzhou City, P. R. China. Gambling With Groundwater, Proceedings of 28th IAH Conference, Las Vegas,1998-10.

3. 冯启言,韩宝平. 任丘油田雾迷山组储层 - 水 - 结垢中微量元素赋存特征. 中国矿业大学学报,2001-2.

4. 冯启言,韩宝平. Hydrogeochemical simulation of water-rock interaction under water flood recovery in Renqiu Oilfield, Hebei Province, China. Chinese Journal of Geochemistry, 2002,21(2):156-162.

5. Feng Qiyan, Li Houyao, Wang Hua, Xu Gongzhan, Liu Xikun. 2003. Study on typical geohazards in urban areas of Jiangsu Province, P. R. China. Proceedings of international Symposium on water resource and city environment. Wuhan.

6. 冯启言,李向东,韩宝平. 任丘油田电潜泵结垢的微观形态与形成机理. 中国矿业大学学报,2004-1.

7. 冯启言,王华,李向东,郝莉莉. 华东地区矿井水的水质特征与资源化技术. 中国矿业大学学报,2004-2.

8. Feng Qiyan, Zhou Lai, Zhang Hairong, Yang Tianhong. Prediction of Water Inrush from the Seam Roof in Coal Mine Based on Multi-Factor Analysis of GIS. Progress in Mining Science and Safety Technology. April 16-19, 2007.

9. Feng Qiyan, Li Xiongdong, Cheng Yujie, Meng Lei, Meng Qinjun. Removal of Humic Acid from Groundwater by Eletrocoagulation. Journal of China University of Mining & Technology,2007,17(4).

10. Feng Qiyan, Liu Guangjun, Meng Lei, Fu Erjiang, Zhang Hairong, Zhang Kefei. Land subsidence induced by groundwater extraction and building damage level assessment—a case study of Datun, China. Journal of China University of Mining &Technology,2008,18(4).

11. Feng Qiyan, Lu Ping, Li Xiangdong. Electrocoagulation-microfiltration for drinking water treatment: a case study with the typical micro-polluted source waters. 2009 3rd International Conference on Bioinformatics and Biomedical Engineering (ICBBE 2009), 2009,6.

本人于2010年11月2日通过电子邮件确认此简介。

冯绍元 Feng Shao-yuan(1963.7—)

性别	男		籍贯	江西九江
学历	博士研究生		学位	博士
职称	教授		职务	研究中心副主任
工作单位	扬州大学水利科学与工程学院			
E-mail	syfeng@ yzu. edu. cn		电话	0514-87969205
邮编	225009	通信地址	江苏省扬州市江阳中路31号	

一、研究方向

研究领域为地下水、土壤水盐(溶质)运动理论;主要研究方向为:水资源评价理论与方法,水环境评价与预测方法,节水灌溉理论与技术。

二、学习培训经历

1993.10—1995.9　北京农业工程大学博士后,专业方向:水资源与水环境和节水灌溉;

1990.9—1993.9　武汉水利电力大学博士生,工学博士,专业方向:农田水利与水环境;

1987.9—1990.7　南京大学、华东地质学院联合培养硕士生,工学硕士,专业方向:地下水资源与环境;

1978.9—1982.7　华东地质学院本科生,工学学士,专业方向:水文地质与工程地质。

三、工作经历

2010.6—　扬州大学水利科学与工程学院教授,博士生导师。

1995.9—2010.6　中国农业大学教授,博士生导师。现任中国农业大学中国农业水问题研究中心副主任。其中:1995.11—1996.6,水利与土木工程学院副院长;1996.6—1999.7,研究生院副院长兼工科研究生处处长;1999.7—2002.12,水利与土木工程学院院长兼党总支书记;2002.12—2005.12,水利与土木工程学院分党委书记。

1985.9—1987.9　华东地质学院教师,助教。

1982.8—1985.9　核工业部华东地勘局264大队水资源调查,助工,分队技术负责人。

四、国际交流

2008.9　参加巴西CIGR年会,并在分组会议上作学术报告;

2006.7　应ASABE之邀,参加在美国波特兰召开的学术年会,并参观访问爱荷华州立大学和俄勒岗州立大学;

2006.6　应韩国忠北大学之邀,参加该校举办的农业水土工程国际学术研讨会;

2005.7—2005.8　应日本学术振兴会邀请,赴日本岛根大学进行学习交流,并访问日本鸟取大学;

2001.2—2001.4　作为非洲开发银行工程项目咨询专家赴赞比亚、科特迪瓦、南非考察,并对赞比亚水利工程项目进行咨询和评估;

1999.7—1999.8　作为中日据点大学合作项目组成员,赴日本筑波大学、岩手大学、神户大学、东京大学访问与交流;

1996.8—1996.9　作为农业部教育代表团成员,赴澳大利亚墨尔本大学访问与交流;

1994.10—1995.8　作为高级访问学者赴以色列农业研究组织水、土与环境研究所合作研究。

五、社会兼职

中国农业工程学会农业水土工程专业委员会副主任;中国水利学会青年工作委员会委员;北京水利学会常务理事,青年工作委员会副主任;《农业工程学报》、《灌溉排水学报》、《中国农村水利水电》等学术刊物编委。

六、主讲课程

为研究生(博士和硕士)和本科生讲授的主要课程有:多孔介质流体动力学研究进展、土壤水动力学、地下水动力学、地下水资源评价、水文地质数值方法、环境水利学、地下水环境学等。

单独指导毕业硕士生36人,博士生7人;目前指导博士生4人,硕士生6人。

七、主持省部级以上科研项目

北运河流域分质水资源时空分异特征研究(2008—2010,国家水专项子课题),项目编号:008ZX07209-002-001,子课题负责人;

石羊河流域基于生态的水资源调控模式研究(2008—2010,水利部行业公益基金项目),项目编号:200801104,子课题负责人;

农业面源污染对地下水影响评价与控制技术研究(2008—2010,北京市科委重大专项),项目编号:D07050601510703-3;

不同地下水位时非充分灌溉农田土壤水-地下水转化与模拟研究(2008—2010,国家自然科学基金面上项目),项目编号:50779066;

灌区节水改造环境效应及评价方法研究(2006—2010,国家"十一五"科技支撑计划课题),项目编号:2006BAD11B08;

海河流域农田水循环进程与农业高效用水机制(2006—2010,国家973计划课题),项目编号:2006CB403406,子课题负责人;

水资源承载力及其合理配置研究(2005—2007,国家教育部"新世纪优秀人才支持计

划”），项目编号：NCET-04-0127；

官厅水库下游永定河源水渗滤净化技术研究与示范（2002—2005，北京市科委重大科技项目），项目编号：H020230300130-2；

作物高效用水生理调控与非充分灌溉技术的研究（2002—2005，国家高技术研究发展计划，863 项目），项目编号：2002AA6Z3031，课题组副组长；

现代灌溉条件下水肥耦合与高效利用技术（2002—2004，国家高技术研究发展计划，863 项目），项目编号：2001AA242032；

污灌农田重金属运移与累积及其对作物的影响（2000—2004，国家重点基础研究发展规划项目子课题，973 项目），项目编号：G1999045707；

温室滴灌水肥运移规律的研究（1999—2001，教育部骨干教师资助计划）；

温室滴灌灌溉制度的试验研究（1997—2000，北京市“九五”重点科技攻关项目子专题）；

节水高效的水肥耦合技术研究（1996—2000，国家“九五”重点科技攻关项目子专题）；

顺义平原区利用汛雨和径流回补地下水研究（1996—1998，北京市科委重点科技项目）；

局部灌溉土壤中氮素运移与转化规律的研究（1996—1998，国家留学归国人员科研基金项目）；

土壤－水－植物系统中氮素运移、转化与吸收模拟研究（1994—1995，中国－以色列国际合作项目），项目主持人，该项目为本人博士后研究课题主要内容；

入渗条件下非饱和土壤中氮素动态模拟研究（1993—1995，中国博士后科学基金项目），项目主持人，该项目为本人博士后研究课题主要内容。

八、公开发表的学术著作和论文

（一）学术著作及教材

1. 康绍忠等. 西北旱区流域尺度水资源转化规律及其节水调控模式——以甘肃石羊河流域为例. 中国水利水电出版社，2009. 6（本人为第四作者，参编第 5、9、11 章）.

2. 葛晓立等. 典型地区土壤污染演化与安全预警系统. 地质出版社，2007. 7（本人编写第 4 章）.

3. 康绍忠等. 农业水土工程概论. 中国农业出版社，2007. 9（本人编写第 11 章）.

4. 冯绍元. 环境水利学. 中国农业出版社，2007. 3.

5. 钱蕴壁，李英能，杨刚等. 节水农业新技术研究. 黄河水利出版社，2002（本人参编第 7 章）.

6. 张瑜芳，张蔚榛，沈荣开，刘培斌，冯绍元，水建高. 排水农田中氮素转化运移和流失. 中国地质大学出版社，1997. 7.

7. 潘乃礼，冯绍元，周文斌. 地下水水质现状和预测评价的理论与方法. 原子能出版社，1995.

(二)与地下水有关的代表性学术论文

共发表论文102篇,其中SCI收录7篇、EI收录20篇、ISTP收录3篇:

1. 高光耀,冯绍元等. 考虑弥散尺度效应的溶质径向运移动力学模型及半解析解. 水动力学研究与进展A辑,2009-2(EI收录).

2. 霍再林,冯绍元等. 神经网络与地下水流动数值模型在干旱内陆区地下水位变化分析中的应用. 水利学报,2009-6(EI收录).

3. Feng Shaoyuan, et al. Neural network to simulate regional ground water levels affected by human activities. Ground Water, 2008, 46(1):80-90 (SCI、EI收录, IF=1.441).

4. Huo Zailin, Feng Shaoyuan, et al. Effect of climate changes and water-related human activities on annual stream flows of the Shiyang River Basin in arid Northwest China. Hydrological Process, 2008, 22: 3155-3167(SCI、EI收录, IF=2.002).

5. Hou Lizhu, Feng Shaoyuan, et al. Experimental study on rainfall-runoff relation for porous pavements. Hydrology Research, 2008, 39(3):181-190 (SCI、EI收录, IF=0.742).

6. Huo Zailin, Feng Shaoyuan, et al. ANN models for groundwater dynamics in the lower reach of Shiyang River Basin in Northwest China. Redbook of IAHS, 2008, 319:17-24(EI收录).

7. Hou Lizhu, Feng Shaoyuan, et al. Rainfall-runoff relations for porous pavements under artificial rainfall. Redbook of IAHS, 2008, 319:134-142(EI收录).

8. Huo Zailin, Feng Shaoyuan, Kang Shaozhong, et al. The Response of Water-land Environment to Human Activities in Arid Minqin Oasis, Northwest China. Arid Land Research and Management, 2007, 21:21-36(SCI收录, IF=0.417).

9. Huo Zailin, Feng Shaoyuan, Kang Shaozhong, et al. Simulation of effects of agricultural activities on groundwater level by combining FEFLOW and GIS. New Zealand Journal of Agricultural Research, 2007, 50:839-846(SCI收录, IF=0.618).

10. Hou Lizhu, Ding Yaoyuan, Feng Shaoyuan. Water quality of urban runoff from difference rainwater harvesting surface. Proceedings of international conference on effective of utilization of agricultural soil & water resources and protection of environment. Edited by Zhang Zhanyu et al, Hohai University Press, 2007,9: 654-659(ISTP).

11. Huo Zailin, Feng Shaoyuan, et al. Preliminary study on design of intelligent-information for groundwater simulation in arid-inland region of China. Proceedings of international conference on effective of utilization of agricultural soil & water resources and protection of environment. Edited by Zhang Zhanyu et al, Hohai University Press, 2007:510-515(ISTP).

12. 李王成,王为,冯绍元等. 不同类型微型蒸发器测定土壤蒸发的田间试验研究. 农业工程学报,2007-10(EI收录).

13. 冯绍元,霍再林等. 干旱内陆区自然-人工条件下地下水位动态的ANN模型. 水利学报,2007-7(EI收录).

14. 冯绍元,郑艳侠等. 人工快速渗滤系统对地表微污染水净化效果的试验研究. 水利学报,2007-4(EI收录).

15. 白薇,冯绍元等. 基于 GIS 的山西省参考作物腾发量研究. 农业工程学报,2006-10(EI 收录).

16. 侯立柱,冯绍元等. 人工降雨条件下多层渗滤介质系统与入渗规律试验研究. 农业工程学报,2006-9(EI 收录).

17. Feng Shaoyuan, Li Wangcheng, Huo Zailin, et al. Field experiment study on the infiltration characteristics of arid regions in Northwest China. Proceedings of international symposium on agricultural engineering, Chungbuk National University, KorEA,2006, 6,5:15-22.

18. Bai Wei, Feng Shaoyuan, et al. Study on the reference crop evapotranspiration in Shanxi Province based on GIS. Proceedings of memorial symposium of CIGR, Edited by general secretariat in Toukuba, Takaaki Maekawa. Publisher: International commission of agricultural engineering (CIGR); Printing Company Limited (Japan). 2006, March,27:61-64.

19. 郑艳侠,冯绍元等. 用土壤含水层处理系统去除水库微污染有机物的试验研究. 水利学报,2005-9(EI 收录).

20. 冯绍元等. 排水条件下饱和土壤中镉运移实验及其数值模拟. 水利学报,2004-10(EI 收录).

21. Zheng Yanxia, Feng Shaoyuan, Liu Peibing, Meng Geping, Wang Fengxin. Experimental Study on the Effects of Soil Aquifer Treatment on the Removal of Chemical Oxygen Demand (COD) of Slightly Polluted Wastewater. Proceedings of the 7th Inter Regional Conference on Environment and Water, China Waterpower Press,2004(2):1239-1244(ISTP 收录).

22. 黄冠华,查贵锋,冯绍元等. 冬小麦再生水灌溉时水文与氮素利用效率的研究. 农业工程学报,2004-1(EI 收录).

23. Feng Shaoyuan, Qi Zhiming, Huang Guanhua, Zha Guifeng. Sewage Irrigation Effects on Growth and Development of Winter Wheat. Journal of Experimental Botany. 2003, October. Vol. 54:36-37. Oxford University Press(SCI 收录,IF = 3. 18).

24. Feng Shaoyuan, et al. Effects of Sewage Irrigation on Growth and Development of Winter Wheat. Proceedings of Inter Regional Conference on Water-Saving Agricultural and Sustainable Use of Water and Land Resources. Shanxi Science and Technology Press. 2003:637-641.

25. 查贵锋, 黄冠华, 冯绍元等. 夏玉米污水灌溉时水分与氮素利用率的研究. 农业工程学报,2003-3(EI 收录).

26. 冯绍元等. 温室滴灌线源土壤水分运动数值模拟. 水利学报,2001-2.

27. Feng Shaoyuan, B. Bar-yosef. Modeling nitrogen uptake by plant. Proceedings of Chinese-Israeli Bilateral International Workshop on Water-saving Agriculture. China Waterpower Press,2000: 149-153.

28. 冯绍元等. 喷灌条件下冬小麦水肥耦合调控技术田间试验研究. 农业工程学报,1999-4(EI 收录).

29. 冯绍元等. 用人工降雨和数值模拟方法研究降雨入渗规律. 水利学报,1998-11.

30. Feng Shaoyuan, B. Bar-yosef. Modeling nitrogen mineralization in agricultural soil. Proceeding of Int. Conf. on Agri. and Biol. Envionment. China. Agri. Univ. pressm,1996: 20-23.

31. 冯绍元等. 非饱和土壤中氮素运移与转化试验及其数值模拟. 水利学报,1996-8.

32. 冯绍元等. 排水条件下饱和土中氮肥转化与运移模拟. 水利学报,1995-6.

33. Feng Shaoyuan, et al. Simulation of Long Term Nitrogen Behavior in Agriculture Soil. 1995. Report on Cooperative Project, Carried out at Inst. of Soils and Water, ARO, Israeli. The international Cooperation Center, Ministry of Foreign Affairs, State of Israeli.

34. 冯绍元等. 淹水土壤中氮素运移与转化试验及其数值模拟. 农业工程学报,1994-4.

35. 朱学愚,冯绍元. 用改进的特征有限元法确定抽水(注水)时的弥散参数. 水动力学研究与进展,1992-2.

36. 冯绍元. 解地下水中溶质运移问题的特征有限元法. 武汉水利电力大学学报,1991-4.

37. Zhu Xueyu, Feng Shaoyuan. Modeling the contaminant transport by an improved characteristic finite element approach. Proceedings of the Int. Conf. on Modeling Ground Water Flow and Pollution. Nanjing Univ. Press,1991: 261-266.

九、获得的省部级以上科研奖励及荣誉

2005 年获国务院政府特殊津贴,2004 年入选国家教育部"新世纪优秀人才支持计划",2000 年入选国家教育部"高等学校骨干教师资助计划",1999 年获水利部全国优秀教师称号;

作物高效用水生理调控与非充分灌溉技术研究,获 2007 年陕西省科学技术奖一等奖,第四完成人;

节水灌溉与农业综合技术研究与示范,获 2003 年中国农业科学院科技进步奖一等奖,第三完成人;

排水农田氮素转化,运移与流失,获 1999 年度水利部科技进步奖二等奖,第五完成人;

局部灌溉土壤水分运动规律与优化模式问题研究,获 1998 年度农业部科技进步奖二等奖,第八完成人;

排水条件下化肥流失及其对环境的影响,获 1996 年度武汉水利电力大学科技进步奖一等奖,主要完成人;

另有多篇学术论文获湖北省科协、北京水利学会、中国水利学会等优秀论文奖。

资料来自 http://www.cau.edu.cn/water/index.php? sort = 2&id = xxxs_teacher&tid = 15,本人于 2010 年 11 月 26 日通过电子邮件确认此简介。

高宗军 Gao Zong-jun(1964.4—)

性别	男		籍贯	山东泰安
学历	博士研究生		学位	博士
职称	教授		职务	系主任
工作单位	山东科技大学地质科学与工程学院			
E-mail	gaozongjun@126.com		电话	0532-80681106 13792900575
邮编	266510	通信地址	山东省青岛市黄岛区前湾港路579号 地质学院	

一、综合介绍

1980年9月由山东省泰安县考入河北地质学院（现石家庄经济学院）水文地质工程地质系水文地质工程地质专业，1984年7月毕业，获工学学士学位；1999年8月考入山东科技大学采矿工程专业，师从李白英教授，攻读水文地质方向博士研究生，2002年6月获工学博士学位；2003年9月入中国矿业大学（北京）地质资源与地质工程学科做博士后研究工作，师从武强教授，2005年11月顺利出站。

1984年7月至1991年7月，于地质矿产部第三地质大队从事水文地球化学找钾研究及工程地质工作，任助理工程师；1991年8月至1992年7月，于山东省地质矿产局第二地质队从事矿区水文地质工作，任工程师；1992年8月至2002年4月，于山东省地质矿产局第一地质队从事水文地质、工程地质、环境地质调查与评价工作，任高级工程师、泰安水文站站长兼主任工程师、泰安水文地质环境地质调查所所长、第一地质队副总工程师等职。

2002年4月调入山东科技大学任副教授，2002年12月晋升为研究员，2004年12月转评为教授；2003年6月获硕士研究生指导教师资格，2007年6月获博士研究生指导教师资格。2004年1月任地球信息科学与工程学院地质系副主任，2005年1月任地球信息科学与工程学院水文与地球物理系主任，2008年1月任地质科学与工程学院水文与环境系主任。自2003年起，任地质资源与地质工程学科（Ⅰ级博士点学科）水工环地质方向学术带头人。发表论文60余篇。

二、学术与社会兼职

中国地质学会、中国水利学会会员，山东省能源协会地热专业委员会常务委员，泰安市第十届政协委员，第二届山东省青年地质科学技术奖获得者。

三、主要研究方向

水工环地质，包括水文地质工程地质环境地质调查评价、地下水运动理论基础研究、水文地球化学、水环境与水资源、地热水资源勘察开发与保护、地质灾害评价与防治、环境

(地方病)水文地质、岩溶地面塌陷预测与防治、城市地质、农业地质、生态地球化学、实验水文地质、矿山水文地质与环境地质。

四、主持的省部级以上科研项目(课题)

1. 岩溶地面塌陷成因模式与预测防治研究(国家自然科学基金项目 40772145,200801-201012,负责人);

2. 中国东部 K－E 成盐盆地找钾预测研究(国家“七五”重点科研攻关项目子课题,1987—1990,任水文地质专题负责人),该研究成果获得原地质矿产部科技进步奖三等奖。

五、获得的省部级以上科研及教学奖励

1. 中国东部地区白垩－早第三纪含盐盆地的构造控制、成盐条件和找钾预测及远景评价,1993 年 7 月获地质矿产部科技进步奖三等奖(第四获奖人);

2. 泰安市岩溶水保护研究,2004 年 11 月获山东省科技进步奖二等奖(第三获奖人);

3. 21 世纪初地质工程专业整体优化与实践,2005 年 2 月获山东省高等教育教学成果三等奖(第五获奖人);

4. 2008 年 4 月获得山东省第二届青年地质科技奖。

六、专著及教材

1. 高宗军,张兆香. 水科学概论. 海洋出版社,2003.

2. 山东省地下水资源可持续开发利用研究(参编). 海洋出版社,2000.

七、主讲课程

本科生课程:水文地质学基础、环境水文地质学、水文地球化学、地下水动力学、专门水文地质学、工程地质及水文地质、水科学概论、地球科学概论和第四纪地质学及地貌学、水文地质学等;

硕士研究生课程:水工环地质研究、环境地球化学、环境地质学、灾害地质学、矿山地质灾害和地下水污染与防治等;

博士研究生课程:水资源评价与管理,水文工程环境地质评价、监测与保护,高等工程地质学等。

八、指导研究生

2002 年 6 月至 2003 年 6 月,协助指导 3 名硕士研究生;

2003 年 6 月至 2010 年 6 月,独立指导 21 名(已毕业 10 名,在读 11 名)硕士研究生;

2003 年 6 月至 2010 年 6 月,协助指导 5 名(已毕业 4 名,在读 1 名)硕士研究生;

2005 年 6 月至 2010 年 6 月,指导工程硕士研究生(已获工程硕士学位)33 名;

2007 年 6 月至 2010 年 6 月,独立指导 3 名(均在读)博士研究生。

本人于 2010 年 10 月 22 日通过电子邮件供稿。

郭华明 Guo Hua-ming(1975.9—)

性别	男		籍贯	江西乐安
学历	博士研究生		学位	博士
职称	教授		职务	
工作单位	中国地质大学(北京)水资源与环境学院			
E-mail	hmguo@ cugb. edu. cn		电话	13910856127
邮编	100083	通信地址	北京市学院路 29 号	

一、综合介绍

中国地质大学(北京)教授、博士生导师。1993 年 9 月考入中国地质大学(武汉)水文地质工程地质系学习,1997 年 6 月获工学学士学位。2002 年 6 月于中国地质大学(武汉)毕业,获博士学位,专业方向为水文地质与环境工程。2002 年 9 月进入清华大学环境工程博士后流动站工作。2004 年 10 月获得德国洪堡基金资助,在德国进行了近两年的洪堡研究。2007 年进入教育部新世纪优秀人才支持计划。同年,获青年地质科技奖“银锤奖”。美国化学学会会员,国际地球化学学会会员,德国洪堡协会终身会员。《Research Journal of Applied Sciences》、《African Journal of Environmental Science and Technology》、《Online Journal of Earth Sciences》、《Research Journal of Environmental and Earth Sciences》杂志编委。每年多次为国际著名学术期刊《Journal of Hazardous Materials》、《Applied Geochemistry》、《Environmental Geology》等审稿。多年来一直从事水文地球化学、环境工程等方向的科研和教学工作。

近年来,承担或参与了国家级课题 10 余项,出版专著 1 部,公开发表学术论文 50 余篇,其中 18 篇发表在国际知名学术期刊上,被 SCI 收录(全为第一作者),15 篇被 EI 收录。学术成果得到国内外同行专家的认可。

二、教育和工作经历

2009— 中国地质大学(北京)水资源与环境学院,教授,博士生导师。

2004—2008 中国地质大学(北京)水资源与环境学院,副教授。

2004—2006 卡尔斯鲁厄大学(德国),洪堡研究学者,合作导师:Prof. Dr. Doris Stuben, Prof. Dr. Broder Merkel。

2002—2004 清华大学环境科学与工程系,博士后(合作导师李广贺教授)。

1997—2002 中国地质大学(武汉)工程学院,博士,水文地质与环境工程专业;导师:王焰新教授,博士论文《浅层地下水系统环境演化及污染敏感性研究——以山西大同盆地为例》于2003年被评为"湖北省优秀博士论文"。

1993—1997　中国地质大学(武汉)水文地质工程地质系,学士,水文地质与工程地质专业;导师:王焰新教授,学士学位论文《中更新世以来娘子关泉的时空演化》于1997年被评为"中国地质大学优秀学士论文"。

三、负责项目情况

高等学校科技创新工程重大项目培育基金项目:天然介质－超富集植物复合生态床去除地下水砷的关键技术研究(2009—2011,编号:708012);

国家自然科学基金面上项目:基于环境同位素的原生高砷地下水生物地球化学过程研究(2009—2011,编号:40872160);

中国地质调查局项目:华北平原水土环境研究与编图示范(2008);

淮河水利委员会项目:南四湖周边支流现状调查及其对湖水环境的影响研究(2008);

教育部留学回国人员科研启动基金项目:天然矿物与微生物联合去除地下水中砷的机理研究及其应用(2008.1—2010.12);

国家自然科学基金委员会对外交流与合作项目:西北高砷地下水系统中胶体颗粒物的水文地球化学及其对砷迁移的影响(2007.10—2007.11,编号:40710104037);

教育部新世纪优秀人才支持计划项目:微生物强化下天然矿物去除天然劣质地下水砷的机理研究(2008.1—2010.12,编号:NCET-07-0770);

国家科技支撑计划课题"小城镇苦咸水源饮用水处理技术研究及设备开发"(2007—2010,编号:2006BAJ08B04)子课题:苦咸水吸附过滤法高效除砷技术研究与设备开发;

国家自然科学基金项目:原生高砷浅层地下水系统中砷迁移转化的复合界面效应研究(2006—2008,编号:40572145);

国家水体污染控制与治理科技重大专项"饮用水安全保障技术体系与示范"主题"华北县镇地下水联片供水与除氟适用技术研究与示范课题"(2008ZX07425-06)子课题:昌平区域水资源保护及饮用水源优化配置方案研究(2009—2010);

德国洪堡基金会研究基金项目:不同形态砷在天然含铁矿物表面的水环境化学行为及其在地下水除砷中的应用(2004—2006);

中国博士后科学基金项目:农田环境氮磷输移复合界面传质效应与模型研究(2003—2004,编号:2003034021)。

四、获奖情况

入选教育部2007年度新世纪优秀人才支持计划,获2007年青年地质科技奖"银锤奖",获2007年中国地质大学(北京)"五四奖章",获2004年德国洪堡基金的研究基金奖励,获2003年"湖北省优秀博士论文",获2001年中国地质大学(武汉)"五四奖章",获1996年湖北省大学生优秀科研成果三等奖,获1996年中国地质大学(武汉)第七届大学

生科技论文成果一等奖。

五、专著和论文

(一)专著2部

1. 王焰新,郭华明,阎世龙,王润福,李义连. 浅层孔隙地下水系统环境演化及污染敏感性研究——以山西大同盆地为例. 中国科学出版社,北京,2004.

2. 郭华明. 地下水污染敏感性//地下水污染与防治,王焰新(主编). 高等教育出版社,北京,2007.

(二)已发表论文50余篇,其中18篇被SCI收录,15篇被EI收录

1. Qiong L, Guo H M*, Shan Y. Adsorption of fluoride on synthetic siderite from aqueous solution. Journal of Fluorine Chemistry, 2010, 131: 635-641(SCI).

2. Guo H M, Zhang B, Wang G C, Shen Z L. Geochemical controls on arsenic and rare earth elements approximately along a groundwater flow path in the shallow aquifer of the Hetao Basin, Inner Mongolia. Chemical Geology, 2010, 270: 117-125(SCI).

3. Guo H M, Li Y, Zhao K. Arsenate removal from aqueous solution using synthetic siderite. Journal of Hazardous Materials, 2010, 176: 174-180(SCI).

4. Guo H M, Zhang B, Yang S Z, Li Y, Stuben D, Norra S, Wang J J. Role of colloidal particles for hydrogeochemistry in as-affected aquifers of the Hetao Basin, Inner Mongolia. Geochemical Journal, 2009, 43: 227-234(SCI).

5. Guo H M, Stuben D, Berner Z, Yu Q C. Characteristics of arsenic adsorption from aqueous solution: Effect of arsenic species and natural adsorbents. Applied Geochemistry, 2009, 24: 657-663(SCI, EI).

6. Guo H M, Tang X H, Yang S Z. Effect of indigenous bacteria on geochemical behavior of arsenic in aquifer sediments from the Hetao Basin, Inner Mongolia: Evidence from sediment incubation. Applied Geochemistry, 2008, 23: 3267-3277(SCI, EI).

7. Guo H M, Yang S Z, Tang X H, Li Y, Shen Z L. Groundwater geochemistry and its implications for arsenic mobilization in shallow aquifers of the Hetao Basin, Inner Mongolia. Science of the Total Environment, 2008, 393: 131-144(SCI, EI).

8. Guo H M, Stuben D, Berner Z, Kramar U. Adsorption of arsenic species from water using activated siderite-hematite column filters. Journal of Hazardous Materials, 2008, 151: 628-635(SCI, EI).

9. Guo H M, Stuben D, Berner Z. Adsorption of arsenic(Ⅲ) and arsenic(Ⅴ) from groundwater using natural siderite as the adsorbent, Journal of Colloid and Interface Science, 2007, 315(1): 47-53(SCI, EI).

10. Guo H M, Li G, Zhang D, Zhang X, Lu C. Nitrogen balance and dynamics as affected by water table and fertilization management in celery (Apium graveolens) cropping system of southwestern China. African Journal of Agricultural Research, 2007, 2(4): 139-149(SCI).

11. Guo H M, Stuben D, Berner Z. Arsenic removal from water using natural iron

mineral-quartz sand columns. Science of the Total Environment, 2007, 377: 142-151 (SCI, EI).

12. Guo H M , Stuben D, Berner Z. Removal of arsenic from aqueous solution by natural siderite and hematite. Applied Geochemistry, 2007, 22: 1039-1051(SCI, EI).

13. Guo H M , Li G, Zhang D, Zhang X, Lu C. Effect of water table and fertilization management on nitrogen loading to groundwater. Agricultural Water Management, 2006, 82 (1-2): 86-98(SCI, EI).

14. Guo H M , Wang Y. Geochemical characteristics of shallow groundwater in Datong Basin, Northwestern China. Journal of Geochemical Exploration, 2005, 87(3): 109-120(SCI, EI).

15. Guo H M, Wang Y X. Hydrogeochemical processes in shallow Quaternary aquifers from the northern part of Datong Basin, China. Applied Geochemistry, 2004, 19(1): 19-27 (SCI, EI).

16. Guo H M, Wang Y X. Specific vulnerability assessment using MLPI model in Datong City, Shanxi Province, P. R. China. Environmental Geology, 2004, 45(3): 401-407(SCI, EI).

17. Guo H M, Wang Y, Grigoriy M S, Yan S L. Natural occurrence of arsenic in shallow groundwater, Shanyin, Datong Basin, China. Journal of Environmental Science and Health-Part A, 2003, A38 (11): 2565-2580 (SCI, EI).

18. 郭华明，李广贺等. 滇池流域西芹种植区不同施肥条件下地下水环境氮素污染研究. 地质科技情报, 2005-1.

19. 郭华明，李广贺等. 滇池流域强烈灌溉条件下西芹大棚土壤水分动态特征. 地质科技情报, 2004-3.

20. 郭华明，王焰新，李永敏. 山阴水砷中毒区地下水砷的富集因素分析. 环境科学, 2003-4(EI).

21. 郭华明，王焰新，王润福，邓安利. 人类活动影响下的大同市浅层地下水环境演化. 地质科技情报, 2002-4(EI).

22. 郭清海，王焰新，郭华明. 地下水系统中胶体的形成机理及其对污染物迁移的影响. 地质科技情报, 2001-3(EI).

23. 郭华明，王焰新. 地下水有机污染的水文地球化学标志物探讨——以南阳油田为例. 地球科学, 2001-3(EI).

24. Guo H M, Wang Y X. Batch and column experiments on fluoride removal from waters using modified zeolite. Journal of China University of Geosciences, 2000, 11(3): 271-274.

25. 郭华明，王焰新. 地下水有机污染物治理技术现状及发展前景. 地质科技情报, 1999, 18(2): 69-72.

26. Guo H M, Li G , Zhang X, Yan F, Zhang D, Lu C. A spatial study of denitrification and nitrification potential of agricultural soils in relation to fertilization practice. In: Wang Y X, Zhou A G, Liang X. (Eds.) Proceedings of International Symposium on Water Resources and

the Urban Environment. Environmental Science Press, Beijing, 2003:179-185(EI)(大会发言).

27. Wang R F, Wang Y X, Guo H M. Hydrochemistry of groundwaters from northern part of the Datong Basin, Shanxi, China. In: Cidu R. (Ed.) Proc. 10th Internat. Symp. Water-Rock interaction., 2001: 605-608 (ISTP).

28. Wang Y , Yuan X, Guo H M. Remediation of high fluoride groundwaters from arid regions using heat-treated soils: A column experiment study in Xinzhou, China. In: Arechart G B, Hulston J R. (Eds.) Proc. 9th Internat. Symp. Water-Rock Interaction, 1998: 189-192 (ISTP).

29. Guo H M, Li G H, Zhang D Y, Yan F, Zhang X, Lu C A. Contribution of fertilization practices to nitrate contamination of groundwater. In: Wanty R B, Seal R R. (Eds.) Proc. 11th Internat. Symp. Water-Rock interaction. Taylor & Francis, London, 2004:283-286(ISTP).

30. Wang Y , Guo H M. Speciation of arsenic in soils from an arsenic-affected area of southern Datong Basin, China. In: Wanty R B, Seal R R. (Eds.) Proc. 11th Internat. Symp. Water-Rock Interaction. Taylor & Francis, London, 2004:1655-1658(ISTP).

31. Guo H M , Yu Q C , Wang H L , Stuben D , Berner Z. Adsorption characteristics of arsenic species from aqueous solution on natural solid. In: Bullen T D, Wang Y X. (Eds.) Proc. 12th Internat. Symp. Water-Rock Interaction. Taylor & Francis, London, 2007: 1053-1057(Oral presentation)(ISTP).

32. Guo H M, Zhang B, Wang G C. Rare earth elements and arsenic along a groundwater flow path in the Hetao Basin, Inner Mongolia. Geochim Cosmochim Acta, 2009, 73(13S): A478(SCI).

33. Liu Q, Guo H M*. Fluoride removal by activated iron-manganese nodules. Geochim Cosmochim Acta, 2009, 73(13S): A780(SCI).

六、专利

1. 高效除砷复合吸附剂的制备和应用方法,申请号:200710064823.0。
2. 高效除氟吸附剂的制备和应用方法, 申请号:200710176919.6。

郭华明供稿。

郭西万 Guo Xi-wan(1936.11—)

性别	男	籍贯	河南洛阳
学历	本科	学位	学士
职称	教授	职务	
工作单位	新疆农业大学水利与土木工程学院		
邮编	830052	通信地址	乌鲁木齐市南昌路42号 新疆农业大学水利学院

一、综合介绍

1960年毕业于新疆八一农学院(现新疆农业大学)水利系农田水利工程专业,同年8月被学校选派到北京地质学院(现中国地质大学)攻读第二专业——水文地质及工程地质。1962年底以来,一直在新疆农业大学从事水文地质及工程地质、地下水利用等课程的教学和该专业方面的科学研究工作。2008年8月被评为新疆农业大学第一批特聘教授。指导培养的硕士研究生9名。

二、主要研究方向

地下水开发利用、管理和保护。

20世纪60~70年代,主要担任助教工作和部分教学任务,先后参加1/5万农田灌溉和水利土壤改良方面的水文地质测量、绿洲灌区井灌规划与设计。

70年代末至90年代,主讲"地下水利用"、"水文地质学"、"地下水资源评价"和"地下水动力学"等课程。

三、获奖情况

自流井封闭研究,荣获新疆维吾尔自治区科学大会奖,1978年;

地下水源地开发建设技术,自治区优秀科技成果二等奖,1984年;

乌鲁木齐河流域山前平原区地下水资源评价及合理开发利用,自治区科技进步奖三等奖,1985年;

新疆水资源及其承载能力和发展战略对策,自治区科技进步奖二等奖,1989年;

新疆准噶尔盆地西北缘弱含水层油田供水水源地优化开采研究,自治区科技进步奖三等奖,2000年12月;

新疆维吾尔自治区教委"先进科学工作者",1991年。

四、代表性科研论文

1. 董新光，郭西万等. 新疆地下水最佳开发利用模式探讨. 新疆农业大学学报，2001-3.

2. 郭西万，董新光等. 新疆塔里木盆地农用水源地开采规模的确定. 地下水，1999-4.

3. 董新光，郭西万. 新疆博尔塔拉河干流段地表水地下水转化关系的系统分析法. 干旱区地理，1996-4.

4. 董新光，郭西万等. 用变流量阶梯抽水试验资料反求参数. 地下水，1995-1.

5. 董新光，郭西万等. 新疆博尔塔拉河干流段地表水地下水转化关系的分析研究. 新疆农业大学学报，1995-3.

6. 董新光，郭西万等. 黄羊泉水源地优化开采研究. 新疆水利，1995-3.

7. 郭西万，董新光等. 黄羊泉水源地地下水资源评价的解析法. 新疆水利，1995-3.

8. 郭西万，董新光等. 井群规划的系统工程法——以新疆泽普县水源地规划为例. 新疆农业大学学报，1994-1.

9. 董新光，郭西万等. 新疆中小型流域水资源规划与管理模型的应用(二)——以库车河灌区为例. 干旱区地理，1993-1.

10. 董新光，郭西万等. 地下水资源分布及其转换的数值分析——以泽普水源地规划设计为例. 新疆农业大学学报，1993-2.

11. 郭西万，董新光. 新疆干旱区地下水资源与环境. 灌溉排水学报，1992-1.

12. 郭西万，董新光. 新疆中小型流域水资源规划与管理模型的研究(一). 干旱区地理，1992-4.

13. 郭西万，董新光. 新疆和布克赛尔县地下水资源特征及其开发利用前景. 新疆农业大学学报，1991-1.

14. 董新光，郭西万等. 新疆阿克陶县水资源综合利用研究——20kha 优质棉基地灌溉系统. 新疆农业大学学报，1989-3.

15. 郭西万. 对乌鲁木齐市供水问题的分析研究. 新疆农业大学学报，1987-4.

16. 郭西万，董新光. 新疆呼图壁县白格达水源地地下水开采前景预测. 新疆农业大学学报，1986-3.

17. 岳永生，郭西万等. 利用抽水试验资料反求白格达水源地水文地质参数. 新疆农业大学学报，1984-4.

18. Zekai Sen，郭西万. 在边界附近的大直径井的标准曲线. 地下水，1984-3.

19. 郭西万，马楫. 新疆农业水源地建设的几个技术问题. 新疆农业科学，1982-5.

20. 郭西万，王俊武等. 在开采期用非稳定流抽水确定含水层参数可靠性的论述. 水文地质工程地质，1982-2.

21. 郭西万，陈永东等. 运用多项式方法对青格达湖水源地地下水开采资源进行评价. 新疆农业大学学报，1982-4.

22. 郭西万，王源长. 运用稳定流理论计算水文地质参数的方法. 新疆农业科学，1981-1.

五、出版专著

1. 新疆准噶尔盆地典型流域水资源系统优化配置研究(第二作者). 新疆科技卫生出版社,1997. 12.

2. 新疆准噶尔盆地油田区地下水及其利用(第一作者). 新疆科技卫生出版社,2000. 6.

3. 新疆平原区大气降水、灌溉水与土壤水地下水量转化关系实验研究(第四作者). 新疆科技卫生出版社,2002. 6.

4. 地下水利用(2 版,合编). 水利电力出版社,1988. 5.

5. 地下水利用(3 版,合编). 中国水利水电出版社,1996. 10.

六、主要学术兼职

在 20 世纪 90 年代曾任“新疆地质学会”理事、新疆地质学会水文地质与工程地质专业委员会副主任,新疆水利学会理事;现任“全国地下水信息网”顾问、《地下水》杂志编委、“新疆坎儿井研究会”常务理事。

郭西万供稿。

郭永海 Guo Yong-hai(1957.2—)

性别	男		籍贯	吉林梅河口
学历	博士研究生		学位	博士
职称	研究员		职务	副所长
工作单位	核工业北京地质研究院环境工程研究所			
E-mail	guoyonghai@163.net		电话	010-64964590
邮编	100029	通信地址	北京市9818信箱	

一、综合介绍

1982年毕业于原长春地质学院并在地矿部水文地质工程地质研究所工作,1994年在中国地质大学(北京)获得博士学位。自1994年在南京大学博士后流动站出站以来,一直在核工业北京地质研究院工作。1999年11月至2000年7月赴美国洛杉矶伯克利实验室培训8个月,1999年聘为研究员。

近年来,高放废物处置库甘肃北山预选区水文地质研究一直是郭永海研究工作的主体。目前为核工业北京地质研究院一级学科带头人,他先后主持和参加了国家级、省部级科研项目6项,国际合作科研项目5项。主持自然科学基金项目3项。

二、主要学术贡献

在研究工作中注重了研究方法的创新和开发,其主要学术贡献包括:

(1)将地下水流动系统理论应用于高放废物地质处置预选区基岩裂隙含水介质研究,从宏观等效角度模拟地下水在基岩地区的流动状态,解决了弱含水、低渗透和低流速复杂的地下水动力学问题;

(2)利用化学平衡理论及化学动力学理论模拟基岩地区水平及垂向上的水-岩反应,预测水化学成分演化及矿物质量转移,并阐明其选址意义;

(3)根据化学动力学原理,定量模拟核废物在北山地下水中的存在形式、水-岩-核废物间的相互作用程度和过程;

(4)创建了集地下水流动状态模拟、水-岩间相互作用模拟、水-岩-核废物反应模拟、同位素技术等多种方法于一体的场地水文地质评价方法。

研究生培养情况:目前培养博士研究生3名,其中1名已毕业,2名在读。

三、获得的省部级以上科研奖励

我国高放废物处置库甘肃北山预选区区域地壳稳定性研究,1999年获国防科学技术

奖二等奖(第5名);

高放废物处置库甘肃北山预选区水文地质特征方法学研究,2002年获国防科学技术奖三等奖(第1名);

高放废物地质处置甘肃北山预选区深部地质环境研究,2003年获国防科学技术奖二等奖(第4名);

高放废物处置库场址特征评价方法研究,2007年获中核集团公司科学技术奖二等奖(第2名),2007年获国防科学技术奖二等奖(第2名)。

四、主持的省部级以上科研项目

高放废物地质处置甘肃北山预选区深部地质环境研究(北山一期)(1999—2001,项目负责人之一);

高放废物地质处置甘肃北山预选区选址及场址评价研究(北山二期)(2002—2003,项目负责人之一);

高放废物地质处置甘肃北山场址预选和场址评价研究(北山三期)(2005—2006,技术负责人之一);

同位素技术在包气带污染物迁移研究中的应用(国际原子能机构研究合同项目,2000—2005);

低渗透基岩地下水流系统及水岩作用研究(国家自然科学基金项目,2003—2005);

高放废物处置库预选场地地球化学及核素迁移天然类比研究(国家自然科学基金项目,2007—2009);

高放废物地质处置甘肃北山预选区选址和场址评价及地质处置技术研究(北山四期)(2008—2010,技术负责人);

马鬃山区几眼裂隙水系统水循环过程与黑河中、下游平原区的水力联系(国家自然科学基金项目91025020,2011—2013)。

五、专著

1. 郭永海. 复杂沉积系统深层碱性淡水的形成. 原子能出版社,1998.2.

2. 郭永海. 高放废物处置库甘肃北山预选区水文地质特征方法学研究. 原子能出版社,2001.12.

六、代表性论文

1. 郭永海,沈照理,钟佐燊等. 从地面沉降论河北平原深层地下水资源属性及合理评价. 地球科学——中国地质大学学报,1995-4.

2. 郭永海,沈照理,钟佐燊等. 河北平原地下水化学环境演化的地球化学模拟. 中国科学D辑,1997-4.

3. Guo Yonghai, Liu Shufen, Yang Tianxiao, et al. Istope techniques for the research of groundwater in the potential site of China ' s high-level waste repository. Science in China (Series E), 2001, Vol. 44 Supp.

4. 郭永海，沈照理，钟佐燊等. 河北平原深层碱性淡水形成的水文地球化学模拟——以保定、沧州地区为例. 地球科学——中国地质大学学报，2002-2.

5. Guo Yonghai, Wang Ju , Wang Zhiming, et al. Regional hydrogeological hydrogeochemical characteristics of Beishan Area: the potential area of China ' s high level radioactive waste repository in Gansu Province, China. Journal of China University of Geoscienes, 2007, Vol. 18 Special lssue.

6. 郭永海，王驹. 高放废物处置中的地质、水文地质、地球化学关键问题. 岩石力学与工程学报，2007，增刊2.

本人于2010年11月12日通过电子邮件确认此简介。

郝永红 Hao Yong-hong(1964.10—)

性别	男		籍贯	山东平遥
学历	硕士研究生		学位	工学硕士
职称	教授		职务	
工作单位	天津师范大学 天津市水环境与水资源重点实验室			
E-mail	haoyhong@ yahoo. com		电话	022-23766557
邮编	300387	通信地址	天津市西青区宾水西道393号	

一、个人简历

1981 年 9 月由山西省平遥中学考入武汉水利电力学院(现武汉大学)农田水利系农田水利专业,1985 年 7 月毕业,获工学学士学位;1988 年 9 月至 1991 年 7 月在武汉水利电力学院水利系攻读水资源系统分析方向硕士研究生,获工学硕士学位。

1985 年 7 月到山西大学资源与环境学院工作,主要从事水文水资源的教学、科研和野外考察工作。2003 年 1 月至 3 月赴日本埼玉国际环境中心合作研究中日环境水文地质问题。2005 年 8 月至 2006 年 8 月赴美国亚利桑那大学水文水资源系合作研究干旱半干旱地区地下水资源问题。1993 年 5 月获讲师任职资格,1998 年 4 月晋升为副教授,2003 年 9 月晋升为教授。

2008 年 5 月调入天津师范大学天津市水环境与水资源重点实验室,2008 年 9 月获博士研究生指导教师资格。

二、学术兼职

中国灰色系统学会常务理事。

三、主要研究方向

地下水数值模拟,干旱半干旱地区水文循环过程。

四、主持的省部级以上及国际合作科研项目(课题)

主持国家项目 2 项,省部级科研项目 4 项。

1. 中国北方岩溶泉域的灰色水文模型研究(国家自然科学基金项目 40572150,2006.1—2008.12);

2. 中国北方岩溶含水层非均质性识别研究(国家自然科学基金项目 40972165,2010.1—2012.12);

3. 天津市岩溶地下水的水文循环过程研究（天津市自然基金 09JCYBJC27500，2009.9—2012.10）；

4. 山西省岩溶水资源开发利用的环境问题及其对策（山西省软科学项目 001015-1，2000.6—2001.6）；

5. 山西省岩溶水资源管理的灰色系统模型研究（山西省青年科技研究项目 20021028，2001.6—2004.12）；

6. 山西省生态环境保护及可持续发展对策（山西省软科学项目 031040-1，2003.6—2004.5）。

五、著作（合著 1 部）

环境毒理学（孟紫强主编）. 中国环境科学出版社，2000.

六、代表性论文（发表论文 50 余篇，其中 SCI 收录 7 篇，EI 收录 4 篇）

1. Hao Yonghong, et al. Response of karst springs to climate change and anthropogenic activities: the Niangziguan Springs, China. Progress in Physical Geography, 2009, 33(5) (SCI 收录).

2. Hao Yonghong, et al. The role of climate and human influences in the dry-up of the Jinci Springs, China. Journal of the American Water Resources Association, 2009, 45(5) (SCI 收录).

3. Hao Yonghong, et al. Hydraulic tomography for detecting fracture zone connectivity. Ground Water, 2008, 46(2) (SCI 收录).

4. Hu Caihong, Hao Yonghong, et al. Simulation of spring flows from a karst aquifer with an artificial neural network. Hydrological Processes, 2008, 22(5) (SCI 收录).

5. Hao Yonghong, et al. Analysis of karst aquifer spring flows with a gray system decomposition model. Ground Water, 2007, 45(1) (SCI 收录).

6. Hao Yonghong, et al. A gray system model for studying the response to climatic change: the Liulin karst springs, China. Journal of Hydrology, 2006, 328(3-4) (SCI 收录).

7. Hao Yonghong, et al. Karst groundwater management by defining protection zones based on regional geological structures and groundwater flow fields. Environmental Geology, 2006, 50(3) (SCI 收录).

8. Hao Yonghong, et al. Piecewise analysis and simulation of spring flow based on GM (1,1) model. Proceedings of 2009 IEEE International Conference on Grey Systems and Intelligent Services, November 10-12, 2009, Nanjing, China (EI 收录).

9. Wang Yajie, Hao Yonghong, et al. Simulation of karst hydrological processes using GM (1,1) metabolic model. Proceedings of 2009 IEEE International Conference on Grey Systems and Intelligent Services, November 10-12, 2009, Nanjing, China (EI 收录).

10. Wang Wei, Hao Yonghong, et al. Application of grey system GM(1, N) model to predicting spring flow, Proceedings of 2007 IEEE International Conference on Grey Systems and

Intelligent Services, November 18-20, 2007, Nanjing, China(EI 收录).

11. Hao Yonghong, et al. Response of karst spring discharge to precipitation in semiarid region of China, 2005 IEEE Systems, Man and Cybernetics Society, Proceedings-2005 International Conference on Systems, Man and Cybernetics, Institute of Electrical and Electronics Engineers Inc., New York, NY 10016-5997, United States(EI 收录).

12. 郝永红等. 山西神头泉流量的灰色预测模型研究. 水利学报,2004-2.

七、主讲课程

主讲水资源计算与管理、线性代数、工程制图、环境工程实验和计算机原理及应用等课程。

八、研究生培养

2006 年以来独立指导 9 名硕士研究生。

本人于 2010 年 11 月 27 日通过电子邮件供稿。

郝振纯 Hao Zhen-chun(1958.3—)

性别	男		籍贯	山西翼城
学历	博士研究生		学位	博士
职称	教授		职务	副主任
工作单位	河海大学水文水资源学院			
E-mail	hzchun@ hhu. edu. cn		电话	025-83787222
邮编	210098	通信地址	南京市西康路1号	

一、综合介绍

1982年毕业于华东水利学院(现河海大学)陆地水文专业,获学士学位。1984年毕业于该校工程水文水资源专业,获硕士学位,同年留校任教。1986～1988年在河海大学攻读水文学及水资源博士专业,并获博士学位。1989～2003年参加水资源开发利用国家专业实验室的筹建和建设工作,任水资源开发利用国家专业实验室副主任,2004～2006年担任河海大学水资源环境学院副院长。现任河海大学水文水资源与水利工程科学国家重点实验室团队学术带头人,全球变化与水循环研究中心常务副主任。

主要研究方向为水文物理规律及流域水文模拟、大尺度水文及数字水文、全球变化影响等。主要讲授的本科生、硕士生及博士生课程有水文实验研究、土壤水文学、现代水文学、气候变化与水循环等。兼任中国水利学会水资源专业委员会委员,江苏省水利学会水文水资源专业委员会委员,国际水文科学协会中国国家委员会地表水专业委员会副主任,黄河水利委员会水文局黄河小花间暴雨洪水预警预报系统建设项目办公室总工程师。在筹建和管理水资源开发利用国家专业实验室期间,负责研制了人工降雨模拟系统、大型变坡土槽物理模型等基础实验设施,为实验室建设作出了很大贡献。

主持和参加的主要项目有:"九五"攻关项目"气候异常对我国水资源及水分循环影响的评估模型研究"和"土壤墒情监测预报技术",国家自然科学基金重大项目"淮河流域能量与水分循环试验研究",国家自然科学基金项目"水及溶质在有大孔隙的多孔介质中运移机制研究",教育部高等学校骨干教师资助计划"全国大尺度数字水文模型",水利部重点项目"不同农业管理条件下城市污水灌溉和农药化肥使用所产生的污染物质在非饱和带中的输移及对地下水的影响"和"污染河道对沿岸地下水影响研究",国家重点基础研究发展规划项目"我国生存环境演变和北方干旱化趋势预测研究",2002年度社会公益研究专项"小浪底水库暴雨致洪预警系统研究",中国气象局气候变化专项"气候变化对黄河源区水资源影响及预测研究","黄河中游典型支流产汇流特性变化研究"、"黄河小花间暴雨洪水预警预报系统子项目——分布式水文模型预报系统"等。

在分布式水文模型研究方面，提出了大尺度水文模型的框架结构，建立了能与气候模式输出相嵌套的、能够动态分析气候异常对区域水资源量影响的评估模型；把水文模型的产汇流机制有机地加入到陆面过程模式中，实现了陆面模式和水文模式的交互和反馈作用，在陆气耦合的关键技术方面取得了突破；应用GIS技术和DEM，将土地利用与地表覆盖等信息处理成适用于水文模型的空间尺度，并提取虚拟河网、流域边界等流域特征值，依据植被、土地利用信息确定水文参数、解决了水文模型参数化问题；建立了能够反映土地利用变化和气候影响的分布式水文模型，并在我国北方干旱半干旱地区得到应用。

目前，主持国家自然科学基金重点项目"气候变化下黄河源区区域水循环模型与不确定性研究"，国家自然科学基金项目"地形对水文过程影响的实验研究及其分布式模拟"，水文水资源与水利工程科学国家重点实验室团队项目"气候变化对流域水循环过程及水文极端事件的影响"，参加全球变化研究国家重大科学研究计划项目"气候变化对水循环的影响机理和我国水资源安全评估研究"课题(2010CB951101)，水利部公益性项目"中国极端洪水干旱预警与风险管理关键技术"，教育部"长江学者和创新团队发展计划资助"项目"大气－陆面－水文过程耦合机理研究"等。出版专著3部，发表论文200多篇，其中SCI、EI收录70余篇。获省部级科技进步奖7项。多次获江苏省普通高等学校优秀青年骨干教师和河海大学优秀青年骨干教师等称号。

指导已毕业博士研究生和硕士研究生65人，在校博士研究生和硕士研究生28人。

二、获奖情况

1. 经济预警理论方法与信息管理系统研究及应用，2003年获江苏省科技进步奖二等奖；

2. 气候异常对我国水资源及水分循环影响的评估模型研究，2003年获水利部大禹水利科学技术奖三等奖；

3. 黄河防洪预报调度与管理(耦合)系统，2005年获黄河水利委员会科技进步奖一等奖、黄河水利委员会创新成果(理论技术类)一等奖，2008年获水利部大禹水利科学技术奖二等奖；

4. 洞庭湖疏浚工程数值模拟分析研究与应用，2005年获湖南省水利厅科技进步奖一等奖，湖南省科技进步奖二等奖；

5. 淮河流域能量与水分循环和气象水文预报，获2006年度教育部科技进步奖一等奖；

6. 淮北平原黄潮地区"四水"转化水文实验研究，2009年获水利部大禹水利科学技术奖二等奖；

7. 淮北平原变化环境下水文循环实验研究与应用，2010年获水利部大禹水利科学技术奖二等奖。

三、著作

郝振纯，李丽，王加虎，罗健. 分布式水文模型理论与方法. 科学出版社，2010.

薛联青，郝振纯，李丹. 流域水环境生态系统模拟评价与治理. 东南大学出版社，2009.

郝振纯，沈国昌，张洪贵，刘晓晶. 长江流域的水利与水患. 武汉出版社，2006.

四、与地下水有关的代表性论文

1. Zhu Changjun, Hao Zhenchun. 2009. Non-darcy seepage modeling of groundwater flow and its simulation, 2009 International Conference on Industrial Mechatronics and Automation. ICIMA 2009, p438-441(EI:20094412410523).

2. Zhu Changjun, Hao Zhenchun. 2009. Application of probabilistic neural network model in evaluation of water quality, Proceedings 2009 International Conference on Environmental Science and Information Application Technology. ESIAT 2009, Vol. 1, p244-247(EI:20094712458637).

3. Zhu Changjun, Hao Zhenchun, Qin Ju. 2009. A prediction of groundwater quality using grey system neural network united model, 2009 Chinese Control and Decision Conference. CCDC 2009, p3216-3219(EI:20094712469213).

4. Xue Lianqing, Hao Zhenchun, Cui Guangbai. An improved neural model of groundwater level prediction. IAHS-AISH Publication, No. 311, Methodology in Hydrology, 2007, 111-117(EI:080511073959).

5. Zhu Changjun, Hao Zhenchun, Liu Dedong, Zhou Jihong, Li Shuwen. Gray numerical simulation of groundwater pollution. IAHS-AISH Publication, No. 311, Methodology in Hydrology, 2007:588-593(EI:080511074030).

6. Shu Longcang, Wang Zhihua, Ong'Or Basil Tito Iro, Wang Ling, Hao Zhenchun, Wang Yuming, Wang Maomei, Liu Bo, Li Wei. Determination methods for streambed hydraulic conductivity in the lower reach of the Yellow River. IAHS-AISH Publication, No. 311, Methodology in Hydrology, 2007:594-599(EI:080511074031).

7. 朱长军，郝振纯等. 二维灰色水质模型在地下水污染模拟中的应用. 辽宁工程技术大学学报，2007-6(EI:080411059603).

8. Zhu Changjun, Hao Zhenchun, Zhou Jihong. 2007. Simulation of one-dimensional contaminant transport in non-darcy field through low permeability porous media. WRI 12, Vol. 2, Water-Rock Interaction, Kunming, p1157-1160.(ISTP收录), ISBN 978-0-415-45136-9.

9. 朱长军*，郝振纯等. 地下水污染的灰色有限差分模型的修正解. 湖南科技大学学报（自然科学版），2006-2(EI:06269966880).

10. 朱长军，郝振纯等. 多孔介质中污染物运移的灰色数值模型. 辽宁工程技术大学学报，2006-4(EI:064110166609).

11. 朱长军*，郝振纯等. 组合灰色神经网络法在地下水动态预测中的应用. 辽宁工程技术大学学报，2005-增刊(EI:06159819976).

12. Adil Elkrail, Shu Longcang, Hao Zhenchun. 2004. Numerical simulation of groundwater dynamics for Songhuajiang River valley in China. Journal of Hydrodynamics, 16(3):332-335(EI:04408391233).

13. 冯杰，郝振纯等. Application of CT scanning technology to study soil macropore. proceedings of the International Symposium on Water Resources and the Urban Environment，中国

环境科学出版社,2003(EI:04398376233).

14. 陈启慧,郝振纯等. Comparing field test of soil water movement and solutes transportation in undisturbed soil and recompacted soil. Proceedings of the International Symposium on Water Resources and the Urban Environment,中国环境科学出版社,2003(EI:04398376157).

15. Elkrail Adil, Shu Longcang, Kheir Omer, Hao Zhenchun. Groundwater chemistry in semi-arid areas of Sudan. Proceedings of the International Symposium on Water Resources and the Urban Environment,中国环境科学出版社,2003(EI:04398376194).

16. Elkrail Adil, Shu Longcang, Kheir Omer, Hao Zhenchun. Hydrochemical characteristics of aquifers in Northern Gezira State, Central Sudan. Journal of Southeast University (English Edition),2003-3(EI:04037822679).

17. 冯杰,郝振纯. CT 扫描确定土壤大孔隙分布. 水科学进展,2002-5.

18. 刘凌,崔广柏,郝振纯. 多氯联苯在土壤水环境中生物降解过程规律研究. 水利学报,2000-6(EI:00115399716).

19. 李国芳,夏自强,郝振纯等. 田间土壤含水率的变异性及监测误差分析. 水科学进展,2000-4(EI:01015479940).

20. 郝振纯等. 用时域反射仪(TDR)法确定非饱和土壤水力传导度和扩散系数. 水动力学研究与进展,1998-增刊.

21. 王超,郝振纯等. 垃圾淋溶污染物在土壤中迁移方程的解析解. 水科学进展,1995-增刊.

本人于 2010 年 10 月 21 日通过电子邮件确认此简介。

焦赳赳 Jiao Jiu-jiu(1963—)

性别	男		籍贯	湖南
学历	博士研究生		学位	博士
职称	教授		职务	
工作单位	香港大学地球科学系			
E-mail	jjiao@ hku. hk		电话	852-28578246
邮编		通信地址	香港薄扶林道香港大学地球科学系	

一、综合介绍

1983 年、1986 年在中国地质大学(武汉)获学士与硕士学位,1993 年获英国伯明翰大学博士学位。目前主要从事水文地质方面的教学与科研工作。作为第一负责人参与了多项科研项目,并为多家国内外大型科学研究资助机构评审项目。

二、学术兼职

英国伦敦地质学会委员、美国地质学会委员;国际水文地质工作者协会会刊《Hydrogeology Journal》编辑。

三、代表性期刊论文(发表论文 100 多篇,其中 SCI 收录 75 篇)

1. Jiao J J, Wang Y, Cherry J A, Wang X S , Zhi B F, Du H Y, Wen D G. 2010. Abnormally high ammonium of natural origin in a coastal aquifer-aquitard system in the Pearl River Delta, China. Environmental Science & Technology, August 31, 2010, DOI: 10. 1021/es1021697.

2. Jiao J J, Guo H P. 2009. Airflow induced by pumping tests in unconfined aquifer with a low-permeability cap, Water Resources Research, Vol. 45, W10445.

3. Hu L T, Jiao J J, Guo H P . 2008. Analytical studies on transient groundwater flow induced by land reclamation. Water Resources Research, Vol. 44, W11427.

4. Guo H P, Jiao J J, Weeks E P. 2008. Rain-induced subsurface airflow and Lisse effect, Water Resources Research, Vol. 44, W11427, DOI:10. 1029/2008WR006926.

5. Tse K C, Jiao J J, 2008. Estimation of submarine groundwater discharge in Plover Cove, Tolo Harbour, Hong Kong by 222Rn. Marine Chemistry, 111(3-4), 160-170.

6. Guo H P, Jiao J J, Li H L . 2008. Numerical study of the airflow in the unsaturated zone induced by sea tides. Water Resources Research, 44(6), W06402, Jun 2008.

7. Leung C M, Jiao J J. 2006. Use of strontium isotopes to identify buried water main leakage into groundwater in a highly urbanized coastal area. Environmental Science and Technology, 40(21):6575-6579.

8. Jiao J J, Li H L. 2004. Breathing of coastal vadose zone induced by sea level fluctuations. Geophysical Research Letters, Vol. 31, No. 13, L11502 DOI:10.1029/ 2004GL019572.

9. Li H, Jiao J J. Tide-induced groundwater fluctuation in a coastal leaky confined aquifer system extending under the sea. Water Resources Research, 2001, 37(5): 1165-1171.

10. Jiao J J, Tang Z. 1999. An analytical solution of groundwater response to tidal fluctuation in a leaky confined aquifer. Water Resources Research, 35(3):747-751.

本人于 2010 年 9 月 27 日通过电子邮件确认此简介。

靳孟贵 Jin Meng-gui(1957.5—)

性别	男		籍贯	安徽舒城
学历	博士研究生		学位	博士
职称	教授		职务	
工作单位	中国地质大学(武汉)环境学院			
E-mail	mgjin@ cug. edu. cn		电话	027-67883461
邮编	430074	通信地址	武汉市中国地质大学环境学院	

一、综合介绍

1974年1月舒城县干汊河中学高中毕业;1982年7月武汉地质学院水文地质专业毕业,获学士学位,留校任教;1995年6月中国地质大学(武汉)在职研究生毕业,获水文地质与工程地质专业博士学位(导师:沈照理,张人权,孙连发);1996年5月至1998年5月在武汉水利电力大学土木水利学科从事博士后研究(合作导师:张蔚榛,张瑜芳)。1994年破格晋升为副教授,1998年晋升为教授,1999年成为博士生导师。注册土木(岩土)工程师。1991~1992年赴荷兰自由大学,在G. B. Engelen教授指导下进修和合作研究。1993年4~7月和1997年5~8月赴荷兰自由大学,与Ian Simmers教授等合作研究。2003年1~6月应Rien van Genuchten教授邀请在美国农业部US Salinity Laboratory及加州大学Riverside分校访问研究。主要从事水文地质与工程地质、地下水与环境、水利工程等专业领域的教学与科研工作。先后获得省部级科技进步奖三等奖3项、二等奖和一等奖各1项;出版专著2部,国内外公开发表学术论文130余篇,30余篇录入SCI、EI、ISTP检索。

二、学术兼职

高等学校水文与水资源工程专业教学指导分委员会委员(2008年至今);中国地质学会水文地质专业委员会委员(2010年至今),农业地学专业委员会委员(1996年至今)。国际水文科学学会(IAHS)会员,国际水文地质学家协会(IAH)会员。

三、主要学术贡献

运用系统思想进行多学科交叉渗透、软硬科学结合的研究方法,提出了建立协调优化的农业-水资源-环境系统的设想,为北方缺水地区立足本地水资源条件实现农业的可持续发展提供了新路子。系统地建立了土壤水资源的概念及相应的定量评价方法;提出了土壤水流系统概念和基于土壤水流系统的土壤水全时空调控理论,以及相应的水资源优化利用和水盐调控的综合配套措施;示范推广取得了一定的社会经济与环境效益。揭示了干旱内流盆地水文循环－盐分迁移聚集规律，并提出了兼顾土壤沙化、盐碱地改良、节水灌溉与水污染控制的水盐优化调控模式，指导棉田微咸水膜下滴灌实践取得较好效果。提出了多种方法相互印证的地下水补给评价方法，建立了保障城市再生水回灌补给地下水的水质安全保障技术体系。

四、主讲课程

先后主讲水力学、水文地质学基础（中文或英文授课）、地下水动力学（中文或英文授课）、水文地质学概论、包气带水文学、土壤水动力学等课程。

五、研究生培养情况

已指导博士及硕士研究生60余人次（其中4人提前攻博，7人硕博连读），已有22人获博士学位（其中2人论文被评为湖北省优秀博士论文，6人论文被评为中国地质大学优秀博士学位论文）、20人获硕士学位（其中外国留学生3人，1人论文被评为湖北省优秀硕士论文）。

六、科研获奖情况

华北平原地下水可持续利用调查评价，获2009年度国土资源科学技术奖一等奖，排名十一；

河南省地质地下水环境调查与评价，获2008年河南省国土资源科学技术奖二等奖，排名第六；

干旱内陆河流域水盐监测与模型研究及应用，获2005年度新疆维吾尔自治区科技进步奖二等奖，排名第三（G2005123）；

河北省景县王瞳试验区土壤水有效利用及咸水利用与调控研究，获1998年度地矿部科技成果三等奖，排名第一（KJ－98－3－228－1）；

河北省景县王瞳综合利用水资源农业试点，获1998年度地矿部勘察成果三等奖，排名第三（KC－98－3－97－3）；

格尔木河中下游冲洪积扇区地下水数学模型及环境地质研究，获1993年度地矿部科技成果三等奖，排名第三（青KJ－93－3－2－3）。

七、主持省部级以上科研项目

浅层含水层结构变化与地下水补给变化机理（973课题2010CB428802，2010—2014，专题负责人）；

淮河流域平原周口地区典型污染场地调查及有关评价方法综合研究（中国地质调查局项目1212010634505－2，2009—2010）；

长江中游重金属高异常区土－水－植物系统中镉的迁移规律及植物有效性（国家自然科学基金项目40772155，2008—2010）；

再生水补给地下水的预处理—SAT系统及水质安全评价技术（863计划课题2007AA06Z337，2007—2010）；

Groundwater Governance in North China—A Case Study in the Zhengzhou Area, A sub-project of Groundwater Governance in Asia: Capacity Building through Action Research in the Indo-Gangetic (IGB) and Yellow River (YRB) Basins, the Challenge Program on Water and Food (Project Number 42),2006—2008;

干旱内流盆地水文循环-盐分聚集模式及其优化调控(国家自然科学基金项目40472123, 2005—2007);

华北平原水文地质参数调查研究(中国地质调查局项目200312300001,2003—2005);

干旱内陆盆地农业面源污染及其控制研究(高等学校博士点专项科研基金项目20020491011,2003—2005);

土壤水流动系统及其应用研究(国家自然科学基金项目49972083,2000.1—2002.12);

土壤水资源的特性及评价方法探讨(国土资源部项目992040,1999—2000);

土壤水的开发利用技术研究与推广(中国地质调查局地质调查项目19991210007036,1999—2002);

不同作物种植条件下地下水补给研究(中荷国际合作项目,中国科学技术部,荷兰皇家科学院,1996—2000);

农业活动对博斯腾湖环境的影响研究(教育部高等学校骨干教师资助计划,2000—2001);

河北省景县王瞳综合利用水资源农业试点(九五地矿部部控项目, 1996—1998)。

八、著作或教材

1. 张人权,梁杏,靳孟贵,万力,于青春. 水文地质学基础. 地质出版社,2010.

2. 靳孟贵,成建梅. 地下水动力学实验与习题. 中国水利水电出版社,2010.

3. 靳孟贵, 方连育等. 土壤水资源及其有效利用:以华北平原为例. 中国地质大学出版社,2006.

4. 靳孟贵, 张人权,高云福,孙连发. 农业-水资源-环境相互协调的可持续发展. 中国地质大学出版社,1999.

5. 靳孟贵,陈刚. 地下水动力学实验与习题. 中国地质大学出版社,1999.

6. 高云福,靳孟贵. 水文地质学基础实验实习讲义. 地质出版社,1988.

九、三大检索系统收录论文(SCI 11 篇,EI 26 篇,ISTP 14 篇)

1. Liang Xing, Liu Yu, Jin Menggui*, Lu Xingchen, Zhang Renquan. 2010. Direct observation of complex T'othian groundwater flow systems in the laboratory. Hydrological processes. (Published online in Wiley InterScience 11 Jun 2010. www. interscience. wiley. com) DOI: 10.1002/hyp.7758 (SCI, EI).

2. Lu Xiaohui, Jin Menggui*, van Genuchten Martinus Th., Wang Bingguo. 2010. Groundwater recharge at five representative sites in the Hebei Plain, China. Ground Water. (Published online Jan 20,2010) DOI: 10.1111/j.1745-6584.2009.00667.x.(SCI, EI).

3. Han D M, Liang X, Jin M G, Currell M J, Song X F, Liu C M. 2010. Evaluation of

groundwater hydrochemical characteristics and mixing behavior in the Daying and Qicun geothermal systems, Xinzhou Basin. Journal of Volcanology and Geothermal Research, 2010, 189: 92-104. DOI: 10.1016/j.jvolgeores.2009.10.011(SCI, EI).

4. Han Dongmei, Liang Xing, Jin Menggui, Matthew J Currell, Han Ying, Song Xianfang. Hydrogeochemical indicators of groundwater flow systems in the Yangwu River Alluvial Fan, Xinzhou Basin, Shanxi, China. Environmental Management, 2009, 44(2): 243-255. DOI: 10.1007/s00267-009-9301-0(SCI, EI).

5. Sun Ronglin, Jin Menggui, Mark Giordano, Karen G Villholth. Urban and rural groundwater use in Zhengzhou, China: challenges in joint management. Hydrogeology Journal, 2009, 17: 1495-1506. DOI: 10.1007/s10040-009-0452-0(SCI, EI).

6. Hao Hanzhou, Jin Menggui, Liu Chengwu, Li Ruiming, Wang Zhinong. Risk assessment of heavy metal in cultivated soil by Rhizon-SMS and single extraction. Proceedings of International Workshop on Education Technology and Training/International Workshop on Geoscience and Remote Sensing (ETT and GRS 2008), DEC 21-22, 2008, Shanghai, China. 2009. Vol.2, p251-254(EI, ISTP).

7. Hao Hanzhou, Jin Menggui, Liu Chengwu, Li Ruiming, Wang Zhinong. Seven-step sequential procedure to evaluate Cd and Zn mobility in soil. In: Luo Q. (ed.) Proceedings of 2009 International Conference on Environmental Science and Information Application Technology, Wuhan China, July 4-5, 2009. IEEE Computer Society, p70-72(EI, ISTP).

8. Wang Bingguo, Jin Menggui, John R Nimmo, Yang Lei, Wang Wenfeng. Estimating groundwater recharge in Hebei Plain, China under varying land use practices using tritium and bromide tracers. Journal of Hydrology, 2008, 356(1-2): 209-222. DOI: 10.1016/j.jhydrol.2008.04.011.(SCI, EI), ISI 引用2次.

9. Cao Yinglan, Jin Menggui, Liu Yanfeng. Experiment on nitrate nitrogen transport and transformation in saline soil under the irrigation-drainage condition in arid inland. 2nd International Conference on Bioinformatics and Biomedical Engineering, ICBBE 2008. 2008: 3490-3494(EI).

10. 杜金龙，靳孟贵，欧阳正平，刘延锋. 焉耆盆地土壤盐分剖面特征及其与土壤颗粒组成的关系. 地球科学, 2008-1(EI).

11. Bassam F Al Bassam, Hu Guangdao, Jin Menggui. Principal component analysis for alteration mapping: a case study, Jinghong Area, Yunnan Province, China. Proceeding of the 12th Conference of Int. Association for Mathematical Geology, Beijing, China, August 26-31, 2007: 557-560 (ISTP).

12. Cao Y L, Jin M G, Liu Y. 2007. Assessment of shallow groundwater specific vulnerability in Yanqi Basin, China. In: Bullen T D, Wang Y X.(ed.) Water-Rock Interaction, Proceedings of the 12th international symposium on water-rock interaction WRI-12. Taylor Francis Group, London, p1467-1470(ISTP).

13. Hao H Z, Jin M G, Wang B G, Li R M, Hu Y H, Wang Z N. 2007. Quality evaluation of

shallow groundwater in north central Henan Province. Proceeding of the IPACES 6th Annual meeting. Journal of China University of Geosciences, 18(special issue): 95-98 (SCI, ISTP).

14. Lu Xiaohui, Jin Menggui*. One dimensional unsaturated flow modeling in Luancheng representative zone of the North China Plain. Journal of China University of Geosciences. Vol. 18 (special issue), June 2007:59-61(SCI, ISTP).

15. Lu X H , Jin M G, B F Al Bassam. 2007. Temporal-spatial change of vertical groundwater recharge in representative zones of the North China Plain. In: Bullen T D, Wang Y X. (Ed.) Water Rock Interaction, Proceedings of the 12th international symposium on water-rock interaction WRI-12. Taylor Francis Group, London, 1333-1338(ISTP).

16. Ma C , Jin M G. 2007. The problems of development and utilization of saline soils in Northwestern China and prevention and remediation countermeasures. In: Bullen T D, Wang Y X. (Ed.) Water-Rock Interaction, Proceedings of the 12th international symposium on water-rock interaction WRI-12. Taylor Francis Group, London, 1243-1246(ISTP).

17. Peng T, Wang X G, Jin M G, B F Al Bassam. 2007. Research on the self-purification of contamination in the unsaturated zone of Luoyang City. In: Bullen T D, Wang Y X . (Ed.) Water-Rock Interaction, Proceedings of the 12th International Symposium on Water-rock Interaction WRI-12. Taylor Francis Group, London, p1109-1114(ISTP).

18. Yi C, Wang B, Jin M, Guo Z. Two-dimensional simulation of underground seepage in a dangerous piping zone of the Jingjiang Great Levee, the middle reach of the Yangtze River. Quarterly Journal of Engineering Geology and Hydrogeology, 2007, 40(1):85-92(SCI, EI).

19. 齐登红，靳孟贵，刘延锋. 降水入渗补给过程中优先流的确定. 地球科学. 2007-3(EI).

20. Cao Yinglan, Jin Menggui, Jin Yingchun, Liu Yanfeng. Application of BP neural network model in water quality evaluation in Yanqi Basin, Xinjiang, China. Proceedings of the 2nd International Conference on Environmental and Engineering Geophysics. 4-9 June, 2006, Wuhan, China. Science Press USA Inc. (ISTP).

21. 孙蓉琳，梁杏，靳孟贵. 基于野外水力试验的玄武岩渗透性及尺度效应. 岩土力学,2006-9(EI).

22. 马传明，靳孟贵. 补排条件对一维土壤水分运动影响的试验研究. 湖南科技大学学报(自然科学版),2005-3(EI).

23. Liu Yanfeng, Jin Menggui. Real time forecasting of runoff based on EBF-ANN: a case study on Kaidu River in Xinjiang. Proceedings of the International Symposium on Water Resources and the Urban Environment. Wuhan, China, November 8-9, 2003. China Environmental Science Press. 412-414(EI, ISTP).

24. Cao Yinglan, Jin Menggui, Jin Yingchun, Liu Yanfeng. The statistical character of water quality in Bosten Lake, Northwest China. Proceedings of the International Symposium on Water Resources and the Urban Environment. Wuhan, China, November 8-9, 2003. China Environmental Science Press. 146-149(EI, ISTP).

25. 靳孟贵，刘延锋，董新光，周金龙. 节水灌溉与农业面源污染控制研究. 地质科技情

报,2002-1(EI).

26. Jin Menggui, Liang Xing, Ian Simmers, Gao Yunfu, Zhang Renquan. Estimation of groundwater recharge using artificial tritium tracing. Proceedings of the International Symposium on Hydrogeology and the Environment. Wuhan, China, 17-21 October 2000. China Environmental Science Press. 340-345(ISTP).

27. Liang Xing, Jin Menggui, Wang Xusheng, Zhang Renquan. Modeling of paleo-ground water flow in the eastern pearl river mouth basin. Proceedings of the International Symposium on Hydrogeology and the Environment. Wuhan, China, 17-21 October 2000. China Environmental Science Press. 372-377(ISTP).

28. Jin M G, Zhang R Q, Sun L F, Gao Y F. Temporal and spatial soil water management: a case study in the Heilonggang region, PR China. Agricultural Water Management, Elsevier, 1999,42: 174-187(SCI). ISI 引用26次.

29. 靳孟贵, 张人权,高云福,孙连发. 黑龙港地区农业 - 水资源 - 环境系统分析. 地质科技情报,1998-增刊2(EI).

30. 靳孟贵. 国外高校环境专业教学的几点启示. 地质科技情报,1998-2(EI).

31. 梁杏,韩庆之,曾克峰,靳孟贵, 张人权,孙连发. 巨型水利枢纽工程岩溶水渗漏的系统分析方法. 地质科技情报, 1998-增刊2(EI).

32. 梁杏,靳孟贵, 王旭升,杨建宏,宋胜武,王蜀康. 川西南某电站库水渗漏评价的灰域模拟. 地质科技情报, 1998-增刊2(EI).

33. 靳孟贵,高云福,张人权,孙连发. 田间土壤水全时空调控的试验研究. 地球科学, 1997-6(EI).

34. 靳孟贵, 梁杏, 刘予伟. 水资源 - 环境管理决策支持系统及研究现状简介. 人民长江, 1995-6(EI).

35. 张人权, 靳孟贵. 略论地质环境系统. 地球科学, 1995-4(EI).

36. Zhang Renquan, Jin Menggui, Sun Lianfa, Gao Yunfu. Systems analysis of agriculture-water resources-environment in Hebei Plain, Proceedings of the Water Down Under 1994 Conference, Adelaide, Australia, November 21-25, 1994:453-458(EI).

37. Jin Menggui, Wu Beiyi, Zhang Binhai. Database management system for a groundwater regime. Ground Water, 1993-4(SCI, EI).

十、专利

1. 申请发明专利:一种改性膨润土絮凝剂的制备方法,申请号:200910272440.1,公布号:CN 101693540A,公布日期:2010.04.14; 发明人:鲍建国,潘洁,靳孟贵,梁杏,李民敬,袁悦,郑丹。

2. 获得新型实用专利1项:一种多级次地下水流动系统演示仪,ZL200820066726.5。

靳孟贵供稿。

李保国 Li Bao-guo(1964.10—)

性别	男		籍贯	山西襄粉
学历	博士研究生		学位	博士
职称	教授		职务	副院长
工作单位	中国农业大学资源与环境学院			
E-mail	libg@ cau. edu. cn		电话	010-62732850
邮编	100193	通信地址	北京市海淀区圆明园西路2号	

一、教育经历

1980.8—1984.8　北京农业大学土壤农化系，本科；

1984.9—1986.12　北京农业大学遥感研究所，硕士，土壤学，师从石元春教授；

1987.1—1989.12　北京农业大学土地资源系，博士，土壤学，师从石元春教授。

二、工作经历

1990.1—1992.12　北京农业大学土地资源系，讲师；

1993.1—1994.12　北京农业大学农业水管理研究所，副教授，所长；

1995.1—　中国(北京)农业大学资源与环境学院，教授、博士生导师，土壤和水农业部重点实验室，主任；

2000.1—　中国农业大学资源与环境学院，副院长；

2000.9—　中国农业大学土壤学科国家教委长江学者奖励计划特聘教授；

2002.10—　教育部植物－土壤互作过程实验室，副主任。

三、学术职务

中国土壤学会常务理事，全国科学技术名词审定委员会第四届、第五届委员会委员，中国土壤学会土壤学名词审定委员会主任，中国土壤学会盐渍土委员会副主任，大气边界层物理和大气化学国家重点实验室学术委员会委员(2000—2005)，中国农学会计算机农业应用分会副理事长，北京市土壤学会理事长，中国农业大学学术委员会委员、学位委员会委员，国际土壤学会会员，美国土壤学会会员；《Agronomy Journal》(AJ)杂志副主编(2009—)。《资源科学》杂志副主编，《Pedosphere》、《土壤学报》、《农业工程学报》、《中国农业科学》、《土壤》杂志编委，《中国农业大学学报》杂志编委、主编(2009—)，“十五”863“数字农业”重大专项专家组成员，第三届国家重点基础研究发展计划(973)农业领域咨询专家(2007—2011)。国家土壤质量标准委员会委员，国家防沙治沙标准委员会委员。作为大会主席,举办过2次国际学术交流会议:2009年8月26~28日,北京,PM09(Pedometrics,计量土壤学,与国际土壤联合会合办)国际学术会议;2009年11月10~12日,北京,PMA09(2009 Plant Growth Modeling and Applications,植物建模、可视化和应用国际会议,与法国同行合办)。

四、教授课程

土壤学,本科生必修课,部分讲授,1995年至今;资源与环境野外综合实习,本科生必修课,主讲,2004年至今;土壤学进展,硕士研究生必修课,主讲,1995年至今;资源与环境进展,博士研究生必修课,主讲,1997年至今。

五、指导学生(仅列与地下水有关的、获博士学位的毕业生)

1.李卫东,1995.7,土壤学,石元春、李保国,区域土壤剖面的随机模拟及其在土壤水转化研究上的应用,美国,从事科学研究,华中农业大学资源与环境学院,教授。

2.白由路,1999.7,土壤学,李保国,黄淮海平原水盐运动的空间格局与盐渍化演替机制,中国农科院资源与区划研究所,研究员,中国农科院国家测土施肥中心实验室,主任。

3.胡克林,2000.7,土壤学,李保国,农田尺度下土壤属性的空间变异性及硝酸盐淋失的随机模拟,中国农业大学资源与环境学院,教授。

4.张乃明,2000.7,土壤学,李保国,污水灌区土壤-作物系统重金属迁移累积与空间分布特征,云南农业大学资源与环境学院,教授,院长。

5.牛振国,2001.7,土壤学,张凤荣、李保国,基于GIS土壤水分动态模型及在土地利用优化模式中的应用——以鄂尔多斯小流域为例,中国科学院遥感研究所,副研究员。

6.马兴旺,2001.7,土壤学,石元春、李保国,绿洲水土资源利用的时空分析与模拟及荒漠化防治模式,新疆农科院土肥所,研究员。

7.樊贵盛,2001.7,土壤学,李保国,冻融土壤水分入渗规律与冬灌灌水过程研究,太原理工大学水利系,教授。

8.赵成义,2002.7,土壤学,石元春、李保国,荒漠绿洲植被变化与土壤水盐运动的耦合关系研究,中国科学院新疆生物与地理研究所,研究员,站长。

9.李桂花,2002.7,土壤学,李保国,大肠杆菌和沙雷菌在砂土和壤土中的运移特性,中国农科院资源与区划研究所,副研究员。

10.张世熔,2002.7,土壤学,石元春、李保国、黄元仿,基于GIS的区域水氮行为模拟与管理分析,四川农业大学资源与环境学院,教授,副院长。

11.罗长寿,2002.7,土壤学,李保国、左强,应用基于遗传算法的神经网络模型估算水、盐胁迫下的冬小麦根系分布,北京农林科学院农业信息技术研究所,副研究员。

12.杨贵羽,2003.7,土壤学,李保国、罗远培,土壤水变动下冬小麦根、冠生长动态模型的建立及根、冠动态特性分析,中国水科院水资源研究所,副研究员。

13.吕贻忠,2003.7,土壤学,李保国,鄂尔多斯沙质荒漠化土壤水分、养分的空间异质性及有机碳的模拟,中国农业大学资源与环境学院,副教授。

14. 孙建光，2004.7，土壤学，李保国，青海共和盆地水分时空分异与水土资源生产力，新疆财经大学统计与信息学院，副教授，副院长。

15. 高如泰，2005.7，土壤学，陈焕伟、李保国、黄元仿，黄淮海平原农田土壤水氮行为模拟与管理分析，河北农业大学资源与环境学院。

16. 张吴平，2006.12，土壤学，李保国、郭焱，三维根系功能－结构模型的构建与根区土壤水分运动的模拟，山西农业大学，副教授。

17. 张源沛，2008.12，土壤学，李保国，绿洲区土水盐渍化时空分异模式与调控，宁夏农林科学院生物中心，副研究员。

18. 盛建东，2009.6，土壤学，李保国，干旱区盐渍化土壤数字制图方法研究与应用，新疆农业大学草地与环境学院，教授，副院长。

19. 王雅婧，2010.6，土壤学，任图生、李保国，几种土壤吸附水含量及吸热的研究。

六、主持的与地下水有关的主要科研项目

1. 农业部行业计划项目课题“新疆北部内陆盐碱地农业高效安全利用配套技术模式研究与示范”（2009—2012）；

2. 中澳合作课题“高产和保护环境质量下的农田水氮管理”（1998—2009）；

3. 国家自然科学基金重大项目“华北平原节水农业应用基础研究”的课题“以土壤水为中心的农田水分规律及其调控”研究（1993—1997）；

4. 主持完成了国家“九五”科技攻关专题“黄淮海平原水盐测报与管理网络研究”；

5. 主持完成了国家“八五”重点攻关项目“区域水盐运动测报应用”的研究（1990—1995），完成了区域水盐运动 PWS1.0 软件的开发。

七、与地下水有关的代表性论文

1. Li Yunzhu，Shi Yuanchun，Li Baoguo，Lu Jinwen. 1993. Monitoring and prognosis of regional water and salt. Geoderma，60：213-233.

2. Li Weidong，Li Baoguo，Shi Yuanchun. 1997. Application of Markov chain theory to desceibe the spatial distribution of textural layers. Soil Science，162（9）：672-683.

3. Li Weidong，Li Baoguo，Shi Yuanchun. 1999. Markov chain simulation of soil textural layers. Geoderma，92（Nos. 1-2）：37-53.

4. Li Weidong，Li Baoguo，Diederik Jacques，Jan Feyen，Shi Yuanchun. 2001. Effect of spatial variation of textural layers on regional field-water balance. Water Resources Research，37（5）：1209-1220.

5. Zhao Chengyi，Wang Yuchao，Song Yudong，Li Baoguo. 2004. Biological drainage characteristics of alakalized desert soils in Northwestern China. Journal of Arid Environments，56（1）：1-9.

6. Hu Kelin，Huang Yuanfang，Li Hong，Li Baoguo，Chen Deli，Robert Edlin White. 2005. Spatial variability of shallw groundwater level，electrical conductivity and nitrate concentration，and risk assessment of nitrate contamination in North China Plain. Environment

International, 31:896-903.

7. Zhao Chengyi, Wang Yuchao, Chen Xi, Li Baoguo. 2005. Simulation of the effects of groundwater level on vegetation change by combining FEFLOW software. Ecological Modelling, 187(2-3):341-351.

8. Hu Kelin, Robert White, Chen Deli, Li Baoguo, Weidong Li. 2007. Stochastic simulation of water drainage at the field scale and its application to irrigation management. Agricultural Water Management, 89 (1-2): 123-130.

9. Li Yong, Robert White, Chen Deli, Zhang Jiabao, Li Baoguo, Zhang Yuming, Huang Yuanfang, Robert Edis. 2007. A spatially referenced water and nitrogen management model (WNMM) for (irrigated) intensive cropping systems in the North China Plain. Ecological Modelling, 203: 395-423.

10. Liu Gang, Li Baoguo, Ren Tusheng, Robert Horton. 2007. Analytical solution of the heat pulse method in a parallelepiped sample space. Soil Sci Soc Am J, 70(5): 1607-1619.

11. Wei Yongping, Brian Davidson, Chen Deli, Robert White, Li Baoguo, Zhang Jiabao. 2007. Can contingent valuation be used to measure the in situ value of groundwater on the North China Plain? Water Resour Manage, 21:1735-1749, DOI:10.1007/s11269-006-9123-2.

12. Shen C, Huang Y, Li B, Jin Y. 2008. Effects of solution chemistry on straining of colloids in porous media under unfavorable conditions. Water Resources Research, 44: W05419, DOI:10.1029/2007WR006580.

13. Hu Kelin, Li Baoguo*, Chen Deli, Zhang Yuanpei, Robert Edis. 2008. Simulation of nitrate leaching under irrigated maize on sandy soil in desert oasis in Inner Mongolia, China. Agricultural Water Management, 59 (10): 1180-1185.

14. He Yong, Hu Kelin, Li Baoguo, Chen Deli, Helen Charlotte Suter, Huang Yuanfang. 2009. Comparison of sequential indicator simulation and transition probability indicator simulation used to model clay content in microscale surface soil. Soil Science, 174(7): 395-402. DOI: 10.1097/SS.0b013e3181aea77c.

15. Sheng Jiandong, Ma Lichun, Jiang Ping'an, Li Baoguo*, Huang Feng, Wu Hongqi. 2009. Digital soil mapping to enable classification of the salt-affected soils in desert agro ecological zones. Agric. Water Manage., DOI:10.1016/j.agwat.2009.04.011.

16. He Y, Chen D, Li B G, Huang Y F, Hu K L, Li Y, Willett I R. 2009. Sequential indicator simulation and indicator kriging estimation of 3-dimensional soil textures. Australian Journal of Soil Research, 47, 622-631. DOI:10.1071/SR08218 0004-9573/09/060622.

17. Hu Kelin, Li Yong, Chen Weiping, Chen Deli, Wei Yongping, Robert Edis, Li Baoguo*, Huang Yuanfang, Zhang Yuanpei. 2010. Modeling nitrate leaching and optimizing water and nitrogen management under irrigated maize in desert oases in Northwestern China. Journal of Environmental Quality, 39:667-677.

18. Huang Feng, Li Baoguo*. 2010. Assessing grain crop water productivity of China using a hydro-model-coupled-statistics approach. Part I: Method development and validation. Agricul-

tural Water Management,97：1077-1092. DOI:10.1016/j. agwat. 2010.02.016.

19. Huang Feng, Li Baoguo*. 2010. Assessing grain crop water productivity of China using a hydro-model-coupled-statistics approach. Part II：Application in breadbasket basins of China. Agricultural Water Management,97：1259-1268. DOI:10.1016/j. agwat. 2010.02.017.

20. He Y, Hu K L , Huang Y F, Li B G, Chen D L. 2010. Analysis of the anisotropic spatial variability and three-dimensional computer simulation of agricultural soil bulk density in an alluvial plain of north China. Mathematical and Computer Modelling,51：1351-1356.

21. He Y, Hu K L, Chen D L, Suter H C, Li Y, Li B G, Yuan X Y, Huang Y F. 2010. Three dimensional spatial distribution modeling of soil texture under agricultural systems using a sequence indicator simulation algorithm. Computers and Electronics in Agriculture,71(SUPPL. 1)：S24-S31.

22. 李保国. 区域土壤水贮量及旱情预报. 水科学进展,1991-2.

23. 龚元石,李保国. 应用农田水量平衡模型估算土壤水渗漏量. 水科学进展,1995-1.

24. 秦耀东,李保国. 析取克里格模型及其在区域水资源管理中的初步应用. 水利学报,1998-8.

25. 任理,李保国等. 稳定流场饱和均质土壤盐分迁移的传递函数解. 水科学进展,1999-2.

26. 李春友,任理,李保国. 秸秆覆盖条件下土壤水、热、盐耦合模型的研究进展. 水科学进展, 2000-3.

27. 任理,刘兆光,李保国. 非稳定流条件下非饱和土壤溶质运移的传递函数解. 水利学报,2000-2.

28. 李品芳,李保国. 毛乌素沙地水分蒸发和草地蒸散特征的比较研究. 水利学报,2000-3.

29. 胡克林,李保国等. 区域浅层地下水埋深和水质的空间变异性特征. 水科学进展,2000-4.

30. 李保国等. 区域浅层地下水硝酸盐含量评价的指示克立格法. 水利学报,2001-1.

31. 胡克林,李保国等. 农田土壤水分和盐分的空间变异性及其协同克立格估值. 水科学进展,2001-4.

32. 李春友,任理,李保国. 利用优化算法求算 van Genuchten 方程参数. 水科学进展,2001-4.

33. 黄元仿,李韵珠,李保国等. 区域农田水、氮优化管理. 农业工程学报, 2001-2.

34. 黄元仿,李韵珠,李保国等. 区域农田土壤水和氮素行为的模拟. 水利学报,2001-11.

35. 牛振国,李保国等. 参考作物蒸散量分布式模型. 水科学进展,2002-3.

36. 牛振国,李保国等. 基于区域土壤水分供给量的土地利用优化利用模式. 农业工程学报, 2002-3.

37. 李保国等. 农田土壤表层饱和导水率的条件模拟. 水利学报,2002-2.

38. 马兴旺,李保国等. 民勤绿洲现状土地利用模式影响下地下水位时空变化的预测. 水科学进展,2003-1.

39. 牛振国,李保国等. 基于 GIS 的流域土壤水分补给量的模拟研究. 水利学报,2003-2.

40. 任理,刘兆光,马军花,李保国. 考虑残留氮对非稳定流场硝态氮淋失贡献的传递函数模型Ⅰ:地中渗透计验证. 水利学报,2003-11.

41. 任理,马军花,刘兆光,李保国. 考虑残留氮对非稳定流场硝态氮淋失贡献的传递函数模型Ⅱ:农田应用. 水利学报,2003-12.

42. 赵成义,王玉朝,李保国. 内陆河流域植被变化与地下水运动的耦合关系. 水利学报, 2003-12.

43. 胡克林,李保国等. 预测农田水分渗漏和氮素淋失的两种模型比较. 水科学进展, 2004-1.

44. 池宝亮,黄学芳,张冬梅,李保国. 点源地下滴灌土壤水分运动数值模拟及验证. 农业工程学报,2005-3.

45. 陈研,郭永强,胡克林,李保国. 求解土壤溶质运移方程的广义迎风差分法. 农业工程学报, 2005-4.

46. 罗长寿,左强,李保国等. 冬小麦生长条件下改进遗传算法在根系水盐运移模型中的应用研究. 农业工程学报,2005-11.

47. 高如泰,陈焕伟,李保国等. 夏玉米生长期黄淮海平原土壤水氮利用效率模拟分析. 农业工程学报,2006-6.

48. 胡克林,肖新华,李保国. 不同类型下边界条件对模拟灌溉农田水分渗漏的影响. 水科学进展,2006-5.

49. 陈研,胡克林,冯凌,李保国. 基于土壤 - 作物系统模拟模型的冬小麦田间水氮优化管理. 农业工程学报,2007-6.

50. 胡克林,李保国等. 作物生长与土壤水氮运移联合模拟的研究Ⅰ——模型. 水利学报,2007-7.

51. 金梁,胡克林,李保国等. 作物生长与土壤水氮运移联合模拟的研究Ⅱ——模型的验证与应用. 水利学报,2007-8.

52. 张吴平,李保国. 植物根系生长向水性的可视化仿真模拟. 系统仿真学报,2007-增刊 2.

53. 张源沛,胡克林,李保国等. 银川平原土壤盐分及盐渍土的空间分布格局. 农业工程学报, 2009-7.

54. 胡克林,陈海玲,张源沛,李保国等. 浅层地下水埋深、矿化度及硝酸盐污染的空间分布特征. 农业工程学报,2009-增刊 1.

55. 李保国等. 1998—2007 年中国农业用水分析. 水科学进展,2010-4.

八、专著或教材

1. 李保国,彭士琪. 1998—2007 年中国农业用水报告. 中国农业出版社,2009;

2. 陈研,李保国,刘刚,展志岗. 资源与环境系统分析. 北京师范大学出版社,2009.

3. 吕贻忠,李保国. 土壤学. 中国农业出版社,2006.

4. 李保国. 第十二章 土壤盐渍化. 见:慈龙骏等著. 中国的荒漠化及其防治. 高等教育

出版社，2005.

5. 李保国，龚元石，左强等. 农田土壤水的动态模型及应用. 科学出版社，2000.

6. 李韵珠，李保国. 土壤溶质运移. 科学出版社，1998.

7. 石元春，李保国，李韵珠，陆锦文. 区域水盐运动监测预报. 河北科技出版社，1991.

九、获奖情况

1. 2009 年，主持的“土壤学”课程，获国家精品课程；

2. 2008 年，主持承担的课程“资源与环境野外综合实习”，获北京市教学成果二等奖；

3. 2007 年，所指导博士生胡克林 1999 年在《农业工程学报》上发表的论文《农田土壤养分的空间变异性》，荣获第一届“中国百篇最具影响优秀国内学术论文”；

4. 2006 年，主持的“土壤学”课程，获北京市精品课程；

5. 2006 年，沙漠化发生规律及其综合防治模式研究（J-202-2-04），获国家科技进步奖二等奖；

6. 2004 年，获首届中国土壤学会奖；

7. 2002 年，获第七届中国农学会青年科技奖；

8. 2000 年，被评为教育部、香港李嘉诚基金会，长江学者奖励计划特聘教授；

9. 1999 年，“灌溉农田土壤水分高效利用的调控机制”获农业部科技进步（甲类）奖二等奖，排名第一；

10. 1992 年，“区域水盐运动监测预报”获国家教委科技进步（甲类）奖一等奖（排名第二），后作为主要内容，又获 1993 年度国家科技进步奖特等奖（排名第二十三）。

本人于 2010 年 10 月 28 日供稿。

李国敏 Li Guo-min (1963.10—)

性别	男		籍贯	河南济源
学历	博士研究生		学位	博士
职称	研究员		职务	主任
工作单位	中国科学院地质与地球物理研究所 工程地质与水资源研究室			
E-mail	geomli@yahoo.com, guominli@mail.iggcas.ac.cn		电话	010-82998620
邮编	100029	通信地址	北京朝阳区北土城西路19号	

一、综合介绍

中国科学院"百人计划"入选者。

研究方向:复杂地质介质中水流与污染物运移数值模拟、废物地质处置场环境水文地质风险分析与评价、地下水污染理论与防治对策研究等。

学习经历:1984年毕业于武汉地质学院水文地质专业,获学士学位;分别于1988年和1994年在中国地质大学研究生院获得水文地质专业硕士和博士学位;1992~1993年留学德国。

工作经历:1994~1996年任中国地质大学(武汉)水文地质与环境教研室讲师与副教授,1996~1997年在瑞士苏黎世理工大学从事博士后研究,1997~2004年任美国劳伦斯伯克利国家实验室地质科学家,2004年至今在中国科学院地质与地球物理研究所工作。

学术兼职:中国科学院水资源研究中心副主任、专家委员会委员,国防科工委高放废物地质处置专家组成员,北京市水利学会理事,《水文地质工程地质》、《中国岩溶》编委。

科研业绩:先后主持了50余项科研项目,包括国家自然科学基金、973课题、国家环保公益性行业科研专项、国防科工委高放废物地质处置研究开发项目、北京市科技计划项目、中国科学院知识创新工程重要方向项目、美国能源部和日本JNC项目等;曾获得美国劳伦斯伯克利国家实验室贡献奖、全国优秀勘察金奖、全国矿产储量委员会一等奖、广西科技成果三等奖、山西省科技成果二等奖等;发表学术论文100余篇,专著3部。

二、代表性论著

1. Zhou Jinlong, Li Guomin, Liu Feng, et al. DRAV Model and its application in assessing groundwater vulnerability in the arid areas: a case study of pore phreatic water in Tarim Basin, Xinjiang, Northwest China. Environmental Earth Science, 2010, 60(5).

2. Zhou Jinlong, Dong Xinguang, Li Guomin, et al. Evaluation of groundwater Quality in Xinjiang Plain Area. Frontiers of Environmental Science & Engineering in China, 2010, 4(2).

3. Dong Yanhui, Li Guomin. A Parallel PCG solver for MODFLOW. Ground Water, 2009,

47(6)：845-850.

4. 李国敏，李锋，周金龙等. 关中盆地地下热水循环规律及可持续开发利用. 科学出版社，2010.

5. 董艳辉，李国敏等. 甘肃北山大区域地下水流动模拟. 科学通报，2009-23.

6. 李国敏等. 裂隙中滞水区对溶质运移影响的模拟分析. 岩石力学与工程学报，2007-S2.

7. 黎明，李国敏等. 陕西渭北东部岩溶热水运移数值模型研究. 中国科学 D 辑：地球科学，2006-S2.

8. Li G, Tsang C F. Seepage into drifts with mechanical degradation. J. Contaminant Hydrology，2003：62-63.

9. 李国敏，Tsang C F. 地下非均质非饱和带中隧道的渗流问题数值模拟——介质参数的灵敏度分析. 地球科学，2003-5.

10. 成建梅，李国敏，陈崇希. 滨海、海岛海水入侵模型研究——以山东烟台广西北海为例. 中国地质大学出版社，2003.

11. Li G. Tracer mixing at fracture intersections. Environmental Geology，2002，42：137-144.

12. Birkholzer J，Li G，Tsang C F，Tsang Y. Modeling studies and analysis of seepage into drifts at Yucca Mountain. J. Contaminant Hydrology，1999，38：1-3.

13. 陈崇希，李国敏. 地下水溶质运移理论及水质模型. 中国地质大学出版社，1996.

14. 李国敏，陈崇希. 含水层系统地下水溶质运移三维有限元模拟软件设计与应用. 地球科学，1996-1.

15. Li G，Chen C. Determining the length of confined aquifer roof extending under the sea by the tidal method. J. Hydrology，1991，123：97-104.

黎明供稿。

李海龙 Li Hai-long (1965.1—)

性别	男		籍贯	青海
学历	博士研究生		学位	博士
职称	教授		职务	
工作单位	中国地质大学(北京)水资源与环境学院			
E-mail	hailongli@ cugb. edu. cn, hailong@ graduate. hku. hk		电话	
邮编	100083	通信地址	中国地质大学(北京) 水资源与环境学院	

一、个人简历

(一)学习经历

1999.9—2003.2　香港大学地球科学系,博士(水文地质学),导师:焦赳赳;

1988.9—1991.7　复旦大学数学系,硕士(应用数学),导师:李大潜;

1984.9—1988.7　复旦大学数学系,学士(应用数学)。

(二)工作经历

2009.4—　中国地质大学(北京),教授;

1999.8—2009.3　鞍山师范学院,教授;

1998.7—1999.8　鞍山师范学院,副教授;

1994.10—1998.7　中国科学院青海盐湖研究所,副研究员;

1991.7—1994.9　中国科学院青海盐湖研究所,助理研究员。

(三)学术经历

1996.10—1997.10　德国慕尼黑工业大学公派访问学者;

1999.4—1999.6　中国科学院数学研究所访问学者;

2003.9—2003.12　香港大学地球科学系访问学者(外方出资);

2004.1—　中国地质大学(武汉)特聘客座教授;

2004.1—　中国地质大学(武汉)兼职博士生导师;

2004.5—2004.11　澳大利亚昆士兰大学环境工程学院访问学者(外方出资);

2005.7—2005.9　香港大学地球科学系访问学者(外方出资);

2006.6—2009.3　美国 Temple 大学土木与环境工程系博士后(外方出资)。

二、学术贡献

主持和参加 14 项科研项目,其中 5 项为第一负责人;发表论文 80 多篇,其中 34 篇为 SCI 检索,28 篇为第一或通讯作者。2010 年获国家杰出青年科学基金资助。

主要从事海岸带地下多组分多相流及其生态环境效应方面的研究,取得了如下三方

面的成果：在滨海含水层中海波传播的研究中，完整地考虑了海底淤泥等弱透水层的越流、弹性储量和上下含水层中海波的相互干涉效应，拓展和改进了国际同行的近期工作；通过对海岸带地下水动态水化学变化规律的研究，揭示了砾石和砂砾混合型海滩被原油污染后长期滞留的机理，相关成果在《自然－地球科学》(Nature Geoscience)以第一作者发表，并作为封底介绍，给出了对原油污染的海滩进行生物修复时所需营养液的最佳注入方案；定量刻画了海潮引起的滨海包气带中的气水两相流，解释了1999年雨季香港机场路面发生的半径达数米的圆丘状拱起的原因，相关论文被美国地球物理协会选入"Journal Highlights"，从根部呼吸的角度定量描述了前人在《科学》上所报道的潮间带湿地植物总是在潮水沟附近长势最好的机制。

三、SCI检索英文论文

1. Li Hailong, Boufadel M C. 2010. Long-term persistence of oil from the Exxon Valdez spill in two-layer beaches. Nature Geoscience, 3(2): 96-99, DOI: 10.1038/ngeo749.

2. Li Hailong*, Sun P P(student), Chen S(student), Xia Y(student), Liu S (student). 2010. A falling-head method for measuring intertidal sediment hydraulic conductivity. Ground Water, 48(2): 206-211.

3. Guo H P, Jiao J J, Li H L. 2010. Groundwater response to tidal fluctuation in a two-zone aquifer. Journal of Hydrology, 352(1-2): 211-224, DOI: 10.1016/j.jhydrol.2009.12.009.

4. Geng X(student), Li Hailong*, Boufadel M C, Liu S. 2009. Tide-induced head fluctuations in a coastal aquifer: effects of the elastic storage and leakage of the submarine outlet-capping. Hydrogeology Journal, 17(5): 1289-1296. DOI: 10.1007/s10040-009-0439-x.

5. Li H L, Boufadel M C, James W Weaver. 2008. Tide-induced seawater-groundwater circulation in shallow beach aquifers. Journal of Hydrology, 352(1-2): 211-224, DOI: 10.1016/j.jhydrol.2008.01.013.

6. Li H L, Boufadel M C, James W. Weaver. 2008. Quantifying bank storages of variably-saturated aquifers. Ground Water, 46(6): 841-850.

7. Sun P P(student), Li H L*, Boufadel M C, Geng X L, Chen S. 2008. An analytical solution and case study of groundwater head response to dual tide in an island leaky confined aquifer. Water Resources Research, 44, W12501, DOI: 10.1029/2008WR006893.

8. Liu S(student), Li H L*, Boufadel M C, Li G H. 2008. Numerical simulation of the effect of the sloping submarine outlet-capping on tidal groundwater head fluctuation in confined coastal aquifers. Journal of Hydrology, 361(3-4): 339-348.

9. Li G H(student), Li H L*, Boufadel M C. 2008. The enhancing effect of the elastic storage of the seabed aquitard on the tide-induced groundwater head fluctuation in confined submarine aquifer systems. Journal of Hydrology, 350(1-2): 83-92, DOI: 10.1016/j.jhydrol.2007.11.037.

10. Gibbes B, Robinson C, Li L, Lockington D, Li H L. 2008. Tidally driven pore water exchange within offshore intertidal sandbanks: Part Ⅱ numerical simulations. Estuarine, Coastal

and Shelf Science, 80: 472-482.

11. Li H L, Zhao Q H, Boufadel M C, Albert D. Venosa. 2007. A universal nutrient application strategy for the bioremediation of oil polluted beaches. Marine Pollution Bulletin, 54: 1146-1161, DOI: 10.1016/j.marpolbul.2007.04.015.

12. Li H L*, Li G Y (student), Cheng J M, Boufadel M C. 2007. Tide-induced head fluctuations in a confined aquifer with sediment covering its outlet at the sea floor. Water Resources Research, 43, DOI: 10.1029/2005WR004724.

13. Li H L*, Li L, Lockington D, Boufadel M C, Li G Y (student). 2007. Modelling tidal signals enhanced by a submarine spring in a coastal confined aquifer extending under the sea. Advances in Water Resources, 30: 1046-1052, DOI: 10.1016/j.advwatres.2006.09.004.

14. Guo Q N (student), Li H L*, Boufadel M C, Xia Y Q, Li G H. 2007. Tide-induced groundwater head fluctuation in coastal multi-layered aquifer systems with a submarine outlet-capping. Advances in Water Resources, 30: 1746-1755, DOI: 10.1016/j.advwatres.2007.01.003.

15. Xia Y Q (student), Li H L*, Boufadel M C, Guo Q N, Li G H. 2007. Tidal wave propagation in a coastal aquifer: effects of leakage through its submarine outlet and offshore roof. Journal of Hydrology, 337: 249-257, DOI: 10.1016/j.jhydrol.2007.01.036.

16. Boufadel M C, Li H L, Suidan M T, Venosa A D. 2007. Tracer studies in laboratory beach subjected to waves. Journal of Environmental Engineering, ASCE, 133: 722-731.

17. Geng X L (student), Li H L*, Xia Y Q. 2007. Tide-induced head fluctuations in a coastal aquifer: Effects of the elastic storage and leakage of the sediment on the seafloor. In: Proceedings of the IPACES 6-th Annual Meeting, June 25-28, 2007, Wuhan, P. R. China. Journal of China University of Geosciences, Vol. 18, Special Issue, p133-135.

18. Liu S (student), Li H L*, Li G H. 2007. Numerical simulation of the effect of the sloping submarine slit-layer covering on tidal groundwater flow. In: Proceedings of the IPACES 6th Annual Meeting, June 25-28, 2007, Wuhan, P. R. China. Journal of China University of Geosciences, Vol. 18, Special Issue, p72-75.

19. Tian S (student), Li H L*, Guo Q N. 2007. Modeling tidal signals enhanced by a submarine spring in a coastal leaky aquifer system. In: Proceedings of the IPACES 6th Annual Meeting, June 25-28, 2007, Wuhan, P. R. China. Journal of China University of Geosciences, Vol. 18, Special Issue, p142-145.

20. Wang Y (student), Li H L*, Guo Q N. 2007. Tidal Wave Propagation in a Coastal Confined Aquifer: Effects of Leakage and Elastic Storage of Its Lower Semi-permeable Layer. In: Proceedings of the IPACES 6-th Annual Meeting, June 25-28, 2007, Wuhan, China. Journal of China University of Geosciences, Vol. 18, Special Issue, p170-173.

21. Li H L*, Jiao J J, Tang Z H. 2006. Semi-numerical simulation of groundwater flow induced by periodic forcing with a case-study at an island aquifer. Journal of Hydrology, 327: 438-446, DOI: 10.1016/j.jhydrol.2005.11.032.

22. Li H L*, Li L, Lockington D. 2005. Aeration for plant root respiration in a tidal marsh. Water Resources Research, 41, W06023, DOI:10.1029/2004WR003759.

23. Li H L*, Jiao J J. 2005. One-dimensional airflow in unsaturated zone induced by periodic water table fluctuation, Water Resources Research, 41, W04007, DOI: 10.1029/2004WR003916.

24. Li H L*, Jiao J J, Luk M. 2004. A falling-pressure method for measuring air permeability of asphalt in laboratory Journal of Hydrology, 286: 69-77.

25. Jiao J J, Li H L. 2004. Breathing of coastal vadose zone induced by sea level fluctuations. Geophysics Research Letters, 31, L11502, DOI:10.1029/2004GL 019572.

26. Li H L*, Jiao J J. 2003a. Tide-induced seawater-groundwater circulation in a multi-layered coastal leaky aquifer system. Journal of Hydrology, 274, 211-224.

27. Li H L*, Jiao J J. 2003b. Influence of the tide on the mean watertable in an unconfined, anisotropic. Inhomogeneous coastal aquifer. Advances in Water Resources, 26(1): 9-16.

28. Li H L*, Jiao J J, Luk M, Cheung K. 2002. Tide-induced groundwater level fluctuation in coastal aquifers bounded by L-shaped coastlines. Water Resources Research, 38(3), 1024, DOI:10.1029/2001WR000556.

29. Li H L*, Jiao J J. 2002a. Tidal groundwater level fluctuations in L-shaped leaky coastal aquifer system. Journal of Hydrology, 268, 34-243.

30. Li H L*, Jiao J J. 2002b. Analytical solutions of tidal groundwater flow in coastal two-aquifer system. Advances in Water Resources, 25(4): 417-426.

31. Li H L, Jiao J J. 2001a. Tide-induced groundwater fluctuation in a coastal leaky confined aquifer system extending under the sea. Water Resources Research, 37(5): 1165-1171.

32. Li H L, Jiao J J. 2001b. Analytical studies of groundwater-head fluctuation in a coastal confined aquifer overlain by a semi-permeable layer with storage. Advances in Water Resources, 24(5): 565-573.

33. Jiao J J, Subhas Nandy, Li H L. 2001. Analytical studies on the impact of reclamation on groundwater flow. Ground Water, 39(6): 912-920.

34. Li H L*, Yang Q C. 2000. A least-squares penalty method algorithm for the inverse problems of steady state aquifer models. Advances in Water Resources, 23(8): 867-880.

四、中文代表性论文

1. 李海龙,任亚坤(学生)等. 露头处具有淤泥层的滨海含水层系统中海潮引起的水头波动. 地球科学——中国地质大学学报,2008-2.

2. 李海龙,焦赳赳. 海潮引起的滨海地区包气带气压周期性变化的数值模拟. 地球科学——中国地质大学学报,2003-5.

五、专著

1. 李海龙. 地下水污染与防治(研究生教材)第十二章“污染物运移数值模拟与预测”

(王焰新主编),高等教育出版社,2006.

2. Li Hailong,Zhao Q H,Boufadel M C. Nutrient injection strategy in oil spill-polluted beaches,2006.

六、主持的主要科研项目

1. 国家杰出青年科学基金项目“海岸带水文地质学”(2011—2014),项目编号:41025009,经费200万元;

2. 国家自然科学基金面上项目“潮间带湿地中的多组分多相流及其对植物生长的影响:以海南岛东寨港红树林湿地为例”(40672167,2007—2009);

3. 国家自然科学基金面上项目“滨海地区临海浅层含水层及包气带中气水两相流的数学模拟研究”(40372111,2004—2006)。

七、指导研究生(姓名、论文题目、研究方向和答辩时间)

1. 刘双(博士生,男):海潮和降雨入渗引起的滨海含水层系统水位波动研究,中国地质大学(武汉)地下水科学与工程专业,导师:李海龙,2009.11。

2. 郭巧娜(博士生,女):滨海含水层地下水流和盐分运移研究,中国地质大学(武汉)地下水科学与工程专业,导师:李海龙、Boufadel,2010.6。

3. 夏玉强(博士生,男):潮间带中地下水-海水相互作用及其生态环境效应研究,中国地质大学(武汉)地下水科学与工程专业,导师:李海龙、Boufadel,2011.6。

4. 郭巧娜(硕士生,女):海潮引起的海底露透被弱透水层覆盖的多层含水层系统中的水位波动,中国地质大学(武汉)地下水科学与工程专业,导师:李海龙,硕博连读。

5. 夏玉强(硕士生,男):滨海承压含水层中海潮传播的解析研究——以北海半岛为例,中国地质大学(武汉)地下水科学与工程专业,导师:李海龙,2008.5。

6. 李国徽(硕士生,女):滨海含水层系统的水位动态的解析研究——弱透水层弹性储水效应,中国地质大学(武汉)地下水科学与工程专业,导师:李海龙,2008.5。

7. 陈实(硕士生,男):变水位条件下竖管法测定潮间带沙滩沉积物渗透系数,中国地质大学(武汉)地下水科学与工程专业,导师:李海龙,2009.5。

8. 孙萍萍(硕士生,女):双侧海潮作用下海岛含水层系统中地下水位波动解析研究及应用,中国地质大学(武汉)地下水科学与工程专业,导师:李海龙,2009.5。

9. 杨颖(硕士生,女):含有海底泉的滨海含水层系统中地下水潮汐效应的研究,中国地质大学(武汉)地下水科学与工程专业,导师:李海龙,2009.5。

10. 刘超(硕士生,男):补给区温度周期性波动对承压含水层温度影响的解析研究,中国地质大学(武汉)水利工程专业,导师:李海龙,2010.6。

11. 田野(硕士生,男):鞍山千山植被生态系统特征及油松退化的生态地质学研究,中国地质大学(武汉)地下水科学与工程专业,导师:李海龙、徐恒力,2010.6。

12. 张玉臣(硕士生,男):估测湿沥青样品空气渗透系数的一个近似解析解,辽宁师范大学(大连)应用数学专业,导师:李海龙,2009.5。

13. 王丽(硕士生,女):海潮引起的临海地区低渗透性覆盖层下包气带中的气压波

动,辽宁师范大学(大连)应用数学专业,导师:李海龙,2009.5。

14. 何方璇(硕士生,女):大气压波动引起的多层包气带系统的地表呼吸,辽宁师范大学(大连)应用数学专业,导师:李海龙,2009.5。

15. 耿晓龙(硕士生,男):考虑淤泥层弹性储水和渗透系数的在海底有一定延伸的滨海承压含水层系统中海潮引起的地下水头波动,辽宁师范大学(大连)应用数学专业,导师:李海龙,2008.5。

16. 田爽(硕士生,女):海底泉对半承压含水层中潮汐信号的增强作用,辽宁师范大学(大连)应用数学专业,导师:李海龙,2008.5。

17. 王远(硕士生,女):具有淤泥层边界和弱透水层越流的滨海有限延伸含水层系统中的水流研究,辽宁师范大学(大连)应用数学专业,导师:李海龙,2008.5。

18. 任亚坤(硕士生,女):露头处被淤泥层覆盖的滨海承压含水层中水头波动的解析研究,辽宁师范大学(大连)应用数学专业,导师:李海龙,2007.5。

19. 李冠一(硕士生,女):利用海潮效应识别海底含水层结构,辽宁师范大学(大连)应用数学专业,导师:李海龙,2006.5。

20. 吕巍(硕士生,女):北京 SARS 传染病的数学建模和拟合,辽宁师范大学(大连)应用数学专业,导师:李海龙,2005.5。

21. 刘双(硕士生,女):用差分法模拟北京 2003 年 SARS 疫情发展过程,辽宁师范大学(大连)应用数学专业,导师:李海龙,2004.5。

22. 任筱钰(硕士生,女):SARS 预防和隔离措施的模型分析,辽宁师范大学(大连)应用数学专业,导师:李海龙,2004.5。

本人于 2010 年 11 月 1 日通过电子邮件供稿。

李文鹏 Li Wen-peng (1959—)

性别	男		籍贯	山西
学历	博士研究生		学位	博士
职称	教授级高级工程师		职务	总工程师
工作单位	中国地质环境监测院			
E-mail	liwp@ mail. cigem. gov. cn		电话	13901308369
邮编	100081	通信地址	北京市海淀区大慧寺路20号	

一、综合介绍

1981 年底毕业于河北地质学院,1985 年和 1991 年在中国地质科学院获得硕士和博士学位。1993 年 12 月被聘为高级工程师,1997 年 1 月被聘为教授级高级工程师,1997 年被授予“全国地矿系统优秀科技工作者”称号,1998 年入选国家人事部“百千万人才库”,1999 年获政府特殊津贴。

长期从事西北干旱区地下水资源勘察、评价和研究工作,对干旱区地下水资源的形成演化、开发利用、监测与管理、盐湖地区溶解开采技术以及地质灾害勘查防治技术有一定的研究。合作完成生产与科研报告 67 份,发表论文 100 余篇,合作出版专著 9 部。获省部级一、二、三等奖共 12 次。

曾任地质矿产部环境地质研究所副所长兼水资源与水环境研究室主任,中国地质环境监测院副总工程师,现任总工程师。中国地质大学(北京)兼职教授,西北大学兼职教授,北京大学工学院能源与资源工程系水资源研究中心兼职教授和北京大学工学院及吉林大学资源与环境学院兼职教授。兼任国际水文地质学家协会免费委员及中国委员会副主席,《水文地质工程地质》编委会委员及副主编,《地下水》编委,中国地质学会水文地质专业委员会副主任、环境地质专业委员会副主任、岩溶地质专业委员会委员,中国地质学会灾害研究分会委员,中国水利学会水资源专业委员会委员,全球水伙伴中国技术委员会委员,国土资源部地下水科学与工程重点实验室客座研究员,国家科学技术奖评审专家等 10 多个相关部门的技术专家。国土资源部矿山公园评审办公室主任,全国国土资源标准化技术委员会水文地质、工程地质、环境地质分技术委员会副主任兼秘书长。

二、专著及论文

1. 李文鹏等. 中国西北典型干旱区地下水流系统. 地震出版社,1995.

2. 刘振英,李文鹏,孙鸣. 水资源实时模拟管理系统及其在山东临淄地区的应用. 地质出版社,1996.

3. 李文鹏等. 塔里木盆地地下水开发远景区研究. 地质出版社,2000.

4. Zhou Yangxiao, Johannes C Nonner, Li Wenpeng, et al. Strategies and Techniques for Groundwater Resources Development in Northwest China. China Land Press, 2007.

5. 李文鹏等. 西北内流盆地水资源优化调控与优化利用模式. 大地出版社, 2010.

6. 防灾自救, 重建家园——地震次生地质灾害科普知识(副主编). 地质出版社, 2008.

7. 中国地下水科学的挑战与机遇(主要编写人). 科学出版社, 2009.

8. 李文鹏, 徐素宁. 汶川地震典型地质灾害遥感影像研究. 地质出版社, 2009.

9. 周仰效, 李文鹏. 地下水监测信息系统模型及可持续开发. 科学出版社, 2010.

10. Li Wenpeng, Liu Zhenying. The numerical modeling of dissoloving and driving exploitation of patash salt in qarhan salt lake—a coupled model of reactive solute transport and chemical equilibrium in a multi component brine system. Acta Geologica Sinica, 2008, 82(5).

11. Li Wenpeng, et al. Assessment of geological security and integrated assessment geo-environmental suitability in worst-hit areas in Wenchuan quake. Acta Geologica Sinica, 2009, 83 (4)(汶川地震地质安全评价与水土资源保障程度论证, 地质学报(英文版)).

12. Li Wenpeng, Hao Aibing, et al. Emergency plan for water supply in sonsecutive drought and sustainable water resources management in Beijing, international workshop on—methodologies for investigation, planning and risk management on groundwater resources during drought, flood and earthquake organized by RCUWM-Tehran and UNESCO, Talks and Proceedings of the INTERNATIONAL WORKSHOP, Tehran, 29-31 October 2006. Groundwater for Emergency Situations, IHP-VI, Series on Groundwater No. 15, 72-81.

13. Brunner P, Li W P, et al. Splitting up remotely sensed maps of evapotranspiration into maps of evaporation and transpiration. Water Resources Research, 2008, 44 (W08428), DOI: 10.1029/2007WR006063.

14. Li Wenpeng, et al. Groundwater environmental isotopes and paleoclimate—a case study of Germu River Valley. Proceeding of international workshop on groundwater and environment. Seismological Press, 1992.

15. Li Wenpeng, Hao Aibing, Li Xiaomei. The characteristics, eco-geological environment problems and the strategies of water resources in Northwest Inland Basin, China. Hydrogeology and Environment, Wuhan, China, 2000.10.

16. Zhou Yangxiao, Li Wenpeng. Strategies of groundwater development in the Urumqi River Basin in Northwest China, The Second International Conference on Wadi Hydrology Amman-Jordan 1-4, July 2003.

本人于2010年11月26日通过电子邮件供稿。

李砚阁 Li Yan-ge(1946.9.20—)

性别	男		籍贯	山东蓬莱
学历	本科		学位	
职称	教授级高级工程师		职务	
工作单位	水利部交通运输部国务院能源局南京水利科学研究院			
E-mail	njlyg@ vip. sina. com		电话	025-85828521
邮编	210029	通信地址	南京市广州路223号	

一、个人简历

1970年毕业于长春地质学院,学制五年;1979年2月至1980年2月,武汉地质学院(现中国地质大学)进修一年。

1970年8月至1985年9月,内蒙古地质矿产局105地质队水文地质技术员,内蒙古地质矿产局102地质队水文地质组组长,内蒙古地质矿产局114水文地质队分队技术负责人等。

1986年10月至2001年10月,水利部南京水文水资源研究所第二研究室,历任工程师、高级工程师、副主任、主任,教授级高级工程师。

2001年11月至今,水利部交通运输部国务院能源局南京水利科学研究院(简称:南京水利科学研究院)水文水资源研究所,主任、博士生导师、资深专家。

二、主要研究成果

研究方向为水文地质工程地质,地下水资源评价、开发利用、规划、保护与管理。从事水文地质普查、勘探和地下水及水资源方面的生产与研究工作近四十年,作为负责人,主要研究工作成果有,内蒙古自治区奈曼旗北部灌区水文地质详查报告,内蒙古自治区嘎达苏种畜场牧业供水水文地质报告,山西省太原市水资源系统供水规划和调度优化研究("七五"国家攻关项目),全国地下水资源开发利用规划(水利部重点项目),地下水系统保护标准及方法研究(水资源综合规划重点研究专题),地下水资源规划关键问题研究(水利部公益性重点项目),内陆河平原地下水潜水面调查研究("十一五"攻关项目专题)等。

除上述工作外,还负责完成了二十余项科研项目,主要有山西省万家寨引黄工程太原供水区地下水合理利用与调控规划(世行项目)、黄河禹门口冲积扇(东侧)水源地保护区研究、太原市西山煤矿开采对晋祠泉的影响研究、太原市地下水资源持续开发利用研究、太原市盆地区地下水污染调查与分析研究、太原市赵庄地区地下水回灌研究、控制区域性地下水超采与地面沉降的方法、太原市污水量和污水处理回用量分析研究、太原市地下水资源分析研究等。

三、主要获奖成果

1.“太原市水资源系统供水规划及调度优化研究”,1994 年获山西省科技进步奖二等奖;

2.“汾河上游水资源规划和管理模型研究”,1999 年 9 月获山西省科技进步奖二等奖;

3.“万家寨引黄工程太原供水区地下水合理利用与调控研究”,2002 年 3 月获山西省科技进步奖二等奖;

4.“全国地下水开发利用规划”,2003 年 12 月获全国优秀工程咨询成果二等奖;

5.“全国地下水资源开发利用规划研究”,2004 年 10 月获大禹水利科学技术三等奖。

四、代表性论文

1. 杜新强,李砚阁等. 地下水库的概念、分类和分级问题研究. 地下空间与工程学报,2008-2.

2. 李砚阁等. 北方岩溶大泉流量动态模拟及其管理. 水科学进展,1998-3.

3. 孙云伟,李砚阁. 区域地下水系统过程辨识. 地理研究,1991-2.

4. 李砚阁等. 地下水水源地系统研究——以黄河禹门口冲积扇(东侧)水源地为例. 水文地质工程地质,1991-1.

五、主要著作与译著

1. 城市发展下水资源. 山西科学技术出版社,1993. 12(专著,副主编).

2. 水库及其环境影响(译). 中国环境科学出版社,1993. 11(译著,主译).

3. 城市水管理模型与应用. 山西科学技术出版社,1997. 1(专著,编委).

4. 21 世纪初期中国地下水开发利用. 中国水利水电出版社,2004. 1(专著,副主编).

5. 城市供水规划与水价预测. 山西科学技术出版社,1999. 9(专著,编委).

6. 太原市地下水合理利用与调控. 黄河水利出版社,2000. 7(专著,主要编写人之一).

7. 水务知识读本. 中国水利水电出版社,2003. 8(专著,副主编).

8. 北方乡镇工业用水研究. 中国环境科学出版社,2003. 9(专著,主编).

9. 地下水库建设研究. 中国环境科学出版社,2007. 4(专著,主编).

10. 地下水系统保护研究. 中国环境科学出版社,2008. 8(专著,主编)。

六、社会兼职

1. 2003 年被聘为吉林大学资源环境学院兼职教授;

2. 江苏省注册咨询专家;

3. 水利部水资源论证报告书评审专家;

4. 中国水利学会地下水科学与工程专业委员会委员;

5. 全国地下水信息网顾问专家。

本人于 2010 年 10 月 30 日通过电子邮件供稿。

李云峰 Li Yun-feng(1945.4—)

性别	男		籍贯	山东垦利
学历	博士研究生		学位	博士
职称	教授		职务	
工作单位	长安大学环境科学与工程学院			
E-mail	lyfphd@163.com		电话	029-82339960
邮编	710054	通信地址	陕西省西安市雁塔路南段126号长安大学环工学院	

一、个人简历

1987.2—1990.2　西安地质学院水文地质工程地质专业博士研究生，获理学博士学位；

1990.3—　西安地质学院（西安工程学院，长安大学）教师，1983.9晋升讲师，1991.12晋升副教授，1996.12晋升教授，1999.12被评为博士生导师；

1991.6—2000.1　西安地质学院（西安工程学院）水工系副主任；

2000.1—2003.5　西安工程学院（长安大学）水资源与环境工程系主任。

从1992年开始指导硕士研究生，从2000年开始指导博士研究生。截至2010年7月，已培养出博士6名、硕士30名，目前指导在读博士生3名、在读硕士生3名、在站博士后1名。

二、主要研究方向

水文地质，地下水科学与工程，水文水资源，环境科学与工程，水土流失与水土保持。

三、科研与学术业绩

已主持或参加完成“八五”、“九五”国家重点科技攻关项目、地质行业科学技术发展基金资助项目、中国地质调查局地质源大调查项目等30余项。永济市工业区地下水回灌方案及优化管理模型研究，1997年获地质矿产部科技成果三等奖；关中盆地环境水文地质问题研究，1997年获地质矿产部科技成果三等奖；甘肃省华亭县（华亭矿区）西华、砚马寺水源地水文地质勘探报告，1999年获中国煤田地质总局（部级）优秀地质报告二等奖；黄土渗透性与空隙性关系的研究，1997年获陕西省教委科技进步奖三等奖；“九五”国家重点科技攻关项目（96-912-04-01）“西安市供水水资源系统优化调配研究”，2004年获西安市科学技术奖二等奖。

2001年被国务院批准为享受政府特殊津贴专家；2006年被评为长安大学师德标兵，

2007 年 6 月被评为长安大学优秀共产党员,2008 年被评为长安大学科技工作先进个人。

四、主要兼职

陕西省水利学会水资源专业委员会副主任,陕西省水利学会理事,西安水资源学会副理事长,西安地质学会副理事长,西安地球环境保护事业研究促进会副会长。国土资源部矿产储量评估师,国家自然基金项目评审专家,国家科技进步奖评审专家,全国学位与研究生教育评估专家,水利部建设项目水资源论证报告评审专家,国家环境保护部环境工程评估中心常聘专家,水利部开发建设项目水土保持方案评审专家,科技部 863 计划项目评审专家,陕西省国土资源评审事务专家系统专家,西安市地热专家组专家。《地球科学与环境学报》编委,《地下水》编委,《基建优化》编委。

五、专著

1. 李云峰. 黄土渗透性与空隙性关系的研究. 地质出版社,1994.

2. 李云峰,郑书彦,田春声,杨勤荣. 引黄回灌研究. 陕西科学技术出版社,1996.

3. 田春声,李云峰,郑书彦,郑西来,王丽艳. 关中盆地环境水文地质问题. 陕西科学技术出版社,1995.

4. 田春声,李云峰,郑书彦,吴耀国. 地下水系统区域环境影响评价研究. 陕西省新闻出版局,1996.

5. 李云峰. 供水水文地质计算. 地质出版社,2007.

6. 李云峰,刘利年. 陕南地区坡面径流及其利用研究. 陕西人民出版社,2010.

六、与地下水有关的代表性论文

已发表与地下水有关的中英文期刊论文 130 余篇,其中 SCI 收录 10 篇、EI 收录 21 篇、ISTP 收录 5 篇。

1. 李云峰. 准噶尔盆地南缘中段的地下水资源 . 西安地质学院学报,1985-2.

2. 吴在宝,李云峰. 陕西富平石川河谷发育特征及其水文地质问题. 西安地质学院学报,1981-2.

3. 吴在宝,李云峰. 富平地下水库人工回灌水文地质条件. 地下水,1985-1.

4. 李云峰. 地下水临界深度及其测定方法讨论. 西安地质学院学报,1988-3.

5. 李云峰. 利用水银测孔资料分析洛川塬黄土层透水的最小孔径. 西安地质学院学报,1990-1.

6. 李云峰. 用显微图像微机定量分析成果研究洛川黄土孔隙. 勘察科学技术,1990-3.

7. 李云峰. 洛川黄土孔隙性模糊聚类分析. 西安地质学院学报,1990-4.

8. 李云峰. 洛川黄土地层渗透性与孔隙性的关系. 西安地质学院学报,1991-2.

9. 李云峰. 孔隙是影响黄土地层导水性的主导因素. 勘察科学技术,1991-1.

10. 李云峰,王文科等. 用层次分析法决策地下水库回灌方案的排序问题. 西安地质学院学报,1992-2.

11. 李云峰等. 左乘转置矩阵法建立济南市岩溶水多元随机模型. 勘察科学技术,

1992-4.

12. 李云峰. 用系统聚类分析法对洛川黄土孔隙性进行分类研究. 勘察科学技术, 1992-4.

13. 李云峰. 利用微机测孔资料探讨黄土地下水的几个问题//地质矿产部环境地质研究实验室 1990—1991 年报. 地震出版社, 1992.

14. 郑书彦, 李云峰, 王文科. 地下水人工回灌淤积的室内试验研究. 西安地质学院学报, 1993-S2.

15. 李云峰, 田春声. 灰色 GM(1,1)模型研究关中灌区地下水位变化规律. 西安地质学院学报, 1993-4.

16. 李云峰. 用系统分析法认识洛川黄土地下水的特征//水文地质与工程地质的系统思维. 西北工业大学出版社, 1993: 66-70.

17. 李云峰, 田春声, 吴耀国. 利用氢氧同位素研究本钢郑家水源地地下水的形成. 勘察科学技术, 1994-3.

18. 李云峰. 在水文地质专业教学中培养学生利用电算技术解决专业问题的能力. 高教研究, 1994-1.

19. 李云峰. 大交盆地地下水位动态分析及预报. 勘察科学技术, 1995-1.

20. 李云峰. 用理论计算代替互阻孔抽水试验研究 α—γ 关系. 陕西水利, 1995-S1.

21. 钱会, 李云峰. 温度对地热水 pH 值影响的分析与计算. 勘察科学技术, 1995-4.

22. 李云峰, 李俊亭, 李建文. 黄河床面介质颗粒级配与渗透系数关系的研究//走向二十一世纪环境地学问题研究论文集. 石油工业出版社, 1996.

23. 田春声, 李云峰, 吴耀国, 郑书彦, 郑西来. 本钢郑家水源地环境影响评价水文地质试验研究//走向二十一世纪环境地学问题研究论文集. 石油工业出版社, 1996: 256-261.

24. Li Yunfeng, Zheng Shuyang, Wang Wenke, Tian Chunsheng, Li Jianwen. The mechanism research of groundwater artificial recharge from high-sediment load water//第 30 届国际地质大会展讲论文, 1996: 303.

25. Tian Chunsheng, Li Yunfeng, Wu Yaoguo, Zheng Shuyang. Hydrogeologlcal test and research for environmental impact assessment of the Benxi Zhengjia headwater site//第 30 届国际地质大会展讲论文, 1996: 283.

26. Li Yunfeng, Li Junting, Li Jianwen. A study on Huanghe River seepage window to groundwater//第 30 届国际地质大会交流论文, 1996: 314.

27. Tian Chunsheng, Li Yunfeng, Zheng Shuyang, Guo Jianqing, Song Guohui. Discussion on regional environmental impact assessment method of groundwater system//第 30 届国际地质大会交流论文, 1996: 263.

28. 李云峰, 钱会. 稠油热采注入水对储层岩石化学破坏作用的研究. 油田化学, 1996-1.

29. 李云峰, 钱会. 蒸汽吞吐稠油井注入和采出水中化学组分存在形式及其含量的计算. 油田化学, 1997-1.

30. 李云峰, 钱会. 蒸汽吞吐稠油储层矿物溶蚀量和沉淀量的计算. 油田化学, 1997-2.

31. 李云峰. 降雨补给潜水的滞后分配. 勘察科学技术,1997-3.

32. 李云峰. 黏性土空隙分布改变的水文地质效应//地质工程与水资源新进展. 陕西科学技术出版社,1997.

33. 田春声,李云峰,郑书彦. 关中盆地潜水污染程度的模糊数学评价研究//地质工程与水资源新进展. 陕西科学技术出版社,1997.

34. 吴耀国,田春声,李云峰. 判定地下水二维水动力弥散参数的直线图解法. 煤田地质与勘探,1997-2(EI).

35. 吴耀国,田春声,李云峰. 图解分析法求二维地下水动力弥散参数. 工程勘察,1997-2(EI).

36. 李云峰,李志刚. 解析法确定干扰井群的合理布局. 西安地质学院学报,1997-S1.

37. 田春声,李云峰等. 关中盆地地下水系统区域环境影响单元的模糊聚类分析. 西安工程学院学报,1998-2.

38. 李云峰,郭建青. The production state of medical mineral thermal water in Xi'an geothermal field//第五届中日地下水学术研讨会大会交流论文,1998.

39. 郭建青,李云峰等. 泰斯公式性态分析与误差估计方法. 煤田地质与勘探,1999-4.

40. 李云峰,郭建青,吴耀国. 西安地热田医疗热矿水的产出状况分析. 西安工程学院学报,1999-增刊.

41. 郭建青,李云峰等. 一维河流水质方程解析解的性态讨论和误差估计方法. 水文,1999-6.

42. 郭建青,李云峰等. 分析室内二维砂槽弥散试验数据的方法. 西安工程学院学报,2000-1.

43. 郭建青,李云峰等. 分析一维河流示踪试验数据的质量守恒法. 水电能源科学,2000-2.

44. 郭建青,王洪胜,李云峰. 确定河流纵向离散系数的相关系数极值法. 水科学进展,2000-4(EI).

45. 郭建青,李云峰,王洪胜. 分析拟稳定流径向弥散试验数据的反函数法. 煤田地质与勘探,2000-6(EI).

46. 李云峰,钱会等. 潜水三维流数值模拟的几个重要问题//西部大开发科教先行与可持续发展——中国科协2000年学术年会文集:590-591.

47. 钱会,李云峰. 辽河曙光油田蒸汽吞吐开采过程中水岩作用的研究. 西安工程学院学报,2001-1.

48. 李云峰,张益谦等. 向西安调水对原受益区生态环境影响研究. 西安工程学院学报,2001-2.

49. 吴耀国,李云峰等. 污染河流对沿岸土壤和地下水化学环境的影响——以徐州奎河为例. 西安工程学院学报,2001-2.

50. 李金荣,李云峰等. 含水层底板标高的空间最优估计. 地下水,2001-1.

51. 吴耀国,李云峰. 弥散实验确定地下水溶质水动力参数的复形调优法. 上海环境科学,2001-12.

52. 陈志新. 李云峰. 大同市万泉河流域玄武岩地下水开发研究. 西安工程学院学报，2002-3.

53. 李云峰，吴耀国. 西安地热开发中浅层地下水及土壤污染的预防//第一届海峡两岸土壤及地下水污染整治研讨会(台北)会议报告论文，2002.

54. Wu Yaoguo，Li Yunfeng，Zhang Jiaoqiang. Efficacy of riverbank filtration for pollutants removal//第一届海峡两岸土壤及地下水污染整治研讨会(台北)会议报告论文，2002.

55. 李金荣，李云峰等. 含水层底板标高的两种估值方法比较. 基建优化，2003-1.

56. 冯建国，李云峰等. 区域水文地质成图中的坐标转换. 长安大学学报(地球科学版)，2003-2.

57. 王疆霞，李云峰等. GIS 技术及其在水文学和水资源管理方面的应用. 西北地质，2003-1.

58. 李云峰，李金荣等. 鄂尔多斯盆地南区白垩系地下水排泄基准研究//中国西部环境问题与可持续发展国际学术研讨会会议报告论文集. 中国环境科学出版社，2004.

59. 王玮，李云峰等. 肥城盆地石横电厂水源地岩溶水系统地下水管理模型. 地球科学与环境学报，2004-3.

60. 李云峰，徐中华等. 从区域地下水化学变化规律探讨陕北能源化工基地地下水资源的探采方向. 地下水，2004-4.

61. 李云峰，冯建国等. 鄂尔多斯盆地白垩系含水层系统分析. 西北地质，2004-2.

62. 李云峰，徐中华等. 鄂尔多斯白垩系自流水盆地地下水水化学形成规律研究//鄂尔多斯盆地地下水资源与可持续利用——鄂尔多斯盆地地下水勘查与开发利用学术研讨会论文集. 陕西科学技术出版社，2004.

63. 李云峰，王玮等. 鄂尔多斯白垩系自流水盆地深层地下水流动系统初步推断//鄂尔多斯盆地地下水资源与可持续利用——鄂尔多斯盆地地下水勘查与开发利用学术研讨会论文集. 陕西科学技术出版社，2004.

64. 李云峰，王疆霞等. 白于山地区白垩系地下水劣质成因探讨//鄂尔多斯盆地地下水资源与可持续利用——鄂尔多斯盆地地下水勘查与开发利用学术研讨会论文集. 陕西科学技术出版社，2004.

65. 冯建国，李云峰等. 鄂尔多斯盆地白垩系地下水水化学分类研究//鄂尔多斯盆地地下水资源与可持续利用——鄂尔多斯盆地地下水勘查与开发利用学术研讨会论文集. 陕西科学技术出版社，2004.

66. 王疆霞，李云峰等. 鄂尔多斯盆地白垩系地下水水化学空间数据库的构建及应用研究//鄂尔多斯盆地地下水资源与可持续利用——鄂尔多斯盆地地下水勘查与开发利用学术研讨会论文集. 陕西科学技术出版社，2004.

67. 姬亚东，李云峰等. 运用模糊综合评判法评价银川地区地下水质量. 陕西地质，2004-1.

68. Li Yunfeng，Xu Zhonghua，Wang Jiangxia，Wu Yaoguo，Hou Guangcai. Guidelines to locate and protect high-quality groundwater in Baiyu Mountain Area of China. Environmental Geology，2005，47(5)(SCI，EI).

69. 万伟锋,李云峰. 陕西扶风县城地下水源地开采方案设计. 地下水,2005-1.

70. Li Yunfeng, Feng Jianguo, Wu Yaoguo, Wang Wei, Huo Donghui. Sustainable utilization of karst groundwater in Feicheng Basin, Shandong Province, China // Sinkholes and the Engineering and Environmental Impacts of Karst. Proceedings of the Tenth Mul Tidisciplnapy Conference. September 24-28, 2005. San Antonio, Texas, Geotechnicai Special Publication No. 144 (EI).

71. Wu Yaoguo, Li Yunfeng, Ji Yadong, Wang Jiangxia. Karst groundwater resource and advantages of its utilization in the Shanbei Energy Base in Shaanxi Province, China // Sinkholes and the Engineering and Environmental Impacts of Karst. Proceedings of the Tenth Mul Tidisciplinapy Conference. September 24-28, 2005. San Antonio, Texas Geotechnicai Special Publication No. 144(EI).

72. 徐中华,李云峰等. 济宁市水资源数据库管理系统的设计与功能实现. 地下水, 2005-5.

73. 万伟锋,李云峰等. 快速模拟退火算法在含水层参数识别中的应用. 煤田地质与勘探,2005-6.

74. Li Yunfeng, Wan Weifeng, Wu Yaoguo, Qu Hui, Hou Guangcai. Application of hydrochemical signatures to delineating portable groundwater resources in Ordos Basin, China. Environmental Geology, 2006, 49(3)(SCI, EI).

75. Qian Hui, Yang Zhenghua, Li Yunfeng, Xu Wancai, Sun Yaqiao. Water-rock interaction during the process of steam stimulation exploitation of viscous crude oil in Liaohe Shuguang Oil Field, Liaoning, China. Environmental Geology, 2006, 50(2)(SCI, EI).

76. 冯建国,李云峰等. 延安城市供水二期工程水源地选区方略. 地球科学与环境学报,2006-1.

77. Li Yunfeng, Feng Jianguo, Wang Jiangxia, Wu Yaoguo, Qu Hui, Hou Guangcai. Analysis of the reason for high mineralization cretaceous groundwater in Baiyu Mountain Area // 第34届国际水文地质大会论文集,2006. 10. 9-13,北京.

78. Li Yunfeng, Wan Weifeng, Ji Yadong, Wu Yaoguo, Xu Zhonghua, Wang Xiaoxia. On Determining Feicheng Basin Groundwater Flow System and Its Karst Groundwater Numerical Model // 第34届国际水文地质大会论文集,2006. 10. 9-13,北京.

79. Li Yunfeng, Fu Xiaogang, Song Guohui, Wu Yaoguo, Wang Jiangxia, Hou Guangcai. Research on the flow system of cretaceous groundwater in Longdong Basin, China // Environmental Science and Technology, 2006 (I): 104-109. International Conference on Environmental Science and Technology, 2006.

80. Wu Yaoguo, Lin Hui, Wang Hui, Li Yunfeng, Zeng Rui. Effectiveness of riverbank filtration for removal of nitrogen from heavily polluted rivers: a case study of Kuihe River, Xuzhou, Jiangsu, China. Environmental Geology, 2007, 52(1)(SCI, EI).

81. Li Yunfeng, Wang Jiangxia, Wu Yaoguo, Xu Zhonghua, Fu Xiaogang, Hou Guangcai. Mass balance simulation and its application to refining flow field in Binchang Area, China.

Environmental Geology,2007,52(4)(SCI,EI).

82. Li Yunfeng, Feng Jianguo, Wang Wei, Wan Weifeng, Wu Yaoguo, Hou Donghui. Optimization and rationalization of karst groundwater resource in Feicheng Basin, China. Environmental Geology,2007,53(4)(SCI,EI).

83. 李云峰,万伟锋等. 地下水对混凝土的 pHs 分解性侵蚀判别式. 地球科学与环境学报,2007-3.

84. Li Yunfeng, Wan Weifeng, Wu Yaoguo, Song Guohui, Zhang Xiyu, Zhang Maosheng. Analysis on the dominant factors of phreatic water contamination in Yuxi River Valley in Northern Shaanxi Province of China // 2nd International Conference on Pollution Ecology, 2007.11.4-8,中国广西桂林市.

85. 王疆霞,李云峰,吴耀国,宋国慧,郭婷婷,何建军. 地下水对混凝土碳酸性侵蚀的判别计算及编图//第二届污染生态学国际学术研讨会交流,2007.11,桂林市.

86. Song Guohui, Li Yunfeng. Intensify the application of circular economy to environmental protection in the Western China//第二届污染生态学国际学术研讨会交流,2007.11,桂林.

87. Wu Y G(Wu,Yaoguo), Yin D Z(Yin Dezhong), Li Y F(Li Yunfeng). Aniline biodegradation in riverbed sediments with low concent of organic carbon under denitrification conditions. Research Journal of Chemistry and Environment,2008,12(1)(SCI).

88. 李云峰,万伟锋等. 电厂污水对土壤及风积沙包气带的污染试验//第四届海峡两岸土壤及地下水污染与整治研讨会论文集,2008.8,西安.

89. Li Yunfeng, Wan Weifeng, Wu Yaoguo, Zhang Xiyu, Song Guohui. Current quality situation of phreatic water near Wei River and its protection policy in Weinan of China//2008 2nd International Conference on Bioinformatics and Biomedical Engineering(ICBBE 2008), Shanghai, China, 16-18 May 2008(EI,ISTP).

90. Li Yunfeng, Wan Weifeng, Wu Yaoguo, Wang Jiangxia, Song Guohui, Zhang Xiyu. Deduction of a discriminant of groundwater's carbonic acid erosion to the concrete//2008 2nd International Conference on Bioinformatics and Biomedical Engineering(ICBBE 2008), Shanghai, China, 16-18 May 2008(EI,ISTP).

91. Li Yunfeng, Song Guohui, Wu Yaoguo, Wan Weifeng, Fu Xiaogang, Zhang Maosheng. Water evaluation of water quality and protection strategies of water resources in arid-semiarid climates: a case study in the Hailiutu River Valley of Northern Shaanxi Province, China.

92. Wang Jiangxia, Li Yunfeng, Bin Xu. Preliminary establishment and application of spatial database of cretaceous groundwater hydrochemistry in Ordos Basin.

93. Li Yunfeng, Zhang Xiyu, Wu Yaoguo, Wan Weifeng, Song Guohui, Zhang Maosheng. Study of karst water quality in Fugu, Northern Shaanxi, China. In: Sinkholes and the Engineering and Environmental Impacts of Karst. Proceedings of the Eleventh Multidisciplinary Conference, September 22-26, 2008 Tallahassee, Florida Geotechnical Special Publication No. 183, p372-382(EI).

94. 万伟锋,李云峰等. 流水壕泉域修建地下水库可行性分析. 水资源保护,2008-5.

95. 王疆霞,李云峰等. 基于 GIS 的鄂尔多斯盆地地下水水化学场研究. 水文地质工程地质,2009-1.

96. 徐中华,李云峰等. 鄂尔多斯盆地南区环河组地下水水岩作用研究. 干旱区资源与环境,2009-9.

97. 徐中华,李云峰等. 鄂尔多斯盆地洛河组地下水地球化学模拟——以陕西省长武—彬县地区为例. 干旱区资源与环境,2009-10.

98. Li Yunfeng, Wan Weifeng, Wu Yaoguo, Wang Jiangxia, Guo Tingting, Zhang Maosheng Purification effect of phreatic aquifer on coal mine drainage pollutant component in Kuye River Valley. In: Michael Nelles, Jingmin Cai, Ke Wu. Proceedings of The 2nd International Conference on Asian-European Environmental Technology and Knowledge Transfer. Hefei, 2008,250-253(ISTP).

99. Li Yunfeng, Wan Weifeng, Song Jin, Wu Yaoguo, Xu Yanjuan, Zhang Maosheng. Classification of groundwater contamination in Yuxi River Valley, Shaanxi Province, China. In: Bulletin of Environmental Contamination and Toxicology, Vol. 82, No. 2, p234-238, February 2009 (SCI, EI).

100. Wu Yaoguo, Li Yunfeng. Effects of ethanol on benzne degradeation under denitrifying conditions. In: Bulletin of Environmental Contamination and Toxicology, Vol. 82, No. 2, p145-152, February 2009(SCI, EI).

101. Li Yunfeng, Song Guohui, Wu Yaoguo, Wan Weifeng, Zhang Maosheng, Xu Yanjuan. Evaluation of water quality and protection strategies of water resources in arid-semiarid climates: a case study in the Yuxi River Valley of Northern Shaanxi Province, China. Environ. Geol. (2009) 57: 1933-1938. DOI:10.1007/s00254-008-1483-x(SCI, EI).

102. Li Yunfeng, Wan Weifeng, Xu Yanjuan, Sun Yibo, Yu Xiangqian, Zhang Maosheng. Analysis on the dominant factors of groundwater contamination in Balasu Area in Northern Shaanxi Province of China. (ICBBE 北京会议——环境污染和公众健康国际会议 EPPH 2009) 2009.6.14-16(EI).

103. Li Yunfeng, Wan Weifeng, Xu Yanjuan, Sun Yibo, Zhang Yuan, Zhang Maosheng. An experiment on the purification capacity of loess aerated zone on Cd, Pb in the Industrial Wastewater(2009'第五届国际湿法冶金会议,张家界).

104. 李云峰,李超峰等. 秦岭北麓渭河下游傍渭河潜水质量现状及保护对策. 2009 年 12 月陕西省科学技术协会、陕西省社会科学界联合会举办"秦岭论坛"学术交流会,会议论文集,120-126.

105. Li Yunfeng, Wan Weifeng, Wu Yaoguo, Xu Yanjuan, Ren Jinlai, Zhang Yuan, Zhang Maosheng. Effectiveness of Shanbei Loess on treatment of wastewaters from coal mine. 2010 International Conference of Environment Materials and Environment Management(EMEM 2010), 331-334.

106. Wan Weifeng, Li Yunfeng, Zhang Juanjuan. Development of land subsidence in Xi'an

in past 50 years, 2010 International Conference of Environment Materials and Environment Management(EMEM 2010). Environment Materials and Environment Management, Advanced Materials Research Vols. 113-114(2010), p1199-1207.

107. 李云峰,于向前等. 潜水安全评价指标体系的研建. 第二届干旱半干旱地区水文生态与水安全国际论坛(IFHWSA 2010),2010 年 10 月 19-23 日,中国西安.

108. 冯建国,李云峰等. 煤炭基地水污染研究理论体系探讨. 地球科学与环境,2010-3.

109. Li Yunfeng, Wan Weifeng, et al. Effectiveness of wind-blown sands on treatment of wastewater from coal-fired power plants. Environmental Earth Sciences, 2010:1-5 (EI).

110. Li Yunfeng, Wang Jiangxia, Song guohui, Sun Yibo, Zhang Yuan, Ren Jinlai, Xu Yanjuan. Land resource planning with finite object method. International Conferenceon Combating Land Degradation in Agricultural Areasand the First Annual Councilor Meeting of WASWAC, LANDCON 1010), 2010. 10. 11-15, 中国西安.

本人于 2010 年 11 月 14 日通过电子邮件确认此简介。

林年丰 Lin Nian-feng(1932.12.31—)

性别	男		籍贯	湖北武昌
学历	本科		学位	学士
职称	教授		职务	
工作单位	吉林大学环境与资源学院			
E-mail	linnianfeng@126.com		电话	13578908861
邮编	130026	通信地址	长春市西民主大街6号	

一、综合介绍

研究方向：

环境水文地质，医学环境地球化学，生态环境系统与数字化管理。

讲授课程：

环境水文地质(本科)，医学环境地球化学(本科、硕士)，生态环境地质学(硕士、博士)，生态环境系统与信息管理(硕士、博士)。

受教育经历：

1952—1956　北京地质学院本科；

1956—1957　捷克布拉格大学进修。

工作经历：

1958—1963　北京地质学院水文地质学任教；

1963—1997　长春地质学院水文学任教；

1998—2000　长春科技大学水文学任教；

2000—2007　吉林大学环境与资源学院任教；

2007年返聘至今。

二、承担的相关科研项目

1. 克山病的有机水土病因研究，中共中央北方地方病领导小组项目(1968—1975)；

2. 大骨节病的有机水土病因研究，卫生部项目(1968—1982)；

3. 江苏启动肝病高发区地质环境与肝癌关系的研究，建设部项目(1981—1982)；

4. 新疆塔里木盆地西部平原生态环境地质综合研究，新疆科委项目(1984—1988)；

5. 新疆阿克苏河流域水文地球化学环境综合研究，阿克苏市科委项目(1987)；

6. 新疆喀什平原三河流域生态环境地质综合研究，新疆科委、新疆水利厅项目(1986—1987)；

7. 中国肝癌高发区生态环境地质模式及综合治理对策研究，国家自然科学基金项目（1990—1993）；

8. 广西扶绥地质环境与肝癌关系的研究，广西科委项目（1989—1992）；

9. 内蒙古地区地方性砷中毒区水砷的迁移聚集规律及安全值研究，地矿部定向基金项目（1994—1996）；

10. 内蒙古呼巴盆地不同价态砷的迁移规律与砷中毒关系研究，国家自然科学基金青年基金项目（1994—1996）；

11. 吉林乾安农业生态环境地质综合研究，吉林省科委项目（1995—1997）；

12. 吉林西部平原生态地质环境与可持续农业发展机制研究，国家自然科学基金项目（1998—2000）；

13. 中国吉林西部草原—俄罗斯布里亚特草原景观地球化学特征及生态系统对比研究，国家自然科学基金国际合作项目（1998）；

14. 中俄生态环境与土地荒漠化生物防治工程试验，国家外专局项目（1999）；

15. 中俄生态环境与土地荒漠化对比研究，国家自然科学基金国际合作项目（2000）；

16. 吉林省西部农业持续发展及生态建设研究，吉林省科委重点攻关项目（1997—1998）；

17. 农业生态地质环境系统建立与土地荒漠化防治，国家教委博士点基金项目（1999—2001）；

18. 生态脆弱带农业生态环境系统的建立及应用，国家自然科学基金项目（2000—2002）；

19. 特大洪水对生态环境影响的突变理论研究，国家教委博士点基金项目（2000—2002）；

20. 吉林省西部碱化沙化土地利用防治研究，吉林省科委项目（2001—2003）；

21. 吉林西部盐碱土形成发展地球化学机制与荒漠化预警研究，国家自然科学基金项目（2003—2005）；

22. 黄花草木樨种籽基地建设与土壤改良示范试验，吉林省重点科技项目（2003—2004）；

23. 黄花草木樨——斯列金1号防治土壤退化与综合开发示范试验研究项目，农业部项目（2009—2013）。

三、教材、论著

1. 林年丰，李昌静等. 环境水文地质学. 地质出版社，1990.

2. 林年丰，汤洁. 医学环境地球化学. 吉林科学技术出版社，1991.

3. 林年丰，汤洁. 塔里木盆地西部平原生态环境地质综合研究. 吉林大学出版社，2009.

四、已发表的相关论文

1. 林年丰. 环境、水质与克山病病因//1973年全国克山病病因研究座谈会资料汇编

（全国克山病病因研究协作组），1974.

2. 林年丰．论医学水文地球化学——环境地质学的一门分支学科．水文地质工程地质，1980-6.

3. 林年丰．地质环境与大骨节病．长春地质学院学报，1981-1.

4. 林年丰．大骨节病水土病因研究的回顾与展望．国外医学（医学地理分册），1982-2.

5. 林年丰．地球化学环境与心血管病．国外医学（医学地理分册），1984-1.

6. 汤洁，林年丰等 广西扶绥肝癌高发与饮水水质关系的研究．环境科学学报，1996-3.

7. 林年丰，汤洁等. 中国消化系统癌症高发区生态地质环境特征研究∥走向 21 世纪环境地学问题研究论文集．石油工业出版社，1996.

8. 刘五洲，林年丰等. 呼包平原环境地质特征与砷中毒的关系．水文地质工程地质，1996-5.

9. 林年丰，汤洁等. 人工神经网络方法在内蒙古砷中毒病区的应用．中国地方病学杂志，1999-3.

10. 林年丰，汤洁．我国砷中毒病区的环境特征研究．地理科学，1999-2.

11. 林年丰. 地球化学地方性综合症的发现∥新疆塔里木西部平原生态环境地质综合研究. 吉林大学出版社，1992.

12. 林年丰，汤洁. 生态环境地质在可持续发展中的应用∥第三届海峡两岸三地华人地质科学研讨会论文集，香港，2001. 12.

13. 张殿发，林年丰．吉林西部土地退化成因分析与防治对策．长春科技大学学报，1999-4.

14. 李月芬，汤洁，林年丰等. 黄花草木樨改良盐碱土的试验研究．水土保持通报，2004-1.

15. 汤洁，李月芬，林年丰等. 应用生物技术改良退化土壤的效果——以黄花草木樨改良盐碱化土壤为例．生态环境，2004-1.

16. 汤洁，林年丰等. 农业生态地质环境质量综合评价——以吉林省乾安县为例．世界地质，1999-2.

17. 李凤全，林年丰．神经网络和地理信息系统耦合方法在地下水水质评价中的应用．长春科技大学学报，2001-1.

18. 卞建民，王世杰，林年丰等. 半干旱地区霍林河流域径流演变及其影响机制研究. 干旱区资源与环境，2004-4.

19. 卞建民，林年丰等. 吉林西部向海湿地环境退化及驱动机制研究. 吉林大学学报（地球科学版），2004-3.

20. 汤洁，佘孝云，林年丰等. 生态环境需水的理论和方法研究进展. 地理科学，2005-3.

21. 林年丰. 第四纪地质环境的人工再造作用与土地荒漠化. 第四纪研究，1998-2.

22. 张殿发，林年丰. 松嫩平原生态地质环境变迁构造－气候旋回机制探讨. 世界地质,2000-1.

23. 林年丰,汤洁.中国干旱半干旱区的环境演变与荒漠化的成因.地理科学,2001-1.

24. 卞建民,汤洁,林年丰.松嫩平原西南部土地碱质荒漠化预警研究.环境科学研究,2001-6.

25. 林年丰,汤洁.土地荒漠化的生态环境地质研究途径.第四纪研究,1999-2.

26. 林年丰,汤洁.松嫩平原环境演变与土地盐碱化.荒漠化的成因分析.第四纪研究,2005-4.

27. 林年丰等.松嫩平原水土保持价值的量化研究.水土保持学报,2006-1.

28. 林年丰,汤洁. GIS 与环境模拟在环境地学研究中的作用和意义.土壤与环境,2000-4.

29. 林年丰,汤洁. EIS-GIS 联合系统在第四纪研究中的作用及意义.第四纪研究,2001-2.

30. 孙平安,林年丰等.农业生态环境信息管理系统的开发与应用.计算机工程与应用,2005-14.

31. 林年丰,汤洁等.松嫩平原荒漠化的 EOS-MODIS 数据研究.第四纪研究,2006-2.

32. 孙平安,林年丰等.松嫩平原水土保持价值复合计算模型的建立及应用.吉林大学学报(地球科学版),2006-3.

33. 林年丰,汤洁等.农业生态环境的数字化研究.地学前缘,2008-1.

34. Tang Jie, Lin Nianfeng. Some problems of ecological environmental geology in arid and semiarid areas of China. Environmental Geology, 1995, 26(1): 64-67(SCI 收录).

35. Zhang Dianfa, Lin Nianfeng, Tang Jie. Formation mechanism of eco-geo-environmental hazards in the agro-pastoral interlocking zone of Northern China. Environmental Geology, 2000, 39(12): 1385-1390(SCI 收录).

36. Lin Nianfeng, Tang Jie, Hoteyi S. Mohamed ismael. Study on environmental etiology of high incidence areas of liver cancer in China. World Journal of Gastroenterology, 2000, 6(4): 572-576(SCI 收录).

37. Lin Nianfeng, Tang Jie, Han Fengxiang. Eco-environmental problems and effective utilization of water resources in the Kashi Plain, Western Terim Basin, China. Hydrogeology Journal, 2001, 9(2): 202-207(SCI 收录).

38. Lin Nianfeng, Tang Jie. Geological environment and causes for desertification in arid and semiarid regions in China. Environmental Geology, 2002, 41(7): 806-815(SCI 收录).

39. Tang Jie, Lin Nianfeng, Xia Zhen, George Yu, Ma Chenhua. A study of water quality and liver cancer mortality rate in a karst terrain of Guangxi Zhuang Autonomous Region, China. Sinkholes and the Engineering and Environmental Impacts of Karst, Publishd by the American Society Civil Engineerings. Geotechnical Special Publication, 2003(122): 321-328(SCI 收录).

五、奖励及荣誉

获得国家级科技进步奖一等奖 3 项,省部级科技进步奖二等奖 4 项、三等奖 7 项。于

1985 年获“吉林省有突出贡献的中青年技术人才奖”，1991 年获国务院政府特殊津贴，1995 年获“全国环境教育先进个人奖”，1999 年被推荐为中国科学院院士正式候选人。作为国家最高科学技术奖的评委，参加了 2003 年国家最高科学技术奖候选人刘东生院士的评选工作。

六、曾任社会（学术）兼职

曾任世界自然史环境学会副会长、国家自然科学奖评审委员会评委、中国地质学会农业地质专业委员会副主任委员、中国矿物岩石地球化学专业委员会委员、中国环境科学学会环境地学专业委员会委员、中国矿业协会矿泉水专业委员会理事等职。

2010 年 11 月 25 日卞建民教授通过电子邮件供稿。

刘贯群 Liu Guan-qun(1964.12—)

性别	男		籍贯	河北晋县
学历	博士研究生		学位	博士
职称	教授		职务	
工作单位	中国海洋大学环境科学与工程学院			
E-mail	lguanqun@ouc.edu.cn		电话	0532-66782012
邮编	266100	通信地址	青岛市松岭路238号	

一、简历

1982年至1986年就读于长春地质学院(现吉林大学)水工系,获工学学士学位;1986年至1989年,在原煤炭部水文地质勘探公司从事水文地质勘探工作;1989年至1992年就读于长春地质学院(现吉林大学),获工学硕士学位;2002年于青岛海洋大学(现中国海洋大学)获得博士学位。1992年至今,在中国海洋大学从事地下水资源的勘察与评价、水环境的保护与管理等的教学与科研工作。曾参加河南韩城、鹤壁、义马等矿区的找水勘探,承担"UNDP青岛市水资源管理"的地下水部分等项目,负责完成了"齐鲁石化公司排海管线(广饶段)泄漏调查评价"、"内蒙古阿盟孪井滩扬水灌区地下水环境与土壤盐渍化评价与预测"、国家自然科学基金项目"引黄灌溉对干旱区深埋潜水的补给及环境效应(40572171)"等课题;2003年始与日本综合地球环境学研究所合作进行"黄河流域水循环急速变化及对环境的影响"的研究。主持完成的"齐鲁的石化公司排海管线(广饶段)泄漏调查评价"获得2000年教育部科学技术进步奖二等奖;2002年参加完成的"水土系统石油污染与恢复的数值分析"获山东高等学校优秀科研成果二等奖;同年获第七届山东省青年科技奖。先后发表论文50余篇(与地下水有关的中文期刊论文38篇)。

1986年7月至1989年9月于原煤炭部水文地质勘探公司水源开发队任助工;1992年10月至1993年底于青岛海洋大学海洋地质系任助教;1993年12月于青岛海洋大学海洋地球科学学院环境建设系晋升为讲师;1998年12月于青岛海洋大学海洋地球科学学院环境建设系晋升为副教授;2003年12月于中国海洋大学环境科学与工程学院环境工程系晋升为教授;2005年12月获博士研究生指导教师资格。

二、学术兼职

中国地质学会城市地质专业委员会理事(2010年至今),山东省环保产业协会专家委员会委员(2007年至今)。

三、主要研究方向

地下水资源评价与管理,水环境保护与治理,地下水向海洋的输送。

四、主持省部级及国际合作科研项目(课题)

1. 引黄灌溉对干旱区深埋潜水的补给及环境效应(国家自然科学基金项目40572171,2006—2008,项目负责人);

2. 黄河流域水循环急速变化及对环境的影响(中日合作项目,2003—2007,负责地下水部分);

3. 胶州湾流域生源要素流失与海湾富营养化演变过程(国家自然科学基金重点项目40036010,2001—2004,负责地下水向海洋输送部分)。

五、代表性论文

发表论文50余篇,其中国际会议论文3篇,SCI和EI收录11篇:

1. Liu Sumei*, Zhu Bingde, Zhang Jing, Wu Ying, Liu Guangshan, Deng Bing, Zhao Mei-Xun, Liu Guanqun, Du Jinzhou, Ren Jingling, Zhang Guiling. Environmental change in Jiaozhou Bay recorded by nutrient components. Marine Pollution Bulletin, 2010, 60: 1591-1599 (SCI收录).

2. Liu Guanqun, Wang Juan, Yuan Ruiqiang, Sun Beibei, Zhu Liangchao, Wang Yansi. Estimating the submarine groundwater and nutrients discharge of Yellow River deltawith cross-sectionmethod. Water Science & Technology, 2010: 394-402 (SCI收录).

3. Feng Juan, Liu Guanqun, Zhao Quansheng. Application of Visual MODFLOW to the dynamic change and simulation of deep groundwater in Dezhou City, China. Advanced Materials Research, 2010, Vols. 113-114: 1025-1030 (EI收录).

4. Liu Guanqun, Wang Yansi, Zhang Yufang, Song Tao. Application of chloride profile and water balance methods in estimating groundwater recharge in Luanjing Irrigation Area, Inner Mongolia. Hydrological Sciences-Journal-des Sciences Hydrologiques, 2009, 54 (5): 961-973 (SCI收录).

5. Saito M, Onodera S, Miyaoka K, Chen J Y, Taniguchi M, Liu G Q, Fukushima Y. 2007. Nitrate contamination in groundwater of the Yellow River Delta and its effect on the marine environment. In Water Quality and Sediment Behaviour of the Future: Predictions for the 21st Century (Proceedings of Symposium HS2005 at IUGG2007, Perugia, July 2007), Webb BW & De Boer D (eds). IAHS Publ. 314, 271-277 (SCI收录).

6. Taniguchi M, Ishitobi T, Chen J, Onodera S, Miyaoka K, Burnett W C, Peterson R, Liu G Q, Fukushima Y. 2008. Submarine groundwater discharge from the Yellow River Delta to the Bohai Sea, China, J. Geophys. Res., 113, C06025, DOI: 10.1029/2007JC004498 (SCI收录).

7. Chen Jianyao, Makoto Taniguchi, Liu Guanqun, Kunihide Miyaoka, Shin-ichi Onodera, Tomochika Tokunaga, YoshihiroFukushima. Nitrate pollution of groundwater in the Yellow River Delta, China. Hydrogeology Journal, 2007, 15 (8): 1605-1614 (SCI收录).

8. Liu G Q, Wang S Y, Zhu X J, Liu S M, Zhang J. Groundwater and Nutrients Discharge into Jiaozhou Bay, North, China. Water, Air, & Soil Pollution: Focus. 2007, 7(6):593-605.

9. Liu Guanqun, Jia Yonggang, Liu Hongjun, Qiu Hanxue, Qiu Donglin, Shan Hongxian. A case study to detect the leakage of underground pressureless cement sewage water pipe using GPR, electrical, and chemical data. Environmental science & Technology, 2002, 36: 1077-1085 (SCI 收录).

10. Zheng X L, Qiu H X, Jing J, Liu G Q. Numerical analysis of the transport and restoration schemes of aqueous oil in soils. Environmental Geology, 2001, 40 (6): 750-754 (SCI 收录).

11. Wang B C, Qiu H X, Xu Q, Zheng X L, Liu G Q. The mechanism of groundwater salinization amd its control in the Yaoba Oasis, Inner Mongolia. Acta Geologica Sinica, 2000, 74 (2): 362-369(SCI 收录).

12. Liu Guanqun, Qiu Hanxue, Shan Hongxian. 1998. Time series analysis and its application in Hydrogeology, Proceedings of International workshop on development and management in unconsolidated sedimentary aquifers, Ocean Univ. Press.

13. Qiu H X, Liu G Q, et al. 1998. The solid waste disposal scheme and the sanitary landfill site choosing in Qingdao City, Proceedings of International workshop on development and management in unconsolidated sedimentary aquifers, Ocean Univ. Press.

14. Qiu H X, Liu G Q, et al. 1998. The nitrogen cycle and groundwater pollution, case study, Proceedings of International workshop on development and management in unconsolidated sedimentary aquifers, Ocean Univ. Press.

六、获奖情况

1. 2000 年 1 月，“齐鲁石化公司排海管线(广饶段)泄漏调查评价”获教育部科技进步奖二等奖，第一完成人；

2. 2002 年 10 月，获第七届山东省青年科技奖；

3. 2002 年 12 月，“水土系统石油污染与恢复的数值分析”获山东高等学校优秀科研成果(自然科学类)二等奖，第四完成人；

4. 2005 年 3 月，“大沽河水源地水资源可持续利用和保护研究”获山东软科学优秀成果二等奖，第六完成人。

七、主讲课程

主讲本科生水文地质学基础、地下水动力学、水文地球化学、专门水文地质学、环境水文地质学等课程；主讲硕士研究生渗流理论课程；主讲博士生土壤水盐动力学、多孔介质中溶质运移理论等课程。

指导硕士研究生 15 名，已经毕业 13 名；指导博士研究生 4 名。

本人于 2010 年 10 月 26 日通过电子邮件确认此简介。

刘再华 Liu Zai-hua(1963—)

性别	男		籍贯	湖南
学历	博士研究生		学位	博士
职称	研究员		职务	
工作单位	中国科学院地球化学研究所			
E-mail	liuzaihua@ vip. gyig. ac. cn		电话	0851-5892338
邮编	550002	通信地址	贵州省贵阳市观水路46号	

一、简历

学历：

1981～1985年，长春地质学院（现吉林大学），学士学位，水文地质专业；

1985～1988年，中国地质大学（武汉），硕士学位，水文地质专业；

1992～1997年，中国地质大学（武汉），工学博士学位，水文地质专业；

1994～1996年，德国不来梅大学（Bremen University，Germany），自然科学博士学位，喀斯特环境地球化学专业；

1999～2000年，德国不来梅大学博士后研究。

工作简历：

1988～1991年，中国地质科学院岩溶地质研究所，研究实习员。

1991～1996年，中国地质科学院岩溶地质研究所，助理研究员。

1996～1999年，中国地质科学院岩溶地质研究所，副研究员。地质矿产部岩溶动力学开放实验室副主任；国土资源部“百人计划”入选者。

1999～2006年，中国地质科学院岩溶地质研究所，研究员。国土资源部岩溶动力学重点实验室副主任。

2006年至今，中国科学院地球化学研究所，研究员。中科院“百人计划”入选者。

二、主要研究方向

岩溶作用动力学及其相关的碳、水、钙循环和全球变化。具体包括：

1. 碳酸盐溶解、沉积速率控制机理；
2. 碳酸盐风化碳循环与土地利用调控；
3. 岩溶地区水资源与土地利用变化（岩溶生态水文学）；
4. 钙华的形成与景观保护和全球变化研究。

三、主要学术兼职

1. 国际水文地质学家协会(IAH:International Association of Hydrogeologists)地下水与气候变化委员会(CGCC:Commission on Groundwater and Climate Change)共同主席;

2. 中国第四纪科学研究会理事;

3. 挪威研究理事会(The Research Council of Norway)项目评审专家。

四、主持的项目、课题

共20项,其中国家级8项、省部级6项、国际合作4项、其他2项。

(一)国家级项目

1. 国家青年自然科学基金项目(49703047)“方解石溶解、沉积速率控制的物理、化学机制”(刘再华,1998—2000);

2. 国家自然科学基金项目(40073026)“流动 CO_2-H_2O 系统中白云石溶解速率控制的物理、化学机制”(刘再华,2001—2003);

3. 国家社会公益研究专项资金项目(2000-164)“不同地区岩溶动力系统监测”(袁道先,刘再华,2001—2002);

4. 国家重大基础研究前期研究专项(2002CCA05200)“岩溶表层系统的地球化学动态及自然和人为因素影响”(刘再华,2003.1—2004.12);

5. 国家自然科学基金项目(40372117)“外源水和土壤中碳酸盐岩侵蚀速率的高精度研究”(刘再华,2004—2006);

6. 国家自然科学基金项目(40572107)“高分辨率钙华的古环境记录与全球变化研究”(刘再华,2006—2008);

7. 国家科研院所社会公益研究专项(2005DIB3J067)“西南岩溶石漠化生态环境的监测预警与修复研究”(刘再华,2006—2008);

8. 国家自然科学基金项目(40872168)“世界遗产——黄龙钙华景观退化的人为和自然影响机理研究”(刘再华,2009—2011)。

(二)省部级项目

1. 地质矿产部“八五”重点基础项目(8502218)“中国岩溶形成及环境变化预测研究”(袁道先,1991—1994,负责项目第二课题,并承担岩溶作用机理实验及建模工作);

2. 地矿部“九五”重点科技项目(9501104)“我国典型岩溶环境系统的运动规律及其对全球变化的影响”(袁道先,刘再华,1996—2000);

3.“国土资源部百名跨世纪科技人才培养计划”资助项目(9806)“碳酸盐岩溶解速率控制的物理化学机制”(刘再华,1999—2001);

4. 广西回国人员科学基金项目(桂科回0144010)“岩溶表层系统的地球化学动态机理”(刘再华,2002—2004);

5. 中科院百人计划项目(2006-067)“高分辨率的钙华记录与全球变化和岩溶石漠化过程研究”(刘再华,2006—2011);

6. 中国科学院知识创新工程重要方向项目(编号:kzcx2-yw-306)“岩溶山地土壤与植

被关联退化过程及其调控对策研究”课题四“植被和土壤关联退化的生态水文效应”（2007—2009）。

（三）国际合作项目

1. 中日合作项目“中国四川黄龙钙华研究”（刘再华，Yoshimura 教授，1999），中方负责人；

2. 中德合作项目“白云岩溶解动力学机理研究”（刘再华，Dreybrodt 教授，1999—2000），中方负责人；

3. 中澳合作项目“中国黄龙钙华沉积速率研究”（刘再华，Drysdale 博士，2001—2002），中方负责人；

4. 中日合作项目“娘子关泉华古气候古环境重建研究”（刘再华，Akihiro Kano，2003. 10. 10—13）。

（四）其他项目

1. 贵州电力局科技攻关项目“贵州乌江渡水电站灌浆帷幕老化问题的研究”（1991—1993，刘再华）；

2. 环境地球化学国家重点实验室自主创新项目“西南喀斯特生态环境演变及其全球变化响应的高分辨率重建”（刘再华，2007—2009）。

五、专著

1. 刘再华，Wolfgang Dreybrodt. 岩溶作用动力学与环境． 地质出版社，2007：1-235.

2. 袁道先，刘再华等． 碳循环与岩溶地质环境． 科学出版社，2003：1-240.

3. 袁道先，刘再华等． 中国岩溶动力系统． 地质出版社，2002：1-275.

4. Yuan Daoxian，Liu Zaihua. Global karst correlation. Beijing：Science Press；Amsterdam：VSP，1998：1-308.

5. Liu Zaihua. The rate-determining mechanisms for the dissolution and precipitation of calcite in CO_2-H_2O solutions with turbulent motion. 广西师范大学出版社，1997：1-135.

6. 刘再华． 贵州乌江渡水电站灌浆帷幕老化问题的研究． 广西师范大学出版社，1996：1-84.

六、代表性论文

发表论文 120 余篇，其中 SCI 论文 30 余篇。

（一）SCI 期刊代表性论文

1. Liu Zaihua，Wolfgang Dreybrodt，Wang Haijing. 2010. A new direction in effective accounting for the atmospheric CO_2 budget：Considering the combined action of carbonate dissolution，the global water cycle and photosynthetic uptake of DIC by aquatic organisms. Earth-Science Reviews，99（3-4）：162-172.

2. Sun Hailong，Liu Zaihua*. 2010. Wet-dry seasonal and spatial variations in the $\delta^{13}C$ and $\delta^{18}O$ values of the modern endogenic travertine at Baishuitai，Yunnan，SW China and their paleoclimatic and paleoenvironmental implications. Geochimica et Cosmochimica Acta，74（3）：

1016-1029.

3. Liu Zaihua, Sun Hailong, Lu Baoying, Liu Xiangling, Ye Wenbing, Zeng Cheng. 2010. Wet-dry seasonal variations of hydrochemistry and carbonate precipitation rates in a travertine-depositing canal at Baishuitai, Yunnan, SW China: Implications for the formation of biannual laminae in travertine and for climatic reconstruction. Chemical Geology, 273(3-4): 258-266.

4. Zhao Min, Cheng Zeng, Liu Zaihua*. 2010. Effect of different land use/land cover on karst hydrogeochemistry: A paired catchment study of Chenqi and Dengzhanhe, Puding, Guizhou, SW China. Journal of Hydrology, 388: 121-130.

5. Dorale J A, Liu Zaihua*. 2009. Limitations of hendy test criteria in judging the paleoclimatic applicability of speleothems and the need for replication. The Journal of Cave and Karst Studies, 71(1): 73-80.

6. Liu Zaihua, Wolfgang Dreybrodt, Wang Haijing. 2008. A possible important CO_2 sink by the global water cycle. Chinese Science Bulletin, 53(3): 402-407.

7. Liu Zaihua, Li Qiang, Sun Hailong, Wang Jinliang. 2007. Seasonal, diurnal and storm-scale hydrochemical variations of typical epikarst springs in subtropical karst areas of SW China: soil CO_2 and dilution effects. Journal of Hydrology, 337(1-2): 207-223.

8. Liu Zaihua, Chris Groves, Yuan Daoxian, Joe Meiman. 2004. South China karst aquifer storm-scale hydrogeochemistry. Ground Water, 42(4): 491-499.

9. Liu Zaihua, Dreybrodt W. 1997. Dissolution kinetics of calcium carbonate minerals in H_2O-CO_2 solutions in turbulent flow: the role of the diffusion boundary layer and the slow reaction $H_2O + CO_2 \longleftrightarrow H^+ + HCO_3^-$. Geochimica et Cosmochimica Acta, 61(14): 2879-2889.

10. Liu Zaihua, Svensson U, Dreybrodt W, Yuan D X, Buhmann D. 1995. Hydrodynamic control of inorganic calcite precipitation in Huanglong Ravine, China: Field measurements and theoretical prediction of deposition rates. Geochimica et Cosmochimica Acta, 59(15): 3087-3097.

(二)SCI 源刊论文

1. 刘再华, Wolfgang Dreybrodt, 王海静. 一种由全球水循环产生的可能重要的 CO_2 汇. 科学通报, 2007, 52(20): 2418-2422.

2. 刘再华, Wolfgang Dreybrodt. 灰岩和白云岩溶解速率控制机理的比较研究. 地球科学, 2006, 31(3): 411-416.

3. 刘再华, Dreybrodt W. 不同 CO_2 分压条件下的白云岩溶解动力学机理. 中国科学 B 辑, 2001, 31(4): 377-384.

4. 刘再华, 袁道先, 何师意, 张美良, 张加桂. 地热 CO_2-水-碳酸盐岩系统的地球化学特征及其 CO_2 来源. 2000, 中国科学 D 辑, 30(2): 209-214.

5. 刘再华. 大气 CO_2 的两个重要的汇. 科学通报, 2000, 45(21): 2348-2351.

七、主要获奖情况

1. 2008 年, 论文"一种由全球水循环产生的可能重要的 CO_2 汇"入选"2007 年度中国

基础研究十大新闻”；

2. 2004 年，获广西百名先进地质科技工作者称号；

3. 2004 年，享受国务院“2002 年度政府特殊津贴”；

4. 2004 年，论文“全球变化和岩溶石漠化过程的钙华记录研究”获第三届广西青年学术年会优秀论文二等奖；

5. 2003 年，“第七届广西青年科技奖”获得者；

6. 2002 年，论文“不同岩溶动力系统的碳稳定同位素和地球化学特征及其意义——以我国几个典型岩溶地区为例”获 1992—2002 年度《地质学报》优秀论文奖；

7. 2002 年，“我国典型岩溶环境系统的运动规律及其对全球变化的影响”获国土资源部国土资源科学技术奖一等奖，排名第二；

8. 1999 年，被评为广西壮族自治区“全区先进科技工作者”；

9. 1998 年，论文“不同岩溶动力系统的碳稳定同位素和地球化学特征及其意义——以我国几个典型岩溶地区为例”获 1996—1997 年度广西自然科学优秀学术论文二等奖；

10. 1998 年，论文“Dissolution kinetics of calcium carbonate minerals in H_2O-CO_2 solutions in turbulent flow: the role of the diffusion boundary layer and the slow reaction $H_2O + CO_2 \longleftrightarrow H^+ + HCO_3^-$”获 1996—1997 年度广西自然科学优秀学术论文一等奖。

八、主讲课程

水文地质学、水文地球化学、岩溶环境学、岩溶作用动力学与环境。

九、指导研究生情况

2001 年以来，共培养硕士研究生 17 名、博士研究生 6 名、博士后 3 名。

本人于 2010 年 10 月 21 日通过电子邮件确认此简介。

卢文喜 Lu Wen-xi(1956.10—)

性别	男		籍贯	吉林省德惠县
学历	博士研究生		学位	博士
职称	教授		职务	副院长
工作单位	吉林大学环境与资源学院			
E-mail	Luwenxi@ jlu. edu. cn		电话	0431 - 88502610
邮编	130026	通信地址	吉林大学环境与资源学院	

一、个人简历

自本科毕业以来,除攻读硕士、博士学位和从事博士后研修时间外,一直在长春地质学院,2000 年合校后在吉林大学从事地下水数值模拟与优化管理、地下水污染控制与修复、非点源污染防治及节水灌溉等方面的教学和科研工作。

1978 年 2 月考入长春地质学院(现合入吉林大学)水文地质专业,1982 年 2 月本科毕业,获工学学士学位;1983 年 9 月考入长春地质学院水文地质专业攻读硕士学位,1986 年 6 月毕业,获工学硕士学位;1989 年 9 月考入国家地震局地质研究所大地构造及地球物理学专业攻读博士学位,1992 年 11 月毕业,获理学博士学位;1997 年 1 月至 1999 年 4 月在东北师范大学生态学专业博士后流动站研修。

1982.3—1983.8,在长春地质学校任助教;1986.7—1989.8,在长春地质学院任讲师;1992.12—1996.12,在长春地质学院任副教授;1999.5—2000.5,在东北师范大学国家草地生态实验室任教授;2000.6—,在吉林大学环境与资源学院任教,教授,博士生导师,副院长(2005—)。在吉林大学工作期间,2006.3—2007.3,作为国家公派访问学者在加拿大滑铁卢大学研修。

二、学科专业

地下水科学与工程,水文学及水资源。

三、研究方向

地下水污染修复模拟 - 优化耦合模型,水循环变异的环境与生态效应及其调控,非点源(面源)污染的模拟与防治,农田水分调控及节水灌溉。

四、讲授课程

本科生课程:水文地质学基础,水环境监测与评价,地下水资源评价与管理,水力学,

GIS 的原理及应用。

硕士生课程：水资源基础理论，地下水模拟与管理，流域水管理，专业英语。

博士生课程：地下水环境及生态。

五、培养研究生情况

从教以来，以求实创新的工作风格，严谨的治学态度，已先后培养硕士和博士 40 余名（其中博士 8 名）。在研究生培养的过程中，注重学生专业知识和社会人文知识综合素质的培养，编制学习计划，精选学习内容，布置并检查学习心得体会，定期组织研讨。通过一系列教学培训环节，培养学生的自学能力，建立合理的分析问题和解决问题的思维框架及高尚的价值取向，提高学生的核心竞争力，使学生在专业技能、做事能力和人品方面得到全面的提升。

六、主持的省部级以上科研项目

1. 长春市伊通河谷、饮马河谷和双阳河谷水资源系统分析与综合研究报告，吉林省科委应用基础研究项目，项目第二负责人，1989—1991；

2. 山东省济南市保泉供水资源管理模型报告，地矿部项目，项目工作组负责人，1991—1993；

3. 干旱半干旱地区地下水数值模拟及水资源优化配置研究，水利部科技创新项目，子课题负责人，2001—2003；

4. 水生态保护管理技术引进及在松花江流域的应用，水利部“948”项目，项目第三负责人，课题负责人，2003—2005；

5. 三江平原地下水仿真模拟研究，子课题负责人，国家自然科学基金子课题，2004—2005；

6. 吉林省受损生态系统监测与修复技术研究，吉林省科技厅科技发展计划项目（重大项目），总项目负责人，2005—2008；

7. 四平—长春—吉林经济带主要城市生态地球化学评价，中国地质调查局区域生态地球化学评价项目子课题，课题负责人，2006—2007；

8. 含有协变量的地下水管理模型研究，教育部博士点基金项目，项目负责人，2006—2008；

9. 地下水管理模型中处理互馈协变关系的理论和方法，国家自然科学基金项目，项目负责人，2007—2009；

10. 吉林省水库汇水区非点源污染模拟技术及应用，吉林省科技发展计划项目（重点项目），项目负责人，2007—2009；

11. 吉林省西部旱改水工程对次生盐碱化的影响及其控制技术，吉林省科技发展计划项目（重点项目），项目负责人，2008—2011；

12. 辽河流域控制单元水质目标管理技术，国家水体污染控制与治理科技重大专项，子课题负责人，2009—2011；

13. 吉林省水稻节水灌溉与水分管理技术与模式研究，项目负责人，吉林省科技发展

计划项目,2010.9—2013.9;

14. 基于数值模拟的表面活性剂强化的 DNAPLs 污染含水层修复过程优化问题研究,国家自然科学基金项目,项目负责人,2011—2013。

七、代表性学术论文

1. 卢文喜. 地下水运动数值模拟过程中边界条件问题探讨. 水利学报,2003(3):33-36(EI 收录).

2. 杨忠平,卢文喜,李平. 时间序列模型在吉林西部地下水动态变化预测中的应用. 水利学报,2005,36(12):1475-1479(EI 收录).

3. 李平,卢文喜,杨威,等. 水库裂隙岩体渗透系数张量的确定. 水利学报,2007,38(11):1393-1396(EI 收录).

4. Li Ping, Lu Wenxi, Long Yuqiao, Yang Zhongping. Seepage analysis in a fractured rock mass: the upper reservoir of Pushihe pumped-storage power station in China. Engineering Geology, 2008, 97(1-2): 53-62(SCI/EI 收录), impact factor 0.9.

5. Yong Zhongping, Lu Wenxi*, Long Yuqiao, et al. Application of Back-Propagation Artificial Neural Network Models for Prediction of Groundwater Levels: Case study in Western Jilin Province, China. 2008 2nd International Conference on Bioinformatics and Biomedical Engineering(ICBBE 2008). Piscataway: Institute of Electrical and Electronics Engineers Computer Society, 2008, 4: 2845-2848. (ICBBE 国际会议,中国·上海,2008 年 5 月 16~18 日,EI 收录).

6. Yang Z P, Lu W X*, Long Y Q, Li P. Application and comparison of two prediction models for groundwater levels: A case study in Western Jilin Province, China. Journal of Arid Environments, 2009, 73(4-5):487-492(SCI 收录), impact factor 1.349.

7. 卢文喜,李俊,于福荣,等. 逐步判别分析法在筛选水质评价因子中的应用. 吉林大学学报(地球科学版),2009,39(1):126-130(EI 收录).

8. 卢文喜,陈社明,王晨子,等. 基于小波变换的大安地区年降水量变化特征. 吉林大学学报(地球科学版),2010,20(1):121-127(EI 收录).

9. 杨忠平,卢文喜,龙玉桥等. 长春市城区大气湿沉降中重金属及 pH 值调查. 吉林大学学报(地球科学版),2009,39(5): 887-892(EI 收录).

10. 杨忠平,卢文喜,龙玉桥. 改进 BP 算法在城市土壤环境质量评价模型中的应用. 重庆大学学报(自然科学版),2010,33(2):98-103,109(EI 收录).

11. Li Jun, Lu Wenxi*, Zeng XianKui, et al. Analysis of spatial-temporal distributions of nitrate-N concentration in Shitoukoumen catchment in Northeast China. Environmental Monitoring and Assessment., 2010, 169(1-4):335-45(SCI 收录).

12. Yang Zhongping, Lu Wenxi, Long Yuqiao, et al. Assessment of heavy metals contamination. inurban topsoil from Changchun City, China. Journal of Geochemical Exploration, 2010, in press(SCI). Impact Factor: 1.791.

八、出版专著

1. 地下水系统的模拟预测和优化管理. 科学出版社,1999.
2. 长春南湖公园生态本底的调查研究. 科学出版社,1999.
3. 水资源概论. 吉林大学出版社,2006.

九、获奖情况

获吉林省科技进步奖二等奖1项,地矿部科技成果二等奖1项、三等奖3项,地矿部勘查成果二等奖1项,水利部松辽水利委员会科技进步奖一等奖1项;2007年9月经吉林省省委组织部、省人事厅、省科技厅、省教育厅批准,入选为吉林省拔尖创新人才;2009年入选吉林大学师德先进个人。

十、社会(学术)兼职

吉林省政府决策咨询委员,《中国岩溶》编委,吉林省草原学会常务理事,水利部建设项目水资源论证评审专家。

2010年12月17日本人通过电子邮件供稿。

马金珠 Ma Jin-zhu(1968.6—)

性别	男		籍贯	甘肃静宁
学历	博士研究生		学位	博士
职称	教授		职务	副院长
工作单位	兰州大学西部环境与气候变化研究院			
E-mail	jzma@ lzu. edu. cn		电话	0931-8912436
邮编	730000	通信地址	甘肃省兰州市天水南路222号	

一、综合介绍

2006年教育部新世纪优秀人才支持计划获得者,2007年获甘肃青年五四奖章。2009年被评为甘肃省首届领军人才,国际水文科学协会(IAHS)会员,中国自然资源学会理事兼干旱半干旱区资源研究专业委员会副主任委员、教育工作委员会副主任委员、水资源专业委员会委员。获甘肃省自然科学奖一项,甘肃省教育厅科技进步奖与甘肃省水利科技进步奖5项。主要从事干旱区水文与水资源方面的研究与教学工作,包括水文循环、水资源评价与管理、水文地球化学、同位素水文学、包气带水文与气候记录等。

二、学习、工作简历

1987.8—1991.7　兰州大学水文地质与工程地质专业学习,获学士学位;
1991.8—1994.6　兰州大学水文地质与工程地质专业学习,获硕士学位;
1996.9—1999.8　中科院兰州沙漠研究所学习,获博士学位;
2000.2—2002.5　兰州大学地理学博士后流动站;
1994.6—1996.12　兰州大学地质系,助教;
1997.1—1999.12　兰州大学资源环境学院,讲师;
2000.1—2004.5　兰州大学资源环境学院,副教授、硕士生导师;
2004.6—2006.5　兰州大学,教授、硕士生导师;
2006.6—　兰州大学,三级教授、博士生导师;
2000.1—2010.6　先后6次在英国牛津大学、伦敦大学(UCL)和水文研究所(IH)作为高级访问学者进行学习交流,在英总计时间2年以上。

三、主持的省部级以上或国际合作科研项目

1. 沙漠深层包气带硝氮的迁移富集及其古气候环境响应研究(国家自然科学基金项目40872161),2009—2011;

2. 民勤盆地及腾格里沙漠地下水补给循环与古气候环境记录研究(国家自然科学基金项目40671029),2007—2009;

3. 腾格里沙漠地区地下水补给与演化(国家自然科学基金项目40811130213),2008—2009;

4. 沙漠水文气候的包气带记录与2ka来降水重建(国家自然科学基金项目40302031),2004—2006;

5. 干旱沙漠地区2ka来水文气候变化的包气带记录研究(教育部优秀人才支持计划项目),2007—2009;

6. 绿洲化、荒漠化的驱动机制(马晓华负责)(科技部"973"项目子课题2009CB421306),2009.1—2013.8;

7. "China Water Resources Demand Management Assistance Project"子课题(英国DFID基金项目),2005—2009;

8. Assessing the sustainable use of groundwater in the Minqin Basin of Gansu Province(中英合作BC项目),1999—2003;

9. 腾格里沙漠地下水补给的包气带记录(博士后基金项目),2000—2002。

四、代表性论文

1. Ma J Z, Pan F, Chen L, Edmunds W M, Ding Z, He J, Zhou K, Huang T. 2010. Isotopic and geochemical evidence of recharge sources and water quality in the Quaternary aquifer beneath Jinchang City, NW China. Applied Geochemistry, 25: 996-1007.

2. Ma J Z, Edmunds W M, He J, Jia B. 2009. A 2000-year geochemical record of palaeoclimate and hydrology derived from dune sand moisture. Palaeogeography, Palaeoclimatology, Palaeoecology, 276(1-4): 38-46.

3. Ma J Z, Ding Z, Edmunds W M, Gates J B. 2009. Limits to recharge of groundwater from Tibetan Plateau to the Gobi Desert, implication for management in the Mountain front. Journal of Hydrology, 364(1-2): 128-141. (Top 10 in Geosciences)

4. Ma J Z, Ding Z, Wei G, Zhao H, Huang T. 2009. Sources of water pollution and evolution of water quality in the Wuwei Dasin of Shiyang River, Northwest China. Journal of Environmental Management, 90(2): 1168-1177.

5. Ma J Z, Ding Z, Gate J B, Su Y. 2008. Chloride and the Environmental Isotopes as the Indicators of the Groundwater Recharge in the Gobi Desert, Nothwest China. Environmental Geology, 55(7): 1407-1419.

6. Ma J Z, Edmunds W M. 2006. Groundwater and lake evolution in the Badain Jaran Desert ecosystem, Inner Mongolia. Hydrogeology Journal, 1231-1243.

7. Ma J Z, Wang X S, Edmunds W M. 2005. The characteristics of groundwater resources and their changes under the impacts of Human activity in the Arid Northwest China—a case study of Shiyang River Dasin. Journal of Arid Environment, 61(2): 277-295.

8. Ma Jinzhu, Li Ding, Zhang Jiawu, Edmunds W M, Prudhomme C. 2003. Groundwater

recharge and climatic change during the last 1 000 years from unsaturated zone of SE Badain Jaran Desert. Chinese Science Belletin,48(14):1469-1474.

9. Edmunds W M, Ma J Z, Aeschbach-Hertig W, Kipfer R, Darbyshire D P F. 2006. Groundwater recharge history and hydrogeochemical evolution in the Minqin Basin, Northwest China. Applied Geochemistry,21,2148-2170.

10. Gates J B,Edmunds W M,Ma J Z,Paul R S. 2008. A 700-year history of groundwater recharge in the drylands of NM china. The Holocene,18(7):1045-1054.

11. Gates J B,Edmunds W M,Ma J Z,Scanlon B R. 2008. Estimating groundwater recharge in a cold desert environment in Northern China using chloride. Hydrogeology Journal, 16:893-910.

12. Gates J B,Edmunds W M,Darling W G,Ma J Z,Pang Z,Young A A. 2008. Conceptual model of recharge to Southeastern Badain Jaran Desert groundwater and lakes from environmental tracers. Applied Geochemistry,23:3519-3534.

13. Ma Jinzhu,Edmunds W M. Geochemistry evolution of groundwater beneath Minqin Basin. In:Proceedings of the international symposium on Water Resources and the Urban Environment(Edited by Yanxin Wang). Beijing:China Environmental Science Press,2003:98-102 (EI,ISTP).

14. Ma J Z,Wang Gang,Huang Tianming,Ding Zhenyu,Edmunds W M. Groundwater Recharge Rate and Recharge history during the Last 1 200 Years in the Badain Jaran Desert. In: Cheng G,Lei Z,Lars B,et al. (Eds.) Proceedings of International Symposium on Sustainable Water Resources Management and oasis-hydrosphere-desert Interaction in Arid Regions 27-29, October 2005,Beijing:China Tsinghua University Press,359-369(ISTP).

15. Ma J Z,Li D,Xie Y,Chen F H. Impact of Water saving on the desertification and pauperrization in the Minqin Basin,Gansu Province. In:Cheng G,Lei Z,Lars B,et al. (Eds.) Proceedings of International Symposium on Sustainable Water Resources Management and oasis-hydrosphere-desert Interaction in Arid Regions 27-29,October 2005,Beijing:China Tsinghua university Press,349-358(ISTP).

16. Ma Jinzhu,Gao Qianzhao. The Groundwater Evolution and its Influence on the Fragile Ecology in the South Edge of Tarim Basin. 中国沙漠,2000,20(2):145-149.

17. Ma Jinzhu. Sustainable Exploitation and Utilization of Water Resources in the Inland River Basin of Arid Northwest China. Chinese Geographical Science,1997,7(4).

18. Ma Jinzhu,Li Jijun. The Groundwater resources and its sustainable development in the south edge of Tarim Basin. Chinese Geographical Science,2001,11(1).

19. 马金珠等. 1000 年以来巴丹吉林沙漠地下水补给与气候变化的包气带地球化学记录. 科学通报,2004-1.

20. 马金珠等. 用 AHP 法进行南阳渠灌溉工程环境影响评价. 兰州大学学报(自然科学版),1999-2.

21. 马金珠等. 塔克拉玛干沙漠南缘地下水在脆弱生态环境中的作用. 兰州大学学报

（自然科学版），2000-3.

22. 周鲲鹏，马金珠等. 酒泉—金塔盆地水化学特征及其演化规律. 兰州大学学报（自然科学版），2009-1.

23. 魏红，马金珠等. 基于遥感与GIS的朋曲流域冰川及冰湖变化研究. 兰州大学学报（自然科学版），2004-2.

五、专著

1. 马金珠，朱中华，于保静. 石羊河流域水环境演化与水资源合理利用. 兰州大学出版社，2005.

2. 石培泽，马金珠. 干旱区节水灌溉理论与实践——武威市农业灌溉综合节水科学试验. 兰州大学出版社，2004.

本人于2010年11月11日通过电子邮件确认此简介。

庞忠和 Pang Zhong-he(1961—)

性别	男		籍贯	江苏盱眙
学历	博士研究生		学位	博士
职称	研究员		职务	
工作单位	中国科学院地质与地球物理研究所			
E-mail	z. pang@ mail. iggcas. ac. cn		电话	010-82998611/13
邮编	100029	通信地址	北京市朝阳区北土城西路19号	

一、教育经历

(一)国内学位教育

本科毕业院校、专业及时间:南京大学,水文地质与工程地质学专业,1978—1981;硕士研究生毕业院校、专业及时间:南京大学,水文地质学专业,1981—1984,导师:肖楠森教授;博士毕业院校、专业及时间:中国科学院地质研究所构造地质学专业,1985—1988,导师:张文佑研究员(院士)、汪集旸研究员(院士)、肖楠森教授(客座)。

(二)国外进修经历

联合国大学地热培训部(United Nations University Geothermal Training Programme),进修地热流体化学,冰岛雷克雅未克,1988;新西兰奥克兰大学(University of Aukland),进修地热资源模拟与管理,1991;法国南巴黎大学(University of Paris-Sud),进修同位素水文学与地球化学(IAEA 资助),1994;美国俄勒冈大学(University of Oregon),进修地热系统水岩相互作用化学热力学模拟,中科院公派高级访问学者,1995。

二、工作经历

南京大学:水文地质学教师,1984—1985;中国科学院地质研究所:助理研究员(1988),副研究员(1992),研究员(1995),地热及数学地质研究室主任(1995),博士生导师(1996);中国科学院地质与地球物理研究所:研究员(1999),固定研究员(2007);国际原子能机构(IAEA):同位素地球化学家(1997—1998),同位素水文学家(2000—2005);中国科学院研究生院:兼职教授,主讲研究生课程"同位素水文学"(2006—);中国石油大学(华东):兼职教授(2009—)。

三、学术兼职

国际地热协会(IGA)计划委员会委员(1996),国际水文地质学家协会(IAH)矿泉水与地热水专业委员会(CMTW)委员(1999),中国核学会同位素学会理事(2000—2003),《水文地质工程地质》编委(2001),《Geothermics》指导委员会(Advisory Board)委员

(2001—2006)，中国能源研究会地热专业委员会副主任(2005)，环境地球化学国家重点实验室学术委员会委员(2006)，中国岩石力学与工程学会废物地下处置专业委员会委员(2006)，中国水利学会地下水科学与工程专业委员会副主任(2006)，《Hydrogeology Journal》中文摘要负责人(2007)，国际水文科学协会(IAHS)中国同位素水文委员会主席(2007)，国际地球化学协会(IAGC)理事(2008)，中国地球物理学会地热专业委员会主任(2009)，国际地热协会(IGA)理事(2010)，中国自然资源学会水资源专业委员会委员(2010)，中国地质学会水文地质专业委员会副秘书长(2010)，IPCC可再生能源与气候变化特别报告(SRREN)审稿人(2010)。

四、研究方向

水文同位素与水循环研究：地下水的补给、循环的多尺度示踪与定年；水文地球化学与水岩相互作用的研究：水－岩－气相互作用的实验与数学模拟，水文地热学与水热耦合过程研究，地温场测试与模拟。

五、获奖及荣誉

1993年获中国科学院自然科学奖三等奖，1993年获中国地质学会青年地质科技奖——金锤奖，1994年获中国青年科技奖，1993年获国务院颁发的“政府特殊津贴”，2004年获IAEA优秀出版物奖，2005年获诺贝尔和平奖（作为IAEA成员），2007年获国际地球化学协会(IAGC)“水岩相互作用之友”称号，2007年获大禹水利科技三等奖。

六、主持的省部级以上或国际合作科研项目

1. 包气带硝酸盐运移的环境同位素示踪（国家自然科学基金项目）；
2. 水热系统水岩相互作用模拟（青年基金）（国家自然科学基金项目）；
3. 东南沿海地热水的同位素（国家自然科学基金项目）；
4. 中国典型水热系统化学平衡模拟研究（国家自然科学基金项目）；
5. 天山山前典型流域水循环（国家自然科学基金项目）；
6. 二氧化碳封存技术（国家“863”“十一五”高技术重点项目课题）；
7. 深部煤岩体温度场分布特征及预测模型（国家“973”计划“十一五”基础研究重点项目专题）；
8. 东北三江地区水资源变化与可持续利用（顶层设计专家）（中国科学院知识创新工程项目）；
9. 提高砂岩热储层回灌率关键技术研究（中国科学院知识创新工程项目）；
10. 湿地水文学与可持续农业（2008—2012，国际原子能机构（IAEA）资助项目）；
11. 渤海湾盆地二氧化碳封存地质条件与适宜性评价（中国地质调查局项目）；
12. 地热储工程技术（国家科技攻关计划“八五”项目课题）；
13. 新疆流域尺度水循环研究（中国科学院知识创新重要方向项目课题）；
14. 中国东部热咸水成因的同位素研究（1996—1999，国际原子能机构（IAEA）资助项目）；

15. 同位素水文学在中国地下水资源管理中的应用(1999—2000,国际原子能机构(IAEA)资助项目);

16. 环太平洋酸性地热流体研究(IAEA 国际合作项目);

17. 同位素水文学在鄂尔多斯盆地地下水探查中的应用(2001—2005,IAEA 国际合作项目);

18. 同位素水文学在中国水资源评价中的应用指南(2001—2002,IAEA 国际合作项目);

19. 黑河流域地表水与地下水相互作用研究(2002—2005,IAEA 国际合作项目);

20. 包括亚非拉 20 多国的 50 多个地热区的全球地热项目(2000—2005,IAEA 国际合作项目);

21. 地下水硝酸盐污染的同位素示踪与模拟研究(中国地质调查局项目)。

七、代表性论文

SCI 收录 15 篇,EI 收录 2 篇,会议论文 27 篇,中文核心期刊论文 26 篇:

1. Pang Z, Huang T, Chen Y. 2010. Diminished groundwater recharge and circulation relative to degrading riparian vegetation in the middle Tarim River. Hydrological Processes, 24: 145-157.

2. Chen Y, Pang Z, Chen Y, et al. 2008. Response of riparian vegetation to groundwater table changes in the lower reaches of Tarim River, Xinjiang, China. Hydrogeology Journal, 22: 4214-4221 (As author of correspondence) (SCI).

3. Chen Y, Pang Z, et al. 2008. Periodical changes of surface runoff in the last 40 years in Tarim River Basin. Hydrological Processes, 16: 1371-1379 (As author of correspondence) (SCI).

4. Pang Z, Wang J, Guo Y, Zhang F, Ji R, Qin D, Xu B, Su R. 2007. Study of groundwater in beishan granite body using a downhole double-packer hydrogelogical testing system. Chinese Journal of Rock Mechanics and Engineering (EI).

5. Pang Z. 2006. pH dependent isotope variations in arc-type geothermal fluids: new insights into their origins. Journal of Geochemical Exploration, 89: 306-308.

6. Bahati G, Pang Z, Armannsson A, et al. 2005. Hydrology and reservoir characteriscs of three geothermal systems in Western Uganda. Geothermics, 35 (As correspondent author) (SCI).

7. Qin D, Turner J V, Pang Z. 2005. Hydrogeochemistry and groundwater circulation in the Xi'an geothermal field, China. Geothermics 34 (SCI).

8. Pang Z, Truesdell A H (Guest Editors). 2005. Preface to the set of papers on "Isotope and Hydrochemical Techniques Applied to Geothermal Systems". Geothermics 34 (SCI).

9. Pang Z. 2001. Chemical and isotope geothermometry and applications. Science in China, Vol. 44 Supp. (SCI).

10. Han L, Pang Z, Groening M. 2001. Study of groundwater mixing using CFC da-

ta. Sciences in China, Vol. 44 Supp. (SCI).

11. Pang Z, Reed M. 1998. Theoretical chemical geothermometry on geothermal waters: Problems and methods. Geochimica et Cosmochimica Acta, 62: 1083-1091 (SCI).

12. Pang Z, Wang J, Zhao P, Jin J. 1995. Saline thermal waters from geothermal systems in the granite terrain (Zhangzhou Geothermal system and surroundings, Southeast of China)—1. Origin and recharge of the thermal water traced by oxygen and hydrogen isotopes. Geothermal Science & Technology, 4(4) (EI).

13. Pang Z, Wang J, Fan Z. 1990. Calculation of the reservoir temperature of Zhangzhou Geothermal Field using a SiO_2 mixing model. Chinese Science Bulletin, 35(16) (SCI).

八、专著

英文著作5部，中文著作1部：

1. Pang Z, Armmannson H. (Eds.) 2006. Analytical procedures and quality assurance of geothermal water chemistry. 2006. United Nations University Geothermal Training Programme, Reykjavik, p200.

2. Pang Z. (Ed.) 2005. Use of isotopes to trace the origin of acidic fluids in geothermal systems, International Atomic Energy Agency Technical Document, Vienna, p270.

3. Thereska J, Pang Z. (Eds.) 2004. Application of radiotracers in industry-a guidebook, International Atomic Energy Agency, Vienna Technical Report, Vienna, p281.

4. Pang Z H, Zhang J, Sun J H. (Eds.) 1996. Advances in Solid Earth Sciences (Contributions of Chinese Young Scientists to the 30th International Geological Congress, Beijing, China), Science Press, Beijing and New York, p209.

5. Pang Z, Truesdell A H. (Guest Editors) 2005. A set of papers on "Isotope and Hydrochemical Techniques Applied to Geothermal Systems" Geothermics 34, Elsievier.

6. 汪集旸，熊亮萍，庞忠和．中低温对流型地热系统．科学出版社，1993.

2011年1月16日本人供稿。

齐学斌 Qi Xue-bin(1963.1—)

性别	男		籍贯	陕西
学历	博士研究生		学位	博士
职称	研究员		职务	
工作单位	中国农业科学院农田灌溉研究所			
E-mail	qxb6301@yahoo.com.cn		电话	
邮编	453003	通信地址	河南省新乡市建设路173号	

一、个人基本信息

2004年12月晋升为研究员;2006年4月被聘为中国农业科学院二级岗位杰出人才,同年被评为河南省优秀专家;2008年被评为博士生导师。

二、教育经历

1983—1987　西北农业大学,水利系农田水利工程专业,获工学学士学位;

1994—1997　武汉水利电力大学,水利学院农田水利工程专业,获工学硕士学位,指导老师魏永曜教授;

2003—2004　美国加州大学(UC Davis),访问学者;

2005—2008　西北农林科技大学水建学院农业水资源与水环境工程专业,获工学博士学位,指导老师李佩成院士。

三、研究生培养情况

培养硕士研究生5名、博士研究生1名;培养在读硕士研究生2名、博士后1名。

赵辉:位山灌区浅层地下水位动态预测神经网络模型研究,2002年6月(联合培养);

侯红雨:温室滴灌条件下氮素转化运移规律研究,2002年6月(联合培养);

李平:不同潜水埋深污水灌溉氮素运移试验研究,2007年6月(联合培养);

钱炬矩:污水灌溉条件下作物生长及氮素运移试验研究,2006年6月(单独培养);

亢连强:不同地下水埋深条件下再生水灌溉的试验研究,2007年5月(联合培养);

乔冬梅:基于黑麦草根系分泌有机酸的铅污染修复机理研究,2010年5月(联合培养)。

四、主持的省部级以上及国际合作科研项目

“九五”国家重点科技攻关专题“商丘试验区农业用水高效持续综合技术研究”子专题“农业水资源合理调控及配置研究”,课题主持人,1995~2000年;

“十五”国家科技攻关课题“黄淮海平原节水型高效农业模式与技术研究”，课题第二主持人，2001～2005年；

国家重大科技产业化工程项目“井渠结合灌溉类型区农业高效用水模式与技术集成”课题，子课题主持人，1999～2001年；

国家“863”计划“华东北部半湿润偏旱井渠结合灌区节水农业综合技术体系集成与示范”中“多水源井渠结合联合调控利用技术研究”课题，课题主持人，2002～2004年；

水利部认证项目“井群无线自动控制系统的研究与开发”，课题主持人，1999～2001年；

国家“863”计划“现代农业技术”重大专项“现代灌溉系统水量监控与调配技术及新产品”课题“井灌区灌溉自动化控制技术与设备”子课题，课题主持人，2002～2003年；

科技部科研院所社会公益研究专项（2004DIB4J160）“劣质水安全灌溉技术与评价指标体系研究”，课题负责人，2005～2007年；

欧盟第六框架项目（PL 023168 SAFIR）“运用劣质水和改进灌溉系统及管理办法进行安全优质粮食生产”，中方课题负责人，2006～2009年；

国家科技基础条件平台建设项目“商丘生态站水土要素观测研究”专题，课题负责人，2006～2009年；

科技部国际科技合作项目（2006DFA72190）“污灌区农田污染控制与修复技术”，课题负责人，2007～2009年；

国家人事部留学人员科技活动资助项目“劣质水农业安全利用技术”，课题负责人，2007～2009年；

科技部欧盟科技合作专项“再生水灌溉蔬菜安全高效利用技术及环境评价”，课题负责人，2007～2009年；

中央级公益性科研院所基本科研业务费专项资金项目“农田生态系统水氮运移规律研究”，2007年；

国家科技重大专项“东北村镇地下饮用水安全保障适用技术研究与示范”课题，2008～2010年；

“十一五”国家科技支撑计划（2006BAD17B02）“养殖废水资源化与安全回灌关键技术研究”课题，子课题负责人，2006～2010年；

国家高技术研究发展计划（“863”计划）（2006AA100205）“再生水作物安全利用技术”课题“再生水灌溉系统选型与配套技术研究”子课题，子课题负责人，2006～2010年；

“十一五”国家科技支撑计划（2006BAD11B09-2）“大型农业灌区节水改造工程关键支撑技术研究”课题“灌区节水改造技术集成与示范”（北方井渠结合灌区）子课题，子课题负责人，2006～2010年。

五、获奖情况

“九五”国家重点科技攻关专题“商丘试验区农业用水高效持续综合技术研究”，2001年获中国农科院科技进步奖一等奖，排名第三；

国家重大科技产业化工程项目“井渠结合灌溉类型区农业高效用水模式与产业化示

范”,2004 年获山西省科技进步奖一等奖,排名第三;

科技部科研院所社会公益研究专项“劣质水安全灌溉技术与评价指标体系研究”,2008 年 3 月获中国农科院科技进步奖二等奖,排名第一;

国家科技攻关课题“水资源联合调控与保护技术研究”,2008 年获河南省科技进步奖三等奖,排名第一;

国家“863”计划课题“华东北部半湿润偏旱井渠结合灌区节水农业综合技术体系集成与示范”,2010 年 1 月获山东省科技进步奖一等奖,排名第六。

六、代表性论文

在《Journal of Hydrology》、《Water Resources Research》、《Agricultural Sciences in China》、《水利学报》、《生态学报》、《应用生态学报》、《农业工程学报》、《农业机械学报》、《水土保持学报》、《水科学进展》、《水文地质工程地质》、《节水灌溉》、《中国农村水利水电》、《灌溉排水》、《地下水》、《水资源研究》、《水资源保护》、《干旱区资源与环境》、《水资源与水工程学报》、《人民黄河》、《干旱地区农业研究》、《农业环境与发展》等刊物上发表论文 140 篇。其中:SCI 收录 5 篇,EI 收录 13 篇,ISTP 收录 2 篇。

1. 李平,齐学斌等. 分根区交替灌溉对马铃薯水氮利用效率的影响. 农业工程学报,2009-6.

2. 乔冬梅,齐学斌等. 地下水作用下微咸水灌溉对土壤及作物的影响. 农业工程学报,2009-11.

3. 亢连强,齐学斌等. 不同地下水埋深条件下再生水灌溉对冬小麦生长的影响. 农业工程学报,2007-6.

4. 齐学斌等. 北方井灌区井群无线自动控制系统的开发研制. 水利学报,2005-2.

5. 樊向阳,齐学斌. 利用水均衡法确定建设项目水资源论证范围. 农业工程学报,2005-3.

6. 高胜国,黄修桥,齐学斌等. 基于经济组网方式的地下水限量开采自动控制系统. 农业工程学报,2005-S1.

7. 齐学斌等. 井渠结合灌区水资源高效利用调控模式. 水利学报,2004-10.

8. 王景雷,吴景社,孙景生,齐学斌. 支持向量机在地下水位预报中的应用研究. 水利学报,2003-5.

9. 王景雷,吴景社,齐学斌等. 节水灌溉评价研究进展. 水科学进展,2002-4.

10. 赵辉,齐学斌等. 井灌区地下水限量开采自动控制系统的研制与应用. 农业工程学报,2001-5.

11. 齐学斌等. 节水灌溉的环境效应研究现状及研究重点. 农业工程学报,2000-4.

12. 齐学斌等. 地表水地下水联合调度研究现状及其发展趋势. 水科学进展,1999-1.

13. 齐学斌. 非稳定流抽水试验参数计算的迭代算法及计算机模拟. 水利学报,1995-7.

14. 齐学斌. 京津唐地区水资源量的灰色动态模拟. 水利学报,1993-8.

七、专著

1. 齐学斌,樊向阳,赵辉. 再生水灌溉试验研究. 中国水利水电出版社,2009.

2. 齐学斌,樊向阳. 中国地下水开发利用及存在问题研究. 中国水利水电出版社,2007..

3. 齐学斌,宋金山. 农业节水与地下水开发利用. 中国农业科技出版社,2000.

4. 孙雪峰,张建录,齐学斌. 地下水开发利用研究与实践. 中国农业科技出版社,1999.

八、专利

"无线遥控遥测模块",2001 年 9 月获国家实用新型发明专利,专利号:ZL00232129.7,第三完成人;

"一种远程遥控系统的现场手动和远程遥控的控制方法",2007 年 3 月获国家实用新型发明专利,专利号:200510017534.6,第三完成人。

九、主要学术兼职

全国地下水信息网秘书长,中国农学会农业资源与环境分会理事,中国水利学会水利水电信息研究会委员,中国农业生态环境保护协会理事,河南省水利学会理事,河南省国际科技交流发展促进会理事,国家自然科学基金项目评审专家,科技部国际科技合作计划国际合作评审专家,水利部建设项目水资源论证评审专家,农业部工程建设项目评估专家,河南省科技咨询协会注册高级咨询师,郑州大学水科学研究中心兼职教授,华北水利水电学院兼职硕士研究生指导教师,河北工程大学兼职硕士研究生指导教师,《地下水》期刊编委会副主任,《灌溉排水学报》编委。

本人于 2010 年 6 月供稿。

钱　会 Qian Hui(1963.5—)

性别	男		籍贯	陕西泾阳
学历	博士研究生		学位	博士
职称	教授		职务	系主任
工作单位	长安大学环境科学与工程学院水文与水资源工程系			
E-mail	qianhui@ chd. edu. cn		电话	029-82339327
邮编	710054	通信地址	陕西省西安市雁塔路126号 长安大学环工学院	

一、个人简历

1984 年毕业于西安地质学院水文地质工程地质系，分别于 1987 年和 2005 年在西安地质学院获水文地质工程地质专业硕士和博士学位。2001 年 4 月至 2002 年 3 月受教育部资助，赴加拿大多伦多大学环境科学系学习。1995 年被聘为副教授，2002 年被聘为教授，2003 年任博士生导师。

二、科研与学术业绩

已主持或参加科研项目 30 余项，目前主持着包括国家自然科学基金项目“地下水混合作用的水文地球化学效应研究”在内的科研项目 5 项；主讲本科生和研究生课程 13 门，出版专著或教材 5 部，发表学术论文 95 篇，多篇论文被 SCI、EI 等国际著名检索期刊收录。2000 年获第七届霍英东教育基金会青年教师三等奖(73098)，2005 年 9 月获“陕西高校优秀青年教师”称号。

三、主要兼职

中国民主建国会中央委员会人口资源环境委员会委员，西安地质学会理事、副秘书长。

四、主持的省部级以上科研项目

地下水混合作用的水文地球化学效应研究(国家自然科学基金项目，2008—2010)；

水溶液平衡化学模型及其水文地球化学应用研究(国家自然科学基金项目，2004—2006)；

银川平原水资源合理配置研究(中国地质调查局，2004—2006)；

水文地球化学模型研究(教育部回国留学人员科研启动基金，2004—2006)。

五、专著

1. 吴学华. 钱会等 . 银川平原地下水资源合理配置调查评价. 地质出版社，2008.

2. 钱会,马致远. 水文地球化学. 地质出版社,2005.

3. 马致远,钱会. 环境同位素地下水文学. 陕西科学技术出版社,2004.

4. 钱会. 水溶组分平衡分布计算及其水文地质应用. 西安地图出版社,2002.

5. 郭东屏,宋焱勋,钱会,冉兴龙. 地下水动力学. 陕西科学技术出版社,1994.

六、代表性论文

1. Qian Hui, Dou Yan, Zhang Qin, Wu Xuehua. Chemical characteristics of phreatic water in Yinchuan Plain and their control factors. Proceedings of The 2nd International Conference on Bioinformatics and Biomedical Engineering (ICBBE 2008), Vol. 4, p3072-3078 (EI, ISTP 收录).

2. Qian Hui, Li Mengyao, Ji Yadong, Yang Bingchao, Zhao Zhenhong. Changes of $\delta^{18}O$ and δD along the Dousitu River, Inner Mongolia, China, and their evidence of river water evaporation. Aquatic Geochemistry, Vol. 13, No. 2, June 2007, p127-142(SCI 收录).

3. Qian Hui, Yang Zhenghua, Li Yunfeng. Water-rock interaction during the process of steam stimulation exploitation of viscous crude oil in Liaohe Shuguang Oil Field, Liaoning, China. Environmental Geology, Vol. 50, No. 2, 2006, p229-236(SCI, EI 收录).

4. Qian Hui, Howard K W F, Zhang Yiqian. Origin of abnormal substances discharged from Baozhusi Dam Base, Sichuan, China. Environmental Geology, Vol. 47, No. 7, 2005, p1000-1009 (SCI, EI 收录).

5. 钱会等. 宝珠寺水电站坝基排水孔异常逸出物成因分析. 岩土工程学报,2001-2(EI 收录).

6. 钱会,樊秀峰. 傍河取水越河稳定渗流问题三维数值模拟研究. 水利学报,1999-3 (EI 收录).

7. 钱会,李俊亭. 混合水 pH 值的计算. 水利学报,1996-7(EI 收录).

本人于 2010 年 11 月 28 日通过电子邮件确认此简介。

钱家忠 Qian Jia-zhong(1968—)

性别	男		籍贯	安徽凤阳
学历	博士研究生		学位	博士
职称	教授		职务	副主任
工作单位	合肥工业大学资源与环境工程学院地质工程系			
E-mail	qjiazhong@ gmail. com		电话	0551-2901524
邮编	230009	通信地址	合肥市屯溪路193号合肥工业大学10号信箱	

一、科研方向

基岩裂隙介质地下水运动及溶质 Non-Fickian 运移机理与模拟,地下水资源评价与管理数值模拟模型,水环境地质灾害防治、矿坑水化学特征及水源快速判别信息系统,湿地地下水循环、机理与模拟以及污染地下水修复。

二、近五年来主持的省部级以上研究项目

1. 国家自然科学基金项目:“基岩裂隙中溶质(污染物)Non-Fickian 运移试验与模拟研究”(2009—2011);

2. 国家水专项子项:“巢湖流域富磷地层磷流失及面源产生的条件与强度”(2008—2010);

3. 新世纪优秀人才支持计划项目:“人类活动胁迫下流域地下水污染及自然净化机理研究”(2007—2009);

4. 国家自然科学基金项目:“滨湖湿地地下水循环及硝酸盐迁移转化机理与模拟——以巢湖南淝河流域为例”(2007—2009);

5. 霍英东教育基金项目:“基岩裂隙介质污染物 Non-Fickian 运移机理实验研究”(2004—2007);

6. 国家自然科学基金项目:“基岩裂隙介质地下水运动与溶质运移实验研究”(2003—2005);

7. 国家安全生产科技发展指导性计划项目:“淮南煤田矿井突水水源快速判别技术及决策支持系统开发”(2006—2008)。

三、主讲课程

主讲环境工程本科生课程:地下水污染与防治、环境工程专业英语以及水文地质学基础等。

主讲环境科学与工程研究生课程:水环境数学模型、环境规划与管理、污染水文地质

学、溶质与热量运移及研究生专业英语等。

四、专著与教材

1. 钱家忠. 地下水污染控制(安徽省省级规划教材). 合肥工业大学出版社,2009.

2. 汪家权,钱家忠. 水环境系统模拟. 合肥工业大学出版社,2005.

3. 钱家忠,黄显怀. 环境科学与工程专业英语(安徽省省级规划教材). 合肥工业大学出版社,2003. 11 第一版,2010. 3 第二版.

4. 钱家忠,汪家权. 我国北方型裂隙岩溶水模拟模型及水环境质量评价. 合肥工业大学出版社,2003.

五、主要代表性论文

发表学术论文 100 多篇:

1. Qian J Z, Chen Z, Zhan H B, Guan H C. 2010. Experimental study of the effect of roughness and Reynolds number on fluid flow in rough-walled single fractures: A check of local cubic law. Hydrological Processes, 24. DOI: 10. 1002/hyp. 7849. SCI(影响因子:2. 02).

2. Qian J Z, Chen Z, Zhan H B, Luo S H. 2010. Solute transport in a filled single fracture under non-darcian flow. International Journal of Rock Mechanics & Mining Sciences, DOI: 10. 1016/j. ijrmms. 2010. 09. 009. SCI(影响因子:1. 142).

3. Qian Jiazhong, et al. Nitrate removal from groundwater in columns packed with reed and rice stalks. Environmental Technology, 2010. SCI(影响因子:0. 762).

4. Qian J Z, Liu Y, Luo S H, Chen T H. Hydrological cycle, hydrogeological characteristics and mobility of arsenic in groundwater in watershed of Nanfei River, Anhui, China. Geochimica et Cosmochimica Acta, 74, 2010. SCI(影响因子:4. 385).

5. Qian J Z, Zhan H B*, Wu J F, Chen Z. 2009. What can be learned from sequential multi-well pumping tests in fracture-karst media? A case study in Zhangji, China. Hydrogeology Journal, 17: 1749-1760. SCI(影响因子:1. 417).

6. Qian J Z, Luo S H, Liu Y, Chen G. 2009. Identification of anthropogenic influences on groundwater quality based on hydrogeochemistry survey in Nanfei Watershed, China. Geochimica et Cosmochimica Acta, 73(13). SCI(影响因子:4. 385).

7. Chen Z, Qian J Z*, Zhan H B, Chen L W, Luo S H. 2010. Mobile-immobile model in solute transport through porous and fracture media. Managing Groundwater and the Environment (Proc. ModelCARE2009, Wuhan, China). IAHS Publ. 341: 1-5(EI).

8. Chen Z, Qian J Z*, Luo S H, Zhan H B. 2009. Experimental study of friction factor to groundwater flow in a single rough fracture. Journal of Hydrodynamics, 21(6): 820-825. SCI(影响因子:0. 6).

9. Qian J Z, Zhan H B, Luo S H, Zhao W D. 2007. Experimental evidence of scale-dependent hydraulic conductivity for fully developed turbulent flow in a single fracture. Journal of Hydrology, 339: 206-215. SCI(影响因子:2. 161).

10. Qian J Z, Zhan H B, Wu Y F, Li F L, Wang J Q. 2006. Fractured-karst spring-flow Protections: a case study in Jinan, China. Hydrogeology Journal, 14: 1192-1205 (影响因子: 1.288).

11. Qian J Z, et al. 2006. Experimental study of non-fickian transport in a single sands-filled fracture. Geochimica et Cosmochimica Acta, 70(18) (影响因子:3.5).

12. Qian J Z, Zhan H B*, et al. 2005. Experimental study of turbulent unconfined groundwater flow in a single fracture. Journal of Hydrology, (311):134-142(影响因子:1.745).

13. Qian Jiazhong, Wu Jiafeng, Liu Yong. 2005. Experiment study on validity of LCL and critical Re for groundwater flow in a single fracture. Geochimica et Cosmochimica Acta, 69(10) (影响因子:3.5).

14. Zhou Nianqing, Qian Jiazhong. Study of the characteristics of fractures in the reactor foundations of the third phase Qinshan Nuclear Power Plant, China. International Journal of Rock Mechanics & Ming Sciences, 41, 2004: 402. SCI(影响因子:1.0).

15. Qian Jiazhong, Ge Xiaoguang, Zhou Nianqing. An approximate analytical solution for grout transport modeling: a case study in Luling Mining, China. Journal of Shanghai Jiaotong University(Science), 2008, 13(5): 585-588(EI).

16. Qian Jiazhong, et al. Application of Fuzzy excessive criterion model to determine source of inrush water in Xieqiao mine. Proceedings on 2010 6th International Conference on Natural Computation, IEEE, 2010, 8:10-12. 163-166. ISBN: 978-1-4244-5906-5(EI, ISTP).

17. Qian Jiazhong, Luo Jihong, Liu Yong. Isolating and denitrification activity of the dominant bacterium in Chaohu Wetland. The 3rd International Conference on Bioinformatics and Biomedical Engineering, 2009. 6. 14-16. ISBN 978-1-4244-2902-8(EI, ISTP).

18. Wu J F, Qian J Z, et al. Uncertainty analysis of the contaminant transport fate using conditional simulation of hydraulic conductivity. Geochimica et Cosmochimica Acta 72(2008), 7. SCI(影响因子:3.75).

19. 钱家忠等. Elman 与 BP 神经网络在矿井水源判别中的应用研究. 系统工程理论与实践, 2010-1(EI).

20. 王志平, 钱家忠*, 陈舟. 有机碳对地下含水层中硝酸盐去除影响研究. 中国科学技术大学学报, 2010-7.

21. 曹雪春, 钱家忠*, 孙兴平. 煤矿地下水系统水质分类判别的多元统计组合模型——以顾桥矿为例. 煤炭学报, 2010-Suppl(EI).

22. 张瑞钢, 钱家忠*等. 可拓识别方法在矿井突水水源判别中的应用. 煤炭学报, 2009-1(EI).

23. 马雷, 钱家忠*等. 多元对应分析法在潘一矿地下水化学特征分析中的应用. 煤炭学报, 2009-11(EI).

24. 王建花, 钱家忠*等. Fuzzy 概率法的改进及其应用. 系统工程理论与实践, 2007-5(EI).

25. Qian Jiazhong, et al. Non-LCL and tracer test for groundwater flow in a single frac-

ture. Journal of Hydrodynamics,2006,18(1)(EI).

26. 钱家忠等. 城市供水水源地水质健康风险评价. 水利学报,2004-5.

27. 钱家忠等. 徐州市张集水源地裂隙岩溶水群孔抽水试验研究. 水科学进展,2003-5(EI).

28. 钱家忠等. 徐州市张集水源地裂隙岩溶水三维等参有限元模型. 水利学报,2003-3(EI).

29. 钱家忠等. 焦作矿区裂隙岩溶水优势流形成机理研究. 水利学报,2003-6.

30. 钱家忠等. 地下水资源评价与管理数学模型的研究进展. 科学通报,2001-2.

六、获得的省部级以上奖励

1. 2010年,水岩作用方面科研成果,获安徽省科技进步奖一等奖(排名第六);

2. 2010年,淮南煤田地下水化学特征及系统开发,获安徽省科技进步奖三等奖(排名第二);

3. 2010年,面向21世纪环境工程教学模式,获安徽省教学成果二等奖(排名第二);

4. 2009年,基于若干纳米矿物的环境材料和环保技术研发,获教育部科技进步奖二等奖(排名第二);

5. 2008年,基岩地下水运移机理及水环境模拟,获教育部自然科学奖二等奖(排名第一);

6. 2008年,济南市岩溶地下水开发利用与泉群保护研究,获山东省科技进步奖二等奖(排名第四);

7. 2007年,本人获第六届安徽省优秀青年科技创新奖。

七、专利及软件著作权

1. 钱家忠等. 采用 Klebsiella sp. DB-2 菌修复地下水中硝酸盐污染的方法(受理号:200910144403.2).

2. 钱家忠等. 利用玉米秸秆原位修复地下水硝酸盐污染的方法(受理号:200910116314.7).

3. 袁亮,赵卫东,钱家忠*等. 2009. 淮南煤矿突水水源快速判别信息系统(简称:CMWISIIS)V1.0,2009.7.31,软件著作权登记号:2009SR061248.

4. 李佩全,钱家忠*等. 2009. 一种简易定深取水器. 实用新型专利. 专利号:ZL200920188289.9.

5. 陈天虎,孙玉兵,周本军,钱家忠等. 消除河流或沟渠污染控制湖泊富营养化的方法(受理号:200810020200.8).

本人于2010年11月28日通过电子邮件供稿。

任 理 Ren Li(1959.6—)

性别	男		籍贯	北京
学历	博士研究生		学位	博士
职称	教授		职务	
工作单位	中国农业大学资源与环境学院土壤和水科学系			
E-mail	renli@ cau. edu. cn		电话	010-62731675
邮编	100094	通信地址	北京市海淀区圆明园西路2号	

一、学术兼职

中国科学院地理科学与资源研究所客座研究员(2002~2005年);中国科学院计算数学与科学工程计算研究所科学与工程计算国家重点实验室客座研究员(2002~2004年);中国科学院陆地水循环及地表过程重点实验室水文水资源研究方向客座研究员(2004~2007年)。中国土壤学会土壤物理专业委员会副主任;中国水利学会水资源专业委员会委员;中国地质学会环境地质专业委员会委员;中国地质学会水文地质专业委员会委员;中国自然资源学会水资源专业委员会委员。国家自然科学基金委员会地球科学部与中国地质调查局水文地质环境地质部"中国地下水科学战略研究小组"成员。《水利学报》和《水文地质工程地质》的编委;《Water Resources Research》、《Advances in Water Resources》、《Journal of Contaminant Hydrology》、《Ground Water》、《Hydrological Processes》、《Soil Science Society of America Journal》、《Vadose Zone Journal》、《Journal of Soils and Sediments》的论文审稿人;国家自然科学基金委员会工程与材料科学部水利学科和地球科学部地理学科、地质学科及生命科学部科学七处的同行评议专家。

二、研究方向

主要研究方向:土壤物理学、农业水文学、地下水水文学(土壤水动力学、地下水动力学)。致力于数学模型在土壤物理学和地下水文学中的应用研究25年,在土壤水分、水热、水盐运动规律的数值模拟分析和地下水流数值模拟算法及污染物在土壤环境中迁移动态的数学仿真研究方面具有扎实的理论基础和丰富的工作经验。

目前的研究领域:联合运用农业水文学模型或农业生产系统模型或分布式水文模型以及地理信息系统与遥感技术模拟,分析和预报区域或流域尺度的土壤水分动态和氮素、农药在非饱和土壤中的动态规律及其对浅层地下水污染的淋失风险,特别是模拟和预测冬小麦-夏玉米轮作体系的粮食产量和水分利用效率(或水分生产力)及氮肥生产力的动态,为粮食安全和资源高效利用及环境友好的可持续农业的发展提供定量化的决策依据;非均质多孔介质中流动问题的多尺度数值模拟算法的发展及水力参数多尺度数据整

合方法的构建；重金属、农药及其降解产物、兽药及其代谢产物在土壤环境中运移规律的数学仿真和环境效应评价。

三、教育经历

分别于1988年和1994年硕士和博士研究生毕业于武汉水利电力大学（现武汉大学）农田水利工程专业。1994年10月至1996年9月在北京农业大学土壤学专业进行博士后研究，并获中国博士后科学基金资助。2003年10月至11月在荷兰Wageningen大学的土壤物理及农业水文学与地下水管理研究所从事合作研究；2005年8月在英国Abertay（阿伯泰邓迪）大学的SIMBIOS（Scottish Informatics，Mathematics，Biology and Statistics）进行学术访问。

曾在地矿部水文地质工程地质研究所地下水动力学室（1982～1985年）、河北地质学院水工系水文地质教研室及华北水电学院水利系农田水利教研室（1988～1991年）担任科研和教学工作。

四、主持的省部级以上或国际合作科研项目

主持和参加了10多项国家级科研项目和国际合作项目：农药通过区域尺度非饱和带的淋失动态及对地下水的污染风险（国家自然科学基金项目50779064），区域尺度农田氮素环境效应的模拟研究（高等学校博士学科点专项科研基金项目200800190035），流域分布式非点源模型研究与示范（国家科技重大水专项课题“流域水生态承载力与总量控制技术研究”的专题2008ZX07526-004-T002），应用分布式水文模型研究北运河流域水量与水质动态规律（中国水利水电科学研究院技术咨询项目），农药阿特拉津在土壤中运移与转化规律的研究（国家自然科学基金项目），大尺度条件下农田土壤硝态氮淋失风险预报的研究（国家自然科学基金项目），农田土壤硝态氮淋洗动态预报的多尺度数学模型的应用研究（中国科学院禹城综合试验站开放基金课题），覆盖条件下土壤水、热、盐耦合运动规律的研究（中国科学院封丘农业生态开放实验站基金项目），非饱和土壤硝态氮运移的随机模拟的研究（中国科学院、水利部水土保持研究所国家土壤侵蚀与旱地农业实验室主任基金项目），考虑流场、残留氮影响和氮素转化作用的传递函数模型（武汉大学水资源与水电工程科学国家重点实验室开放研究基金项目），非饱和带的盐渍化和污染及其对地下水污染的影响机制（中国—以色列科学与战略研究开发专项资金项目，中方第二负责人兼首席研究者）。担任“首都北京及周边地区大气、水、土环境污染机理与调控原理”（国家重点基础研究发展规划（973）项目）的项目顾问并从事第六课题“北京城近郊区浅层地下水水质变化和污染的动力学过程”的研究。

五、教学工作

为地质、水利、农业院校的本科生和研究生讲授过地下水流数值模拟、土壤水动力学、土壤物理、土壤溶质运移等课程。已指导硕士生15名、博士生8名，出站的印度博士后1名（Dr. Uttam Kumar Singh）；合作指导硕士生5名、博士生2名。当前指导硕士生3名、博士生6名。

1998 年获中国农业大学本科教学优秀奖励;2000 年被中国农业大学聘为优秀青年骨干教师;2002 年获得中国农业大学优秀硕士论文指导教师;2004 年和 2006 年两次荣获中国农业大学优秀博士论文指导教师。所指导的博士研究生贺新光完成的博士学位论文《非均质多孔介质中水流问题的多尺度数值模拟》,是全国 177 篇入选“2008 年全国优秀博士学位论文提名论文”的博士学位论文之一。

六、与地下水有关的代表性学术论文

已发表学术刊物论文 71 篇(其中:国际学术刊物论文 17 篇,国内学术刊物论文 54 篇);国际学术会议的论文集论文和墙报论文及特邀报告 17 篇;译文 1 篇。

1. Li Na, Ren Li. Application and assessment of a multiscale data integration method to saturated hydraulic conductivity in soil. Water Resources Research, 2010 (copyediting).

2. Lai Jianbin, Luo Yi, Ren Li. Buffer-index effects on hydraulic conductivity by using numerical simulations of double-ring infiltration. Soil Science Society of America Journal, 2010, Vol. 74 (galley proof).

3. Uttam Kumar Singh, Ren Li, Kang Shaozhong. Simulation of soil water in space and time using an agro-hydrological model and remote sensing techniques. Agricultural Water Management, 2010, 97, 1210-1220. DOI: 10.1016/j.agwat.2010.03.002.

4. Mao Meng, Ren Li. An upscaling approach to simulate unsaturated flow in horizontally heterogeneous soils at field scale under flood irrigation. Agricultural Water Management, 2009. DOI: 10.1016/j.agwat.2009.03.003.

5. Li Na, Ren Li. Application of continuous time random walk theory to nonequilibrium transport in soil. Journal of Contaminant Hydrology, 2009, 108: 134-151. DOI: 10.1016/j.jconhyd, 2009.07.002.

6. He Xinguang, Ren Li. An adaptive multiscale finite element method for unsaturated flow problems in heterogeneous porous media. Journal of Hydrology, 2009, 374: 56-70. DOI: 10.1016/j.jhydrol.2009.05.021.

7. Chen Fulai, Ren Li. Application of the finite difference heterogeneous multiscale method to the Richards' Equation. Water Resources Research, 2008. Vol. 44, W07413. DOI: 10.1029/2007WR006275.

8. Lai Jianbin, Ren Li. Assessing the size dependency of measured hydraulic conductivity using double-ring infiltrometers and numerical simulation. Soil Science Society of America Journal, 2007, Vol. 71: No. 6: 1667-1675(被选为本期的“封皮论文”,并被专门供美国农学会、美国作物科学学会和美国土壤科学学会会员及非专业读者阅读的月刊——《CSA News》邀请撰写具有一定科普性质的论文摘要).

9. Ren Li, Ma Junhua, Zhang Renduo. Estimating the influence of nitrogen transformations on nitrate leaching in soils. Soil Science Society of America Journal, 2007, Vol. 71, No. 5, 1460-1468.

10. He Xinguang, Ren Li. A modified multiscale finite element method for well-driven flow

problems in heterogeneous porous media. Journal of Hydrology, 2006,329: 674-684. DOI: 10. 1016/j. jhydrol. 2006. 03. 018.

11. Ren Li, Lai Jianbin. Assessing the size dependency of measured hydraulic conductivity using double-ring infiltrometers and numerical simulation, Invited Speaker, 2nd International Soil Moisture Working Group Meeting, November 14-15, 2007, Beijing, China.

12. Ren Li, He Xinguang. Finite volume multiscale finite element method for solving the groundwater flow problems in heterogeneous porous media, Invited Speaker, Abstracts-Minisymposia Sessions, Inaugural Conference on Computational Methods in Energy and Environmental Research, 23, July 9-12, 2007, Beijing, China.

13. Mao Meng, Ren Li. Numerical simulation of atrazine leaching in soils under agricultural meteorological condition, The 34th Congress of International Association of Hydrogeologists, Theme: Groundwater-Present Status and Future Task, Abstracts: 256, October 9-13, 2006, Beijing, China.

14. Ren Li, Ma Junhua. Numerical simulation on nitrogen transport in agricultural soils, The 34th Congress of International Association of Hydrogeologists, Theme: Groundwater-Present Status and Future Task, Abstracts: 257, October 9-13, 2006, Beijing, China.

15. Ren Li, Uttam Kumar Singh, Kang Shaozhong, Jhorar R K. Simulation of water flow for some soils of Northwest China by using agro-hydrological model, Remote Sensing and GIS Techniques, Oral talk, International Symposium on Flood Forecasting and Water Resources Assessment for IAHS-PUB, September 28-30, 2006, Beijing, China.

16. Ma J, Ren Li. Numerical analysis on spatial variability of nitrogen transport at field scale: a case study in North China Plain, Poster H44E-07, Western Pacific Geophysics Meeting, 24-27 July 2006, Beijing, China.

17. Ren Li, He X. Finite volume multiscale finite element method for solving the groundwater flow problems in heterogeneous porous media, Poster H14B-0069, Western Pacific Geophysics Meeting, 24-27 July 2006, Beijing, China.

18. Mao Meng, Ren Li. Numerical simulation of atrazine leaching at field scale during summer maize growing season under meteorological condition, Poster 137-21, 18th World Congress of Soil Science, July 9-15, 2006, Philadelphia, Pennsylvania, USA.

19. Ren Li, Mao Meng, Chen Zhiming, Zhang Renduo. An upscaling algorithm for simulating water flow in unsaturated soils under flood irrigation at field scale, Poster 137-20, 18th World Congress of Soil Science, July 9-15, 2006, Philadelphia, Pennsylvania, USA.

20. Ren L, Mao M. Evaluation of a power averaging technique of effective parameters on simulation of atrazine transport at agricultural field scale. (EGU05-A-00502, Poster Z114, Geophysical Research Abstracts, Vol. 7, 00502, 2005). European Geosciences Union General Assembly, Vienna, 24-29 April 2005.

21. 陈福来，任理. 有限差分异质多尺度方法求解非饱和土壤水流问题的计算效率（Ⅰ）：数值方法. 水利学报，2010-6.

22. 贺新光,任理. 求解非均质多孔介质中非饱和水流问题的一种自适应多尺度有限元方法——Ⅰ. 数值格式. 水利学报,2009-1.

23. 贺新光,任理. 求解非均质多孔介质中非饱和水流问题的一种自适应多尺度有限元方法——Ⅱ. 数值结果. 水利学报,2009-2.

24. 毛萌,任理. 有效参数的幂平均算法对农田尺度阿特拉津淋溶动态数值模拟的影响. 水科学进展,2005-2.

25. 毛萌,任理. 室内滴灌施药条件下阿特拉津在土壤中运移规律的研究Ⅰ:物理模拟与参数确定. 水利学报,2005-5.

26. 毛萌,任理. 室内滴灌施药条件下阿特拉津在土壤中运移规律的研究Ⅱ. 数值仿真. 水利学报,2005-6.

27. 马军花,任理. 考虑水力学和矿化参数空间变异下土壤水氮运移的数值分析. 水利学报,2005-9.

28. 马军花,任理等. 冬小麦生长条件下土壤氮素运移动态的数值模拟. 水利学报,2004-3.

29. 任理等. 考虑残留氮对非稳定流场硝态氮淋失贡献的传递函数模型Ⅰ. 地中渗透计验证. 水利学报,2003-11.

30. 任理等. 考虑残留氮对非稳定流场硝态氮淋失贡献的传递函数模型Ⅱ. 农田应用. 水利学报,2003-12.

31. 李久生,张建君,任理. 滴灌点源施肥灌溉对土壤氮素分布影响的试验研究(英文). 农业工程学报,2002-5.

32. 任理等. 土壤剖面硝态氮浓度分布的随机—对流传递函数模拟. 水利学报,2002-2.

33. 任理等. 应用传递函数模型预报农药阿特拉津在土壤中的运移. 水利学报,2002-4.

34. 李春友,任理等. 利用优化方法求算 Van Genuchten 方程参数. 水科学进展,2001-4.

35. 任理等. 土壤中硝态氮淋洗的传递函数模拟和预报. 水利学报,2001-4.

36. 任理等. 考虑土壤中硝态氮转化作用的传递函数模型. 水利学报,2001-5.

37. 王绍辉,任理等. 日光温室黄瓜栽培条件下土壤水分动态的数值模拟. 农业工程学报,2000-4.

38. 秦耀东,任理等. 土壤中大孔隙流研究进展与现状. 水科学进展,2000-2.

39. 李春友,任理等. 秸秆覆盖条件下土壤水热盐耦合运动规律模拟研究进展. 水科学进展,2000-3.

40. 任理等. 非均质土壤饱和稳定流中盐分运移的传递函数模拟. 水科学进展,2000-4.

41. 任理等. 非稳定流条件下非饱和均质土壤溶质运移的传递函数解. 水利学报,2000-2.

42. 任理等. 稳定流场中饱和均质土壤盐分迁移的传递函数解. 水科学进展,1999-2.

43. 任理等. 土壤溶质运移两种新的求参方法的应用. 水利学报,1999-11.

44. 任理等. 条带覆盖下土壤水热动态的田间试验与模型建立. 水利学报,1998-1.

45. 任理等. 黏性土壤溶质运移新模型的应用. 水科学进展,1997-4.

46. 沈荣开,任理等. 夏玉米麦秸全覆盖下土壤水热动态的田间试验和数值模拟. 水利学报,1997-2.

47. 任理. 混合拉普拉斯变换有限单元法计算二维地下水溶质运移问题. 水利学报,1997-4.

48. 任理. 求解对流-弥散问题的混合拉普拉斯变换有限单元法. 水利学报,1995-4.

49. 张瑜芳,沈荣开,任理. 田间覆盖保墒技术措施的应用与研究. 水科学进展,1995-4.

50. 任理. 地下水溶质径向弥散问题的混合拉普拉斯变换有限单元解. 水动力学研究与进展 A 辑,1994-1.

51. 任理. 求解地下水流问题的混合拉普拉斯变换有限差分法. 武汉大学学报(工学版),1993-5.

52. 任理. 野外非饱和土壤水动态的数值模拟. 武汉大学学报(工学版),1991-3.

53. 任理. 有限解析法在求解非饱和土壤水流问题中的应用. 水利学报,1990-10.

54. 任理. 野外条件下非饱和土壤水力传导度的确定. 水利学报,1989-11.

七、学术专著

1. 任理,毛萌. 农药在土壤中运移的模拟——以阿特拉津(莠去津)为例. 科学出版社,2008.

2. 中国地下水科学战略研究小组(郑春苗,万力,王焰新,冯夏红,任理,李广贺,李文鹏,吴吉春,张仁铎,张幼宽,葛社民,董海良). 中国地下水科学的机遇与挑战. 科学出版社,2009.

资料来自 http://www.cau.edu.cn/zihuan/ms.php?ID=42 及《中国地下水科学的机遇与挑战》,本人于 2010 年 10 月 12 日在桂林地下水研讨会上口头确认此简介。

邵景力 Shao Jing-li(1959.10—)

性别	男		籍贯	山东
学历	博士研究生		学位	博士
职称	教授		职务	
工作单位	中国地质大学(北京)水资源与环境学院			
E-mail	jshao@ cugb. edu. cn		电话	
邮编	100083	通信地址	中国地质大学(北京) 水资源与环境学院	

一、个人简历

1978.3—1982.1　原长春地质学院,工学学士,水文地质及工程地质专业;

1982.9—1985.6　中国地质大学(北京),工学硕士,水文地质专业;

1995.9—2000.6　中国地质大学(北京),工学博士,水文学及水资源专业;

2000.7—2000.12　美国加州戴维斯分校,访问学者;

1985—　中国地质大学(北京)水资源与环境学院,教师,1998 年晋升教授,博士生导师。

二、学术兼职

中国水利学会水资源专业委员会委员,国际水文地质学家协会中国国家委员会委员,《地学前缘》、《资源科学》、《勘察科学技术》编委。

三、代表性学术论文

发表论文 117 篇。

1. Wang Shiqin, Shao Jingli, Song Xianfang, et al. Application of MODFLOW and geographic information system to groundwater flow simulation in North China Plain, China. Environmental Geology, 2007, DOI: 10.1007/s00254-007-1095-x.

2. Cui Yali, Shao Jingli. The role of ground water in the ecosystems of Northwest China groundwater, Ground Water, 2005(4).

3. Chu Xuefeng, Mariano M A, Shao Jingli, Xu Juanming. Conjunctive water resources supply- demand management model of Baotou City, China. IAHS-AISH Publication, No. 272, 2001, p159-166.

4. 张长春,王光谦,魏加华,邵景力. 联合 TM 和 NOAA 数据研究黄河三角洲地表蒸发(散)量. 清华大学学报(自然科学版),2005-9.

5. 魏加华,王光谦,李慈君,邵景力. 基于 GIS 的地下水资源评价. 清华大学学报(自然科学版),2003-8.

6. 赵云章,邵景力等. 黄河下游影响带地下水库的基本特征. 水利学报,2003-4.

7. 魏加华,王光谦,李慈君,邵景力. 地下水地理信息系统设计与实现. 水利学报,2003-11.

8. 邵景力等. 用遗传算法求解地下水资源管理模型. 地球科学——中国地质大学学报,1998-5.

9. 许涓铭,邵景力. 地下水管理问题讲座(1~6讲). 工程勘察,1988,1-6.

四、主持的省部级以上科研项目

1. 地矿部重点勘探项目"河北平原(京津以南部分)地下水盆地管理模型研究"(1986—1991);

2. "八五"国家重点科技攻关项目子专题(85-926-05-02-03)"黄河中上游能源基地地下水合理开发利用研究",获1997年地矿部科技成果三等奖,本人为第一获奖人(1992—1995);

3. "九五"国家重点科技攻关项目子专题(96-912-01-03-02)"水资源开发利用条件下的地下水系统水循环以及与地表水转化关系研究"(1997—1999);

4. 河南省发展计划科技攻关项目(豫科计字正[2000]2号第001190109项)和中国地质大调查项目(199916000118)联合资助"多泥沙河流影响带地下水资源评价及可持续开发利用综合研究"课题"黄河影响带(河南段)地下水模型及其资源评价"专题;

5. 水利部规划计划司项目"水利与国民经济协调发展的研究"项目"地下水生态安全分区评价指标研究"专题(2000—2001);

6. 国家"十五"科技攻关计划"中国分区域生态用水标准研究"课题,"生态用水关键技术研究(1)典型区地下水生态安全用水标准研究"子课题(2002—2003);

7. 基于智能优化算法的非饱和—饱和水管理模型研究(国家自然科学基金项目40272105,2003—2005);

8. 中国地质调查局项目"华北平原地下水模型"专题(2003—2005);

9. 国家"863"项目(2002AA134010)"资源环境应用网格构建"课题"基于地质统计学的水文地质结构识别"专题(2004—2005);

10. 科技部"973"项目"华北平原地下水演变机制与调控"负责第四课题"人类活动条件下地下水数量和质量演变机理与趋势"(2010CB428804)。

五、学术专著及教材

1. 张征主编;沈珍瑶,韩海荣,邵景力副主编. 环境评价学. 高等教育出版社,2004.

2. 赵云章,邵景力等. 黄河下游影响带地下水资源评价及可持续开发利用. 中国大地出版社,2002.

六、获得的省部级以上科研奖励及荣誉称号

1995年被评为“地质矿产部优秀教师”；1998年获“北京市青年骨干教师”称号；1993～1997年先后获原地质矿产部科技成果三等奖5次；2002年获国土资源部科学技术奖二等奖；2006年获国土资源部科技成果二等奖；2008年获国土资源部科技成果二等奖；2008年获水利部水利科学技术奖一等奖（大禹奖）；2009年获国家科技进步奖二等奖。

七、硕士、博士研究生招生专业

水文学及水资源，地下水科学与工程。

资料来源 http://www.cugb.edu.cn/szdw/pro_detail.asp?emp_id=135，本人于2010年12月23日通过电子邮件确认。

沈照理 Shen Zhao-li(1932.5—)

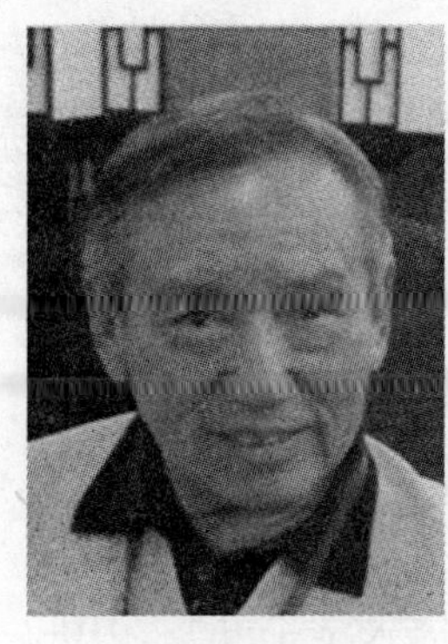

性别	男	籍贯	上海
学历	研究生	学位	副博士
职称	教授	职务	原副校长
工作单位	中国地质大学(北京)水资源与环境学院		
E-mail	shenzl@ cugb. edu. cn	电话	010-82322080 13681119403
邮编	100083	通信地址	中国地质大学(北京) 水资源与环境学院

一、综合介绍

1952 年毕业于清华大学地质系,1957 ~ 1961 年于莫斯科地质勘探学院攻读水文地质研究生,1983 年晋升为教授,1985 年晋升为博士生导师,2008 年当选为俄罗斯工程院外籍院士。1979 ~ 1987 年任原武汉地质学院水文地质与工程地质系主任,1988 ~ 1992 年任中国地质大学(北京)副校长。中国地质大学"211 工程"建设"地质环境保护与地质灾害防治学科群"的首席科学家。

现任中国水文地质专业委员会名誉主任、中国环境地质专业委员会副主任委员、全国博士后管委会专家组成员。

2004 年 9 月在美国召开的第 11 届国际水 - 岩相互作用学术会议上,获得杰出贡献奖,并取得 2007 年由中国举办第 12 届国际水 - 岩相互作用学术会议的机会。

二、研究课题

北京市地下水有机污染调查(2000—2001),首都北京及周边地区大气、水、土环境污染机理及调控原理(2000—2004),浅层地下水系统污染敏感性及其内在净化作用研究(1999.1—2002.12),中国东部富硫煤中有害物质赋存规律与其对环境的影响(1997.1—2000.12),人类活动影响下的华北平原地下水环境的演化与发展(1993.1—1996.12)等。

三、著作与教材

1. 沈照理. 水文地球化学基础. 地质出版社,1993,2002.

2. 张宗祜,沈照理,薛禹群等. 华北平原地下水环境演化. 地质出版社,2000.

3. Shen Zhaoli, Wang Yunpu, Wen Dongwen, Wang Min, Lin Jingxuan, Zhong Zuoxin. An introduction to geochemistry of the oilfield waters in China. Science Press. 1999.

4. 文冬光,沈照理,钟佐燊. 水 - 岩相互作用的地球化学模拟理论及应用. 中国地质大学出版社,1998.

5. 沈照理,许绍倬. 中国饮用天然矿泉水. 中国地质大学出版社,1989.

6. 沈照理(主编),孙世雄,刘光亚,陈葆仁,杨成田(编著). 水文地质学. 科学出版社,1985.

四、代表性论文

1. 郭华明,沈照理等. 中国内蒙古河套盆地浅层地下水中砷分布的地球化学及水文学控制.

2. 何江涛. 沈照理等. 包气带中土壤有机物及矿物成分对三氯乙烯吸附的影响.

(以上两篇刊在2010年8月16~20日在墨西哥召开的水-岩相互作用(WRI)第十三次国际学术会议英文版文集中)

3. 王广才,沈照理. 地震地下水动态监测与地震预测. 自然杂志(上海大学主办),2010-2.

4. 沈照理,郭华明等. 地下水化学异常与地方病. 自然杂志(上海大学主办),2010-2.

5. 张保建,沈照理等. 聊城市东部岩溶地热田地下热水水化学特征及成因分析. 中国岩溶,2009-3.

6. 杨郧城,沈照理等. 鄂尔多斯白垩系地下水盆地硫酸盐的水文地球化学特征及来源. 地球学报,2008-5.

7. 彭燕,沈照理. 地下水开发利用中的环境地质问题与防御对策. 广州大学学报(自然科学版),2007-2.

8. 沈照理,王焰新. 水-岩相互作用研究的回顾与展望. 地球科学——中国地质大学学报,2002-2.

9. 郭永海,沈照理等. 河北平原深层碱性淡水形成的水文地球化学模拟——以保定、沧州地区为例. 地球科学——中国地质大学学报,2002-2.

10. 王焰新,沈照理. Strontium hydrogeochemistry of thermal groundwaters from Baikal and Xinzhou. Science in China, Ser. E,中国科学E辑(英文版),2001-S1.

11. 吴耀国,沈照理等. 淄博煤矿区矿井水的化学形成及其模拟. 环境科学学报,2000-4.

12. 张建立,沈照理等. 淄博煤矿矿坑排水的水化学特征及其形成机理的初步研究. 地质论评,2000-3.

13. 董悦安,沈照理等. 菜田施肥(化肥)对地下水氮污染影响的实验研究. 地球科学——中国地质大学学报,1999-1.

14. 董悦安,沈照理等. 粗粒包气带结构对地下水氮污染影响的模拟实验研究. 环境科学学报,1999-6.

15. 董悦安,沈照理等. 唐山地区施肥(化肥)引起浅层地下水中NO_3^-浓度增加的估算与实际情况对比研究. 地下水,1999-2.

16. 吴耀国,沈照理等. 山东淄博孝妇河流域地下水污染及环境对其的控制作用. 环境科学学报,1998-3.

17. 刘新华,沈照理等. 地下水油类污染的水文地球化学指标——以山东省淄博市某地下水水源地为例. 沉积学报,1997-2.

18. 郭永海,沈照理等. 河北平原地下水化学环境演化的地球化学模拟. 中国科学 D 辑,1997-4.

19. 沈照理. 应该继续重视与开展水-岩相互作用的研究——为《水文地质工程地质》创刊 40 年而作. 水文地质工程地质,1997-4.

20. 郭永海,沈照理等. Hydrogeochemical modeling of groundwater chemical environmental evolution in Hebei Plain. Science in China, Ser. D,中国科学 D 辑(英文版),1997-5.

21. 王东胜,沈照理等. 石家庄平原地下水化学演化的质量平衡模拟. 地质论评,1997-4.

22. 刘新华,沈照理等. 含油污水在微裂隙发育黏性土层中的迁移特征. 水文地质工程地质,1996-3.

23. 郭永海,沈照理等. 从地面沉降论河北平原深层地下水资源属性及合理评价. 地球科学——中国地质大学学报,1995-4.

24. 汤鸣皋,沈照理等. 河北平原第四系水土中氟的地球化学研究. 地球科学——中国地质大学学报,1995-4.

25. 文冬光,沈照理等. 地球化学模拟及其在水文地质中的应用. 地质科技情报,1995-1.

26. 郭永海,沈照理等. 河北平原咸水下移及其与浅层咸水淡化的关系. 水文地质工程地质,1995-2.

27. 刘新华,沈照理等. 淄博市地下水水源地石油化工型油类污染及其治理方案研究. 现代地质,1995-1.

28. 王焰新,沈照理. 岩浆流体的水文地球化学特征. 地球科学——中国地质大学学报,1993-4.

29. 王焰新,沈照理等. 鄂东南多金属成矿带断裂控矿的古水文地质模式. 地球科学——中国地质大学学报,1992-S1.

30. 沈照理. 应该重视水-岩相互作用的研究. 水文地质工程地质,1991-2.

31. 王焰新,沈照理. 湖北黄梅菱铁矿矿床成矿作用的古水文地质学研究. 现代地质,1988-1.

32. 汤鸣皋,沈照理. 改水降氟工程刍议——以邯郸东部一些县为例. 地下水,1987-2.

33. 沈照理,许绍倬. 关于地下水地质作用. 地球科学——中国地质大学学报,1985-1.

34. 沈照理,许绍倬. 成矿作用中的水文地质条件(上). 地质科技情报,1984-1.

35. 沈照理,许绍倬. 成矿作用中的水文地质条件(下). 地质科技情报,1984-2.

36. 沈照理. 水文地球化学基础(1)、(2)、(3)、(4). 水文地质工程地质,1983-3、4、5、6.

五、科研奖励

1. 北京西郊环境质量评价,获全国科学大会奖(国家级);
2. 河北平原(重点黑龙港地区)地下水资源评价,获全国科学大会奖(国家级);
3. 开封市污水土地处理研究报告,获科技进步奖(省部级);

4. 酸雨对柳州土壤养分和地下水成分影响，获科技进步奖三等奖（省部级）；

5. 苏南太湖地区主要城市水环境污染综合防治研究，获科技进步奖二等奖（省部级）。

六、教学与招生情况

自20世纪50年代初毕业于清华大学后，长期从事教学与科研工作，迄今已培养研究生数十人。现招生（博士研究生）专业：地下水科学与工程（研究方向：地下水环境演化，环境水文地质与地质灾害）；环境工程（研究方向：地下水污染评价与防治，地下水环境工程）。

资料来源 http://www.cugb.edu.cn/szdw/pro_detail.asp? emp_id = 1224；本人于2010年10月1日确认此简介。

束龙仓 Shu Long-cang(1964.1—)

性别	男		籍贯	安徽无为
学历	博士研究生		学位	博士
职称	教授		职务	
工作单位	河海大学水文水资源学院			
E-mail	lcshu@ hhu. edu. cn		电话	
邮编	210098	通信地址	南京市西康路1号	

一、简历

1990年7月晋升为讲师,1996年6月晋升为副教授,2002年4月晋升为教授,2004年4月晋升为博士生导师。2003年被评为河海大学优秀主讲教师,江苏省中青年学术带头人。

1981.9—1985.7　就读于长春地质学院水工系,获学士学位;

1985.9—1988.7　就读于长春地质学院水工系,获硕士学位,硕士论文题目:山东省济宁市地下水资源管理模型研究,指导教师:林学钰教授(中科院院士)、廖资生教授;

1993.9—1996.7　就读于长春地质学院水工系,获博士学位,博士论文题目:基岩裂隙水寻找与开发的专家系统,指导教师:林学钰教授(中科院院士)、廖资生教授;

1988.7—1990.11　长春地质学院外事处,翻译;

1990.11—1996.9　长春地质学院水工系,讲师、副教授;

1996.9—1998.9　河海大学水资源及环境学院,博士后,博士后研究方向:城市地下水可持续开采的风险分析,合作导师:朱元甡教授;

1998.9—2000.10　河海大学水资源及环境学院,副教授;

2000.11—2001.11　美国 Nebraska-Lincoln 大学,高级访问学者;

2006.6—2006.7　法国 Science and Technology of Lille 大学,访问教授;

2001.11—　河海大学水文水资源学院,教授、博士生导师。

二、学术兼职

黑龙江大学客座教授。中国自然资源学会水资源专业委员会委员(1999—),中国水利学会地下水科学与工程专业委员会委员(2000—),“全球环境基金海河流域水资源与水环境综合管理项目”中央联合专家组专家(2001),《水文地质工程地质》编委(2002—),水利部建设项目水资源论证报告书评审专家(2003—),水利部建设项目水资源论证培训班主讲教师(主讲“建设项目地下取水水源论证”)(2004)。

三、主要研究方向

1. 地下水开采与风险分析,包括地下水资源开采决策过程中的不确定性因素的定量分析方法、地下水资源开采决策的风险评价、风险管理。

2. 地下水与地表水相互作用,包括河床沉积物、水库库底沉积物及湖底沉积物的测定方法(室内实验和野外现场测定)、地下水与地表水相互作用的物理模拟和数值模拟。

3. 地下水资源与生态环境,包括:地下水资源开发利用与生态环境问题发生之间的关系研究、减灾措施和方法(如地下水水库建设、地下水人工回灌等)研究。

四、主持省部级科研项目(课题)

1. 地学基础软件项目(地矿部"八五"科技攻关项目),负责水文地质部分(1991.11—1992.10);

2. 基岩裂隙水寻找与开发专家系统(高等学校博士学科点专项科研基金项目),主要负责人之一(1993.9—1996.3);

3. 城市地下水可持续开采的风险分析(中国博士后科研基金项目),项目负责人(1996.9—1998.9);

4. 全国地下水资源开发利用规划(水利部科研项目),负责西北地区(1999.1—2000.5);

5. 建设项目水资源论证技术指南(水利部项目),负责地下水资源部分(2004.1—2005.12);

6. 国家重点基础研究发展计划(简称"973"计划)项目——喀斯特地区水循环动力过程及其水文生态效应(2006CB403204)"西南喀斯特山地石漠化与适应性生态系统调控(2006CB403200)"的第4课题(2007.1—2011.12);

7. "十一五"国家科技支撑计划重点项目课题——地下储水空间雨洪资源利用模式研究与示范(2006BAB14B04, 2007.1—2009.12);

8. 水利部公益性科研项目——京津冀地下水严重超采区地下水预测预报研究(2008.6—2010.3)。

五、著作

出版专著9部,教材2部:

1. 国际水文地质学家协会18届大会论文集(合译). 地质出版社,1987.12.

2. 28届国际地质大会论文集(合译). 世界地质,1991-1.

3. 廖资生,束龙仓,林学钰. 基岩裂隙水的专家系统. 陕西科学技术出版社,1997.11.

4. 水文学手册,第6章"地下水径流"和第29章"地下水防污的水文设计"的翻译工作,约8万字,科学出版社,2002.10.

5. 21世纪初期中国地下水资源开发利用. 中国水利水电出版社,2004.1.

6. 建设项目水资源论证导则(试行)(SL/Z322—2005). 中国水利水电出版社,2005.6.

7. 建设项目水资源论证培训教材. 中国水利水电出版社,2005.7.

8. 任立良,束龙仓等译. 人与自然和谐的水需求. 中国水利水电出版社,2006.9.

9. 李砚阁,束龙仓等. 地下水库建设研究. 中国环境科学出版社,2007.4.

10. 束龙仓,陶月赞. 地下水水文学. 中国水利水电出版社,2009.1.

11. 束龙仓,杨建青等. 地下水动态预测方法及其应用. 中国水利水电出版社,2010.5.

六、代表性论文

发表论文115篇,其中SCI收录9篇、EI收录23篇、ISTP收录3篇:

1. Lin Xueyu, Shu Longcang. Aquifer overexploitation and environmental effects. Proceedings of International Workshop on Groundwater and Environment, Seismological Press, August, 1992.

2. Shu Longcang, Lin Xueyu, Zhu Xiaojun. Application of a neural network to the groundwater quality evaluation. Proceedings of 30th International Geological Congress, Vol. 22, VSP 1997.

3. Shu Longcang, Han Pengfei. Utilization of Water Resources and Environmental Effects in Kaifeng City. Proceedings of Southeast Asia Regional Workshop on Urban Hydrology, Hohai University Press, Jan. 1997.

4. 束龙仓等. 安徽省淮北地区水环境质量评价. 南京大学学报(自然科学版),1997,33(专辑).

5. 束龙仓等. 基岩裂隙水神经网络专家系统的建立与应用. 水科学进展,1998-4(1999年获南京市人民政府颁发的"南京市自然科学优秀学术论文三等奖")(EI-1).

6. Shu Longcang, Lin Xueyu, Liao Zisheng. Application of expert system to exploration of bedrock fissure water field. Proceedings of the International Conference on Artificial Intelligence for Engineering, Huazhong University of Science and Technology Press, June 1998, Wuhan, China.

7. 束龙仓等. 地下水资源评价结果的可靠性探讨. 水科学进展,2000,11(1)(EI-2).

8. 束龙仓等. 地下水允许开采量确定的风险分析. 水利学报,2000-3(EI-3).

9. Wen Zhonghui, Shu Longcang, Liu Xianglong, Wu Xianfeng. Artificial recharge for sustainable groundwater development in Jinhe water source filed of Zaozhuang City, Shandong Province, China. Groundwater Updates, Springer(ISTP-1).

10. Shu Longcang, Sun Qingyi, Peng Xuming, Wen Zhonghui. Analysis on influence factors of sustainable groundwater development in Jining City, Shandong Province, China. Groundwater Updates, Springer(ISTP-2).

11. 束龙仓等. 美国内布拉斯加州普拉特河河床沉积物渗透系数的现场测定. 水科学进展,2002,13(5).

12. Shu Longcang, Chen Xunhong. Simulation of water quantity exchange between groundwater and the Platte River water, Central Nebraska. Journal of Central South University, 2002, 9(3):212-215(SCI-1).

13. Chen Xunhong, Shu Longcang. Stream-aquifer interactions: evaluation of depletion volume and residual effects from groundwater pumping. Ground Water, 2002, 40(3)(SCI-2 和 EI-4).

14. 束龙仓等. 地下水开采对河流流量衰减的影响分析. 水利学报, 2003-2.

15. Adil Elkrail, Shu Longcang, Hao Zhenchun. Simulation of groundwater flow in central Songhuajiang River Valley, Jilin Province, China. MODFLOW and More 2003: Understanding through Modeling- Conference Proceeding, 2003.

16. Adil Elkrail, Shu Longcang, Omer Kheir, Hao Zhenchun. Hydrochemical characteristics of aquifers in northern Gezira State, central Sudan. Journal of Southeast University (English Edition), 2003, 19(3)(EI-5).

17. Adil Elkrail, Shu Longcang, Omer Kheir, Hao Zhenchun. Groundwater chemistry in semi-arid areas of Sudan. Proceedings of the 2003 International Symposium on Water Resources and the Urban Environment, 2003(EI-6).

18. Adil Elkrail, Shu Longcang, et al. Numerical simulation of groundwater dynamics for Songhuajiang River Valley, Jilin Province, China. Journal of Hydrodynamics, 2004, 16(3)(EI-7).

19. Adil Elkrail, Shu Longcang, et al. Groundwater characteristics in semi-arid region Sudan. Papers of International Symposium on Environmental Protection Sustainable Development in West China, China Environmental Science Press, 2004(EI-8).

20. Wei Linhong, Shu Longcang, et al, Application of artificial neural networks model coupling with finite element method in the evaluation of groundwater resources. Papers of International Symposium on Environmental Protection Sustainable Development in Wets China, China Environmental Science Press, 2004.

21. Shu Longcang, Liu Bo, Wen Zhonghui. Impact of reservoir construction on groundwater system in the hillfoot plain, in arid and semi-arid area. Papers of International Symposium on Environmental Protection Sustainable Development in Wets China, China Environmental Science Press, 2004.

22. Wen Zhonghui, Shu Longcang, Chen Xin. Groundwater quality evaluation of Zhengjiang city, Jiangsu Province, China, Research Basins and Hydrological Planning. Taylor & Francis Group, Landon, 2004(ISTP-3).

23. Shu Longcang, Adil Elkrail. Groundwater vulnerability assessment based on numerical simulation. Water and Development, Geological Press, 2004.

24. Chen Xunhong, Shu Longcang. Groundwater evapotranspiration captured by seasonally pumped wells in river valleys. Journal of Hydrology, 318(2006)(SCI-3).

25. 李旺林, 束龙仓等. 地下水库的概念和设计理论. 水利学报, 2006, 37(5).

26. Shu Longcang, Wang Xue, Basil T I, Ong'Or. Effects of boundary uncertainty on water supply safety. Proceedings of the International Symposium on Flood Forecasting and Water Resources Assessment for IAHS-PUB. 中国水利水电出版社, 2006.

27. Shu Longcang, Liu Peigui, Basil T I, Ong' Or. Dong Guiming. Application of M-C and JC methods on uncertainties analysis in groundwater resources evaluation. Proceedings of the International Symposium on Flood Forecasting and Water Resources Assessment for IAHS-PUB. 中国水利水电出版社,2006.

28. 孟宪萌,束龙仓等．基于熵权的改进 DRASTIC 模型在地下水脆弱性评价中的应用．水利学报,2007,38(1)(EI-9).

29. 李伟,束龙仓等．济宁市地下水库特征参数分析．水科学进展,2007,18(2)(EI-10).

30. Basil T I, Ong' Or, Shu Longcang. Groundwater overdraft vulnerability and environmental impact assessment in Arusha. Environmental Geology, 2007, 51(7)(SCI-4).

31. Shu Longcang, Wang Zhihua. Determination methods for streambed hydraulic conductivity in the lower reach of the Yellow River, Methodology in Hydrology, IAHS Publication 311, 2007(EI-11).

32. Liu Bo, Shu Longcang. Evaluation method of artificial recharge potential in the cone of depression in Jining City, China, Methodology in Hydrology, IAHS Publication 311, 2007(EI-12).

33. Ong' Or, Basil Tito Iro, Shu Longcang. Water supply crisis and mitigation options in Kisumu City, Kenya. Journal of Water Resources Development, 2007, 23(3)(SCI-5).

34. Ong' Or, Basil T I, Shu Longcang. Groundwater overdraft vulnerability and environmental impact assessment in Arusha. Environmetal Geology, 2007, 51(SCI-6).

35. Ong' Or, Basil T I, Shu Longcang, Liu Peigui. Environmental impact assessment of risk associated with groundwater overdraft remediation in cone of depression, Jining, China. Environmetal Geology, 2007, 53(4)(SCI-7).

36. 董贵明,束龙仓等. 基于极值的交互式多目标决策方法. 辽宁工程技术大学学报(自然科学版),2008,27(1).

37. 束龙仓等. 考虑水文地质参数不确定性的地下水补给量可靠度计算. 水利学报,2008,39(3)(EI-13).

38. Shu Longcang, Liu Peigui, Ong' Or, Basil T Iro. Environmental impact assessment using FORM and groundwater system reliability concept: Case study Jining, China. Environmental Geology, 2008, 55(3)(SCI-8).

39. 刘佩贵,束龙仓等. 地下水可开采量可靠性分析的模糊-随机方法. 水利学报,2008,39(9)(EI-14).

40. Shu Longcang, Dong Guiming, et al. Water level variation and prediction of the pingshan sinkhole in Guizhou, Southwestern China. Geotechnical Special Publication No. 183: Sinkholes and the Engineering and Environmental Impacts of Karst, 2008(EI-15).

41. 黄修东,束龙仓等. 注水井回灌过程中堵塞问题的试验研究. 水利学报,2009,40(4)(EI-16).

42. 束龙仓等. 地下河天窗水位变化分析及预测. 水利学报,2009,40(5)(EI-17).

43. 鲁程鹏,束龙仓等. 基于示踪试验求解岩溶含水层水文地质参数. 吉林大学学报(地球科学版),2009,39(4)(EI-18).

44. Lu Chengpeng, Shu Longcang, Chen Xunhong, et al. Kriging method for estimation of groundwater resources in a basin with scarce monitoring data. Proceedings of Symposium HS. 2 at the joint Convention of the International Association of Hydrological Sciences(IAHS) and the International Association of Hydrogeologists(IAH) held in Hyderabad, India. IAHS Publication, September 2009(EI-19).

45. Yin Dan, Shu Longcang, Liu Lihong, Xu Chundong. Research on reflowing conditions of jinci karstic spring, north china. Proceedings of Symposium HS. 2 at the joint Convention of The International Association of Hydrological Sciences(IAHS) and The International Association of Hydrogeologists(IAH) held in Hyderabad, India. IAHS Publication, September 2009(EI-20).

46. Zhang Rongrong, Shu Longcang, Dong Guiming, et al. Small-scale rainfall-runoff experiments and numerical simulation in a typical small karst basin of Houzhai Guizhou Province, China. Proceedings of Symposium HS. 2 at the joint Convention of The International Association of Hydrological Sciences(IAHS) and The International Association of Hydrogeologists(IAH) held in Hyderabad, India. IAHS Publication, September 2009 (EI-21).

47. Zhao Jun, Wen Zhonghui, Shu Longcang, Zhen Li, et al. A laboratory model of the evolution of an island freshwater lens. Proceedings of Symposium HS. 2 at the joint Convention of the International Association of Hydrological Sciences(IAHS) and The International Association of Hydrogeologists(IAH) held in Hyderabad, India. IAHS Publication, September 2009(EI-22).

48. 董贵明,束龙仓等. 渗流-水平井流耦合数学模型和数值模拟. 水科学进展,2009,20(6)(EI-23).

49. Liu Lihong, Shu Longcang, Chen Xunhong, Thomas Oromo. The Hydrologic function and behavior of the Houzhai underground River Basin, Guizhou Province, Southwestern China. Hydrogeology Journal, 2010, 18(SCI-9).

七、获奖情况

北京市平谷电厂水源地地下水资源评价,1995 年获国家储委优秀报告一等奖(负责勘探区地下水资源的数值法评价);

邯郸市奥灰水地下水资源数据联作系统与水资源优化调度研究,1995 年获地矿部科技成果三等奖(子课题负责人之一);

开封市水资源优化调蓄和分质供水规划,1996 年获地矿部科技成果三等奖(第二编写人);

全国地下水资源开发利用规划,获 2004 年度大禹水利科学技术奖三等奖;

河北省邯郸市城区地下水资源管理系统,2001 年获河北省科委科技成果二等奖;

塔里木河下游地下水位恢复及其控制(水利部"十五"科技创新项目"塔里木河下游应急输水与生态改善监测评估研究"(SCX2001-02)子课题,获 2004 年度大禹水利科学技

术奖二等奖(10/10)；

《建设项目水资源论证导则(试行)》(SL/Z322—2005)，获国家标准化管理委员会“2007年度中国标准创新贡献奖”二等奖(7/8)；

松散介质地下水库设计理论研究，获2008年度大禹水利科学技术奖二等奖(7/10)。

八、主讲课程

1991年以来，主讲本科生供水水文地质学、专门水文地质学、水文地质工程地质专业英语、水文地质调查方法、地下水水文学、城市供水水文地质勘测、地下水数值模拟、水资源概论、水文地质学、地下水污染与防治、环境地质学、地质学、专业英语、自然地理学、地下水勘探、工程地质及水文地质、地下水资源利用与保护、地下水水文学(双语)、地下水资源开发利用、地下水水文学(英语授课)、地下水开发利用与保护等课程。

1991年以来，主讲硕士研究生地下水水质模型、水文地质工程地质专业英语、地下水动力学及数值模拟、地下水动力学及数值模拟(英语授课)、地下水资源管理理论与实践、地下水数值模拟(英语授课)等课程。

2002年以来，主讲博士生专业课Visual MODFLOW and Its Application(英语授课)、高等地下水动力学(英语授课)等课程。

本人于2010年8月20日供稿。

宋献方 Song Xian-fang(1965—)

性别	男		籍贯	河北沙河
学历	博士研究生		学位	博士
职称	研究员		职务	主任
工作单位	中国科学院地理科学与资源研究所			
E-mail	songxf@ igsnrr. ac. cn		电话	
邮编	100101	通信地址	北京市朝阳区大屯路甲11号	

一、综合介绍

(一)教育背景

1980 年 9 月至 1984 年 7 月,河北地质学院水工系水文地质与工程地质专业,获工学学士学位;

1985 年 9 月至 1989 年 7 月,长春地质学院水工系水文地质专业,获工学硕士学位;

1993 年 4 月至 1996 年 3 月,日本国立筑波大学地球科学研究院地理学与水文学专业,获理学博士学位。

(二)主要学术任职

现任中国科学院地理科学与资源研究所创新基地研究员、博士生导师,中国科学院陆地水循环及地表过程重点实验室副主任;水循环与水文过程研究室主任;中国地理学会水文地理专业委员会常务委员;中国自然资源学会水资源专业委员会委员;中国地质学会水文地质专业委员会副秘书长;国际地理学会会员;国际水文科学协会会员;国际水资源协会会员;《地理研究》、《水文地质工程地质》、《干旱区地理》编委等职。

(三)主要科研工作经历

1. 工作经历和国外进修情况

1984 年大学毕业,在煤炭部焦作矿业学院(现河南理工大学)地质系从事水文地质教学和科研工作,先后主讲《水文地质基础》、《地下水动力学》、《水文地质学数值计算》等课程,并编写《水文地质学数值法》及《地下水动力学习题集》等教材;1992 年 1 月,获得日本政府文部省奖学金支持,赴日本国立筑波大学留学,拜师于国际著名水文学家榧根勇教授,学习并掌握了当今国际水文科学研究的先进技术——同位素示踪技术,参加了国际合作项目——斯里兰卡水循环研究,以优异成绩获得理学博士学位。毕业后,先后被聘为科学技术特别研究员,计算科学技术研究员,在日本科技厅防灾科学技术研究所和农林水产省农业环境技术研究所从事研究工作,学习并掌握了遥感技术及网络技术。参加并独立承担华北水循环等多项国际合作项目。2002 年 4 月作为引进海外优秀人才,进入地理科学与资源研究所,加入刘昌明院士研究团队,主要从事流域水循环与水环境研究工作。

1984 年 8 月至 1989 年 11 月,煤炭部焦作矿业学院地质系,助教;

1989 年 12 月至 1992 年 1 月,煤炭部焦作矿业学院地质系,讲师;

1992 年 1 月至 1996 年 3 月,日本国立筑波大学地球科学研究院,文部省国费留学生;

1996 年 4 月至 1996 年 9 月,日本国立筑波大学地球科学系,研究员;

1996 年 10 月至 1999 年 10 月,日本科技厅防灾科学技术研究所先端技术研究部,科学技术特别研究员;

1999 年 11 月至 2002 年 4 月,日本农林水产省农业环境技术研究所地球环境研究部,计算科学技术研究员;

2002 年 4 月至今,中国科学院地理科学与资源研究所知识创新基地,研究员;

2005 年 9 月至 2006 年 1 月,日本爱知大学,访问教授;

2008 年 12 月至 2009 年 2 月,日本千叶大学,客座研究员;

2005 年 9 月至今,中国科学院研究生院,兼职教授;

2005 年 9 月至今,日本爱知大学,客座教授;

2006 年 4 月至今,河南理工大学,客座教授;

2008 年 4 月至今,水利部应对气候变化中心,客座研究员。

2. 承担项目情况

主持或参加国家“973”项目课题、专题,自然科学基金委重点、面上项目,国际合作项目,科学院知识创新工程项目课题以及地方委托项目等 40 项。

二、主要学术成绩(地下水科学部分)

在刘昌明院士的直接领导下,着重原始创新,扎扎实实,不盲目追求论文数量,系统建设了水循环观测实验研究平台,揭示高强度人类活动下流域大气降水、地表水、土壤水与地下水之间,浅层地下水与深层地下水之间的相互转化关系,为准确评价水资源、可持续开发利用、保障水安全提供科学依据。

(一)水循环观测平台及观测仪器的开发

基于中国生态系统研究网络(CERN)及水循环研究网络,在国内系统建立了中国环境同位素网络(China-Isotope: China Isotope Research Network in Waters),使我国环境同位素水文学研究实现了与国际研究的同步。该网络包括中国大气降水同位素网络(CHNIP)、大江大河同位素网络(CHNIR)及重点流域水循环研究等。

以中国北方为中心,系统建设了北京怀柔区东台沟流域、河北易县崇陵流域、黄土地区的无定河流域岔巴沟水文循环试验基地等流域水循环实验研究平台,建立了流域水循环(大气水 - 地表水 - 土壤水 - 地下水水量转化)观测体系,形成了以东台沟(小于 1 km^2)、太行山(1 ~ 10 km^2)、易县崇陵实验流域(1 ~ 10 km^2)和无定河岔巴沟实验流域(大于 100 km^2)为主的不同尺度的野外水循环研究实验网络平台。并针对国内外关注的华北平原地下水问题建立了地下水自动监测网络、海水入侵监测网络。在室内建成了具有世界先进水平质谱仪的环境同位素水文实验室。正在建设国内外先进水平的室内陆地水土过程实验系统,具有高度自动化、多功能等特点。系统提出了研究变化环境下的水循环观测方法,获得了土壤水、树干径流及水样野外采集器等专利。

（二）在流域尺度示踪大气降水－地表水－土壤水－地下水转换关系

运用环境同位素技术，在不同尺度的水循环实验平台查清了“四水“转换关系，系统得到东台沟和太行山实验流域等同位素大气降水线，判明这些流域大气降水的水汽来源，建立了水循环概念模型。通过对怀沙河流域的地表水、地下水的系统采样，阐明了流域内地表水、地下水的不同来源。通过环境同位素、水化学等的分析，判明了怀沙河流域为一非封闭性流域，定量估算了流域内地表水－地下水关系。在潮白河、永定河流域，通过地表水及不同深度地下水系统采样，搞清了浅层与深层地下水的相互关系，并阐明了地下水质演变规律。

在太行山实验流域，通过采取刺槐、荆条及杂草等三种主要植被下的不同深度的土壤水水样，在国内首次得到这些植被下的土壤水同位素线，阐明了不同植被下降雨入渗特征，为进一步定量估算蒸散发量奠定了基础。

（三）初次得出了华北平原地下水动态变化主要类型

基于地下水动态自动监测网络，根据观测资料，考虑影响地下水动态类型主要的影响因素，选取地形地貌条件、地下水埋深、地下水开采程度、河流湖泊以及地下水漏斗等局部影响条件分区图，结合在研究区布置的39个监测孔所控制的范围，以及监测结果所反映的地下水动态特征，将华北平原地下水分为6个大的动态类型区：山前开采型动态类型区、山前侧向补给—径流—开采型动态类型区、中部河道带补给—开采型动态类型区、中部地下水浅埋区降水入渗—蒸发型动态类型区、黄河影响带侧向补给—蒸发型动态类型区和滨海平原区入渗—蒸发型地下水动态类型区。

利用频谱分析对28个观测孔进行周期识别来研究地下水水位动态的微观变化规律，同时与天体潮汐周期性变化对地下水影响产生的周期进行比较，发现近海地区潜水含水层地下水微动态体现出24 h、12 h、8 h、6 h或4 h的周期性变化，说明地下水位受到海潮潮汐作用明显，而在地下水埋深非常浅的观测孔（<5 m），其受到蒸发作用的影响体现出24 h的微动态。内陆地区地下水埋藏较深的观测孔（>10 m），大多数具有与天体潮汐一致的周期变化，如12 h、24 h的周期性。只有个别观测孔未体现出类似的周期波动，说明观测孔所在含水层的岩性弹性较差，对天体等外界应力的反映不灵敏。

（四）初步揭示莱州湾海水入侵机理

地下水超采引起滨海地区海水入侵，严重制约该区域经济发展。以莱州湾南岸昌邑—柳疃地区为典型研究对象，基于环境同位素、水化学信息、地下水观测等，基本查清了大气降水、地表水与地下水转换关系，平原区的潍河河水主要受降水及上游山区基岩裂隙水补给，而不是受河岸两侧的地下水补给；浅层咸水是在卤水开采和淡水超采的情况下引起淡卤水混合引起的，而深层咸水主要是由于海水入侵引起的。浅层地下水起源于地表水和大气降水的入渗补给，补给气候条件与当前的暖气候相当，其滞留时间多小于50年，深层承压水是海水入侵时侵入的海水与古大陆水混合后沉积下来的水，与地表水的联系弱，属于沉积水，且为冷气候条件下补给，地下水滞留时间长，地下水年龄（^{14}C）达到15 000年。不同水体中氚含量（深层地下水：0.7～3.5TU，浅层地下水：1.8～15.3TU，地表水：1.7～7.8TU）研究表明，深层咸水（氚含量多小于1TU）未受到大气降水的影响，而浅层淡水明显受到降水补给影响，且水循环条件较好，为近50年内补给的。咸水和卤水

具有较低的氚含量，受现代降水补给较弱，并处在相对封闭的水文地质环境中。而淡水的氚含量变化较大主要是因为垂向交替较活跃，浅层主要受降水补给。在 EC $<5\ 000\mu S/cm$ 的淡水和微咸水中，CFCs 表观年龄与 EC 具有正相关关系。而微咸水（平均年龄 38.6 年）比淡水（平均年龄 24.5 年）具有较长的滞留时间，南部含水层中淡水受降水影响较大并/或具有较快的循环速度。浅层微咸水是淡水和卤咸水的混合，并受到不同程度的降水影响或者年轻地下水的补给。

阐明了研究区地下水水质演化特征，地下水自南向北的水化学类型变化序列为 Ca－HCO_3→Ca－HCO_3·Cl→Na－HCO_3·Cl→Na－Cl·HCO_3→ Na－Cl；提出了适用于本地海水入侵判别指标体系和标准。电导率 EC 与 TDS，特征离子比 Na/Cl，K/Cl，Ca/Cl，SO_4/Cl，Mg/Ca 和 Br/Cl 与氯离子的关系表明，在地下水的盐化过程中水文地球化学作用很复杂，漏斗南部多为全淡水区，几乎未受到咸水入侵的影响。咸水的盐分主要来源于高盐分的海水或者卤水的入侵，及卤盐和硫酸盐的溶解。比起海水，高盐分的咸水没有明显的 $\delta^{18}O$ 富集现象。Br/Cl 可以作为盐分来源的示踪剂，研究区咸水和卤水水样的 Br/Cl 很接近海水或者略高于海相比值，并在 $3\times10^{-3}\sim5\times10^{-3}$ 范围内，这与薛禹群等（2000）得到的卤水源于海水蒸发的结论相符。卤水源于晚更新世中期以来（距今 24～39 ka B.P.）沿莱州湾海岸带的三次海侵海退的古海水，蒸发、方解石的沉淀及离子交换都是卤水形成过程中的重要水文地球化学作用。

三、近 5 年内发表的代表性论文（地下水部分）

1. Wang Shiqin, Song Xianfang, Wang Qinxue, Xia Guoqiang, Liu Changming, Liu Jianrong. Shallow groundwater dynamics in North China Plain. Journal of Geographic Sciences, 2009, 19(2)(SCI 收录).

2. Song Xianfang, Wang Shiqin, Xiao Guoqiang, Wang Zhimin, Liu Xin, Wang Peng. A study of soil water movement combining soil water potential with stable isotopes in two sites of shallow groundwater areas in North China Plain. Hydrological Processes, 2009, 23(9)(SCI 收录).

3. Zhang Y H, Song X F, Wu Y Q. Use of oxygen-18 isotope to quantify flows in the upriver and middle reaches of the Heihe River, Northwestern China. Environmental Geology, 2009, 58(3)(SCI 收录).

4. Wang Peng, Song Xianfang, Han Dongmei, Zhang Yinghua, Liu Xin. A study of root water uptake of crops indicated by hydrogen and oxygen stable isotopes. Agricultural Water Management, 2010, 37(3)(SCI 收录).

5. 宋献方等. 基于氢氧同位素的岔巴沟流域地表水－地下水转化关系研究. 应用工程与科学学报，2009，17(1)(EI 收录).

6. 王仕琴，宋献方等. 基于氢氧同位素的华北平原降水入渗过程. 水科学进展，2009，20(4)(EI 收录).

7. Liu Xin, Song Xianfang, Zhang Yinghua, Zhang Bing, Zhang Xuecheng. Groundwater recharge from precipitation at Chabagou Catchment, Hilly and Gully Region of Losses Plat-

eau. 2009. The Second China-Japan Graduate Students forum. Beijing, China. 212-216.

8. Song Xianfang. A study of water cycle and water environment at the different scales using environmental isotopes. 2009. 中 - 丹 SDC Symposium, Workshops (Water and Environment).

9. Song Xianfang. 広域水循環過程研究から中日協力について. 2009. 中日第三届流域水环境技术研讨会.

10. Song Xianfang. How to understand the relationship between climate change and water cycle? 2009. IAC Workshop.

11. 宋献方, 张兵, 张应华, 韩冬梅. 人水和谐理想之地——东北三江平原自然环境与水资源开发思考. 2009. 日本爱知大学有关现代中国影响力扩大的综合研究国际会议.

12. Wang S, Shao J, Song X, et al. Application of MODFLOW and geographic information system to groundwater flow simulation in North China Plain, China. Environment Geology, 2008, 55(SCI 收录).

13. Aji K, Tang C, Song X, et al. Characteristics of chemistry and stable isotopes in groundwater of Chaobai and Yongding River Basin, North China Plain. Hydrological Processes, 2008, 22(SCI 收录).

14. Li F, Song X, Tang C, et al. Stable isotopic characterization of precipitation, soil water and groundwater in Taihang Mountain, North China. In: Chen X, Chen D, Xia J, et al. (Eds.) Hydrological Sciences for Managing Water Resources in the Asian Developing World. IAHS Publication. 319. 2008(EI 收录).

15. Song Xianfang. Mornitoring network of shallow groundwater in North China Plain. IAH 2008 Toyama, Japan.

16. Liu X, Song X, Yu J, Xia J, Zhang X. A study of groundwater renewability in Hilly and Gully Ravine Region, Loess Plateau using environmental isotopes. IAH 2008 Toyama, Japan.

17. Wang Peng, Song Xianfang. A study of stable isotopes characters in the process of precipitation-infiltration in Taihang Mountainous region of China. IAH 2008 Toyama, Japan.

18. Song Xianfang, Wang Shiqin, Xiao Guoqiang, Wang Zhimin, Liu Xin, Wang Peng. The study of soil water movement using stable isotopes in two sites of the shallow groundwater areas of North China Plain. Global change and groundwater dynamics. India International Conference, 2008.3.

19. Wang Shiqin, Song Xianfang, Wang Qinxue, Xiao Guoqiang, Wang Zhimin, Liu Xin, Wang Peng. Shallow groundwater dynamics and the origin of salt in the saline and water deficit region in North China Plain. Global change and groundwater dynamics. India International Conference, 2008.3.

20. Han Dongmei, Song Xianfang, Xiao Guoqiang, Liu Changming. Study of water cycle and mechanism of seawater intrusion in the coastal area of North China, International Groundwater Conference on Groundwater Dynamics and Global Change, March 11-14, 2008.

21. Han Dongmei, Song Xianfang, Xiao Guoqiang, Liu Changming, Yu Jingjie. Variable

density groundwater flow modeling for understanding the seawater intrusion processes in the south coastal aquifers of Laizhou Bay,36th IAH 2008 Congress in Toyama,Japan,October 26-31,2008.

22. Li F, Song X, Tang C, et al. Tracing infiltration and recharge using stable isotope in Taihang Mt. ,North China. Environment Geology,2007,53(3):687-696(SCI 收录).

23. 宋献方等. 基于环境同位素技术的怀沙河流域地表水和地下水转化关系研究. 中国科学,2007,37(1).

24. 王仕琴,宋献方等. 华北平原地下水水位动态变化规律的研究. 地下水论坛 2007(国际学术研讨会),2007,6.22-6.23.

25. Song Xianfang, Liu Xiangchao, Xia Jun, Yu Jingjie. A study of interaction between surface water and groundwater using environmental isotope in Huaisha River Basin. Science in China,2006,49(12)(SCI 收录).

26. Hou Shibin, Song Xianfang, et al. A study of rainfall infiltration in Taihang Mountainous Region using environmental isotopes. Hydrological Sciences for Managing Water Resources in the Asian Developing World, Proceedings of a Symposium in Guangzhou, China, June 2006.

27. Yang Cong, Song Xianfang, et al. A study of relationship between precipitation and groundwater using stable isotope at Dongtaigou experimental catchment. Hydrological Sciences for Managing Water Resources in the Asian Developing World, Proceedings of a Symposium in Guangzhou, China, June 2006.

28. Li Fadong, Song Xianfang, et al. Stable isotope of precipitation, soil water and groundwater in Taihang Mountain, North China. Hydrological Sciences for Managing Water Resources in the Asian Developing World, Proceedings of a Symposium in Guangzhou, China, June 2006.

29. Li Xin, Song Xianfang, et al. Preliminary estimation of groundwater renewablity in Chabagou Catchment, Loess Pleateau, using environmental isotopes. IAH 2006, Beijing, China.

30. Hou Shibin, Song Xianfang, et al. A study of the relationship between precipitation and groundwater at Chongling Catchment using environmental isotopes. IAH 2006, Beijing, China.

31. Li Fadong, Song Xianfang, et al. Estimating recharge based on experiments and remote sensing in Taihang Mountain region of North China. SPIE International Symposium on Optics & Photonics, San Diego, California, 31 July through 4 August 2005(EI 收录).

四、专利

1. 实用新型专利:一种水中离子吸附装置 200920105101X,中国科学院地理科学与资源研究所,中国科学院地质与地球物理研究所(ZL 200920105101X)。

2. 实用新型专利:一种土壤水分采集装置 200520110649.5,2005 年 6 月 24 日,设计人:刘彩堂,宋献方,于静洁。

宋献方供稿。

汤 洁 Tang Jie(1957.7—)

性别	女		籍贯	吉林长春
学历	博士研究生		学位	博士
职称	教授		职务	
工作单位	吉林大学环境与资源学院			
E-mail	tangjie@ jlu. edu. cn		电话	0431-85159440
邮编	130026	通信地址	长春市前进大街2699号	

一、研究方向

地下水环境与健康,生态环境系统与数字化管理,生态环境系统工程。

二、讲授课程

环境学导论(本科),生态环境学基础(本科),环境水文地球化学(硕士),生态环境学(硕士),环境与资源学(博士),应用生态环境学(博士)。

三、个人简历

受教育经历:

1978.1—1982.1　本科;1985.9—1988.7　硕士;1994.9—1997.6　博士。

工作经历:

1975—1978　在长春市郊区三道公社插队;1982.1　留校至今。

四、与地下水有关的省部级科研项目

1. 农业生态地质环境系统建立与土地荒漠化防治,教育部博士点基金项目(1999—2001);

2. 生态脆弱带农业生态环境系统的建立及应用,国家自然科学基金项目(2000—2002);

3. 吉林省西部碱化沙化土地利用防治研究,吉林省科技厅(2001—2003);

4. 干旱半干旱区地下水数值模拟及水资源优化配置研究,水利部科技创新基金项目(2003—2004);

5. 吉林西部盐碱土形成发展地球化学机制与荒漠化预警研究,国家自然科学基金项目(2003—2005);

6. 黄花草木樨种籽生产基地建设及土壤改良示范试验,吉林省发改委(2003—2004);

7. 吉林省土地开发利用与生态环境系统的数字化研究,吉林省发改委(2005—2007);

8. 松嫩平原西南部生态环境数字信息系统的构建及应用,国家自然科学基金项目(2006—2008);

9. 吉林省西部高氟、高砷区生态环境地球化学评价,吉林省地质调查研究总院(2006—2008);

10. 东北地方病严重区地下水勘查及供水安全示范,国家地质调查局(2006—2010);

11. 松嫩平原南部主要城市生态环境地球化学评价,黑龙江省地质调查研究总院(2007—2010);

12. 煤矿区受损生态环境综合研究及废弃地生态修复技术示范,吉林省科技厅(2007—2009);

13. 吉林西部地下水氟、砷的环境行为与健康关系研究,吉林省环保局(2008—2010);

14. 吉林西部50年来LUCC对土壤有机碳影响及驱动机制研究,国家自然科学基金项目(2009—2011);

15. 松花江流域面向水质安全水循环监测体系研究,国家水体污染控制与治理科技重大专项(水专项)(2008—2010);

16. 伊通河流域水环境承载力评估与发展模式优化研究,国家水体污染控制与治理科技重大专项(水专项)(2008—2010);

17. 辽河流域水库型饮用水源地水环境安全风险评估与预警技术研究,国家水体污染控制与治理科技重大专项(水专项)(2009—2011);

18. 土壤盐碱化对松嫩草地生态系统碳循环的影响研究,教育部博士点基金项目(2010—2012)。

五、有关的代表性论文

1. Lin Nianfeng, Tang Jie, Hoteyi S, Mohamed Ismael. Study on environmental etiology of high incidence areas of liver cancer in China. World Gastroentero, August 2000, 6(4)(SCI 收录).

2. Lin Nianfeng, Tang Jie. Application of artificial neural network to studies on relationship between groundwater and ecological environment, Hydrogeology and the Environment. China Environmental Science Press, 2000(ISTP 收录).

3. Tang Jie, Lin Nianfeng, Yang Jianqiang. Eco-environmental problems and effective utilization of water resources in the Kashi Plain, Western Terim Basin, China. Hydrogeology Journal, 2001(2)(SCI 收录).

4. Lin Nianfeng, Tang Jie, Bian Jianmin. Characteristics of environmental geochemistry in the arseniasis area of the Inner Mongolia of China. Environmental Geochemistry and Health, 2002, 24(3)(SCI 收录).

5. 汤洁,卞建民,林年丰. 松嫩平原生态环境与荒漠化预警. 吉林大学学报(工学版),

2002-增刊(EI 收录).

6. Lin Nianfeng, Tang Jie. Geological environmental and the causes for desertification in arid and semiarid regions in China, Environmental Geology, 2002, 41(7): 806-815(SCI 收录).

7. Tang Jie, Xia Zhen, Lin Nianfeng, Yu George, Ma Chenhua. A study of water quality and liver cancer mortality rate in a karst terrain of Guangxi Zhuang Autonomous Region, China. 2003, 321-328, Sinkholes and the Engineering and Environmental Impacts of Karst, Geotechnical Special Publication No. 122, Published by the American Society Civil Engineerings(ISTP 收录).

8. Lin Nianfeng, Tang Jie, Bian Jianmin. Geochemical environment and health problems in China. Environmental Geochemistry and Health, 2004, 26(SCI 收录).

9. Tang Jie, Wang Chenye, Li Zhaoyang. Research on agricultural sustainable development capability evaluation in Jilin Province, The Proceedings of the China Association for Science and Technology. Vol. 4, No. 1-Proceedings of the 5th Annual Science Conference for Ph. D Students of China Association for Science and Technology, 2007. 12(ISTP 收录).

10. Bian Jianmin, Tang Jie, Lin Nianfeng. Relationship between saline-alkali soil formation and neotectonic movement in Songnen Plain, China. Environmental Geology, 2008, 5: 1421-1429 (SCI).

11. Tang Jie, Wang Chenye. Application of the Matter-element model in soil nutrient evaluation of Ecological Fragile Region. Chinese Geographical Science, 2009. 19(2)(SCI 收录).

12. Tang Jie, Wang Xuege. Analysis of the land use structure changes based on Lorenz Curves. Environ Monit Assess, 2009. 151(SCI 收录).

13. 汤洁,卞建民. GIS-PModflow 联合系统在松嫩平原西部潜水环境预警中的应用. 水科学进展,2006-4(EI 收录).

14. 汤洁等. 基于 CA-Markov 模型的吉林省西部土地利用景观格局变化趋势预测. 吉林大学学报(地球科学版),2010-2(EI 收录).

15. Tang Jie, Bian Jianmin, Li Zhaoyang, Zhu John, Wang Chenye. A study on arsenic distribution characteristics in groundwater of Western Jilin Province, P. R. China. Int'l Conf. on Environmental Pollution and Public Health(EPPH2010), 2010. 4(ISTP 收录).

六、专著、教材

1. 林年丰,汤洁. 新疆塔里木盆地西部生态地质环境综合研究. 吉林大学出版社, 1992.

2. 贾广和,梁俊卿,汤洁. 吉林省生态经济城市建设理论与实践. 吉林大学出版社, 2006.

3. 汤洁,卞建民,李昭阳,房春生. 3S 技术在环境科学中的应用. 高等教育出版社, 2009.

七、获得的省部级以上奖励及荣誉称号

1. 新疆塔里木盆地三河流域生态环境地质综合研究,1990 年获新疆科委科技进步奖三等奖;

2. 新疆塔里木盆地西部平原生态环境地质综合研究,1993 年获地矿部科技进步奖二等奖;

3. 新疆塔里木盆地西部平原生态环境地质综合研究,1993 年获地矿部科技进步奖二等奖,1995 年获国家科技进步奖三等奖;

4. 医学环境地球化学新学科,1993 年获吉林省普通高等学校优秀教学成果二等奖;

5. 中国肝癌高发区生态环境地质模式及综合治理对策研究,1993 年获地矿部科技进步奖三等奖;

6. 地质地球化学环境与人类健康研究,1993 年获地矿部科技进步奖三等奖;

7. 吉林乾安农业生态环境地质综合研究,2001 年获吉林省科技进步奖三等奖;

8. 吉林西部生态环境与综合修复技术研究,2002 年获吉林省科技进步奖二等奖;

9. 吉林西部水资源环境预警研究,2004 年获国土资源部科学技术进步奖二等奖;

10. 干旱半干旱区地下水数值模拟及水资源优化配置研究(水利部项目),2005 年获吉林省科技进步奖二等奖;

11. 吉林西部碱化沙化土地防治研究,2007 年获吉林省科技进步奖三等奖;

12. 环境科学专业教育教学改革创新研究与实践,2004 年获吉林省教委教学成果三等奖;

13. 2002 年获国务院政府特殊津贴。

八、社会(学术)兼职

国际水文地质学家协会会员,中国环境学会环境规划专业委员会委员,中国地质学会农业地质专业委员会委员,中国矿物岩石地球化学学会环境地质地球化学专业委员会委员,中国地理学会医学地理专业委员会委员,吉林省矿泉水资源协会副会长,《地理科学》、《吉林大学学报(地学版)》编委。首批环境影响评价工程师和注册环保工程师,国家自然科学基金委、国家教委、水利部、住建部、吉林省科技和环保部门等专家库成员。

本人于 2010 年 11 月 12 日通过电子邮件确认此简介。

万军伟 Wan Jun-wei(1964—)

性别	男		籍贯	江苏
学历	博士研究生		学位	博士
职称	教授		职务	系主任
工作单位	中国地质大学(武汉)环境学院水资源与水文地质系			
E-mail	wanjw@ cug. edu. cn		电话	(027)67883159
邮编	430074	通信地址	湖北省武汉市中国地质大学环境学院	

一、简历

1981 年自上海市吴淞中学高中毕业,同年以第一志愿考入原武汉地质学院水文地质专业,1985 年毕业留校任教至今。1996 年、2002 年毕业于中国地质大学研究生院,分别获水文地质及工程地质工学硕士学位和水文学及水资源工程工学博士学位。

二、学术兼职

中国地质学会岩溶专业委员会委员,水文气象专业委员会副主任。

三、主要研究方向

岩溶动力学、地下水动力学、地下水数值模拟。

四、主持省部级科研项目

1. 国家自然科学基金项目“用^{36}Cl 同位素研究清江流域灰岩侵蚀速率及成壤作用和碳循环意义”(40172103);

2. 国家自然科学基金项目“基于孔隙介质水力学模型的达西 - 非达西流基本方程试探研究”(40972155)。

五、著作

1. 沈继方,李焰云,徐瑞春,万军伟等. 清江流域岩溶研究. 地质出版社,1996.

2. 万军伟,刘存富,晁念英,王佩仪等. 同位素水文学理论与实践. 中国地质大学出版社,2003.

3. 万军伟,沈继方,王增银等. 清江高坝洲水电站岩溶发育规律及其对工程的影响. 中国地质大学出版社,2005.

4. 晁念英,刘存富,万军伟等. 同位素水文学最新研究进展. 中国地质大学出版社,2006.

六、代表性论文

1. 万军伟,晁念英,沈继方. 碳酸盐岩区大型水库蓄水后地下水渗流场特征及岩溶演化趋势. 地球科学,1999-4.

2. 陈崇希,万军伟. 地下水水平井流的模型及数值模拟方法——考虑井管内不同流态. 地球科学,2002-2.

3. 万军伟,刘存富,王增银等. 用^{36}Cl研究灰岩侵蚀速率的理论与方法. 地球科学,2002-2.

4. 万军伟,杨俊,王增银等. 鄂西火烧坪地区岩溶生态环境系统及生态农业模式初探. 地质科技情报,2002-1.

5. Chen Chongxi, Wan Junwei, Zhan Hongbin. Theoretical and experimental studies of coupled seepage-pipe flow to horizontal well. J. Hydrol, 2003, 281(1-2).

6. 詹红兵,万军伟. 水资源和环境工程中水平井研究简介. 地球科学,2003-5.

7. 万军伟,沈仲智,潘欢迎. 水平井的水力特征及其解析解的适用条件. 地球科学,2003-5.

七、获奖情况

1. 湖北清江中下游岩溶发育规律研究,1993 年获地矿部科技进步奖三等奖;

2. 湖北清江流域岩溶发育及其资源环境效应研究,1996 年获湖北省科技进步奖一等奖,1997 年获国家科技进步奖三等奖;

3. 地矿部"八五"重要基础项目"中国岩溶的形成与环境变化的预测研究",1997 年获地矿部"八五"科技工作先进科研集体;

4. 湖北省地下水资源开发利用规划,2001 年获湖北省科技进步奖三等奖;

5. 国土资源部地质调查项目"长江中游主要水患区第四纪地质及新构造运动对水患形成的影响",2006 年获湖北省科技进步奖二等奖。

八、主讲课程

主讲本科生水力学、地下水动力学、地下水溶质运移理论、地下水数值模拟等课程。

本人于 2010 年 10 月 27 日通过电子邮件确认此简介。

王大纯 Wang Da-chun(1915.10—2007.1.8)

性别	男	籍贯	河北丰润
学历	本科	学位	
职称	教授	职务	
原工作单位	中国地质大学(北京)		

一、综合介绍

1935年天津南开中学毕业,同年考入清华大学地学系,1938年6月赴延安抗日军政大学学习,1941年到昆明西南联合大学地质系复学,1943年自西南联合大学毕业,在云南盐务管理局从事盐矿地质调查工作。1946年到北京大学地质系任教。

新中国成立后,1951年参加国家政务院(国务院)文委组织的西藏工作队,随军入藏作地质调查,任工作队秘书,是我国首批进入西藏进行地质调查的科学工作者,参与了《西藏东部地质及矿产的调查资料》一书的编写。

1953年以来曾任北京地质学院水文地质及工程地质系教研室主任、系主任等职;是新中国成立后由政府批准的第一批教授职称获得者,是我国水文地质专业第一位教授,1960年为研究生导师,是首批博士生导师。历任中国地质学会理事、中国地质学会水文地质专业委员会副主任、国际水文地质学家协会(IAH)中方成员、国家储量委员会委员、《地质学报》及《地质论评》编辑委员会委员等职。20世纪60年代曾任地质矿产部水文地质及工程地质研究所主任。

二、学术成就

主编的我国第一部《普通水文地质学》于1960年出版,使我国有了自己的水文地质学教科书。1962年完成并出版了《中国区域水文地质学》一书。1965年完成的《山西省运城盆地第四纪地质发展史和自流含水层分布规律的研究》在第一届全国水文地质工程地质会议上宣读,发表于《地质学报》。

1980年,又主持编著了《水文地质学基础》一书,由地质出版社出版。至此,我国的水文地质学研究才彻底摆脱了对前苏联的依赖。该书于1988年获国家教育委员会全国高等学校优秀教材奖,1992年荣获第二届地质矿产部高等地质学校优秀教材一等奖。

主持的国家博士点基金项目"深层地下卤水资源量评价的研究"获1989年地质矿产部科技成果二等奖;主持完成的"四川盆地深层地下卤水资源量评价及其方法的研究",1991年获地质矿产部科技成果二等奖,该项研究成果具有重大的经济效益和社会效益。

我国著名的水文地质学家，水文地质学科的奠基人，我国水文地质界的先驱。五十余年献身于地质、水文地质教学与科研事业，在地下水资源评价原理、地下水分类、地面沉降机制等方面提出了具有指导意义和示范作用的精辟论述，为青藏高原矿产资源普查勘探、干旱地区地下水勘查开发等作出了卓越贡献。

三、代表性论文

1. 曹文炳，万力，龚斌，王大纯. 水位变化条件下黏性土渗流特征试验研究. 水文地质工程地质，2006-2.

2. 曹文炳，万力，龚斌，曾亦键，王大纯. 水位变化条件下黏性土渗流特征试验研究. 地学前缘，2005-S1.

3. 王大纯. 我国水文地质学的展望. 地球科学——中国地质大学学报，1985-1.

4. 王大纯. 从济南趵突泉干涸探讨岩溶水的资源评价. 地球科学——中国地质大学学报，1982-3.

5. 王大纯，张人权. 孔隙承压地下水的资源评价和地面沉降的关系. 水文地质工程地质，1981-3.

6. 王大纯，张人权. 孔隙承压地下水的资源评价和地面沉降的关系. 上海地质，1981-1.

7. 王大纯，李世忠等. 山西省运城盆地第四纪地质发展历史和自流含水层分布规律的研究. 地质学报，1966-1.

8. 王大纯. 水文地质学讲座 第一讲 绪言. 水文地质工程地质，1957-5.

9. 王大纯. 水文地质学讲座 第九讲 泉. 水文地质工程地质，1958-4.

10. 王大纯，张宗祜. 水文地质学的研究现状和今后发展方向. 科学通报，1965-6.

11. 张宗祜，王大纯. 工程地质学的发展现状及今后发展方向的意见. 科学通报，1965-6.

周金龙根据“祝贺王大纯教授从事地质科学与教育事业五十周年”和“王大纯”（地下水耕耘者（一），大地出版社，2003.10：1-5）编写，2010年10月23日沈照理先生通过电子邮件确认此简介。

王广才 Wang Guang-cai(1962—)

性别	男	籍贯	陕西合阳
学历	博士研究生	学位	博士
职称	教授	职务	
工作单位	中国地质大学(北京)水资源与环境学院		
E-mail	wanggc@ cugb. edu. cn	电话	010-82323125
邮编	100083	通信地址	中国地质大学(北京)水资源与环境学院

一、综合介绍

《Ground Water》副主编,《水文地质工程地质》编委、《煤田地质与勘探》编委(曾任);中国地球物理学会流体地球科学专业委员会副主任、中国地震学会地下流体专业委员会副主任、中国地质学会水文地质专业委员会委员、中国环境科学学会土壤与地下水环境专业委员会委员、煤炭工业劳动保护科学技术学会水害防治专业委员会委员。

研究领域:同位素水文学与水文地球化学,地下水污染评价理论和方法,地下水与地震,地下热水(地热)资源及矿山热害模拟评价,放射性环境地质,活断层地球化学探测的理论和方法等。

二、主持的省部级以上科研课题

1.“地震导致的含水层参数变化特征与机理”,国家自然科学基金重点项目,2010—2013;

2.“构造活动区应变——地下水位变化特征和机制”,国家公益性行业(地震行业)科研专项,2008—2011;

3.“团城湖周边地区地下水污染现状评价与预测研究”,北京市科研项目,2009—2010,专题负责人;

4.“土壤和地下水污染调查评价方法研究”,中国地质调查局项目,2006—2008,专题负责人;

5.“廊坊市水资源问题专门研究”,廊坊市社会公益项目,2006—2007,第二负责人;

6.“不同地质环境类型城区隐伏断层地球化学试验探测”,国家计划与发展委员会高新技术项目和中国地震局重点项目,2002—2007,专题负责人。

三、著作与教材

Li Jingsheng, Wang Guangcai. (Eds.) Preventing hazardous groundwater inflows into coal mines. Beijing: Geological Press, 2000.

四、代表性论文

发表论文40多篇，与地下水有关的中文期刊论文22篇：

1. Wang G C, Chen H H, He J T. Comparison of chlorinated volatile organics concentrations in shallow groundwater at two areas with different vadose zone sediments. Proceeding of 2010 International Conforonce on the Investigation. Remediation and Management of Soil and Groundwater Contaminated Sites. Taibei, 2010.10

2. Wang Guangcai, Che Yongtai, Zhu Ziqiang, Liu Chenglong. Recent tectonic activity deduced from groundwater behaviors in the Sichuan-Yunnan Region, China. 2006, Eos Trans. AGU, 87(36), West. Pac. Geophys. Meet. Suppl., Abstract H45B-02.

3. Wang Guangcai, Liu Chenglong, Zhang Peizhen, Wang Jihua. The use of soil mercury and radon gas surveys to assist the detection of concealed faults in Fuzhou City, China. Environ Geol, 2006, 51(1).

4. Wang Guangcai, Zhang Zuochen, Wang Min, Charles A Cravotta. Implications of ground water chemistry and flow patterns for earthquake studies. Ground Water, 2005, 43(4).

5. Wang Guangcai, Tao Shu. Error propagation analysis of groundwater-mineral interactions modeling at the Pingdingshan Coalfield, China. Acta Geological Sinica, 2000, 2.

6. 郝春博，王广才. 石油污染地下水中细菌多样性研究. 环境科学，2009-4.

7. 王广才等. 平顶山矿区岩溶水水文地球化学模拟及其应用. 中国科学D辑，1998-3.

五、获得的省部级以上科研奖励

1. 平八矿热水补给来源、条件与方式，获能源部科技进步奖三等奖，1991；

2. 煤矿区地下水环境污染评价方法的研究，获煤炭工业科技进步奖二等奖，2002；

3. 基岩裂隙水渗流理论与矿井防治水研究，获中国煤炭工业协会科学技术一等奖，2004；

4. 华北型煤田陷落柱突（涌）水预测研究，获煤炭安全生产监督管理总局安全科技二等奖，2006.

六、教学与招生情况

先后承担过水文地球化学、地下水化学、地震地下流体、地热学、地下水调查与监测和水环境化学等课程的教学工作；招收硕士研究生和博士研究生。

本人于2010年11月26日通过电子邮件供稿。

王红旗 Wang Hong-qi(1960—)

性别	男		籍贯	浙江义乌
学历	博士研究生		学位	博士
职称	教授		职务	副主任
工作单位	北京师范大学水科学研究院			
E-mail	whongqi@ 126. com		电话	86-10-58807810
邮编	100875	通信地址	北京市海淀区新街口外大街19号	

一、教育经历

1978—1982　长春地质学院,水文地质工程地质专业本科毕业,获工学学士学位;

1987—1990　中国地质科学院,硕士研究生毕业,获理学硕士学位;

1990—1992　中国地质大学环境科学系,博士研究生毕业,获工学博士学位;

1992—1994　北京农业大学资源与环境学院,农学博士后流动站土壤化学专业博士后。

二、主要工作经历

1982—1987　地矿部水文地质工程地质研究所,中国地质科学院南宫野外综合试验场副主任;

1992—1994　北京农业大学资源与环境学院,农学博士后流动站土壤化学专业博士后,副教授;

1994—2005　北京师范大学环境科学研究所,历任环科所副所长、副教授、教授、博士生导师,水环境模拟国家重点实验室副主任,北京师范大学资源与环境学院党总支书记;

2005—　北京师范大学水科学研究院,历任北京师范大学地下水科学与工程中心副主任、地下水科学与工程系副主任、教授、博士生导师。

三、主讲课程

环境与可持续发展(全校本科生公共课)、土壤环境学(研究生课程)、环境学原理(研究生课程)。

四、主要研究流域

污染土壤/地下水修复,环境评价、规划与管理,环境教育与可持续发展教育。

五、与地下水有关的省部级以上主要研究项目

1. 国土部国土规划项目“不同区域尺度资源环境承载力评价指标研究”（2010—2011）；

2. 国家科技部“863”：项目“低温环境下石油污染土壤作物－微生物协同修复技术研究”（2007—2010）；

3. 科技部“汶川特大地震灾后环境安全评估与应对措施”项目课题“农田土壤污染评估及应对措施”（2008—2010）；

4. 北京市重大科技项目“北京市典型场地污染的关键异位修复技术研究与示范”（2008—2010）；

5. 国家自然科学基金项目“包气带中石油烃和重金属复合污染物的协同修复研究”（2008—2010）；

6. 科技部水专项专题“海河流域典型区段环境微生物生态系统与河流降解能力的空间异质性研究”（2008—2010）；

7. 国家环保部项目“全国地下水污染防治规划”课题3：“地下水饮用水源地保护规划”（2007—2009）；

8. 国家自然科学基金项目“包气带石油污染物在微生物细胞中跨膜运移研究”（2005—2007）；

9. 国家自然科学基金项目“城市生活污水土地处理净化过程模拟技术研究”（1998—2000）；

10. 地矿部“八五”重点攻关项目“上海浦东选定地区垃圾堆放环境效应分析”专题研究（1991—1995）；

11. 国家“六五” 重点攻关项目第38项“华北地区水资源评价及合理开发利用研究”专题研究（1982—1986）。

六、与地下水有关的代表性论文

发表论文150余篇，其中与地下水有关的60余篇：

1. Wang Hongqi, Chen Jiajun. An united model and simulation of nitrogen transport, uptake and transformation in soil-crop system. Journal of Environmental Sciences, 1998, 10(1).

2. Wang Hongqi. Modeling nitrogen transport, uptake and transformation in soil-crop system under the condition of wastewater irrigation. Proceedings of Workshop on Transport of Contaminants in Vadose and Reversion of Groundwater Pollution, Southeast University Press, 1999.

3. 陈家军，郭乔羽，王红旗等. 应用协同－泛克立格法估计地下水水位. 水利学报，2000-7.

4. Wang Hongqi, Chen Jiajun, Tian Kaimin. Experimental analysis of a nitrogen removal process simulation of wastewater land treatment under three different wheat planting densities. Journal of Environmental Sciences, 2002, 14(3).

5. Wang Hongqi, Tian Kaiming, Qi Yongqiang. A simulation analysis of the migration and

of pollutants contained in landfill leachate. Journal of Environmental Sciences, 2003, 15(6).

6. Wang Hongqi, Shu Yan, Qi Yongqiang, Zhang Jun. Intergrated numerical model of nitrogen transportation, absorption and transformation by two-dimension in soil-crop system. Journal of Environmental Sciences, 2005, 17(4).

7. 王红旗,陆泗进等. 羽叶鬼针草对 Pb 的吸收特性及修复潜力. 环境科学,2005-3.

8. Lu Sijin, Wang Hongqi, Yao Zhihua. Isolation and characterization of gasoline-degrading bacteria from gas station leaking-contaminated soils. Journal of Environmental Sciences China, 2006.5.

9. Wang Hongqi, Yao Zhihua, Liu Jingqi, Zhang Xiaoxiao. Relation between the distribution and the degradation rate inside and outside a bacteria strain, Flavobacterium. The Proceeding of the China Association for Science and Techonlogy, 2007, 4(1).

10. 陈延君,王红旗等. 鼠李糖脂对微生物降解正十六烷以及细胞表面性质的影响. 环境科学,2007-9.

11. Wang Hongqi, Lu Sijin, Li Hua, Yao Zhihu. EDTA-enhanced phytoremediation of lead contaminated soil by bidens maximowicziana. Journal of Environmental Sciences, 2007, 19 (12).

12. Chen Yanjun, Wang Hongqi. Degradability of n-hexadecane by Bacillus cereus DQ01 isolated from oil contaminated soil from Daqing Oilfield, China. Int. J. Environment and Pollution, 2009, 38(1-2).

七、专著和教材

1. Xu Jialin, Wang Hongqi. Environmental education for sustainable development——teachers' guidebook for environmental education in middle schools. Beijing Normal University Press, 1996.

2. 许嘉琳,王红旗,周又红等. 面向可持续发展的中学环境教育. 北京师范大学出版社,1996.

3. 王红旗,程东红,许嘉琳. 珍惜生命之水. 科学普及出版社,1999.

4. 王红旗,鞠建华. 城市环境氮污染模拟与防治. 北京师范大学出版社,1998.

5. 李韵珠,李保国,王红旗等. 土壤溶质运移. 科学出版社,1998.

6. 许嘉陵,王红旗,夏星辉. 互动式环境教育——教学指南. 高等教育出版社,2001.

7. 王红旗,何丽平,黄宇等. 绿色家园丛书——与大自然共生(等 4 部). 明天出版社,2002.

8. 王红旗,杜琳娜,秦博雅等. 我们如何与环境相处. 中国社会出版社,2006.

9. 王红旗,刘新会,李国学等. 土壤环境学. 高等教育出版社,2007.

10. 张宝森,王红旗,刘敬奇等. 绿色奥运改变生活. 新华出版社,2010.

八、曾获得的主要荣誉、奖励

获国家科技进步奖二等奖,地矿部科技进步奖一、二、三等奖,国家环保局科技进步奖

二等奖，中石化科技进步奖三等奖，中石化茂名石化科技进步奖特等奖，北京市科技进步奖三等奖。

九、主要学术兼职

任中华环保基金会理事、中国地质学会水文地质专业委员会委员、中国地质学会环境地质专业委员会委员、中国环境科学学会土壤与地下水环境专业委员会委员、北京市科技咨询专家团专家、中国地质学会农业地学专业委员会委员、香港新一代文化协会科学组成员、国家计量认证/实验室认可国家级评审员等。

本人于2010年11月25日通过电子邮件供稿。

王明玉 Wang Ming-yu(1961—)

性别	男		籍贯	山东
学历	博士研究生		学位	博士
职称	教授		职务	主任
工作单位	中国科学院研究生院水系统安全研究中心			
E-mail	mwang@ gucas. ac. cn		电话	010-88256534
邮编	100049	通信地址	北京玉泉路19号(甲)	

一、综合介绍

在中国地质大学(武汉)与中国地质大学(北京)完成水文地质学的专业学习,1982年与1988年分别获得水文地质学学士与硕士学位。1988年至1995年在辽宁工程技术大学先后任讲师与副教授,1996年至2005年留美学习、工作。2000年获得美国亚利桑那大学博士学位,其后的5年多时间,在美国环境保护总署地下水与生态系统修复国家实验室(分室)地下水环境模拟中心先后任资深研究员、项目主持/首席科学家及技术负责人,并兼任美国财富500强绍尔集团(Shaw Group)地下水方向资深科技带头人(Senior Technical Leader);2002年被美国地下水科学家及工程师协会授予"认证的地下水专家";2003年在美国获"Extraordinary Ability"杰出外籍科学家工作身份。

2005年入选中国科学院"百人计划"(引进国外杰出人才),受聘为中国科学院研究生院教授、博士生导师,并任中国科学院研究生院水系统安全研究中心主任;现为中文核心期刊《水文地质工程地质》编委,美国地球物理协会、国际水文地质学家协会、美国地下水协会等国际性专业协会会员。

二、学术成就

多年来一直致力于水系统安全的研究工作,其研究领域包括地下水环境演变过程与资源安全评价、复杂介质地下水渗流和污染过程建模与数值模拟、地下水污染控制与修复、水环境计算机模拟与综合决策系统等。自1982年大学毕业以来,负责、指导与参与了许多地下水建模与地下水污染控制及其他主要研究领域的国内外重大科研项目,在《Journal of Hydrology》、《Hydrogeology Journal》、《Hydrological Processes》、《Engineering Geology》、《Environmental Management》、《International Journal of Rock Mechanics & Mining Sciences》等国际SCI学术期刊上发表了其主要科研成果。近年来,主要成果包括:揭示了裂隙化渗透介质裂隙网络控水规律,提出了大尺度复杂介质地下水实用建模方法与概化模型,提出了流域尺度水环境系统综合数值建模方法,建立了地下水保护逐步优化决策模型,提出了新的水污染复合流浮岛生态修复方法。

三、科研项目与主讲课程

目前，主持与参与的主要科研项目包括中国科学院"百人计划"择优项目"流域尺度复杂介质地下水污染及水资源安全"、国家重点基础研究发展计划"973"项目"华北平原地下水演变机制与调控"、水体污染控制与治理国家科技重大专项课题"南水北调中线总干渠水质安全保障关键技术与工程示范"、北京市科技计划重大项目"永定河生态构建与修复技术研究与示范"及国家自然科学基金项目"随机分布三维裂隙几何参数对裂隙化介质渗透性影响与REV确定方法研究"与"孔隙裂隙复杂介质包气带溶质运移过程及其对地下水污染的主控因素研究"等。

主讲研究生课程：水环境模拟与系统决策、水环境研究方法与应用专题讨论、地下水污染控制与修复。

四、近年主要代表性学术论著

1. Liu Qian, Wang Mingyu*, Zhao Yingshi. 2010. Assimilation of ASAR Data with a hydrologic and semi-empirical backscattering coupled model to estimate soil moisture. Chinese Geographical Science, 2010, 20(4).

2. Wang M, Kulatilake P H S W. 2008. Understanding of hydraulic properties from configurations of stochastically distributed fracture network. Hydrological Processes, (2008)22.

3. Wu Q, Wang M*. 2007. A framework for risk assessment on soil erosion by water using an integrated and systematic approach. Journal of Hydrology, (2007)337.

4. Wang M. 2006. Optimal environmental management strategy and implementations for groundwater contamination prevention and restoration. Environmental Management, 37(4).

5. Wang M, Kulatilake P H S W, Um J, Narvaiz J. 2002. Estimation of REV size and three dimensional hydraulic conductivity tensor for a fractured rock mass through a single well packer test and discrete fracture fluid flow modeling. Int. J. Rock Mech. and Min. Sci., 39(7).

王明玉供稿。

王文科 Wang Wen-ke(1962.5.5—)

性别	男	籍贯	陕西岐山
学历	博士研究生	学位	博士
职称	教授	职务	院长
工作单位	长安大学环境科学与工程学院		
E-mail	wenkew@ gmail. com	电话	13909278215
邮编	710054	通信地址	西安市雁塔路南段126号

一、综合介绍

1983年毕业于西安地质学院水文地质工程地质系,1989年和1994年分别在原西安地质学院获水文地质工程地质专业理学硕士和理学博士学位。1994年7月前往长春科技大学从事博士后研究工作,1996年出站时晋升为教授。1996年12月至2000年4月在西安工程学院任教。2000年5月至今在长安大学环境科学与工程学院任教。期间于2008年10月至2009年10月在美国Nebraska - Lincoln大学做高级访问学者。

二、教学内容和成果

近几年来,为本科生、硕士生和博士生讲授地下水科学概论、环境地质、多孔介质流体动力学、水环境数学模型、地下水资源评价及管理、地下水数值模拟、土壤水动力学等课程。

主持省教改重点项目1项,获省级教学成果一等奖1项、省级优秀教材三等奖1项,发表教学研究论文6篇。

三、主要研究特色

主要从事地下水资源合理开发与生态环境保护等领域的科研工作,先后主持和主研了国家自然科学基金项目、国家科技攻关项目、国家重大水专项、部级重点和重大科技研究项目、“973”课题以及地方重大项目等40余项。

在科研工作中,提出了地下水0-1多目标混合规划优化开采模型和地下水动态模糊分析;首次全面系统地提出了用于地下水计算的有限分析数值模拟方法;系统地提出了关中地区水资源与社会经济环境协调发展的10种开发利用模式与优化配置模型;开发了水文地质空间分析系统(HSIS)和地质生态环境评价与预警系统(GEES);系统研究了河水与地下水相互转化的动力学机制和河流污染对地下水的影响以及地下水对渭河生态基流的保障,提出了基于饱和—非饱和理论的河流与地下水关系演化有限分析数值模拟方法,创建了河床渗透系数的野外测定新技术;在鄂尔多斯盆地风沙滩地区和关中盆地(长安大学渭水校区)负责建成了占地10亩和20亩、具有多功能的水与环境原位试验场,系统

开展了降水（蒸发）－包气带水（汽、热）、污染质－地下水转化机理及其与生态环境之间关系的研究；构建了旱区地下水与生态效应的评价指标体系，提出了面向生态的地下水资源评价的理论与方法，在西北典型地段区域地下水资源评价中得到了应用，取得了显著的社会、经济和环境效应，为上述地区地下水资源动态评价与预警提供了平台。

先后获得国家级优秀工程勘察银质奖，省部级科技进步奖二、三等奖共11项。

四、代表性论著

公开出版学术专著与教材8部，发表学术论文80余篇。

1. 王文科. 地下水有限分析数值模拟的理论与方法. 陕西省科学技术出版社，1996.

2. 王文科等. 关中盆地地下水环境演化与可再生维持途径. 黄河水利出版社，2006，12.

3. 王文科等. 水资源管理决策支持系统及水源优化利用. 科学出版社，2007.4.

4. 王文科，廖健荣. 模糊分析在水文地质学中的应用. 西安地图出版社，1997.

5. 孔金玲，王文科. 水文地质空间信息系统——设计、开发、应用. 陕西省科学技术出版社，2005.

6. 沈天德，陈旭光，王文科等. 准噶尔盆地地下水资源及其环境问题调查评价. 地质出版社，2009.

7. 曹剑峰，迟宝明，王文科等. 专门水文地质学（2版）. 科学出版社，2006.

8. 李佩成，王文科，裴先治. 中国西部环境问题与可持续发展国际学术研讨会论文集. 中国环境科学出版社，2004.

9. 王文科等. 黄河流域河水与地下水转化关系研究. 中国科学E辑，2004-S1.

10. 王文科. 用改进的时间差分有限分析法模拟地下水非稳定井流方程. 水科学进展，1996-2.

11. 王文科等. 河流与地下水关系的演化及若干科学问题. 吉林大学学报（地球科学版），2007-3.

五、主要荣誉

1997年被共青团陕西省委授予“陕西省新长征突击手”称号，1998年10月入选国土资源部百名跨世纪人才，1998年12月被国务院批准享受政府津贴，2007年获得“全国先进教育工作者”、“陕西省先进教育工作者”和“陕西省教学名师”称号，2008年获“陕西省优秀博士学位论文导师奖”。

六、主要兼职

曾任陕西省政协第八届、第九届、第十届委员，民进陕西省委常委。

国家自然科学基金委员会第十三届地球科学部专家评审组成员、中国资源综合利用协会地温资源综合利用专业委员会副主任、中国地质学会水文地质专业委员会副秘书长、中国建筑学会工程勘察分会水资源与环境专业委员会常务理事、中国地质学会农业地学专业委员会委员、中国地质学会环境地质专业委员会委员、国际IAH中国国家委员会委

员、American Geophysical Union 会员,《水文地质工程地质》、《干旱区地理》、《工程勘察》、《西北地质》、《长安大学学报》、《地球科学与环境学报》等杂志编委,首都师范大学、西安科技大学兼职教授,中国地质科学院水文地质环境地质研究所客座研究员等。

本人于2010年12月3日通过电子邮件供稿。

王心义 Wang Xin-yi(1963.9—)

性别	男		籍贯	河南睢县
学历	博士研究生		学位	博士
职称	教授		职务	党委书记
工作单位	河南理工大学应用技术学院			
E-mail	waxiyi23@163.com		电话	0391-3987073
邮编	454000	通信地址	河南省焦作市高新区世纪大道2001号	

一、简历

1980.9—1984.7　在武汉水利电力学院(现武汉大学)农田水利工程专业学习并获学士学位;

1984.9—1987.7　在中国农业科学院北京研究生院水资源管理专业学习并获硕士学位;

1987.7—1988.6　在水利电力部农田灌溉研究所工作;

1988.6—1996.8　在焦作矿业学院地质系从事教学及科研工作;

1996.9—1999.7　在长春科技大学水文水资源专业学习并获博士学位;

2000.1—2002.5　在北京师范大学环境科学博士后流动站从事研究工作;

2002.6—　先后在河南理工大学(原焦作矿业学院,后改为焦作工学院)资源环境工程学院、万方科技学院和应用技术学院从事管理和教学及科研工作。

1991年9月晋升为讲师,1996年10月晋升为副教授,1999年10月获硕士研究生指导教师资格,2002年3月任焦作工学院地质系副主任,2002年10月晋升为教授,2004年3月任焦作工学院万方科技学院副院长,2004年被评为河南省教育厅学术技术带头人,2006年10月获博士研究生指导教师资格,2007年7月任河南理工大学应用技术学院党委书记,2010年3月被聘为中国平煤神马能源化工集团防治水首席专家。

二、学术兼职

河南省水文地质环境地质专业委员会副主任。

三、主要研究方向

水资源评价和管理,矿井水文地质,地热热储工程,环境污染机理。

四、主持省部级科研项目

1. 河南省自然科学基金项目,004070400,河南省平原区深部热储开发模式研究,1999.1—2001.12;

2. 河南省自然科学基金项目,0211060200,沉积岩相地热田亚硝酸盐增高机理及其削减技术,2002.1—2004.12;

3. 河南省重点科技攻关项目,0323030200,大水矿区水害控制技术及水资源综合利用研究,2003.1—2005.12;

4. “十一五”国家科技支撑计划重点项目,2007BAK24B04,矿井老空区探测与水害防治关键技术及装备——矿井水害监测预警技术与装备研究,2007.1—2010.6,子课题主持人;

5. 国家自然科学基金重点项目,40638040,采动煤岩地质环境劣化诱发矿山动力灾害机理研究——深部采动煤岩体地质构造及瓦斯、水赋存特征研究,2007.1—2011.12,子课题主持人;

6. 国家自然科学基金项目,40972164,华北平原深部地热水亚硝酸盐增高的动力机制研究,2010.1—2012.12。

五、著作

1. 孙峰根,王心义等. 水文地质计算的数值方法. 中国矿业大学出版社,1995.

2. 孙峰根,王心义等. 基岩水文地质学. 中国矿业大学出版社,1996.

3. 王心义,单智勇等. 岩溶裂隙型矿区水害防治技术及水资源综合利用. 煤炭工业出版社,2008.

4. 王心义主编;李世峰,许光泉,赵彦琦,高宗军,董东林副主编. 专门水文地质学(高等学校(矿业)“十一五”规划教材). 中国矿业大学出版社,2010.

六、代表性论文

1. 王心义,聂新良等. 开封凹陷区地温场特征及成因机制探析. 煤田地质与勘探,2001-5.

2. 王心义,韩鹏飞等. 研究孔隙热储层水力联系的地球化学方法. 水利学报,2001-8.

3. 王心义,李建华等. 开封市地热系统特征. 水科学进展,2002-2.

4. 王心义,邱燕燕等. 用^{14}C方法确定深部地下热水系统边界性质的研究. 水利学报,2003-11.

5. Lin Xueyu, Wang Xinyi, Liao Zisheng. Engineering scheme for geothermal water wells development in Kaifeng Area of China. Proceedings of Environmental Science and Engineering of Hunan University, April 2004(SCI 收录).

6. 王心义,邱燕燕等. 地热水资源开发的多目标优化管理. 水利学报,2005-11(EI 收录).

7. 王心义,杨建等. 矿区煤矸石堆放引起土壤重金属污染研究. 煤炭学报,2006-6(EI 收录).

8. Lin Xueyu, Aboubacar Taboure, Wang Xinyi, et al. Use of a hydrogeochemical approach in deternining hydraulic connection between porous heat reservvoirs in Kaifeng Area, Henan, China. Applied Geochemistry, Vol. 22, No. 2, February 2007(SCI 收录).

9. Wang Xinyi, Xia Daping, Li Lin. The quantitative evaluation of continuable exploition

and utilization for geothermal resources. 2008. Proceedings of Information Technology and Environmental System Sciences, Vol. 1,2008.4(ISTP 收录).

10. Wang Xinyi, et al. Research and development of geothermal & mineral water management information system based on MapXtreme. 2008. Proceedings of Information Technology and Environmental System Sciences, Vol. 1,2008.4(ISTP 收录)

11. Xia Daping, Wang Xinyi, et al. Optimal allocation model of water resource in a mine of Jiaozuo. 2009. International Conference on Energy and Environment Technology, ICEET 2009, Vol. 2(ISTP 和 EI 收录).

七、获奖情况

1. 基岩矿坑突水条件及突水量,1996 年 11 月获河南省科技进步奖三等奖,排名第二;

2. 裂隙水的壁间运动理论研究,1998 年 12 月获煤炭工业局科技进步奖三等奖,排名第三;

3. 基岩网络系统中地下水的运动及壁面阻力系数,1998 年 6 月获河南省优秀论文二等奖,排名第一;

4. 矿区煤层底板含水层注浆改造技术,2003 年 2 月获河南省科技进步奖二等奖,排名第十一(校内主持);

5. 煤矿突水点井下动水注浆封堵技术研究与应用,2006 年 12 月获国家安全生产科技成果二等奖,排名第三;

6. 煤矸石山环境污染及其治理技术,2006 年 12 月获河南省科技进步奖二等奖,排名第二;

7. 大水矿区水害控制技术及水资源综合利用研究,2007 年 12 月获中国煤炭工业协会科学技术奖二等奖,排名第三;

8. 义马煤田深部砂(砾)岩水赋存规律与防治对策,2009 年 11 月获中国煤炭工业协会科学技术奖三等奖,排名第二。

八、实用新型专利

高压水鞭,申请号:201020538398.1,发文序号:2010092100475180。

九、指导研究生

2000 年以来,独立指导研究生 32 名(已毕业 25 名),其中博士生 1 名,工学硕士生 25 名、工程硕士生 6 名。

十、主讲课程

供水水文地质,水文地质数值法,有限差及有限元,水质运移的现代模拟,水力学与水泵。

本人于 2010 年 10 月 28 日通过电子邮件确认此简介。

王焰新 Wang Yan-xin(1963.11—)

性别	男		籍贯	山西原平
学历	博士研究生		学位	博士
职称	教授		职务	副校长
工作单位	中国地质大学(武汉)			
E-mail	yx. wang@ cug. edu. cn		电话	027-67883998
邮编	430074	通信地址	湖北省武汉市洪山区鲁磨路388号	

一、简历

1984 年毕业于南京大学地球科学系,获水文地质与工程地质专业理学学士学位;

1987 年毕业于中国地质大学研究生院,获水文地质专业工学硕士学位,1990 年获该专业工学博士学位,并留校任教;

1992 年、1994 年分别被原地矿部破格晋升为副教授、教授;

1996 年开始招收水文学及水资源专业博士研究生,2001 年开始招收环境工程专业博士研究生。

1998 ~ 1999 年获国家留学基金资助,赴加拿大滑铁卢大学做高级访问学者;

1999 年获国务院政府特殊津贴;

2001 年获教育部"高校青年教师奖";

2004 年获国家杰出青年科学基金。

二、学术成就

主要从事水文地球化学、水污染控制、地下水污染及防治等领域的研究。长期从事水文地质和环境工程领域的科研工作,以地下水水质为核心研究对象,通过理论、方法和技术创新,致力于水文地球化学理论和水污染控制技术研究,为供水水质安全提供理论和技术支撑。近期研究工作以砷的水文地球化学研究为重点,积极开展砷、氟、有机污染物在地下水系统中的地球化学行为研究。本人和所领导的团队探索了地下水污染和原生劣质水成因与水质修复的新理论和新模型,通过实验揭示了岩土材料和零价铁去除水中砷、氟、镉和有机氯化物的机理;提出了从水化学 - 同位素组成特征中提取地下水环境演变信息和识别水文地质条件的新方法;提出了黄姜皂素清洁生产新思路并建立了示范工程,从而为水污染控制寻找到新途径。

赴欧美及俄罗斯、日本、印度等国讲学、参加学术会议或进行合作科研 20 余次,主持召开大型国际学术会议 4 次,在国际学术会议上作大会特邀报告 10 余次,与国际学术界保持着广泛的学术关系。近 20 年来,主持国家自然科学基金重点项目(2 项)、世界自然基金会课题(1 项)、科技部政府间国际合作项目(2 项)、863 计划项目(2 项)、国家自然科

学基金面上项目（3 项）及湖北省重大科技攻关项目等课题 40 余项；研究成果获湖北省自然科学奖一等奖、武汉市科技进步奖一等奖、湖北省和山西省科技进步奖二等奖、湖北省教学成果奖等奖励共 6 项。在包括《Environmental Science and Technology》、《Chemosphere》、《Journal of Hydrology》、《Applied Geochemistry》、《Journal of Chromatography B》、《中国科学》等期刊在内的学术刊物上发表的论文中有 85 篇为 SCI 收录。主编出版 4 部国际会议论文集，其中与美国学者 T. D. Bullen 共同主编的《第十二届国际水 - 岩相互作用学术讨论会论文集》（1、2 卷，共 1 705 页）由国际权威出版社 Taylor & Francis 2007 年出版。出版专著 8 部，其中应邀为国际环境科学领域系列丛书《Treatment of Industrial and Hazardous Wastes》之《Heavy Metals in the Environment》一书（Taylor & Francis 出版社 2009 出版）撰写"高砷地下水"一章。主编的教材《地下水污染与防治》为教育部学位管理与研究生教育司推荐研究生教学用书，由高等教育出版社 2007 年出版。

三、主要兼职

国际水文地质学家协会中国国家委员会副主席、国际地球化学协会水 - 岩相互作用工作组成员、中国地质学会理事兼水文地质专业委员会副主任委员、科技部"863"计划资源环境技术领域专家组成员、国土资源部科技咨询委员会委员、教育部环境工程专业教学分指导委员会委员、国家自然科学基金评审专家组成员。

四、近年承担的主要项目

利用煤工业废弃物制备超细高岭土和高档瓷质砖的产业化技术开发，科技部"863"计划课题（编号 2002AA001039），2003—2004；

高等学校优秀青年教师教学科研奖励计划（人才基金），教育部，2001—2005；

浅层地下水系统污染敏感性及其内在净化作用，国家自然科学基金重点项目（编号 49832005），1999—2002；

黄姜皂素水污染控制技术及工程示范，科技部"863"计划课题（编号 2004AA601050），2004—2006；

胶体影响下高砷地下水系统水文地球化学过程研究，国家杰出青年科学基金项目（编号 40425001），2005—2008；

潜流带污染物迁移转化与自然衰减作用研究，国家自然科学基金重点项目（编号 40830748），2009—2012。

五、代表性论文

1. Wang Yanxin, Stepan Shvartsev, Su Chunli. Genesis of arsenic/fluoride enriched soda waters: a case study at Datong Basin. Applied Geochemistry, 2009, 24.

2. Wang Yanxin, Ma Teng, Ryzhenko B N, Limantseva O A, Cherkasova E V. Model for the formation of arsenic contamination in groundwater. 1. Datong Basin, China. Geochemistry International, 2009, 47.

3. Tong Lei, Li Ping, Wang Yanxin, Zhu Kuanzheng. Analysis of veterinary antibiotic

residues in swine wastewater and environmental water samples using optimized LC/MS/MS. Chemosphere 2009, 74.

4. Wang Yanxin, Liu Hui, Bao Jianguo, Hong Yan, Yang Zhihua, Zhang Caixiang. SMRH process: a novel technology of cleaner production of diosgenin from Dioscorea Zingiberensis. Journal of Cleaner Production, 2008, 16.

5. Zhang Caixiang, Wang Yanxin. Identification and significance of sterols in MSW landfill leachate. Journal of Chromatography B, 2008, 874.

6. Wang Yanxin, Broder J Merkel, Li Yilian, Ye Hui, Fu Surong, Dana Ihm. Vulnerability of groundwater in quaternary aquifers to organic contaminants: a case study in Wuhan City, China. Environmental Geology, 2007, 53.

7. Guo Qinghai, Wang Yanxin, Liu Wei. Major hydrogeochemical processes in the shallow reservoir of the Yangbajing Geothermal Field, Tibet, China. Journal of Volcanology and Geothermal Research, 2007, 166.

8. Wang Yanxin, Guo Qinghai, Su Chunli, Ma Teng. Strontium isotope characterization and major ion geochemistry of karst water flow, Shentou, Northern China. Journal of Hydrology, 2006, 328.

9. Wang Y X, Liang Z, Yuan X M, Xu Y S. Preparation of cellular iron using wastes and its application in dyeing wastewater treatment. Journal of Porous Materials, 2005, 12.

10. 郭清海,王焰新等. 山西岩溶大泉近50年的流量变化过程及其对全球气候变化的指示意义. 中国科学D辑,2005-2.

11. 王焰新等. 利用粉煤灰合成沸石及其去除水中重金属的实验研究. 中国科学D辑,2003-7.

12. 沈照理,王焰新. 水-岩相互作用研究的回顾与展望. 地球科学——中国地质大学学报,2002-2.

13. Wang Yanxin, Eric J Reardon. Activation and regeneration of a soil sorbent for defluoridation of drinking water. Applied Geochemistry, 2001,16.

14. Wang Yanxin, Eric J Reardon. A siderite/limestone reactor to remove arsenic and cadmium from wastewaters. Applied Geochemistry, 2001,16.

15. Wang Y, Ma T, Luo Z. Geostatistical and geochemical analysis of surface water leakage into groundwater on a regional scale: a case study at the Liulin karst water system, Northwestern China. Journal of Hydrology, 2001, 246.

16. Eric J Reardon, Wang Yanxin. A limestone reactor for fluoride removal from wastewaters. Environmental Science and Technology, 2000, 34.

17. 王焰新等. 山西柳林泉域水-岩相互作用地球化学模拟. 地球科学——中国地质大学学报,1998-5.

18. Wang Yanxin, Shpeyzer G M. Genesis of thermal groundwaters from Siping'an district, China. Applied Geochemistry, 1997,12.

19. 王焰新. 环境地球化学研究进展评述——第四届国际环境地球化学学术讨论会简

要回顾.地质科技情报,1997-4.

20.王焰新等.结晶岩区裂隙水水动力环境的地球化学与同位素标记.科学通报,1996-16.

六、专著、译著、论文集及教材

1. Proceedings of International Symposium on Hydrogeology and the Environment. China Environmental Science Press, 2000.

2. 东亚大陆裂谷医疗矿水水文地球化学研究.中国环境科学出版社,2000.

3. Proceedings of International Symposium on Water Resources and the Urban Environment. China Environmental Science Press, 2003.

4. 浅层孔隙地下水系统环境演化及污染敏感性研究——以山西大同盆地为例.科学出版社,2004.

5. Proceedings of the 12th International Symposium on Water-Rock Interaction, Amsterdam: Taylor & Francis, 2007.

6. 地下水污染及防治(教育部推荐研究生教学用书).高等教育出版社,2007.

7. Chapter 5 Environmental Geochemistry of High Arsenic Aquifer Systems. In: Heavy Metals in the Environment. Taylor and Francis & CRC Press, 2009.

8. 盆-山地下水系统演化及其资源环境效应.科学出版社,2010.

9. 水文地质学原理(译著).高等教育出版社,2010.

初稿摘自中国地质大学(武汉)环境学院网站,本人于2010年10月23日通过电子邮件确认此简介。

魏晓妹 Wei Xiao-mei(1957.8—)

性别	女		籍贯	甘肃甘谷
学历	博士研究生		学位	博士
职称	教授		职务	
工作单位	西北农林科技大学水利与建筑工程学院			
E-mail	weixiaomei@ nwsuaf. edu. cn		电话	029-87082902
邮编	712100	通信地址	陕西·杨凌·渭惠路23号	

一、综合介绍

主要从事干旱半干旱地区水资源开发利用与管理、水量转化理论与调控技术方向的教学与科研工作。1982年1月从原陕西机械学院水利系毕业,分配到西北农林科技大学(原西北农业大学)水利与建筑工程学院任教至今,并在本校在职攻读研究生,分别于1992年和1996年获得农业水土工程专业工学硕士和博士学位。1998~2001年曾兼任水建学院副院长,先后主管科研、研究生及本科生教学工作。现兼任中国农业工程学会农业水土工程专业委员会委员、高校水利学科水文与水资源工程专业教学指导分委员会委员,《地下水》、《水利与建筑工程学报》和《水资源与水工程学报》编委,陕西省政协常委。

主讲研究生水资源研究进展、水资源学、水资源评价、水资源调控技术、渗流原理及本科生地下水动力学、地下水利用工程等多门课程。目前已培养博士1名,硕士22名;在读博士研究生4名,硕士研究生7名。先后获中国水利教育协会水利教育"优秀研究成果三等奖"和陕西省"水利教育先进教育工作者"等奖励。

参加并完成国家自然科学基金项目"西北旱区农业发展对流域尺度水循环的影响及生态环境效应"、"关中灌区耗水量与区域水平衡关系对黄河径流影响的研究",高校博士点基金项目"黄土原灌区三水转化机理及水资源最佳调控方式研究","十一五"国家科技支撑计划"大型农业灌区节水改造工程关键支撑技术研究"及一些市、县"水资源评价及开发利用现状分析"、"供水水源规划"等研究项目。"黄土原灌区三水转化机理及水资源最佳调控方式研究"2006年获陕西省水利厅水利科技进步奖一等奖、2007年获陕西省科学技术奖二等奖。先后在《农业工程学报》、《四川大学学报》、《西北农林科技大学学报》、《灌溉排水学报》等刊物上发表学术论文40余篇,获计算机软件著作权1件,出版专著4部、全国统编教材1部。

二、发表的代表性论文

1. Wei Xiaomei, Ba Duoduo, Chen Jianhuang. Groundwater issues in irrigated areas of North China. Proceeding of International Conference on Water-saving Agriculture and Sustainable Use of Water and Land Resources. Shaanxi Science and Technology Press, 2003, 10.

2. 魏晓妹,康绍忠等. 石羊河流域绿洲农业发展对地表水与地下水转化关系的影响. 农业工程学报,2005-5.

3. Wei Xiaomei, Sun Yanwei, Ma Lan. Regulate groundwater resources reasonably and promote the construction of eco-irrigation districts of Inland River Basin effective utilization of agricultural soil & water resources and protection of environment. Hohai University Press, 2007,9.

4. Ma Lan, Wei Xiaomei, Sun Yanwei. Simulation and prediction of groundwater dynamics in the Minqin Basin by ARMA model. 四川大学学报(工程科学版),2009(9).

本人于2010年11月24日通过电子邮件确认此简介。

吴吉春 Wu Ji-chun(1968—)

性别	男		籍贯	江西上饶
学历	博士研究生		学位	博士
职称	教授		职务	系主任
工作单位	南京大学水科学系			
E-mail	jcwu@ nju. edu. cn		电话	86-25-83595591
邮编	210093	通信地址	中国南京汉口路22号	

一、综合介绍

1989 年、1991 年和 1994 年分别在南京大学地球科学系获学士、硕士和博士学位。硕士毕业后留校工作,1993 年任讲师,1995 年 3 月任副教授,1998 年 3 月任教授,1999 年 11 月被聘为博士生导师。2000 年至 2002 年以高级访问学者身份应邀赴美合作研究,其后又多次赴美国、澳大利亚、挪威、加拿大以及我国香港、台湾的大学进行短期访问研究。

一直从事地下水动力学、地下水流和溶质运移模拟、地下水随机理论、水资源与水环境方面的教学和科研工作,现为南京大学水科学系主任,南京大学水资源与水环境研究所所长,水处理与水环境修复教育部工程研究中心副主任,江苏省"青蓝工程"学术带头人,2007 年度国家自然科学基金杰出青年基金获得者,国家精品课程"地下水动力学"主持人。

已主编专业规范教材 2 部,合作出版专著 3 部、教材 2 部,发表论文 240 多篇(英文论文 110 多篇),已被 SCI、EI、ISTP 三大检索系统收录 150 余篇,申请国家发明专利 9 项。作为项目主持或具体负责人或主要完成者,已完成的科研项目有 30 多项(其中国家自然科学基金重点项目 2 项、面上项目 8 项,国家"七五"重点科技攻关项目 3 项,"八五"重点科技攻关项目 1 项,博士点基金项目 3 项,其他省部级项目 6 项,横向项目 10 多项,美国能源部合作项目 2 项),目前正主持国家自然科学基金杰出青年基金项目 1 项、国家自然科学基金重点项目 1 项、其他科研项目多项。

在非平稳地下水随机理论、海水入侵、地面沉降、复杂条件下的地下水流与污染物运移数值模拟、地下水模拟不确定性分析、分数阶对流—弥散方程研究等方面研究成果突出。曾获国家教育部科技进步奖一等奖 1 次、二等奖 2 次、三等奖 1 次,内蒙古自治区科技进步奖一等奖 1 次,电力勘测设计科技进步应用成果一等奖 1 次,国土资源部科技进步奖二等奖 1 次,并获首届全国高校优秀青年教师奖、第五届全国"青年地质科技奖"——金锤奖、第三届"江苏省青年科技标兵"、第九届霍英东教育基金会高校青年教师奖(研究类)二等奖。

科研成果已在国内外同行中产生了良好影响,多次受邀担任国际会议的学术委员会

副主任委员、委员(如34届国际水文地质大会学术委员会副主任等),国际会议专题会议召集人、特约报告人,国际著名专业期刊的审稿人,国家自然科学基金委员会专家评审组成员;多次应邀参加全国和江苏省的学科评议和评估,省部级科技进步奖评审,国家自然科学基金委员会创新团队、杰出青年基金、重点及面上项目评审,国家教学创新团队、精品课程评审,博士点基金、博士后基金评审;国内专业期刊的编委、特邀主编、特约编审,国内著名高校兼职教授。目前兼任中国水利学会地下水科学与工程专业委员会副主任,中国地质学会水文地质专业委员会副秘书长,教育部水利工程教学指导委员会委员、水文与水资源教学指导分委员会副主任,中国自然资源学会水资源专业委员会副主任,中国水利教育协会高等教育分会第四届常务理事、水文专业教育研究会副主任,江苏省水资源协会二届理事会常务理事,江苏省水利学会七届理事会常务理事,江苏省水利学会水力学专业委员会副主任,中国水利学会水资源专业委员会委员、中国地质学会环境地质专业委员会委员、中国地质学会岩溶地质专业委员会委员、中国环境科学学会土壤与地下水环境专业委员会委员,中国地质学会江苏分会第九届理事会理事、南京青年科技工作者协会第二届理事会理事、南京党外知识分子联谊会理事,水利部建设项目水资源论证报告书评审专家、国家环保部环境工程评估中心常聘专家。

二、主要教学情况

1. 主编专业规范教材《地下水动力学》、《水环境化学》,参编国家级规划教材《地下水动力学》(曾获教育部科技进步奖二等奖);

2. 主讲地下水动力学(国家精品课程、江苏省精品课程)、地下水运移模型、地下水流数值模拟、地下水随机理论等室内课程多门次;

3. 曾承担普通地质认识、区域地质测绘等野外教学多门次;

4. 指导博士后、博士生、硕士生多人。

三、研究方向

地下水模拟,地下水随机理论,水资源与水环境,水文与水资源不确定性分析。

四、主要论著

按发表时间顺序,带 * 为代表性论著。

*1. Wu Jichun, Xie Chunhong, Xue Yuqun. 1991. A modified characteristic alternating direction lmplict scheme for the advection-dispersion equation. Proceedings of Inter. Conf. on Modeling Groundwater Flow and Pollution, held in Nanjing University, Nanjing, P. R. China, Nanjing University Press, p255-260.

2. Xue Yuqun, Xie Chunhong, Wu Jichun. 1991. A numerical model of the sea water intrusion in coastal aquifers, Proceedings of Inter. Conf. on Modeling Groundwater Flow and Pollution, held in Nanjing University, Nanjing, P. R. China, Nanjing University Press, p13-20.

*3. 薛禹群,谢春红,吴吉春等. 海水入侵、咸淡水界面运移规律研究. 南京大学出版社,1991.

4. Xue Y, Xie C, Zhang Z, Wu J. 1992. A study on the numerical simulation of heat transfer in aquifer, Proceedings of IX Inter. Conf. on Comp. Methods in Water Resources, Vol. 2 (Mathematical Modeling in Water Resources), held in Uni. of Colorado, Denver, U. S. A., CMP and Elsevier, p461-468.

5. Wu Jichun, Xue Yuqun, Zhang Zhihui. 1992. Groundwater development and seawater intrusion in Laizhou Bay district, Shandong Province. Proceedings of Inter. Workshop on Groundwater and Environment, held in Beijing, P. R. China, Seismological Press, p178-184.

6. Zhang Zhihui, Xue Yuqun, Wu Jichun. 1992. A research to the effect of aquifer Thermal energy storage on the environment. Proceedings of Inter. Workshop on Groundwater and Environment, Seismological Press, Beijing, P. R. China, Aug. p298-303.

*7. 吴吉春等. 山东省龙口市地下水资源管理模型. 南京大学学报(地球科学版), 1992-1.

8. 薛禹群,谢春红,吴吉春. 含水层中海水入侵的数学模型. 水科学进展,1992-2.

9. Xue Yuqun, Xie Chunhong, Wu Jichun, Liu Peiming, Shi Hongwen. 1993. Sea water intrusion in the Longkou-Laizhou Area, Shandong. Acta Geological Sinica, Vol. 6, No. 1.

10. Wu Jichun, Xue Yuqun, Xie Chunhong, Zhang Zhihui. 1993. Numerical modeling of sea water intrusion in Huangheying, Longkou City, Advances in Hydro-Science and Engineering, Proceedings of International Conference on Hydro-Science and Engineering, Jun. 1993, the University of Mississippi, Washington, D. C., U. S. A.

11. Zhang Zhihui, Xue Yuqun, Xie Chunhong, Wu Jichun. 1993. Time splitting matched artificial dispersivity method in solving 3D advection-dominated contaminant transport problems, Advances in Hydro-Science and Engineering, Proceedings of International Conference on Hydro-Science and Engineering, Jun. 1993, the University of Mississippi, Washington, D. C., U. S. A.

*12. Xue Yuqun, Wu Jichun, Liu Peiming, Wang Jianji, Jiang Qingbo, Shi Hongwen. 1993. Sea water intrusion in the coastal areas of Laizhou Bay, China-1. Distribution of Sea Water Intrusion and its Hydrochemical Characteristics, Ground Water, Vol. 31, No. 4, p532-537.

*13. Wu Jichun, Xue Yuqun, Liu Peiming, Wang Jianji, Jiang Qingbo, Shi Hongwen. 1993. Sea water intrusion in the coastal areas of Laizhou Bay, China-2. Sea Water Intrusion Monitoring, Ground Water, Vol. 31, No. 5, p740-745.

14. 张志辉,薛禹群,谢春红,吴吉春. 算子分裂法在对流占优三维对流—弥散问题中的应用. 计算物理,1993-1.

15. 薛禹群,谢春红,吴吉春等. 龙口—莱州地区海水入侵含水层的三维数值模拟. 水利学报, 1993-11.

16. 吴吉春,薛禹群等. 龙口—莱州地区海水入侵的发展演化与水化学特征. 南京大学学报(自然科学版),1994-1.

17. Zhang Zhihui, Xue Yuqun, Wu Jichun. 1994. Thermal transport in aquifer—a

nonlinear three-dimensional model and its application, Water Down Under 94, Vol. 2-Part B, held in Adelaide, South Australia, p759-762.

*18. Zhang Zhihui, Xue Yuqun, Wu Jichun. 1994. A cubic-spline technique to calculate nodal darcian velocities in aquifers. Water Resources Research, Vol. 30, No. 4, p975-981.

*19. 张志辉,吴吉春等. 井流影响下的对流-弥散问题研究. 水利学报,1995-5.

*20. Xue Yuqun, Xie Chunhong, Wu Jichun. 1995. A three-dimensional miscible transport model for sea water intrusion in China. Water Resources Research, Vol. 31, No. 4, p903-912.

21. Wu Jichun, Xue Yuqun, Xie Chunhong, Zhang Zhihui. 1995. A study on the numerical simulation of salt water intrusion in a phreatic aquifer, Proceedings of Ⅲ Inter. Conf. on Water Pollution, held in Porto Carras, Greece.

*22. 吴吉春,薛禹群等. 海水入侵含水层中交换阳离子运移行为的数学模型. 科学通报,1996-1.

*23. 吴吉春,薛禹群等. 海水入侵过程中水-岩作用的实验研究. 南京大学学报(自然科学版), 1996-1.

*24. 吴吉春,薛禹群等. 描述海水入侵过程中交换阳离子运移行为的溶质运移方程. 水科学进展,1996-2.

25. 张志辉,薛禹群,谢春红,吴吉春. 含水层中水岩间的热交换研究. 水科学进展, 1996-2.

*26. Wu Jichun, Xue Yuqun, Xie Chunhong. 1996. A study on the numerical simulation of Ca^{2+}, Na^{+} and Mg^{2+} transfer in aquifer during sea water intrusion. Proceedings of Ⅺ Inter. Conf. on Comp. Methods in Water Resources (Computational Methods in Water Resources Ⅺ, Vol. 1: Subsurface Flow and Transport Problems), held in Cancun, Mexico, p219-226.

27. Xue Yuqun, Wu Jichun, Xie Chunhong. 1996. Modeling contaminant transport in a system of leaky aquifers. Proceedings of Ⅺ Inter. Conf. on Comp. Methods in Water Resources (Computational Methods in Water Resources Ⅺ, Vol. 1: Subsurface Flow and Transport Problems), held in Cancun, Mexico.

*28. Wu Jichun, Xue Yuqun, Xie Chunhong, Zhang Zhihui. 1996. A mathematical model for the description of the transport behavior of exchange cations in aquifer during sea water intrusion. Chinese Science Bulletin, Vol. 41, No. 5, p431-435.

*29. 吴吉春,薛禹群等. 改进特征有限元法求解高度非线性的三维海水入侵问题. 计算物理, 1996-2.

30. 薛禹群,吴吉春等. 元宝山露天煤矿地下水疏干数值模拟. 煤炭学报,1996-3.

*31. 吴吉春,薛禹群等. 海水入侵过程中水岩间阳离子交换的数值模拟研究. 南京大学学报(自然科学版),1997-地质流体专辑.

*32. 吴吉春,薛禹群等. 太原盆地地下水污染数值模拟. 南京大学学报(自然科学版),1997-3.

*33. 薛禹群,朱学愚,吴吉春等. 地下水动力学原理(教材),地质出版社,1997.

34. 薛禹群,吴吉春等. 莱州湾沿岸海水入侵及咸水入侵研究. 科学通报,1997-22.

35. Wu Jichun, Xue Yuqun, Xie Chunhong. 1997. A study on the water-soil interaction in the process of sea water intrusion. Proceedings of 30th International Geological Congress(22), Vol. 2, p5-14.

*36. Xue Yuqun, Wu Jichun, Xie Chunhong, Zhang Zhihui. 1998. Numerical simulation for mine dewatering in an opencast coal mine. Mining Engineering, Vol. 302, p60-65.

37. Xue Yuqun, Wu Jichun, Xie Chunhong, Zhang Yongxiang. 1998. Study on the sea water intrusion and salt water intrusion in the coastal area of Laizhou Bay. Chinese Science Bulletin, Vol. 43, No. 12.

*38. Wu Jichun, Xue Yuqun, Huang Hai. 1998. A study on the numerical simulation of mine dewatering in a large-scale opencut coal mine, China, Computational Methods in Water Resources Ⅻ, Vol. 1: Computational Methods in Contamination and Remediation of Water Resources.

*39. Wu Jichun, Xue Yuqun, Zhang Yongxiang. 1998. Modeling on the high concentration water intrusion in Hanting-Changyi Area, China, Computational Methods in Water Resources Ⅻ, Vol. 2: Computational Methods in Surface and Ground Water Transport, p271-278.

40. Zhang Yong, Xue Yuqun, Wu Jichun. 1998. Study on the motion equation for high temperature variation and applying it to the ATES experiment in Shanghai, Computational Methods in Water Resources Ⅻ, Vol. 2: Computational Methods in Surface and Ground Water Transport, p517-524.

41. 朱君峰,黄海,薛禹群,吴吉春. 越流含水层系统地下水有毒元素污染数值模拟——以太原盆地地下水汞污染为例. 环境科学,1999-1.

42. 张勇,薛禹群,谢春红,吴吉春. 高浓度条件下的地下水运动方程. 南京大学学报(自然科学版),1999-3.

*43. Xue Yuqun, Wu Jichun, Ye Shujun, Zhang Yongxiang, 2000. Hydrogeological and hydrogeochemical studies for salt water intrusion on the South Coast of Laizhou Bay, China. Ground Water, Vol. 38, No. 1, p38-45.

*44. 吴吉春,薛禹群等. 山西柳林泉裂隙发育区溶质运移三维数值模拟. 南京大学学报(自然科学版),2000-6.

*45. Wu Jichun, Xue Yuqun, Ye Shujun. 2000. Numerical simulation for solute transport in fracture-developed area in Liulin Spring, Hydrogeology and the Environment, China Environment Science Press, p120-125.

*46. Zhang Hua, Wu Jichun. 2000. The stochastic simulation of solute transport in fractured media, Hydrogeology and the Environment, China Environment Science Press, p151-156.

47. 张宗祜,沈照理,薛禹群等 19 人著. 华北平原地下水环境演化. 地质出版社,2000.

*48. 吴吉春,薛禹群等. 山西柳林泉域溶质运移二维数值模拟. 水利学报,2001-8.

49. Hu B X, Wu J C, et al. 2002. A numerical method of moments for solute flux in non-

stationary flow fields, IAHS-AISH Publication, No. 277 (Calibration and Reliability in Groundwater Modeling: A few steps closer to reality, Kluwer Academic Publ., Kovar K, Hrkal Z. Eds.).

*50. Wu Jichun, Bill X Hu, Zhang Dongxiao. 2002. A study on solute flux in a porous medium with multi-scale heterogeneity, Developments in Water Science, Vol. 2: Compu. Methods in Water Resources, p1315-1322.

51. Bill X Hu, Wu Jichun, et al. 2002. A numerical method of moments for solute flux in nonstationary flow fields, Modelcare 2002. Acta Universitatis Carolinae-Geologica, Vol. 46, No. 2/3, p109-112.

*52. Wu Jichun, Bill X Hu, Zhang Dongxiao. 2003. Application of nonstationary stochastic theory to solute transport in multi-scale geological media. Journal of Hydrology, Vol. 275, No. 3-4, p208-228.

*53. Wu Jichun, Bill X Hu, et al. 2003. A three-dimensional numerical method of moments for groundwater flow and solute transport in a nonstationary conductivity field. Advances in Water Resources. Vol. 26, No.11, p1149-1169.

54. Bill X Hu, Wu Jichun, et al. 2003. Groundwater flow and solute transport in a porous medium with multi-scale heterogeneity. Advances in Water Resources, Vol. 26, No. 5, p541-560.

55. 程诚,吴吉春等.单裂隙介质中的溶质运移研究综述.水科学进展,2003-4.

56. Zhu Xiaobin, Wu Jichun, Ye Shujun, et al. 2003. Evaluation of groundwater resource in deep aquifers of the Yangtze Delta (south of the Yangtze River). Water Resources and the Urban Environment, p469-473.

*57. Wu Jichun, Bill X Hu, He Changming. 2004. A numerical method of moments for solute transport in a porous medium with multiscale physical and chemical heterogeneity. Water Resources Research, Vol. 40, W01508, DOI: 10. 1029 /2002WR001473. W015081-W0150814.

*58. Wu Jichun, Bill X Hu. 2004. Three-dimensional numerical method of moments for linear equilibrium-adsorbing solute transport in physically and chemically nonstationary formations. Mathematical Geology, Vol. 36, No. 2, p239-265.

59. Bill X Hu, Wu Jichun, Zhang Dongxiao. 2004. A numerical method of moments for solute transport in physically and chemically nonstationary formations: linear equilibrium sorption with random Kd, Stochastic Environment Research and Risk Assessment (SERRA), 18 (1):22-30.

60. Zhang J F, Wang X R, Wu J C, Xue Y Q, et al. 2004. Effects of chronic exposure of 2,4-dichlorophenol on the antioxidant system in liver of freshwater fish Carassius auratus. Chemosphere, 55(2):167-174.

*61. 常福宣,吴吉春等.多孔介质溶质运移的分数弥散过程与 Lévy 分布.南京大学学报(自然科学版),2004-3.

62. Wu Jichun, Bill X Hu. 2004. Stochastic study on solute flux in nonstationary flow field conditioning on measured data, Computational Methods in Water Resources. Proceedings of XV Inter. Conf. on Comp. Methods in Water Resources, held in North Caronia, USA, Vols. 1-2.

63. Ye Shujun, Xue Yuqun, Wu Jichun, Xie Chunhong. 2004. Application of the multiscale finite element method (MFEM) to flow in heterogeneous porous media, Computational Methods in Water Resources. Proceedings of XV Inter. Conf. on Comp. Methods in Water Resources, held in North Caronia, USA, Vol. 1 and 2, p337-348.

64. Zhang J F, Wang X R, Wu J C, Xue Y Q, et al. 2004. Effects of water soluble fractions of diesel oil on the antioxidant defense system of goldfish carassius auratus. Ecotoxicology & Environmental Safety, 58(1): 110-116.

65. Zhang J F, Wang X R, Shen H, Wu J C, Xue Y Q. 2004. Determination of total phosphorus in water samples by flow-injection analysis. Chemia Analityczna, 49 (4): 527-533.

66. Wang Dong, Zhu Yuansheng, Pan Shaoming, Zhu Qingping, Wu Jichun. 2004. Component disassembled forecasting method of hydrologic time series based on maximum entropy spectra analysis (MESA). Proceedings of the World Engineers' Convention 2004, Resources and Energy, Vol. F-A, p173-177.

67. Zhu X B, Wu J C. Ye S J, Zhao J K. 2004. Groundwater modeling for deep aquifers in the Yangtze Delta (south of the Yangtze River). Geochimic et Cosmochimica Acta 68 (11), Suppl. S.

68. Ye S J, Wu J C. 2004. Application of the multiscale finite element method to 3D groundwater flow in heterogeneous porous media. Geochimica et Cosmochimica Acta, 68 (11), Suppl. S.

69. Zhang J F, Sun Y Y, Shen H, Liu H, Wang X R, Wu J C, Xue Y Q. 2004. Antioxidant response of Daphnia magna exposed to No. 20 diesel oil. Chemical Speciation and Bioavailability, 16 (4): 139-144.

70. Wang Dong, Wu Jichun, Pan Shaoming, Zhu Qingping. 2004. Maximum entropy spectral analysis of the period characteristic of hydrologic series. Proceedings of International Symposium on Flood Forecasting and Management with GIS and Rmote Sensing (FM2S' 2004, Guangzhou and Three Gorges, China), p237-244.

71. Wang Dong, Pan Shaoming, Wu Jichun, Zhu Qingping. 2004. Progress and expectation on flood risk analysis. Proceedings of International Symposium on Flood Forecasting and Management with GIS and Remote Sensing (FM2S' 2004, Guangzhou and Three Gorges, China).

72. Bill X Hu, Wu Jichun, He Changming. 2004. On stochastic modeling of groundwater flow and solute transport in multi-scale heterogeneous formations. Computational and Applied Mathematics, Vol. 23, No. 2-3, p121-151.

73. Zhang J F, Liu H, Sun Y Y, Wang X R, Wu J C, Xue Y Q. 2005. Responses of the antioxidant defenses of the goldfish carassius auratus, exposed to 2,4-dichlorophenol. Environmental Toxicology and Pharmacology, 19 (1): 185-190.

74. Li Yuxiang, Wu Jichun. 2005. Extinction for fast diffusion equations with nonlinear sources. Electronic Journal of Differential Equations, Vol. 2005 (2005), No. 23, 7, p1-7, MR2119075.

75. 常福宣,吴吉春等. 多孔介质溶质运移问题中的分数弥散. 水动力学研究与进展(A辑), 2005-1.

*76. 常福宣,吴吉春等. 考虑时空相关的分数阶对流—弥散方程及其解. 水动力学研究与进展(A辑),2005-2.

*77. 施小清,吴吉春等. 渗透系数的分布规律研究. 水科学进展,2005-2.

*78. 陈彦,吴吉春. 含水层渗透系数空间变异性对地下水数值模拟结果的影响. 水科学进展, 2005-4.

*79. 施小清,吴吉春等. 含水介质各向异性对渗透系数空间变异性统计的影响. 水科学进展, 2005-5.

80. 张阿根,魏子新等. 中国地面沉降. 上海科学技术出版社,2005.

81. Wu Jichun, Zhu Xiaobin, Ye Shujun. 2005. Groundwater modeling for the phreatic-confined aquifers system in the Huolinhe River Basin, Inner Mongolia, China. Geochimica et Cosmochimica Acta, 69(10), Suppl. S.

82. Ye Shujun, Xue Yuqun, Wu Jichu. 2005. Numerical modeling of land subsidence in Shanghai. Geochimica et Cosmochimica Acta, 69(10), Suppl. S.

83. Ye Shujun, Xue Yuqun, Wu Jichun, et al. 2005. Study on the groundwater flow model for land subsidence modeling in Shanghai. Land Subsidence (Proceedings of the 7th International Symposium on Land Subsidence), p628-634.

84. Zhu Xiaobin, Wu Jichun, Ye Shujun, et al. 2005. The management model of groundwater resources in deep aquifers of the Changjiang Delta (south of the Changjiang River) consider the land subsidence. Land Subsidence (Proceedings of the 7th International Symposium on Land Subsidence), p647-653.

85. Zhang Yun, Xue Yuqun, Wu Jichun, et al. 2005. Nonlinear creep modeling of one-dimensional consolidation of saturated clay, Land Subsidence (Proceedings of the 7th International Symposium on Land Subsidence), p664-671.

86. Shi Xiaoqing, Xue Yuqun, Wu Jichun, et al. 2005. Modification of SUB package to simulate aquifer-system compaction and land subsidence. Land Subsidence (Proceedings of the 7th International Symposium on Land Subsidence), p727-735.

87. Xia Yuan, Wu Jichun, Shi Xiaoqing, et al. 2005. Forcast of subsidence caused by pumping shallow groundwater in the representative plot of Suzhou-Wuxi-Changzhou Area. Land Subsidence (Proceedings of the 7th International Symposium on Land Subsidence).

88. Shi Xiaoqing, Xue Yuqun, Wu Jichun, et al. 2005. Creep and strength behavior of the sand of the 2nd confined aquifer in Changzhou, China. Land Subsidence (Proceedings of the 7th International Symposium on Land Subsidence), p317-324.

89. Xue Yuqun, Zhang Yun, Ye Shujun, Wu Jichun, Li Qinfen. 2005. Land subsidence in

China. Environmental Geology, 48(6): 713-720.

90. Bill X Hu, Wu Jichun, et al. 2006. A numerical method of moments for solute transport in nonstationary flow field. Transport in Porous Media, Vol. 62, No. 1, p1-22.

*91. Wu Jichun, Zhu Xiaobin. 2006. Using the shuffled complex evolution global optimization method to solve groundwater management model, APWeb 2006, LNCS 3841, p986-995.

92. 张云,薛禹群,吴吉春等.抽灌水条件下上海砂土层的变形特征和变形参数.水利学报, 2006-5.

93. Zhu Xiaobin, Wu Jichun, Wu Jianfeng. 2006. Application of SCE-UA to optimize the management model of groundwater resources in deep aquifers of the Yangtze Delta, International Multi-Symposiums on Computer & Computational Sciences (IMSCCS06), Vol. Ⅱ.

94. 伍永钢,任洪强,丁丽丽,吴吉春.新型聚乙烯填料生物滴滤床净化硫化氢气体的启动研究.环境科学,2006-12.

95. Zhang Y, Xue Y Q, Wu J C, Shi X Q. 2006. Creep model of saturated sands in oedometer tests, J. ASCE Geotechnical Special Publication, No. 150, 2006, p328-335.

96. Shi X Q, Xue Y Q, Ye S J, Wu J C, et al. 2006. Characterization and modeling of land subsidence in Su-Xi-Chang Area, China. Geochim. Cosmochim. Acta 70 (18, Supplement 1).

97. Wang D, Pan S, Wu J, Zhu Q, Liu C. 2006. Water and sand flux into sea of the Yellow River under water and sand diversion. Geochimica et Cosmochimica Acta, 70(18), Suppl. S.

98. Shi X Q, Xue Y Q, Ye S J, Wu J C, et al. 2007. Characterization of land subsidence induced by groundwater withdrawals in Su-Xi-Chang Area, China. Environmental Geology. Vol. 52, No. 1, p27-40.

99. Yin Y, Jia H X, Sun Y Y, Yu H X, Wang X R, Wu J C, Xue Y Q. 2007. Bioaccumulation and ROS generation in liver of carassius auratus, exposed to phenanthrene. Comparative Biochemistry and Physiology C-Toxicology & Pharmacology, 145 (2): 288-293(SCI).

100. Zhang Yun, Xue Yuqun, Wu Jichun, Ye Shujun, Wei Zixin, Li Qinfen, Yu Jun. 2007. Characteristics of aquifer system deformation in the Southern Yangtse Delta, China. Engineering Geology, 90 (3-4): 160-173.

101. Zhang Yun, Xue Yuqun, Wu Jichun, Ye ShuJun, Li Qinfen. 2007. Stress-strain measurements of deforming aquifer systems that underlie Shanghai, China. Environmental and Engineering Geoscience, Vol. 13, No. 3, p217-223.

*102. Wu Jichun, Bill X Hu. 2007. Numerical method of moments for solute transport in a nonstationary flow field conditioning on hydraulic conductivity and head measurement. J. Stochastic Environment Research and Risk Assessment (SERRA), Vol. 21, No. 6, p665-682.

103. 辛秉清,任洪强,丁丽丽,吴吉春等.铜氨制药废水除铜脱氨预处理工艺研究.南京大学学报(自然科学版),2007-4.

*104. 夏源,吴吉春.分数阶对流-弥散方程的数值求解.南京大学学报(自然科学

版），2007-4.

105. Wang D, Wu J, Shi Y, Gong Z. 2007. To harmonize the water resources system of Lake Taihu Basin in China using circular economy notion. Geochimica et Cosmochimica Acta, 71(15), Suppl. S.

106. Wang Dong, Wu Jichun, Zhu Qingping. 2007. The application and prospect of risk analysis in flood in the past 25 years. Advances in Studies on Risk Analysis and Crisis Response (Proceedings of the First International Conference on Risic analysis and Rrisis Response), Atlantis Press, Vol. 2, p521-526.

107. Wang Dong, Wu Jichun, Pan Shaoming, Zhu Qingping. 2007. Period characteristic of representative hydrologic series in the Yellow River using maximum entropy spectra analysis. Methodology in Hydrology, IAHS Publish 311 (Red Book), p298-303.

108. Shi X Q, Xue Y Q, Wu J C, Ye S J. 2007. Land subsidence simulation in the Su-Xi-Chang Area and Shanghai City. Water-Rock Interaction, Vol. 2, Taylor & FrancisGroup, London, p1403-1406.

109. Zhang Yun, Xue Yuqun, Wu Jichun, Yu Jun, Wei Zixin, Li Qinfen. 2007. Land subsidence and earth fissures due to groundwater withdrawal in the Southern Yangtze Delta, China. Environmental Geology, 55(4).

110. Shi Xiaoqing, Xue YuQun, Wu Jichun, Ye Shujun, Zhang Yun, Wei Zixin, Yu Jun. 2008. Characterization of land subsidence in Yangtze Delta, China: The example of Su-Xi-Chang Area and Shanghai City, Hydrogeology Journal. , Vol. 16, No. 3, p593-607.

111. Sun Y Y, Guo H Y, Yu H X, Wang X R, Wu J C, Xue Y Q. 2008. Bioaccumulation and physiological effects of TBBPA in Coontail Ceratophyllum demersum L. Chemosphere 70(10).

112. 姜光辉，吴吉春等. 森林覆盖喀斯特石山地区表层岩溶带的产流阈值. 水科学进展，2008-1.

113. Xue Yuqun, Wu Jichun, Zhang Yun, Ye Shujun, Shi Xiaoqing, Wei Zixin, Li Qinfen, Yu Jun. 2008. Simulation of regional land subsidence in the Sourthern Yangtze Delta, Science in China Series D: Earth Sciences, Vol. 51, No. 6, p808-825.

114. 薛禹群，吴吉春等. 长江三角洲（南部）区域地面沉降模拟研究. 中国科学 D 辑，2008-4.

*115. Wu J C, Meng F H, Wang X W, Wang D. 2008. The development and control of the seawater intrusion in the eastern coastal of Laizhou Bay, China. Environmental Geology, 54(8).

116. Jiang Guanghui, Guo Fang, Wu Jichun, Li Huaju, Sun Hailong. 2008. The threshold value of epikarst runoff in forest Karst Mountain Area, Environmental Geology, 55(1).

117. Wang D, Pan S, Wu J, Zhu Q, Wang L, Liu C. 2008. Flow and sediment regulation and its effects in the Yellow River. Hydrological Sciences for Managing Water Resources in the Asian Developing World. IAHS Publ 319.

118. Shi X Q, Wu J C, Xue Y Q, et al. 2008. Regional land subsidence simulation in Su-Xi-Chang Area and Shanghai City, China. Engineering Geology, 100(1-2).

*119. 陆乐,吴吉春等. 多尺度非均质多孔介质中溶质运移的 MONTE CARLO 模拟. 水科学进展, 2008-3.

*120. 吴吉春等. 非平稳介质中地下水流和溶质运移的随机模拟研究//当代科学前沿论丛:环境地球科学(郑春苗,冯夏红主编),高等教育出版社,2008.

121. Shi X Q, Wu J C, Xue Y Q, et al. 2008. Geostatistical analysis for estimating the spatial variability of hydrogeological and soil parameters for the regional simulation of land subsidence in Shanghai City, China. Geochimica et Cosmochimica Acta, 72(12), Suppl. S.

122. Wang D, Wu J, Wang L, et al. 2008. Water resources system of the Changjiang River Delta in China. Geochimica et Cosmochimica Acta, 72(12), Suppl. S.

123. Wu J, Shi X, Ye S, et al. 2008. Modeling of regional land subsidence in Shanghai City, China. Geochimica et Cosmochimica Acta, 72(12), Suppl. S.

124. Zhu X B, Wu J, Xia Y. 2008. Groundwater modeling in Zhalute county, Inner Mongolia, China with the help of ERT used to build the hydrogeology conceptual model. Geochimica et Cosmochimica Acta, 72(12), Suppl. S.

125. Sun Y Y, Yin Y, Zhang J F, Yu H X, Wang X R, Wu J C, Xue Y Q. Hydroxyl radical generation and oxidative stress in Carassius auratus liver, exposed to pyrene. Ecotoxicology and Environmental Safety, 2008, 71(2): 446-453.

*126. Wu Jichun, Shi Xaioqing, Xue Yuqun, Zhang Yun, Wei Zixin, Yu Jun. 2008. The development and control of the land subsidence in the Yangtze Delta, China. Environmental Geology, 55(8): 1725-1735.

*127. 吴吉春,薛禹群. 地下水动力学(专业规范核心课程教材). 中国水利水电出版社,2009.

*128. 吴吉春,张景飞,孙媛媛. 水环境化学(专业规范核心课程教材). 中国水利水电出版社,2009.

129. 中国地下水科学战略研究小组(吴吉春为小组成员). 中国地下水科学的机遇与挑战. 科学出版社,2009.

*130. Wu J C, Shi X Q, et al. 2009. Numerical simulation for land subsidence in Su-Xi-Chang Area, China. Environmental Geology, 57(6): 1409-1421.

131. Sang Y F, Wang D, Wu J C, Zhu Q P, Wang L. 2009. The relation between periods' identification and noises in hydrologic series data. Journal of Hydrology, 368(1-4): 165-177. DOI: 10.1016/j.jhydrol.2009.01.042.

132. Sun Y Y, Ji L L, Wang W, Wang X R, Wu J C, Li H, Guo H Y. 2009. Simultaneous removal of polycyclic aromatic hydrocarbons and copper from soils using ethyl lactate-amended EDDS solution. Journal of Environmental Quality, Vol. 38, No. 4, p1591-1597.

133. Wang D, Wu J C, Zhu Q P. 2009. Some progress on flood risk analysis. In 19th Annual VM Goldschmidt Conference. 2009. Davos, Switzerland: Pergamon-Elsevier Science Ltd.

Geochimica et Cosmochimica Acta, Vol. 73, No. 13.

134. 张云,薛禹群,吴吉春等. 上海砂土蠕变特征的试验研究. 岩土力学,2009:1226-1230,1236.

*135. Yuan Yongsheng, Wu Jichun, Zuo Yijun, Chen JieRen. 2009. A new method for fitting the complicated water level process of the lower Yellow River, Science in China Series E: Technological Sciences, Vol. 52, No. 10, p2997-3003.

136. 袁永生,吴吉春等. 黄河下游复杂水位过程有效拟合新方法研究. 中国科学 E 辑:技术科学,2009 11.

137. Wang D, Singh V P, Zhu Y, Wu J C. 2009. Stochastic observation error and uncertainty in water quality evaluation. Advances in Water Resources, Vol. 32, No. 10, p1526-1534, DOI:10.1016/j.advwatres.2009.07.004.

138. Jiang Jianguo, Huang Yineng, Wu Jichun. 2009. Can the pruned-enriched method be used for the simulation of fluids. Journal of Statistical Physics, Vol. 136, No. 5, p984-988.

*139. 梅一,吴吉春. 地下水溶质运移数值模拟中减少误差的新方法. 水科学进展,2009-5.

140. 桑燕芳,王栋,吴吉春等. 水文序列分析中基于信息熵理论的消噪方法. 水利学报,2009-8.

141. Sang Y F, Wang D, Wu J C. 2009. One improved SAGA-ML method for parameters estimation of hydrologic frequency models, Intelligent Systems, GCIS' 09. WRI Global Congress on, Vol. 1, p294-298.

142. Sang Y F, Wang D, Wu J C. 2009. Comparative study of some improved ANN-models for hydrologic time series forecast, Intelligent Systems, GCIS' 09. WRI Global Congress on, Vol. 4, p63-67.

143. Sang Y F, Wang D, Wu J C. 2009. Research on the bayesian models selections and averages method, New Perspectives on Risk Analysis and Crisis Response, Atlantis Press, Paris.

144. Sang Y F, Wang D, Wu J C, Zhu Q P, Wang L. 2009. Entropy-based wavelet de-noising method for time series analysis, Entropy, 2009, Vol. 11, No. 4, DOI: 10.3390/e11041123.

145. Sang Y F, Wang D, Wu J C. 2009. An improved wavelet de-noising method for time series analysis. Proc. Int. Conf. Fuzzy Syst. Knowl. Discov., Vol. 2, p517-521.

146. Sang Y F, Wang D, Wu J C. 2009. Study on the WCC method for time series data analysis. Proc. Int. Conf. Fuzzy Syst. Knowl. Discov., FSKD, Vol. 3, p593-597.

147. Sang Y F, Wang D, Wu J C, Zhu Q P, Wang L. 2009. Variation characters of runoff and sediments and rule of sedimentation in the lower Yellow River during the last 50 years. Proc. of 4st International Yellow River Forum (IYRF) on Ecological Civilization and River Ethics, 2009, Vol. 5, p150-158.

148. Sang Y F, Wang D, Wu J C, Song S L, Zhu Q P, Wang L. 2009. Research on runoff

variation in the middle and lower Yellow River during the last 50 years based on wavelet analysis, Proc. of 4st International Yellow River Forum (IYRF) on Ecological Civilization and River Ethics, 2009, Vol. 5, p229-237.

149. Sang Y F, Wu J C, Wang D, Ling C P. 2009. New model of groundwater simulation and prediction based on wavelet de-noising, managing groundwater and the environment, Proc. of 7th International Conference on Calibration and Reliability in Groundwater Modeling, p55-58.

*150. Wu Jichun, Shi Xiaoqing, Ye Shujun, Xue Yuqun, Zhang Yun, Wei Zixin, Zheng Fang. 2010. Numerical simulation of viscoelastoplastic land subsidence due to groundwater overdrafting in Shanghai, China, Journal of Hydrologic Engineering, Vol. 15, No. 3, p223-236.

151. Zhang Yun, Xue Yuqun, Wu Jichun, Shi Xiaoqing, Yu Jun. 2010. Excessive groundwater withdrawal and resultant land subsidence in the Su-Xi-Chang Area, China, Environmental Earth Sciences. DOI 10.1007/s12665-009-0433-6(SCI).

152. Sang Y F, Wang D, Wu J C. 2010. Entropy-based method of choosing the decomposition level in wavelet threshold de-noising. Entropy, 12(6): 1499-1513. DOI: 10.3390/e12061499.

*153. 陆乐,吴吉春. 地下水数值模拟不确定性的贝叶斯分析. 水利学报,2010-3.

154. 薛禹群,吴吉春. 地下水动力学(国家级“十一五”规划教材). 地质出版社,2010.

155. Li J H, Sun Y Y, Yin Y, Ji R, Wu J C, Wang X R, Guo H Y. 2010. Ethyl lactate-EDTA composite system enhances the remediation of the cadmium-contaminated soil by Autochthonous Willow (Salix x aureo-pendula CL'J1011') in the lower reaches of the Yangtze River, Journal of Hazarous Materials, Vol. 181, No. 1-3, p673-678.

156. Ye Shujun, Xue Yuqun, Wu Jichun, Wei Zixin, Li Qingfen. 2010. A regional land subsidence model embodying complex deformation characteristics, Land Subsidence, Associated Hazards and the Role of Natural Resources Development, IAHS Publication 339, ISSN 0144-7815, p76-81.

157. Zhang Yun, Xue Yuqun, Wu Jichun, Shi Xiaoqing. 2010. Deformation characteristics of aquifer sands due to groundwater pumping in the Southern Yangtze Delta, China, Land Subsidence, Associated Hazards and the Role of Natural Resources Development, IAHS Publication 339, ISSN 0144-7815, p484-490.

158. Sang Y F, Wang D, Wu J C. Probabilistic forecast and uncertainty assessment of hydrologic design values using Bayesian theories. Human and Ecological Risk Assessment, 2010, 16(5): 1184-1207.

*159. 南统超,吴吉春. 集合卡尔曼滤波估计水文地质参数的局域化修正. 水科学进展,2010-5.

160. Song Shengli, Wang Dong, Wu Jichun, Zhu Qingping, Wang Ling. 2010. Hydrologic characteristerics analysis of monthly runoff series in lower Yellow River, 2010 Int. Conf. on Artificial Intelligence and Computational Intelligence, Vol. Ⅲ, p232-235.

161. 桑燕芳，王栋，吴吉春. 水文序列噪声成分小波特性的揭示与描述. 南京大学学报，2010-6.

162. 桑燕芳，王栋，吴吉春等. 水文时间序列小波互相关分析方法. 水利学报，2010-12.

163. Sang Y F, Wang D, Wu J C. 2010. Comparison of the wavelet characters of various noises by discrete wavelet transform. 5th International Symposium on Integrated Water Resources, IAHS Red Book.

164. Sang Y F, Wang D, Wu J C. 2010. Hydrologic series de-noising based on noise's energy distribution. Chinese Perspective on Risk Analysis and Crisis Research.

*165. Wu Jichun, Lu Le, Tang Tian. 2011. Bayesian analysis for uncertainty and risk in groundwater numerical model predictions, Human and Ecological Risk Assessment (in press).

166. Wang Y K, Wang D, Wu J C. Non-carcinogenic baseline risk assessment of heavy metals in the Taihu Lake Basin, China. Human and Ecological Risk Assessment, 2011, 17 (1) (in press).

167. Wang Y K, Wang D, Wu J C. A variable fuzzy set assessment model for water shortage risk: two case studies in China. Human and Ecological Risk Assessment, 2011, 17(2) (in press).

168. Sang Yanfang, Wang Dong, Wu Jichun, Zhu Qingping, Wang Ling. Wavelet-based analysis on the complexity of hydrologic series data under multi-temporal scales. Entropy, 2011 (in press).

169. Sang Yanfang, Wang Dong, Wu Jichun. Uncertainty analysis of choosing decomposition level in wavelet threshold de-noising. Entropy, 2011 (in press).

*170. Nan Tongchao, Wu Jichun. Groundwater parameter estimation via ensemble kalman filter with localization. Hydrogeology Journal, 2011 (in press).

本人于2010年11月7日通过电子邮件确认此简介。

吴剑锋 Wu Jian-feng(1971.3—)

性别	男		籍贯	江西九江
学历	博士研究生		学位	博士
职称	教授		职务	
工作单位	南京大学地球科学与工程学院			
E-mail	jfwu@ nju. edu. cn		电话	025-83594150
邮编	210093	通信地址	南京市汉口路22号	

一、基本情况

现为南京大学地球科学与工程学院水科学系教授,九三学社社员,中国地质学会会员、美国地球物理联合会(AGU)会员。

1992 年毕业于河南理工大学(原焦作矿业学院)地质系,获学士学位;1992 ~ 1994 年在江西省乐平矿务局工作,任助理工程师;1997 年和 1999 年分别提前毕业获得南京大学硕士和博士学位。2006 年 12 月晋升为教授,2008 年 4 月被聘为博士生导师。曾于 2002 ~ 2003 年在 Alabama 大学从事博士后访问研究。目前为南京大学地球科学与工程学院水科学系"地下水科学与工程"专业主任、中国水利学会地下水科学与工程专业委员会委员,自 2009 年开始任国外 SCI 源刊《Hydrogeology Journal》的副主编(Associate Editor),并为国外多个 SCI 刊物(《Environmental Science & Technology》,《Water Resources Research》,《Ground Water》,《Journal of American Water Resources Association》,《Hydrogeology Journal》和《Journal of Hydraulic Engineering》等)的审稿人。

已主持和承担完成 10 多个省部级以上科研项目,在国内外各类重要期刊上发表各类论文 70 余篇,其中 SCI、EI 检索论文超过 30 篇。获得 3 项省部级科研奖励。

二、主要研究方向

主要研究方向包括:地下水数值模拟,地下水资源评价与管理,地下水污染治理优化技术;地质统计方法在水文地质中的应用。

三、主要学术贡献

1. 研究了渗透系数的空间变异性对污染物运移结果的影响,这对于准确刻画污染物在空间上的分布规律具有重要的现实意义,进而为设计污染物监测网提供理论依据。

2. 建立了能够全面地评估地下水中污染物质量和不同空间矩随时间变化的地质统计模型,并在污染物监测网的模拟 - 优化设计模型中实现了运移模型与地质统计模型的完全耦合。

3. 建立了能够反映运移模型中参数随机变化的污染物运移模型和监测网设计模型,

并引入噪声遗传算法求解不确定条件下地下水污染物监测网设计模型。

4. 探讨了地下水数值模拟模型与优化模型的耦合方法及求解技术。这对于求解大尺度区域范围内复杂地下水系统的模拟优化管理模型(包括不确定条件下的地下水污染监测网优化设计模型)具有重要的实际应用意义。

5. 开展了典型地下油罐对地下水水源地的基础环境调查与影响评估,在基础数据缺乏情况下进行了污染源识别的数值模拟和优化研究。这对于我国尚未广泛开展的地下油罐泄漏的污染源调查及影响评估具有示范和指导作用。

四、授课与研究生培养情况

主讲本科生课程:水文地质学基础、水文地质工程地质概论、水资源系统分析等;主讲研究生课程:水资源模拟优化管理。已培养5名研究生,获得硕士学位。目前培养在读研究生7名,其中硕士生3名,博士生4名。

五、获得的省部级以上科研奖励

1. “中国北方裂隙岩溶水水资源和水污染研究”获得江苏省科技进步奖三等奖,排名第二(证书号:3-146-2),2002.12;

2. “基岩地下水运移机理及水环境模拟”获得教育部自然科学奖二等奖,排名第二(证书号:2008-078),2009.1;

3. “区域地面沉降模拟及其应用”获得教育部科技进步奖一等奖,排名第四(证书号:2009-164),2010.1。

六、主持的省部级以上科研项目

1. 国家自然科学基金青年项目(40002022)“遗传算法的改进及其在淄博地下水污染控制和管理中的应用”,2002.1—2004.12,主持人;

2. 教育部回国人员科研启动基金项目“地下水污染监测网模型设计研究”,2004.1—2005.12,主持人;

3. 中国科学院知识创新工程项目子项目(KZCX3-SW-428)“大埋深条件下地下水污染物运移和水资源可持续管理研究”,2004.8—2006.5,负责人;

4. 国家自然科学基金面上项目(40472130)“不确定条件下地下水污染监测网设计研究”,2005.1—2007.12,主持人;

5. 国家环保部基础调查项目(2008AW10)“饮用水源地基础环境调查及评估技术支持项目——地下油罐污染调查专题”研究,2008.3—2008.12,负责人;

6. 国家基础研究计划项目(973 项目 2010CB4288)“华北平原地下水演变机制与调控”,第三课题(2010CB428803)“深层含水层系统变异与地下水可更新能力演变机理”第三专题(2010CB428803-3)“地下淡水-咸水界面移动与驱动机制”,2010.1—2014.12,课题副负责人,专题负责人;

7. 国家自然科学基金项目(41072175)“地下水污染监测网的多目标优化模型”,2011.1—2013.12,主持人。

七、代表性论著

1. Wu Jianfeng, Wu Jichun, Zhu Xiaobin. Estimation of the leak term and sensitivity analysis at a LUST groundwater system under data scarcity. Managing Groundwater and the Environment, Edited by Shemin Ge et al. (Proc. of Symposium Model CARE 2009, Wuhan, China, September 2009). IAHS Publ., 2011, 341 (IAHS Redbook Series).

2. Qian Jiazhong, Zhan Hongbin, Wu Jianfeng, Chen Zhou. What can be learned from sequential multi-well pumping tests in fracture-karst media: a case study in Zhangji, China. Hydrogeology Journal, 2009, 17 (7): 1749-1760. (DOI: 10. 1007/s10040-009-0463-x) (SCI).

3. Yun Yang, Wu Jianfeng. Application of the niched Pareto tabu search to multi – objective optimal design of groundwater remediation systems. Proceeding of the 7th International Conference on Calibration and Reliability in Groundwater Modeling, 2009. China University of Geosciences Press, p103-106.

4. Jin Lin, Zhang Jianyun, Zheng Chunmiao, Liu Jiufu, Wu Jianfeng, Yang Shufeng. A genetic algorithm based groundwater simulation-optimization model under variable-density conditions. Trends and Sustainability of Groundwater in Highly Stressed Aquifers, Edited by Makoto Taniguchi, Alyssa Dausman, Ken Howard, Maurizio Polemio and Elango Lakshmanan. (Proc. of Symposium JS. 2 at the Joint IAHS & IAH Convention, Hyderabad, India, September 2009). IAHS Publ. , 2009, 329, 223-232 (IAHS Redbook Series).

5. Lin J, Snodsmith J B, Zheng C, Wu J F. A modeling study of seawater intrusion in Alabama Gulf Coast, USA. Environmental Geology, 2009, 57: 119-130 (SCI, EI).

6. Lin J, Wu J F, Zheng C. MF2K-GWM: A ground water management modeling tool based on MODFLOW-2000. Ground Water, 2007, 45(2): 122-124 (SCI, EI).

7. He K J, Zheng L, Dong S B, Tang L Q, Wu J F, Zheng C. PGO: a parallel computing platform for global optimization based on genetic algorithm. Computers & Geosciences, 2007, 33(3) (DOI:10. 1016/j. cageo. 2006. 09. 002) (SCI, EI).

8. Wu Jianfeng, Zheng Li, Liu Depeng. Optimizing groundwater development strategies by genetic algorithm: a case study for balancing the needs for agricultural irrigation and environmental protection in Northern China. Hydrogeology Journal, 2007, 15(7): 1265-1278 (DOI: 10. 1007/s10040-007-0200-2) (SCI).

9. Wu J F, Zheng C, Chen C C, Zheng L. A comparative study of Monte Carlo simple genetic algorithm and noisy genetic algorithm for cost-effective sampling network design under uncertainty. Advances in Water Resources, 2006, 29: 899-911 (DOI: 10. 1016/j. advwatres. 2005. 08. 005) (SCI, EI).

10. Zhu X B, Wu J C, Wu J F. Application of SCE-UA method to optimize the management model of groundwater resources in deep aquifers of the Yangtze Delta, Proceedings of the First International Multi-Symposiums on Computer and Computational Sciences (IMSCCS06), Dedicated to IEEE Computer Society 60th Anniversary, Jun Ni et al. Eds. IEEE Computer So-

ciety, 20-24 June 2006, 303-308 (EI, ISTP).

11. Wu J F, Zheng C, Chen C C. Cost effective sampling network design for contaminant plume monitoring under general hydrogeological conditions. Journal of Contaminant Hydrology, 77: 41-65, 2005 (DOI:10.1016/j.jconhyd.2004.11.006) (SCI, EI).

12. Wu J F, Guvansen D. MAROS: A decision support tool for improving the cost-effectiveness of ground water monitoring plans (Software Spotlight). Ground Water, 2003, 41(5): 566-568 (SCI, EI).

13. Wu Jianfeng, Zheng C. A general simulation-optimization approach for groundwater sampling network design, In Proceedings of International Symposium on Water Resources and the Urban Environment. Beijing: China Environmental Science Press. 2003 (EI, ISTP).

14. Yan Tingting, Wu Jianfeng, Xue Yuqun. A comparison of genetic algorithm and trial-and-error approach in solving the hydrogeologic inverse problem, In Proceedings of International Symposium on Water Resources and the Urban Environment. Beijing: China Environmental Science Press, 2003, 137-141 (EI, ISTP).

15. Qian Jiazhong, Wu Jianfeng, Ge Xiaoguang, Li Ruzhong, Zhu Xueyu. Characteristics of water environment dynamics and water resources protection in the media of fracture-karst in North China, In Proceedings of International Symposium on Water Resources and the Urban Environment. Beijing: China Environmental Science Press, 2003, 431-433 (EI, ISTP).

16. Wu Jianfeng, Zhu Xueyu, Liu Jianli. Using genetic algorithm based simulated annealing penalty function to solve groundwater management model. Science in China (Series E), 1999, 42(5): 521-529 (SCI).

17. 杨蕴，吴剑锋，吴吉春. 两种智能算法在求解地下水管理模型中的对比. 吉林大学学报(地球科学版)，2009-3 (EI).

18. 林锦，郑春苗，吴剑锋，Chen C C. 基于遗传算法的变密度条件下地下水模拟优化模型. 水利学报，2007-10 (EI).

19. 吴剑锋，朱学愚等. GASAPF 方法在徐州市裂隙岩溶水资源管理中的应用. 水利学报，2000-12 (EI).

20. 钱家忠，朱学愚，吴剑锋. 矿井涌水量的灰色马尔可夫预报模型. 煤炭学报，2000-1 (EI).

八、软件和发明专利

1. Zheng C, Wu J F. ModGA_M 1.0: A Modular Genetic Algorithm Based Flow and Transport Optimization Code for Monitoring Network Design, Documentation and User's Guide, Technical Report, Prepared for Corporate Remediation, E. I. DuPont de Nemours & Company, Department of Geological Sciences, The University of Alabama, 2006.

2. 一种地下水修复多目标优化方法(申请号:201010018361.0)，发明人：吴剑锋，杨蕴，吴吉春；申请人：南京大学。

本人于2010年11月28日通过电子邮件供稿。

吴　勇 Wu Yong(1966.9—)

性别	男		籍贯	四川安岳
学历	博士研究生		学位	博士
职称	教授		职务	主任
工作单位	成都理工大学环境与土木工程学院			
E-mail	ywu@ cdut. edu. cn		电话	
邮编	610059	通信地址	成都市成华区二仙桥东三路1号	

一、综合介绍

1987年毕业于江西抚州华东地质学院,获学士学位;1990年毕业于成都地质学院,获硕士学位,留校任助教;1992年任讲师,1996年被破格评为四川大学副教授;2002年4月至2005年9月留学南非西开普大学,获博士学位;2005年9月回国,在四川大学从事科研工作;2006年1月至今,在成都理工大学任教授,2009年6月被评为博士生导师。

长期工作在水文地质、工程地质、环境地质科研教学一线。组织或参与完成了四十余项科研项目,在多种杂志发表40余篇论文(其中英文7篇),国际会议论文4篇。其中,SCI收录2篇,EI收录4篇,Georef收录7篇。主编专著一部,教材一部,主讲了10余门本专科生和研究生的专业课程。主持并完成科研项目40余项,其中国家级项目2项,省部级项目2项。项目成果已在经济建设中产生了重大经济及社会效益。1996年获四川省人民政府科技进步奖二等奖。

目前研究方向主要有:地下水资源评价开发与管理,地下水污染预测与控制,依赖地下水的生态系统评价与控制,工程地下水评价与控制等。

二、与地下水有关的代表性论文

1. Wu Yong, Xu Yongxin. Snow Impact on groundwater recharge in table mountain group aquifer systems with a case study of the Kommissiekraarivier catchment South Africa. Water SA, 2005, Vol. 31, No. 3, p275-282 (SCI), Available on website http://www. wrc. org. za.

2. Wu Y, Wang W, Xu Y, Liu H, Zhou X, Wang L, Titus R. Radon concentration: a tool for assessing the fracture network at Guanyinyan study area, China. Water SA, 2003, Vol. 29, No. 1, p49-53(SCI), Available on website http://www. wrc. org. za.

3. Wu Yong, Xu Yongxin. Preliminary study of snow impact on recharge of Table Mountain Group aquifer systems. Biennial Groundwater Conference, March 2005, Pretoria, South Africa. Vol. Ⅱ, ISBN 0-620-33659-5, p577-585.

本人于2010年10月27日通过电子邮件供稿。

吴玉树 Wu Yu-shu

性别	男		籍贯	黑龙江
学历	博士研究生		学位	博士
职称	兼职教授 （an adjunct professor）		职务	
工作单位	北京大学水资源研究中心			
E-mail	YSWu@ lbl. gov		电话	（510）486-7291
邮编	100871	通信地址	北京大学燕南园60号楼	

EDUCATION

Ph. D.　Reservoir Engineering, University of California at Berkeley, 1990;
Advisor: Paul Witherspoon.

M. S.　Reservoir Engineering, University of California at Berkeley, 1988;
Advisor: Paul Witherspoon.

M. S.　Petroleum Engineering, Southwest Petroleum University, China, 1981;
Advisor: Jia-Li Ge.

B. S. (Eqv.)　Petroleum Engineering, Northeast Petroleum University, China, 1976.

RESEARCH INTERESTS

1. Reservoir dynamics and simulation.
2. Coupled processes of multiphase fluid flow, multicomponent chemicals transport, CO_2 flooding and sequestration, and heat transfer in reservoirs.
3. Fractured and unconventional reservoir characterization.
4. Hydro-mechanical coupling of fluid and rock deformation.
5. Well testing and analysis.

WORKING EXPERIENCE

Professor and Foundation CMG Research Chair

Dept. of Petroleum Engineering, Colorado School of Mines (CSM), Golden CO, since 2008.

Teach undergraduate and graduate courses in well testing analysis, secondary and tertiary oil recovery methods (EOR/IOR), reservoir engineering and simulation, flow and transport phenomena in porous media, and geothermal reservoir engineering.

Advise M. S. and Ph. D students for their thesis research in the areas of reservoir simulation, CO_2 EOR application and CO_2 sequestration, fractured reservoir studies, well testing analysis, and reservoir engineering in general.

Lead research efforts in (1) CO_2 EOR application and CO_2 sequestration; (2) model development of enhanced geothermal systems (EGS); and (3) fractured reservoir characterization.

Work as a Co-PI on the PEMEX-EOR project of surfactant flooding in an offshore fractured oil reservoir of Mexico in collaboration with researchers from Rice University, UT Austin, Stanford University, and Mexican Institute of Petroleum (MIP).

Guest Scientist

Earth Sciences Division, Lawrence Berkeley National Laboratory (LBNL), Berkeley, University of California, participating in collaborated research projects and program development on nuclear waste, CO_2 sequestration, conventional natural gas resources, and enhanced geothermal systems, since 2009.

Staff Geological Scientist

Earth Sciences Division, Lawrence Berkeley National Laboratory, University of California, Berkeley, CA, 1995-2008. Principal Investigator (PI), led a multidisciplinary team in quantitative investigations of multiphase fluid and heat flow and radionuclide transport in the Yucca Mountain Unsaturated Zone (UZ) for the DOE's nuclear waste storage project.

RESEARCH HIGHLIGHTS

Developed the 3-D, site-scale, unsaturated zone flow and transport model and the 3-D mountain-scale thermal-hydrological model (UZ Model) for the Yucca Mountain unsaturated zone. The UZ Model has been used by DOE for its License Application of the high-level radioactive waste repository at Yucca Mountain of Nevada since 2000.

Developed an integrated methodology for characterizing fractured reservoirs and obtained a number of fundamental understandings of physical processes of multiphase fluid and heat flow, and multicomponent chemical transport in fractured rock.

Led the R&D effort in developing the computationally efficient, massive parallel computing version (TOUGH2_MP) of the TOUGH2 code, leading to orders-of-the-magnitude enhancement in reservoir simulations. The TOUGH2_MP codes have since been the most applied TOUGH2 family of codes for large-scale simulations within the US and around the world.

Developed a new multi-continum conceptual model as well as reservoir simulator for simulating multiphase fluid flow in fractured vuggy petroleum reservoirs and Karst groundwater aquifers.

Developed a methodology as well as reservoir simulator for modeling oil-gas-water three-phase flow with water shut-off operations for EOR practice in porous and fractured reservoirs.

Developed basic understandings and multidimensional reservoir simulators for single-phase and multiphase non-newtonian fluid flow and non-darcy fluid flow in porous and fractured reser-

voirs.

Adjunct Professor

Dept. of Energy and Resources Engineering, College of Engineering, Peking University, Beijing, China, 12/06-present. Teach reservoir simulation short courses, advise and co-advise graduate students, and lead one subtask of "China National Key Basic Science Project (973)" on fractured vuggy reservoir characterization.

Adjunct/Honor Professor

College of Petroleum Engineering, Daqing Petroleum Institute, Daqing, China, 1994-2010. Co-advise graduate students and teach summer courses on "Advances in Reservoir Simulation."

Senior Hydrogeologist

HydroGeologic, Inc., Herndon, VA, Principal Investigator and Project Manager in developing a number of numerical reservoir simulators for water, oil and gas flow in porous media, and saltwater intrusion in coastal aquifers as well as in groundwater/environmental consulting services, 1990-1995.

Research Assistant

Earth Sciences Division, Lawrence Berkeley National Laboratory, University of California, Berkeley CA, 1985-1990. Conducted modeling studies of multiphase fluid and heat flow in fractured rock, and non-newtonian fluid and foam flow in reservoirs.

RECOGNITIONS

Fellow of Geological Society of America (GSA) since 2008.

Foundation CMG Industrial Research Chair Professor (CSM) since 2010.

TEACHING(COURSES TAUGHT AT CSM)

PEGN315: PETROLEUM ENGINEERING FIEDL SESSION, 2-Credit Course required for sophomore undergraduates of petroleum engineering, Spring Semester, 2009 (41 students) and 2010 (40 students).

PEGN414: WELL TEST ANALYSIS AND DEDIGN, 3-Credit required Course required for senior undergraduates of petroleum engineering, Fall Semester, 2009 (104 students).

PEGN424: PETROLEUM RESERVOIR ENGINEERING Ⅱ, 3-Credit Course required for senior undergraduates of petroleum engineering, Spring Semester, 2009 (122 students) and 2010 (94 students).

PEGN598A: INTRODUCTION TO GEOTHERMAL SCIENCE AND ENGINEERING, 3-Credit Graduate Course of petroleum engineering, Spring Semester, 2010 (15 students).

PEGN608: MULTIPHASE FLOW IN POSOUS MEDIA, 3-Credit Graduate Course of petroleum engineering, Fall Semester, 2009 (22 students) and 2010.

RESERVOIR SIMULATORS AND GROUNDWATER MODELS DEVELOPED

1. MSFLOW, a family of general-purpose oil/gas reservoir simulators for modeling single-phase and multi-phase, black-oil, non-Newtonian fluid, and non-Darcy flow, density-dependent transport, low-salinity water flooding, and water shut-off operations in porous and fractured reservoirs.

2. TOUGH2_MP (PI), a massive parallel computing version of the TOUGH2 reservoir simulator, for single-phase and multi-phase fluid, chemical transport, and heat transfer in pocale simulations.

3. T2R3D (PI), a 3-D radionuclide (or tracer) transport and heat flow module for the TOUGH2 reservoir simulator with widely application in the Yucca Mountain project.

4. SAMFT1D, SAMFT2D, SAMFT3D, and MAGNAS (Co-PI), a family of finite-element codes for modeling single-phase and multi-phase (water, oil, and air) flow and solute transport in subsurface, funded by Dept. of Energy through the Los Alamos National Laboratory and by the U. S. National Science Foundation (NSF).

5. SIMLAS (Co-PI), a saltwater intrusion model for layered aquifer systems, funded the Southwest Florida Water Management District of the State of Florida, widely used for investigations of saltwater intrusions in coastal aquifers.

6. EPACMOW (Co-PI), EPA Composite Model for Oily Wastes, funded by the Office of Solid Waste of the US EPA.

PROFESSIONAL SERVICE

Associated Editor, SPE Journal for SPE, 2006-Present.

Associated Editor for Water Resources Research Journal for AGU, 1998-2005.

Review manuscripts for several SPE journals, Water Resources Research, Journal of Contaminant hydrology, Advances in Water Resources, Transport in Porous Media, Journal of Hydrology, Vadose Zone Journal, and International Journal of Rock Mechanics and Mining Science.

Serve on the University Research Council, Representing the Petroleum Engineering Department, Colorado School of Mines, since 2008.

Serve on the Graduate Admission Committee of Petroleum Engineering Department, Colorado School of Mines, since 2010.

PROFFESIONAL MENBERSHIPS

Member of SPE (Society of Petroleum Engineers) since 1985.

Member of AGU (American Geophysical Union) since 1985.

Member of Geological Society of America (GSA) since 2006.

Member of International Professionals for the Advancement of Chinese Earth Sciences (IPACES) since 2006.

PUBLICATIONS

Peer-reviewed Journal

1. Wu Yu Shu, Ye Ming, Edward Sudicky. Fracture-flow-enhanced matrix diffusion in solute transport through fractured porous media. Transport in Porous Media, 81: 21-34, DOI: 10.1007/s11242-009-9383-4, 2010.

2. Wu Yushu, Qin Guan. A general numerical approach for modeling multiphase flow and ttransport in fractured porous media. Communications in Computational Physics, Vol. 6, No. 1, p85-108, 2009.

3. Wu Yushu, Forsyth P A. Efficient schemes for reducing numerical dispersion in modeling multiphase transport through porous and fractured media. Vadose Zone Journal, Vol. 7, No. 1, p340-349, 2008.

4. Wu Yushu, Lu Guoping, Zhang Keni, Pan L, Bodvarsson G S. Analyzing unsaturated flow patterns in fractured rock using an integrated modeling approach. Hydrogeology Journal, Vol. 15, p553-572, 2007.

5. Wu Yushu. An integrated methodology for characterizing flow and transport processes in fractured rock. Journal of China University of Geosciences, Vol. 18, Special Issue, p110-111, 2007.

6. Wu Yushu, Mukhopadhyay S, Zhang K, Bodvarsson G S. A mountain-scale thermal-hydrologic model for simulating fluid flow and heat transfer in unsaturated fractured rock. Journal of Contaminant Hydrology, Vol. 86, p128-159, 2006.

7. Wu Yushu, Zhang Keni, Liu Huihai. Estimating large-scale fracture permeability of unsaturated rock using barometric pressure data. Vadose Zone Journal, Vol. 5, p1129-1142, 2006.

8. Wu Y S, Pan L. An analytical solution for transient radial flow through unsaturated fractured porous media. Water Resources Research, Vol. 41, No. 2, W02029, DOI: 10.1029/2004WR003107, 2005.

9. Wu Y S, Pan L, Pruess K. A physically based approach for modeling multiphase fracture-matrix interaction in fractured porous media. Advances in Water Resources, Vol. 27, p875-887, 2004.

10. Wu Y S, Liu J. Integration of perched water and chloride data in modeling flow processes within the unsaturated zone of Yucca Mountain, Nevada. Journal of Hydraulic Research, International Association of Hydraulic Engineering and Research, Vol. 42, p115-120, 2004.

11. Wu Y S, Liu H H, Bodvarsson G S. A triple-continuum approach for modeling flow and transport processes in Fractured Rock. Journal of Contaminant Hydrology, 73, p145-179, 2004.

12. Wu Y S, Lu G, Zhang K, Bodvarsson G S. A mountain-scale model for Characterizing unsaturated flow and transport in Fractured Tuffs of Yucca Mountain. Vadose Zone Journal, Vol. 3, p796-805, 2004.

13. Wu Y S, Pan L. Special relative permeability functions with analytical solutions for transient flow into unsaturated rock matrix, Water Resources Research, Vol. 39, No. 4, p31-39, 2003.

14. Wu Y S, Zhang W, Pan L, Hinds L J, Bodvarsson G S. Modeling capillary barriers in unsaturated fractured rock. Water Resources Research, Vol. 38, No. 11, p351-362, 2002.

15. Wu Y S. Numerical simulation of single-phase and multiphase non-Darcy flow in porous and fractured reservoirs. Transport in Porous Media, Vol. 49, No. 2, p209-240, 2002.

16. Wu Y S, Zhang K, Ding C, Pruess K, Bodvarsson G S. An efficient parallel-computing method for modeling non-isothermal multiphase flow and multicomponent transport in porous and fractured media. Advances in Water Resources, Vol. 25, p243-261, 2002.

17. Wu Y S. An approximate analytical solution for non-darcy flow in fractured media. Water Resources Research, Vol. 38, No. 3, p51-57, 2002.

18. Wu Y S, Pan L, Zhang W, Bodvarsson G S. Characterization of flow and transport processes within the unsaturated zone of Yucca Mountain. Journal of Contaminant Hydrology, Vol. 54, p215-247, 2002.

19. Wu Y S. Non-Darcy displacement of immiscibel fluids in porous media. Water Resources Research, Vol. 37, No. 12, p2943-2950, 2001.

20. Wu Y S, Forsyth P A. On the Selection of primary variables in numerical formulation for modeling multiphase flow in porous media. Journal of Contaminant Hydrology, Vol. 48(3-4), p277-304, 2001.

21. Wu Y S, Pruess K. Integral solutions for transient fluid flow through a porous medium with pressure-dependent permeability. International Journal of Rock Mechanics and Mining Sciences, Vol. 37, No. 1-2, p51-61, 2000.

22. Wu Y S. Pruess K. Numerical simulation of non-lsothermal multiphase tracer transport in heterogeneous fractured porous media. Advances in Water Resources, Vol. 23, p699-723, 2000.

23. Wu Y S. A virtual node method for handling wellbore boundary conditions in modeling multiphase flow in porous and fractured media. Water Resources Research, Vol. 36, No. 3, p807-814, 2000.

24. Wu Y S, Ritcey A, Bodvarsson G S. A modeling study of perched water phenomena in the vadose zone of Yucca Mountain. Journal of Contaminant Hydrology, Vol. 38, No. 1-3, p157-184, 1999.

25. Wu Y S, Haukwa C, Bodvarsson G S. A site-scale model for fluid and Heat flow in the unsaturated zone of Yucca Mountain, Nevada. Journal of Contaminant Hydrology, Vol. 38, No. 1-3, p185-215, 1999.

26. Wu Y S, Pruess K, Persoff P. Gas flow in porous media with klinkenberg effects. Transport in Porous Media, Vol. 32, p117-137, 1998.

27. Wu Y S, Pruess K. A numerical method for simulating non-newtonian fluid flow and displacement in porous media. Advances in Water Resources, Vol. 21, p351-362, 1998.

28. Wu Y S, Kool J B, Huyakorn P S, Saleem Z A. An analytical model for nonlinear adsorptive transport through layered soils. Water Resources Research, Vol. 33, No. 1, p21-29, 1997.

29. Wu Y S, Forsyth P A, Jiang H. A consistent approach for applying numerical boundary conditions for subsurface flow. Journal of Contaminant Hydrology, Vol. 23, p157-185, 1996.

30. Wu Y S, Huyakorn P S, Park N S. A vertical equilibrium model for assessing NAPL contamination and remediation of groundwater systems. Water Resources Research, Vol. 30, No. 4, p913-927, 1994.

31. Wu Y S, Pruess K, Chen Z X. Buckley-leverett flow in composite porous media. SPE Advanced Technology Series, Vol. 1, No. 2, p36-42, 1993.

32. Wu Y S, Pruess K, Witherspoon P A. Flow and displacement of bingham non-newtonian fluids in porous media. SPE Reservoir Engineering, p369-376, 1992.

33. Wu Y S, Pruess K, Witherspoon P A. Displacement of a newtonian fluid by a nonnewtonian fluid in a porous media. Research Report, LBL-27412, Lawrence Berkeley laboratory, Transport in Porous Media, Vol. 6, p115-142, 1991.

34. Wu Y S, Pruess K. An analytical solution for wellbore heat transmission in layered formations. SPE Reservoir Engineering, p531-538, 1990.

35. Wu Y S, Pruess K. A multiple-porosity method for simulation of naturally fractured petroleum reservoirs. SPE Reservoir Engineering, Trans. AIME Vol. 285, p327-336, 1988.

36. Wu Y S, Ge J L. The transient flow in naturally fractured reservoirs with three-porosity systems. Acta, Mechanica Sinica, Theoretical and Applied Mechanics, Beijing, China, Vol. 15, No. 1, p81-85, 1983.

37. Wu Y S, Ge J L. Application of the hankel transformation to transient flow problems in reservoirs. J. of Southwest Petroleum Inst., Vol. 3, No. 1, China, 1982.

38. Wu Y S, Ge J L. The flow of fluids in a region with variable permeability near a well in a naturally fractured composite reservoir. J. of Petroleum Exploration & Development, Vol. 8, No. 4, p58-67, 1981.

39. Wu Y S, Ge J L. A study of the transient spherical flow in naturally fractured reservoirs. J. of Southwest Petroleum Inst., Vol. 2, No. 1, p39-49, 1981.

Books/Book Chapters

40. Wu Yushu. Non-Darcy Flow Behavior Near High-Flux Injection Wells in Porous and Fractured Formations. Chapter 18 of Developments in Water Science 52, Edited by Chin-Fu Tsang and John A. Apps, Elsevier, 2005.

41. Wu Yushu. A Unified Numerical Framework Model for Simulating Flow, Transport, and Heat Transfer in Porous and Fractured Media. Developments in Water Science 52, Edited by Cass T. Miller, Matthew W. Farthing, William G. Gray, and George F. Pinder, Elsevier, 2004.

42. Wu Y S, Zhang K, Pruess K. Massively Parallel Simulation of Flow and Transport in Porous in Variably Saturated Porous and Fractured Media. Developments in Water Science 47, Edited by S. M. Hassanizadeh, R. J. Schotting, W. G. Gray, and G. F. Pinder, Computational Methods in Water Resources, Vol. 1, p289-296, 2002.

43. Wu Yushu. On the Effective Continuum Method for Modeling Multiphase Flow, Multi-component Transport and Heat Transfer in Fractured Rock. Dynamics of Fluids in Fractured Rocks, Concepts and Recent Advances, Edited by B. Faybishenko, P. A. Witherspoon and S. M. Benson, AGU Geophysical Monograph 122, American Geophysical Union, Washington, DC, p299-312, 2000.

44. Wu Y S, Finsterle S, Bodvarsson G S. Field-Scale Modeling Studies to Characterize Hydraulic Properties for Water, Air and Heat Flow in the Unsaturated Zone of Yucca Mountain. Characterization and Measurement of the Hydraulic Properties of Unsaturated Porous Media, edited by M. Th. Van Genuchten, Leij, F. J. and Wu, L., Published by the University of California, Riverside, p1537-1548, 1999.

45. Wu Y S, Pruess K. Flow of Non-Newtonian Fluids Through Porous Media. Volume 3, Chapter 2, Advances in Porous Media, Edited by M. Y. Corapcioglu, Elsevier Science Publishers, p87-179, 1997.

46. Wu Y S, Huyakorn P S, Panday S. A Numerical Model for Multiphase Flow and Transport Assessment of Migration of Petroleum Contaminants in the Subsurface, Engineering Hydrology, Edited by Chin Y. Kuo, San Francisco, CA, p964-969, 1993.

本人于2010年10月24日供稿。

武　强 Wu Qiang(1959.10—)

性别	男		籍贯	内蒙古呼和浩特
学历	博士研究生		学位	博士
职称	教授		职务	所长
工作单位	中国矿业大学(北京)水害防治与水资源研究所			
E-mail	wuq@ cumtb. edu. cn		电话	010-62314681
邮编	100083	通信地址	北京学院路丁11号	

一、科研与学术业绩

获国家科技进步奖二等奖1项,省部级特等奖1项、一等奖7项、二等奖8项;2000年荣获中国首届十位“优秀博士后奖”;2001年荣获“全国优秀教师”称号;2004年获第二届黄汲清青年地质科学技术奖;2000年荣获国家教育部跨世纪优秀人才基金;1995年荣获首届中国科学技术发展基金孙越崎科技教育基金博士后大奖;1994年荣获首届IET教育基金青年教师奖;1998年荣获中央国家机关优秀青年称号;获国家软件著作权登记7项。出版中英文专著8部,发表学术论文150余篇(SCI收录30篇、EI收录100余篇)。

二、主要兼职

国家安全生产专家组成员,国家煤矿安全监察局“水害防治专家组”组长,国家新世纪百千万人才工程国家级人选,国务院政府特殊津贴享受者,中国地质学会理事,国际水文地质学家协会(IAH)中国国家委员会副主席,中国矿联矿山环境保护与治理工作委员会常务理事,中国地质学会水文地质专业委员会、环境地质专业委员会和岩溶地质专业委员会副主任,中国煤炭学会矿井水害防治专业委员会副主任和煤矿安全标准化技术委员会水害防治及设备分会副主任。

任《Environmental Geology》、《Science in China》、《中国科学》、《工程勘察》、《水文地质工程地质》、《中国地质灾害与防治学报》、《勘察科学技术》、《城市地质》、《岩土工程技术》、《中国煤炭地质》和《地源热泵导刊》等学术期刊编辑委员会委员。

三、与地下水有关的代表性论文

1. Wu Qiang, et al. 2009. Application of a discrete-continuum model to karst aquifers in North China, Ground Water, 47(3):453-461.

2. Wu Qiang, et al. 2008. The prediction of size-limited structures in a coal mine using Artificial Neural Networks, International Journal of Rock Mechanics and Ming Sciences, 45(6): 999-1006.

3. Wu Qiang, Li Wei, Li Ruijun. 2008. Study on the assessment of mine environments.

Acta Geologica Sinica,82(5):1027-1034.

4. Wu Qiang, Xu Hua, Pang Wei. 2008. GIS and ANN coupling model: an innovative approach to evaluate vulnerability of karst water inrush in coalmines of North China. Environmental Geology, 54(5): 937-943.

5. Wu Qiang, et al. 2007. An framework for risk assessment on soil erosion by water using an integrated and systematic approach. Journal of Hydrology, 337(1-2):11-21.

6. Wu Qiang, et al. 2006. Characterization of water bursting and discharge into underground mines with multi-layered groundwater flow systems in the North China Coal basin. Hydrogeology Journal, 14(6):882-893.

7. Wu Qiang, Xu Hua, Zou Xukai. 2005. An effective method for 3D geological modeling with multi-source data integration. Computers & Geosciences, 31:35-43.

8. Wu Qiang, et al. 2004. Investigations of groundwater bursting into coal mine seam floors from fault zones. International Journal of Rock Mechanics and Ming Sciences, 41(4):557-571.

9. Wu Q, Ye S, Chen P. 2003. A nonlinear modeling and forecasting system of earth fractures based on coupling of artificial neural network and geographical information system—exemplified by earth fractures in Yuci City, Shanxi, China. Environmental Geology, 45(1):124-131.

10. Wu Qiang, Xu Hua. 2003. An approach to computer modeling and visualization of geological faults in 3D. Computers & Geosciences, 29:503-509.

11. 武强等. 地下水渗流场可视化动态模拟与应用研究. 系统仿真学报,2009-15.

12. 武强等. 试论矿难征兆学与预测预报. 煤炭学报,2009-9.

13. 武强等. 煤层底板突水评价的新型实用方法Ⅰ——主控指标体系的建设. 煤炭学报,2007-1.

14. 武强等. 油气田区承压含水层地下水污染机理及其脆弱性评价. 水利学报,2006-7.

15. 武强等. 基于ANN与GIS耦合技术的地下水污染敏感性评价. 中国矿业大学学报,2006-4.

16. 武强等. 地表河网-地下水流系统耦合模拟Ⅰ:模型. 水利学报,2005-5.

17. 武强等. MODFLOW在淮北地下水数值模拟中的应用. 辽宁工程技术大学学报,2005-4.

本人于2010年10月24日通过电子邮件确认此简介。

肖长来 Xiao Chang-lai(1962.8—)

性别	男		籍贯	吉林浑江
学历	博士研究生		学位	博士
职称	教授		职务	
工作单位	吉林大学环境与资源学院			
E-mail	xcl2822@126.com		电话	0431-88502287
邮编	130062	通信地址	长春市西安大路5333号	

一、综合介绍

祖籍山东省胶南市琅琊镇。1986年7月毕业于长春地质学院水文地质专业，1998年10月于长春科技大学地质工程专业硕士研究生班结业，2001年6月毕业于吉林大学环境与资源学院，获工学博士学位（水文学及水资源专业）。现任吉林大学地学部教学委员会副主任委员、环境与资源学院教学委员会主任委员、环境与资源学院水文水资源研究所所长。中国水利学会水资源专业委员会委员、环境保护部环境工程评估中心常聘专家、教育部科技奖评审专家、水利部水资源论证评审专家、全国高校水利学科教学指导委员会水文与水资源工程分委员会委员（2008—2010）、中国水利教育协会高等教育分会理事、中国地质学会城市地质专业委员会第四届常务理事（2009—2013）。

主要研究方向为水资源水环境模拟与评价，科技成果获省部级及市级奖励4项，获吉林大学优秀教学成果奖1项；出版专著和教材5部；发表论文100余篇（与地下水有关的34篇），其中SCI、EI、ISTP检索论文16篇。

二、个人简历

1986年7月至2001年9月，在吉林省水利水电勘测设计院工作，曾任水文地质专业助理工程师、工程师、专业主任工程师、高级工程师，承担并完成30余项大中型水利水电工程的地下水资源评价及开发利用、“水工环”勘察、洪水调查及水文勘察、地质灾害危险性评估等工作。

2001年10月至2004年11月，调入吉林大学从事教学和科研工作，任水文水资源系副主任、系主任。

2004年12月至今，在吉林大学环境与资源学院任教授，2005年9月被聘为吉林大学百门精品课“地下水动力学”负责人，2006年10月被聘为博士生导师。

三、科研项目

1986~2001年，承担、参加吉林省地下水开发利用、洮儿河灌区、前郭灌区（中日合作）、梨树灌区、拉林灌区、哈达山水利枢纽工程、桦甸市堤防工程、长春市供水工程（“引

松入长”工程)、松原市龙坑引水工程、珲春市城市供水规划、松原市城市供水规划、前扶经济开发区水利规划、查干湖湿地保护水利规划、松花江流域规划、二松流域规划、浑江流域综合规划、蛟河流域规划、长春龙家堡(龙嘉)机场、秦家屯油气田地面产能工程、松山水库、永庆反调节水库等30余项大中型工程的地下水资源评价及开发利用、“水工环”勘察、洪水调查及水文勘察、地质灾害危险性评估等工作。2002年以来承担、参加省部级科研、生产项目的专业技术工作20余项,主要有吉林省西部水资源综合评价与利用研究、松嫩平原地下水流数值模拟、洮儿河扇形地地表水与地下水联合调蓄、吉林省中部水资源保护对策研究、鸡东县水资源信息化系统建设、双城市地下水资源评价、引嫩入白供水工程地下水资源评价、哈达山水利枢纽工程地下水资源评价等科研项目。目前承担国家科技支撑项目专题及省市科研项目多项,包括辽宁省中部城市群地下水流数值模拟、辽宁省中部城市群地下水水量水质实时预报模型研究、三江平原地下水数值模拟研究、鸡西市地下水数值模拟研究、洮儿河扇形地地下水数值模拟研究、东北小城镇饮用地下水水源、水质评价及特征污染物调查分析等。

四、教学情况

先后为本科生讲授过水文地质学基础、地下水水文学、水文统计学、地下水动力学、水环境监测与评价、生态环境地质学、专业英语等课程,为吉林大学百门精品课“地下水动力学”的课程负责人,每年带队开展为期8周的三年级本科生野外生产实习,每年指导本科毕业生5~8人,其中4人的毕业论文获得吉林大学优秀本科学位论文。

五、代表性论著

1. 肖长来,梁秀娟,王彪. 水文地质学. 清华大学出版社,2010.
2. 肖长来,梁秀娟等. 水环境监测与评价. 清华大学出版社,2008.
3. 肖长来,曹剑峰,卞建民. 水文与水资源工程教学实习指导. 吉林大学出版社,2005.
4. 梁秀娟,肖长来. 密云水库中氮分布及迁移影响因素研究. 中国科学D辑,2005-1.

肖长来供稿。

许　模 Xu Mo(1963.11—)

性别	男		籍贯	重庆涪陵
学历	博士研究生		学位	博士
职称	教授		职务	
工作单位	地质灾害防治与地质环境保护国家重点实验室(成都理工大学)			
E-mail	xm@ cdut. edu. cn		电话	028-84077539
邮编	610059	通信地址	成都市成华区二仙桥东三路1号	

一、综合介绍

1980年考入成都地质学院,分别于1984年、1987年获水文地质工程地质专业学士、硕士学位,其后留校任教,1998年6月在成都理工学院水文地质工程地质专业获博士学位,1999年晋升为教授,2001年增列为博士生导师。

现任中国地质学会水文地质专业委员会副主任委员,中国水力发电工程学会地质与勘探专业委员会委员,四川省水力发电工程学会地质与勘探专业委员会副主任委员,四川省地质学会水文地质工程地质专业委员会秘书长,四川省学术和技术带头人后备人选,《四川水力发电》杂志编委。博士生导师,国家注册土木工程师(岩土)。

二、学术成就

主要从事工程建设区的水文地质、环境地质、工程岩体结构特性及工程适宜性、裂隙岩体水力学特性、区域地下水资源评价等研究工作。发展了工程水文地质学的理论与方法,完善了水-地质体-环境相互作用机理研究,建立了深埋长大隧道岩溶涌突水危险性评价及工程措施体系,涉及长江、金沙江、雅砻江、大渡河、岷江、澜沧江、怒江和黄河流域的二十余座巨型、大型水利水电工程建设,武广客运专线、长昆客运专线、成渝客运专线、渝万客运专线、贵广客运专线等西南岩溶山区的高速铁路建设工程中的重大工程与环境地质问题,以及中国西部干旱地区(新疆塔里木河中下游、叶尔羌河流域、台兰河流域、西藏阿里地区等)水资源开发与环境保护等,有效推动了重大工程建设项目的顺利实施。

已在国内外学术期刊发表论文160余篇,其中EI、ISTP收录20余篇。合作出版学术专著4部。科研成果获奖十余项,其中国家科技进步奖一等奖1项(2005),地矿部科技成果一等奖1项(1996),国土资源科技成果一等奖2项(2002,2005)、二等奖1项(2004),教育部自然科学奖二等奖1项(2004),四川省三等奖2项(2001,2009)。截至2010年,培养和指导博士、硕士研究生90余名,已毕业博士研究生9名,硕士研究生55名。

三、与地下水有关的代表性中文期刊论文

1. 张衡,许模等. 西南某电站消力塘边坡雾化作用下的稳定性研究. 岩石力学与工程学报, 2007-S2

2. 魏云杰,许模等. 基于渗流模型的路基排水设计计算方法初探. 岩土力学,2006-7.

本人于2010年11月12日通过电子邮件确认此简介。

阎长虹 Yan Chang-hong(1959—)

性别	男		籍贯	江苏徐州
学历	博士研究生		学位	博士
职称	教授		职务	
工作单位	南京大学地球科学与工程学院			
E-mail	yanchh@ nju. edu. cn		电话	86-25-83685746
邮编	210093	通信地址	中国南京汉口路22号南京大学东南大楼	

一、个人简历：

1978.9—1982.7　南京大学地质系，本科；
1982.9—1985.6　南京大学地质系，研究生；
1985.7—1987.8　南京大学地球科学系，助教；
1987.9—1993.11　南京大学地球科学系，讲师；
1993.12—2000.2　南京大学地球科学系，副教授；
2000.3—　南京大学地球科学系，教授；
2001.4—　南京大学地球科学系，博士生导师。

二、主讲课程

土力学(本科生)，水文地质工程地质概论(本科生)，城市环境岩土工程(研究生)，系统工程概论(研究生)，现代工程地质专题(研究生)。

三、研究方向

水文地质工程地质，岩土工程，环境地质。

四、主要科研成果

长期从事水文地质工程地质、岩土工程和环境地质等方面的教学和科研工作，承担多项大型桥梁、水电工程、地质灾害、地下工程、水文地质工程地质软件开发、地下水资源探寻与评价、废物资源化利用等方面的科研工作。近年来，先后承担了润扬大桥、苏通大桥、南京长江三桥、南京地铁、宁宿徐高速公路等重大工程项目的工程地质论证和技术难题的研究，主持了江苏、安徽、浙江、山东等地区多个滑坡地质灾害的评价与治理科研工作，在江苏、河北等严重缺水地区找水获得成功。主持完成了扬州市地下水资源管理与评价工作，以此为基础研制了我国地下水资源管理与评价可视化软件系统。目前正在进行西南典型喀斯特地区水文地质研究(国家攻关973项目)工作。目前已取得多项重要研究成果，其中省部级奖一等奖3项(1985，1994，2000)，二等奖3项(2002，2005，2005)，三等奖

1项。“地下水资源评价与管理及其可视化系统”获教育部科技进步奖二等奖（2005）。第一批获得教育部中青年骨干教师资助项目。分别在《科学通报》、《地质学报》、《水文地质工程地质》、《岩土工程学报》、《地质论评》、《中国矿业》、《高校地质学报》等刊物上发表学术论文100余篇（与地下水有关的中文期刊论文9篇）。已培养研究生50多名。

五、与地下水有关的代表性论著

1. Yan Changhong, Luo Guoyu, Wang Yuying, et al. Compressive structural control on karst development, The 11th Multidisciplinary Conference on Sinkholes and the Eng. and Env. Impacts of Karst, USA, 2008.

2. Luo Guoyu, Yan Changhong, Li Xiaozhao, Jiang Jianping, Ma Ji. Exploration of water resource and multiple models for water resource development by preferred plane theory in Karst Areas. Acta Geologica Sinica, 77(1), 2003.

3. Salah Bishir, Yan Changhong, Chen Zhengzhou. An evaluation of geotechnical properties of a quaternary alluvial soils underlying Nanjing Area, P. R. C., 1996. The Journal of advances in E. G. in China, Three gorgea Publishing House.

本人于2010年10月22日通过电子邮件确认此简介。

杨金忠 Yang Jin-zhong(1953.1—)

性别	男		籍贯	河北阜城
学历	博士研究生		学位	博士
职称	教授		职务	国家重点实验室常务副主任
工作单位	武汉大学水利水电学院			
E-mail	Jzyang126@ 126. com jzyang@ whu. edu. cn		电话	027-68775432 13607146105
邮编	430072	通信地址	湖北省武汉市武汉大学工学部水利水电学院	

一、个人简历

(一)学习经历

1972～1975年在河北地质学院水工系学习，1975～1979年留校任教；1979～1982年为武汉水利电力学院硕士研究生，1982年获工学硕士学位；1983～1986年为武汉水利电力学院博士研究生，1986年获工学博士学位。1988～1989年在澳大利亚科学与工业组织环境力学研究所作访问学者1年，1994～1996年在美国怀俄明大学合作研究2年，1997～1998年在澳大利亚科学与工业组织土与水研究所访问研究6个月，1999～2000年在澳大利亚科学与工业组织土与水研究所合作研究3个月，2003～2004年在美国Los Alamos国家实验室访问研究6个月。

(二)任职经历

自1986年至今，曾担任农田水利实验室副主任，农田水利教研室副主任，水利学院副院长，水利系主任，水利水电学院副院长，农田水利与水环境重点实验室主任，武汉大学水利水电研究院副院长，农田水利与水环境部级重点实验室主任，武汉大学学术委员会副主任，水资源与水电工程科学国家重点实验室常务副主任。

二、主讲课程及主要研究领域

主讲课程：普通水文地质学、地下水动力学、地下水动力学中的数值方法、农田水利学、土壤水动力学、溶质运移理论。

主要研究领域：地下水运动理论、土壤水运动理论、灌溉排水理论与方法、排水理论与技术、地下水运动的随机理论、水资源与水环境。

三、专著

1. 杨金忠，蔡树英，王旭升. 地下水运动数学模型. 科学出版社，2009.

2. 杨金忠，蔡树英，黄冠华，叶自桐. 多孔介质中水分及溶质运移的随机理论. 科学出版社，2000.

四、代表性论著

发表论文190余篇,与地下水有关的150篇。

1. Yang J. Experimental and numerical studies of solute transport in two-dimensional saturated-unsaturated soils. J. Hydrology, 97, 1988.

2. Yang J, Zhang W. A characteristic finite element method for solute transport in saturated-unsaturated soil. Proceedings of 7th international conference in computational method in water resources, Development in Water Resources, No. 30,1988.

3. Yang J, Cai S. A model of water, vapor and heat flow in porous media. Journal of Hydrodynamics, Ser. B7(1), 1995.

4. Yang Jinzhong,Zhang Renduo,Ye Zitong. Stochastic analyses of adsorbing solute transport in heterogeneous unsaturated soil. Journal of Hydrodynamics, Ser. B8(3), 1996.

5. Yang J,Zhang R,Wu J. A analytical solution of macrodispersivity for adsorbing solute transport in unsaturated soils. Water Resour. Res., 32(2),1996.

6. Yang J Z,Zhang Renduo,Ye Z. Solute transport through the vadose zone: field studies and stochastic analyses. Soil Science, 161(5),1996.

7. Yang Jinzhong, Zhang Dongxiao,Lu Zhiming. Stochastic analysis of saturated-unsaturated flow in heterogeneous media by combining Karhunen-Loeve expansion and perturbation method. Journal of Hydrology,294 (2004).

8. Yang Jinzhong, Wang Weiping, Cai Shuying,Li Shaolong. Stochastic analysis of water flow in heterogeneous media. Journal of Hydrodynamics, Ser. B, 2005, 17(3),2005.

9. Yang J,Wang L, et al. Experiment and numerical simulation of nitrogen transport in soils irrigated with treated sewage. Irrigation and Driange, 57, 2008.

10. 史良胜,蔡树英,杨金忠. 三维地下水流随机分析的配点法. 水利学报,2010-1.

11. 陈皓锐,黄介生,伍靖伟,杨金忠. 井渠结合灌区用水效率指标尺度效应研究框架. 农业工程学报,2009-8.

12. 王丽影,杨金忠等. 再生水灌溉条件下氮磷运移转化实验与数值模拟. 地球科学——中国地质大学学报,2008-2.

13. 岳卫峰,杨金忠等. 干旱地区灌区水盐运移及平衡分析. 水利学报,2008-5.

14. 史良胜,杨金忠等. 基于尺度因素的地下水随机分析. 水科学进展,2007-1.

15. 史良胜,蔡树英,杨金忠. 次降雨入渗补给系数空间变异性研究及模拟. 水利学报,2007-1.

16. 史良胜,蔡树英,杨金忠. 基于降雨空间变异的潜水运动随机模拟方法Ⅰ——非条件模拟. 水利学报,2007-4.

17. 杨树青,史海滨,杨金忠等. 干旱区微咸水灌溉对地下水环境影响的研究. 水利学报,2007-5.

18. 蔡树英,林琳,杨金忠等. 含水层和土壤的随机特征对水分运动的影响. 水科学进展,2005-3.

19. 史良胜，杨金忠等. 基于 KL-Galerkin 解法的地下水流动随机分析. 四川大学学报（工程科学版），2005-5.

20. 林琳，杨金忠等. 区域饱和－非饱和地下水流运动数值模拟. 武汉大学学报（工学版），2005-6.

21. 杨金忠等. 污水灌溉系统中氮磷转化运移的试验研究. 水利学报，2004-4.

22. 杨金忠，蔡树英等. 宏观水力传导度和弥散度的确定方法. 水科学进展，2002-2.

23. 伍靖伟，杨金忠. 由地下水位和含水量资料推估含水层参数的方法. 武汉大学学报（工学版），2001-1.

24. 黄爽，蔡树英，杨金忠. 电厂粉煤灰场对地下水环境影响的初步研究. 武汉大学学报（工学版），2001-5.

25. 杨金忠，蔡树英等. 区域地下水溶质运移随机理论的研究与进展. 水科学进展，1998-1.

26. 杨金忠，蔡树英. 地下水动态预报的多层递阶组合模型. 水科学进展，1995-2.

27. 杨金忠. 二维饱和与非饱和水分运动的理论及实验研究. 水利学报，1989-4.

28. 杨金忠. 各种求解对流—弥散方程数值方法的比较. 武汉大学学报（工学版），1987-5.

29. 李文渊，杨金忠. 浅部三层结构井灌井排地下水非稳定流计算及井距确定. 武汉大学学报（工学版），1984-2.

五、主持的省部级以上科研项目

1. 中国科学院青年研究基金项目“不动水体存在时多孔介质中溶质运移的机理和数学模型”，1988—1990；

2. 山西盐碱地改良，1991.1—1991.12；

3. 国家教委重点跟踪优秀青年教师基金项目“多孔介质中溶质运移的随机理论”，1991.1—1995.12；

4. 国家教委博士点基金项目“区域水盐运动预测预报理论与方法的研究”，1991.1—1994.1；

5. 霍英东青年教师基金项目“污染物通过区域饱和—非饱和土体的随机理论”，1994.1—1997.1；

6. 自然科学基金项目“污染物通过区域饱和—非饱和土体的运动理论”，1994.1—1997.1；

7. 自然科学基金重点课题“水资源保护的应用基础研究”，1997—2000，张蔚榛，杨金忠等，批准号：59639240；

8. 高等学校博士学科点专项科研基金项目“地下水污染的随机数值预报和风险分析”，1997—2000；

9. 国家电力公司科技项目“电厂生产过程中地下水环境问题研究”，1998—2000；

10. 水利部科技攻关重点项目“内蒙古河套灌区节水改造专题研究”，2000.1—2002.12；

11. 国家自然科学基金项目“污水灌溉中污染物转化运移规律的基础研究”，2003—2005；

12. 国家“863”课题“劣质水资源化与灌溉利用技术”，2001AA242121，2002—2005；

13. 国家自然科学基金重点项目“灌溉排水条件下农田氮磷转化、运移规律与控制措施”，2006.1—2010.12，50639040；

14. 国家自然科学基金面上项目“基于 KL-PC 展开的溶质运移随机数值方法及条件模拟研究”，2006.12—2009.12，40672164；

15. 国家重点基础研究发展计划(973 计划)项目“海河流域水循环演变机理与水资源高效利用”子课题：“单株－群体－农田－农业”水利用效率的尺度效应与不同尺度灌溉水利用效率的计算方法；

16. 国家高技术研究发展计划(863 计划)课题，重点项目名称：水盐调控精量灌溉技术，课题编号：2006AA100207，2006—2010；

17. 国家高技术研究发展计划(863 计划)课题，重点项目名称：再生水作物安全利用技术，课题编号：2006AA100205，子课题：再生水灌溉条件下氮素迁移转化规律试验研究与数值模拟。

六、主要社会和学术兼职

中国科学院陆地水循环及地表过程国家重点实验室学术委员会委员，2003—2007；《水利学报》编委，2000.1—2003.12；《Water Science and Engineering》编委，2008—2012；《Irrigation and Drainage》编委，2007—2011；《Australia Journal of Soil Science》编委，2007—2010；国际灌溉排水委员会执行委员；水利学会农田水利专业委员会副主任。

本人于 2010 年 9 月 28 日通过电子邮件供稿。

杨悦锁 Yang Yue-suo(1962.10—)

性别	男		籍贯	内蒙古
学历	博士研究生		学位	博士
职称	教授		职务	
工作单位	吉林大学环境与资源学院			
E-mail	YangYuesuo@ jlu. edu. cn		电话	0431-88502850
邮编	130026	通信地址	长春市西民主大街6号	

一、综合介绍

学科专业:水文地质、环境工程。

研究方向:地下水管理、污染水文地质、地下水土环境微生物。

讲授课程:Groundwater in Environment, Remediation of Contaminated Land/Groundwater, Advanced Groundwater Modeling。

二、个人简历

(一)受教育经历

1992.9—1995.7　水文地质博士研究生,论文题目"GIS 及地下水信息管理系统研究",长春科技大学;

1984.9—1987.7　水文地质硕士研究生,论文题目"石家庄市地下水综合管理模型",长春地质学院;

1980.9—1984.8　水文地质和工程地质学本科学习,长春地质学院;

2001.9—2001.10　污染土壤和地下水的3D计算机模拟,德国 Muchen 大学;

1996.5—1996.7　GIS 强化培训,Manchester 大学,GIS 中心,UK;

1993.3—1993.4　GIS 系统开发与应用,北京大学;

1992.12—1993.12　计算机软件开发与设计(Pascal,C,Fortran 语言和数据库设计),北京高等教育出版社和清华大学联办。

(二)工作经历

2007.4—　吉林大学,教育部长江学者特聘教授;

2005.7—2007.4　英国卡迪夫大学,环境水文地质中心主任;

1998.1—2005.6　Queen's University Belfast(英国 Belfast 女王大学);

1995.8—1997.12　Bradford 大学,UK;

1992.5—1995.7　长春地质学院,地矿部破格副教授;

1987.9—1995.4　长春地质学院,助教和讲师。

三、近年来主持的省部级以上及国际合作科研项目

1. 科技部"863"项目"浅层地下水石油污染原位修复技术";

2. 教育部长江学者项目"污染和原生环境的生态毒理和风险评估";

3. GIS-Based Real-Time Flood Risk Management and Prediction in the UK;

4. WAG 项目 Integrated Modelling for Catchment Sensitive Farming (CSF) and Agricultural Diffuse Pollution4. Engineered/Constructed Wetlands for MSE Wastewater Treatment;

5. Integrated Modelling of River-Soil-Groundwater-Precipitation Systems;

6. 皇家学会资助项目"污染环境胁迫下植物细胞 DNA 生物标记物风险评价研究"(Risk Assessment by DNA Biomarker in Plant Cells under Contamination Stresses);

7. 中英合作项目"地下水和土壤中硝酸盐界面效应研究"(清华大学);

8. 中英合作项目"应用同位素和地球化学技术研究黄河流域环境再生演化"(北京师范大学);

9. 欧盟和英国项目"Portadown 煤气厂污染土壤和地下水的治理";

10. 欧盟和英国项目"爱尔兰都柏林市港口城市垃圾填埋场土壤及地下水污染治理和土地二次开发";

11. 英国 Lagan 河谷区域地下水和污染质数值模拟。

四、代表性论文

1. Yang Y S, Wang L. 2010. Vulnerability assessment of groundwater pollution from diffuse sources: a case study. Hydrological Sciences Journal. DOI: 10.1007/s11269-009-9526-y.

2. Lin S, Yang Y S, Wang Y, Lin J F, Quan C S. 2010. Response of planktonic and benthic microbial community in a river to urban pollution from sewage discharge. Hydrobiologia.

3. Yang Y S, Wang L. 2010. A review of modelling tools for implementation of the EU Water Framework Directive in handling diffuse water pollution. Water Resour Manage.

4. Lu Y, Du X, Chi B, Yang Y S. 2010. Numerical modeling of physical clogging during groundwater artificial recharge. IAH Model Care International Conference, Redbook, Post-Event Proceedings.

5. Yang, Y S. 2010. Editorial: R&D support for water management. Proceedings of the Institution of Civil Engineers-Water Management, 163 (2): 55-61. DOI: 10.1680/wama.2010.163.2.55.

6. Zhang D, Li G, Yang Y S, Zhang X. 2009. Bio-geological processes of nitrogen transport and transformation in the aeration zone and aquifer. Hydrological Sciences Journal, 54 (2): 316-326.

7. Liu W, Zhou Q, Li P, Yang Y S. 2009. DNA mismatch repair related gene expression as potential biomarkers to assess cadmium exposure in Arabidopsis seedlings. J. Hazardous Materials, 167(1-3): 1007-1013.

8. Tang Y, Zhang G, Yang Y, Gao Y. 2009. Identifying key environmental factors influen-

cing spatial variation of water quality in upper Shitoukoumen Reservoir Basin in Jilin Province, China. Chinese Geographical Science, 19(4). DOI: 10.1007/s11769-009-0365-9.

9. Lin S, Jin Y, Quan C, Yang Y S. 2009. Microbial community variation and functions to excess sludge reduction in a novel gravel contact oxidation reactor. Journal of Hazardous Materials, 165(1-3): 1083-1090.

10. Liu W, Yang Y, et al. 2009. Risk assessment of cadmium-contaminated soil on plant DNA damage using RAPD and physiological indices. Journal of Hazardous Materials, 161: 878-883.

11. Wang L, Yang Y. 2008. An approach to catchment-scale groundwater nitrate risk assessment from diffuse agricultural sources. Hydrology Processes, 22: 4274-4286. DOI: 10.1002/hyp.7036.

12. Liu W, Yang Y, Dennis F, Rogers H. 2008. Cadmium stress alters gene expression of DNA mismatch repair related genes in Arabidopsis seedlings. Chemosphere, 73: 1138-1144.

13. Liu P, Yang Y, Hao C. 2007. Ecological risk assessment using RAPD and distribution pattern of a rare and endangered species. Chemosphere, 68(8): 1497-1505.

14. Zhang X B, Liu P, Yang Y S. 2007. Effect of Al in soil on photosynthesis and related morphological and physiological characteristics of two soybean genotypes. Botanical Studies, 48(4): 435-444.

15. Zhang X, Liu P, Yang Y. 2007. Phytoremediation of urban wastewater by model wetlands with ornamental hydrophytes. Journal of Environmental Sciences, 19: 902-909.

16. Yang Y, Wang J L. 2007. GIS-based dynamic risk assessment for groundwater nitrate pollution from agricultural diffuse sources. J. Jilin University, 37(2): 311-318.

17. Yuan, Yang Y, Qiu X, Ma F. 2007. Environmental hazard analysis and effective remediation of highway seepage. Journal of Hazardous Materials, 142: 381-388.

18. Zhang G, Deng W, Yang Y, Salamma R M. 2007. Evolution study of a regional groundwater system using hydrochemistry and stable isotope. Hydrologic Processes, 21: 1055-1065.

19. Liu W, Yang Y, Zhou Q, Xie L. 2007. Impact assessment of cadmium contamination on rice seedlings at molecular and population levels using multiple biomarkers. Chemosphere, 67: 1155-1163.

20. Ma F, Yang Y, Pan S, Cai Z. 2007. Study of shallow groundwater quality evolution under saline intrusion with environmental isotopes and geochemistry. J. Environmental Geology, 51(1): 1009-1017.

五、专著及教材

1.高级科技软件开发——使用 Turbo C and Pascal 语言（第二作者）. 东北师范大学出版社，1994.5.

2. 实用地下水管理模型（第一作者）. 东北师范大学出版社，1993.5.

3. 地下水管理模型(第一作者). 长春科技大学教科书, 1989.5.

4. 石家庄市地下水科学管理(合著). 长春科技大学专辑, 1989.4.

5. 地下水水量水质模拟和预报程序集(合著). 吉林科技出版社, 1988.8.

六、获奖情况

1. Water Management under the Impact of Urban Development in Developing Country, 获MCB Press 国际学报 2002 年度最杰出成果奖,英国,伦敦;

2. 实用地下水管理模型研究（项目第一负责人),获 1994 年地质矿产部科技成果三等奖;

3. 地下水模拟和预测计算机软件包(主要参加人),获 1989 年地矿部科技成果三等奖、地矿部优秀软件三等奖;

4. 石家庄市地下水科学管理研究(主要参加人),获国家科技进步奖二等奖、地矿部科技成果一等奖。

资料来源 http://cer. jlu. edu. cn/cer/do/bencandy_form. php? mid = 5&id = 101, 本人于 2010 年 11 月 28 日通过电子邮件确认此简介。

于青春 Yu Qing-chun(1963.5—)

性别	男		籍贯	内蒙古赤峰
学历	博士研究生		学位	博士
职称	教授		职务	院长
工作单位	北京地质大学(北京)水资源与环境学院			
E-mail	yuqch@ cugb. edu. cn		电话	010-82322271
邮编	100083	通信地址	北京市学院路	

一、个人简历

(一)受教育简历

1981—1985　本科，中国地质大学(武汉)水文地质工程地质系；

1985—1988　硕士，中国地质大学(武汉)水文地质工程地质系；

1996—2000　博士，日本京都大学土木工程系(教育部公派博士)。

(二)工作简历

1988—1994　助教、讲师，中国地质大学(武汉)水文地质工程地质系；

1994—1996　副教授(地质矿产部破格)，中国地质大学水文地质工程地质系；

2000—2003　软件工程师，日本软件工程公司；

2003—　教授，中国地质大学(北京)水资源与环境学院。

二、讲授课程

水文地质学基础(本科)，岩土工程数值方法(硕士)，水文地质学新进展(博士)。

三、学术兼职

《水文地质工程地质》编委，中国岩石力学与工程学会废物地下处置专业委员会委员，教育部归国人员科研启动基金评审专家。

四、与地下水有关的代表性论文

1. 于青春等. 松嫩平原苏打型盐渍土强度特性研究. 岩土力学，2008-7.
2. 于青春等. 岩体非连续裂隙网络三维面状渗流模型. 岩石力学与工程学报，2005-7.
3. 武雄，于青春等. 三峡库区巴东黄土坡巨型古滑坡体形成机理. 水利学报，2006-8.
4. 武雄，于青春等. 地表水体下煤炭资源开采研究. 岩石力学与工程学报，2006-5.
5. 于青春等. 岩体非连续裂隙网络三维面状渗流模型. 岩石力学与工程学报，2005-4.
6. 于青春等. 岩体三维不连续裂隙网络及其逆建模方法. 地球科学——中国地质大学

学报,2003-5.

7. Yu Q, Ohnishi Y, Ohtsu H, Nishiyama S. A planar-channel model for fluid flow in discrete fracture network. Computer Methods and Advances in Geomechanics, Desai et al. (Eds), Balkema, Rotterdam, 2001.

8. Yu Q, Tanaka M, Ohnishi Y. An inverse method for the model of water flow in discrete fracture networks. Proceedings of 33rd Meeting of Geotechnical Society of Japan, Tokyo, 1999.

9. Yu Q, Shen J, Ohnishi Y. Some investigations on the early organization of karst systems. Journal of China University of Geosciences, 1999-4.

10. Ohnishi Y, Yu Q, Ohtsu H, Tanaka M. Modeling for water flow in discrete fracture network and model calibration. Proceedings of the Symposium for the 20th Anniversary Celebration of the West Japan Rock Engineering Society (Edited by K. Matsui and H. Shimada), Fukuoka, 1999.

11. Yu Q, Shen J, Yuan D. Numerical model for karstification in discontinuous soluble rocks & self-organization mechanism in karst process. Proceedings of 30th International Congress of Geology (abstract), Beijing, 1996.

12. 于青春等. 岩体非连续裂隙网络水力学特征. 地球科学——中国地质大学学报, 1995-4.

13. 于青春等. 岩体非连续裂隙网络水力学分析. 地球科学, 1995-1.

14. 沈继方,史毅虹,于青春等. 碳酸盐岩中岩溶洞穴的形成条件及预测方法初探. 地球科学——中国地质大学学报,1991-1.

15. 于青春. 非饱和水流方程局部迭代法. 地球科学——中国地质大学学报,1991-1.

五、正在负责进行的与地下水有关的科研项目

单孔压水试验确定岩体非连续裂隙有效隙宽的方法(国家自然科学基金项目)。

六、参编专著及教材

1. 清江流域岩溶发育及其对资源环境影响效应的研究,中国地质大学出版社,1996.
2. 水文地质学基础(普通高等教育地质矿产类规划教材,曾获国家级优秀教材奖和地矿部优秀教材奖),地质出版社,1995.
3. 矿床水文地质学,中国地质大学出版社,1993.

七、科研奖励

1. 银锤奖(中国地质学会, 1995);
2. 湖北省科技进步奖一等奖(沈继方,于青春,1997);
3. 地质矿产部科技进步奖三等奖(沈继方,于青春,1993);
4. 国家科技进步奖三等奖(沈继方,于青春,1997)。

八、招生专业

硕士招生：

1. 地下水科学与工程专业；

2. 地质环境与工程专业（工程地质方向，数学、力学、计算机专业毕业生最受欢迎）。

博士招生：

1. 地下水科学与工程专业；

2. 地质环境与工程专业（工程地质方向）。

资料来源 http://www.cugb.edu.cn/szdw/homepage.asp? emp_id = 1551，本人于 2010 年 10 月 1 日通过电子邮件确认此简介。

张发旺 Zhang Fa-wang(1965—)

性别	男		籍贯	河北深州
学历	博士研究生		学位	博士
职称	研究员		职务	副所长
工作单位	中国地质科学院水文地质环境地质研究所			
E-mail	fawangzhang@ sina. com		电话	13803379702
邮编	050803	通信地址	河北省石家庄市正定县中山东路92号	

一、简历

1986 年毕业于河北地质学院(现石家庄经济学院)水文地质工程地质专业,1995 年攻读中国地质大学硕士学位,1997 年攻读中国地质大学博士学位,2000 年获博士学位。2000 年进入中国地质科学院博士后流动站,2002 年获博士后资格。2000 年河北省委党校学习结业,2005 年国家行政学院国土资源厅局长培训班学习结业。

1992 年任助理研究员,1995 年破格晋升为副研究员,1999 年晋升为研究员。1992 年任矿床水文地质研究室副主任,1997 年任矿床水文地质研究室主任兼科技处副处长,1998 年任科技处处长,2001 年任所长助理兼科技处处长,2003 年 11 月任副所长。

二、学术兼职

兼任国际水文地质学协会(IHA)中国委员会秘书长,中国地质学会水文地质专业委员会副主任兼秘书长,中国自然资源委员会水资源专业委员会副主席,河北省地质学会水文地质委员会主席,中国土地复垦学会常务理事;被聘为科技部项目评审专家、教育部学位委员会优秀博士硕士论文评审专家、国家自然科学基金委项目评审专家、国土资源部专业标准评定专家、河北省水资源论证评审专家等,河北省省管专家。中国矿业大学客座教授,中国地质大学客座教授,石家庄经济学院客座教授,河北工程大学客座教授。《地理与地理信息科学》副主编,《工程勘察》副主编,《南水北调与水利科技》、《水文地质工程地质》编委等。获国土资源部“科技管理先进工作者”、“河北省改革开放 20 年优秀大学毕业生”(记河北省三等功)、“河北省(省会)杰出青年拔尖人才”、河北省科技十杰(记河北省二等功)等称号。

三、主要业绩

一直致力于水文地质环境地质技术理论研究与探索和技术管理工作,取得了一些显著的成就。首次揭示了矿区开发过程中“水环境具有跳跃性”的演化规律:指出矿区开发过程中引起矿山水环境问题的因素不在于水环境的渐变过程,而在于水环境的“跳跃

性”，从而提出要控制矿山水环境问题，必须充分认识和利用水环境的“跳跃性”规律，控制水环境地质问题。提出了“矿业开发环境地质链及其控制”理论方法：阐明了矿业开发环境地质问题“链状效应”，这一效应受到各个链节的相互作用和影响，并形成一个有机联系的整体；但在许多链节中少数起着主控作用，有一个是决定作用；指出要想解决矿山环境地质问题，就要找到起决定作用的链节，并提出了控制技术，从而切断这一链条，达到解决矿山环境地质问题的目的。提出了“含水层再造”的概念，在利用优化的含水层再造成果保护含水层技术方面取得突破：尤其是在煤层顶板结构与采动应力场对含水层再造作用模式、含水层再造与地下水渗流场互馈作用研究及煤层顶板含水层再造的采矿工程实践方面处于国际理论和实践前沿。开创性地研发了利用采煤塌陷区深厚包气带接纳储蓄大气降水的关键技术：在对大柳塔矿区采煤塌陷土壤水分运移进行野外试验、室内模拟、理论分析等综合研究的基础上，针对矿区水资源损失和土壤包气带变化的问题，研发了利用采煤塌陷区深厚包气带作为接纳储蓄大气降水的土壤水库的关键技术。形成了利用“土地资源库”进行矿区生态环境保护的新思路：对矿区“原位土壤资源保护”和“异位土壤资源保护”进行了资源分区规划，并得到大柳塔矿区的采纳与应用，目前已为西北、华北地区煤炭基地保护生态环境所推广。利用构造控水理论，首次在宁南严重缺水地区，尤其是以往工作认为没有地下水的下马关地区深埋的奥陶系灰岩中打成 1 眼涌水量 4 000 m^3/d的探采结合孔，取得了该区岩溶水资源勘查方面的突破。

参与承担科研项目近40 项，其中 30 多项为第一负责人。获国土资源部科技成果二等奖 2 项，三等奖 4 项，河北省科技成果二等奖 1 项，中国自然科学理论与发展成果特等奖 1 项，中国地质学会银锤奖 1 项，中国地质大学（北京）研究生论文二等奖 1 项。撰写科技和管理论文及译文近百篇（SCI 收录 5 篇，EI 收录 7 篇），专著及博士论文 7 部。培养硕士研究生 12 名、博士研究生 7 名。

四、代表性论著

1. 张发旺，周俊业等. 干旱地区采煤条件下煤层顶板含水层再造与地下水资源保护. 地质出版社，2006.

2. 邵爱军，张发旺等. 煤矿地下水. 地质出版社，2005.

3. 谭绩文，张发旺等. 矿山环境学. 地震出版社，2009.

4. 张发旺，陈立等. 鄂尔多斯能源基地能源开发与地质环境互馈效应研究. 地质出版社，2009.

5. 谭绩文，张发旺等. 水科学概论. 科学出版社，2010.

6. Han Zhantao，Zhang Fawang，Lin Daohui，Xing Baoshan. Clay minerals affect the stability of surfactant-facilitated carbon nanotube suspensions. Environ. Sci. Technol，2008，42：6869-6875.

7. Zhang Fawang，Zhang Zhaoji，Han Zhantao，Sun Jianping，Xiao Guoqiang. Risk assessment and treatment countermeasures for the Barrier Lakes of Wenchuan Earthquake on May

12th, 2008. Acta Geologica Sinica, 2009, 83(4): 826-833.

8. Han Zhantao, Zhang Wei, Lin Daohui, Lu Xiaoli, Zhang Fawang, Xing Baoshan. Transport of multi-walled carbon nanotube suspensions in porous media: effects of surfactants and clay minerals. F01-oral-20, SETAC/Asia Pacific 2010 Oral Presentation.

本人于2010年11月11日通过电子邮件供稿。

张光辉 Zhang Guang-hui(1959.10—)

性别	男		籍贯	辽宁沈阳
学历	博士研究生		学位	理学博士
职称	研究员(二级)		职务	副总工
工作单位	中国地质科学院水文地质环境地质研究所			
E-mail	Huanjing@ heinfo. net		电话	13503218560
邮编	050061	通信地址	河北省石家庄市石岗大街406号水环所	

一、综合介绍

现任中国地质科学院水文地质环境地质研究所(原属地质矿产部,现属国土资源部)二级研究员、副总工和学术委员会副主任,中国地质科学院博士生导师,享受国务院政府特殊津贴。

1983年7月毕业于长春地质学院水工系,1995年7月获水文地质专业理学博士学位。

1991年和1996年分别晋升为副研究员、研究员;2004年开始被聘任为中国地质科学院水文地质环境地质创新基地“不同尺度水循环演化”方向的学科带头人、研究员;2009年被评聘、国土资源部核准为“水文地质环境地质”专业的“区域尺度水循环”方向二级研究员。

1993~1996年任原水文地质工程地质研究所水文地质实验研究中心副主任,1997~2005年任原地矿部环境地质开放研究实验室常务副主任(主持工作,正处级),2006年以来任中国地质科学院水文地质环境地质研究所学术委员会副主任。2009年6月至今,任副总工程师。

1993年和2000年分别开始任中国地质科学院硕士生、博士生导师,已指导硕士生5人、博士生12人。

二、学术成就

主要研究方向:不同尺度水循环演化与水土资源可持续利用基础理论及应用技术研究。

科研与学术业绩:先后负责科研项目26项,出版专著9部(主编5部,国际合作1部),发表论文130多篇,核心期刊论文90多篇,SCI、EI及英文论文40余篇。已获省部级科技一等奖2项、二等奖3项、三等奖5项,中国地质学会和河北省青年科技奖各1项;1998年入选国土资源部百名跨世纪人才计划,2004年获国务院政府特殊津贴。

三、主要兼职

河北省政府专家献策服务团成员；国家科技奖、水利部大禹奖、河北省科技奖评审专家；国家科技部国际合作重大项目、水利部重大建设项目水资源论证（首批）专家组、教育部研究生与学位评估专家组、国家及河北省环境评估项目、国家自然科学基金项目等评议专家；国际水文地质学家协会中国国家委员会委员，全球水伙伴中国地区委员会河北省水伙伴副理事长；中国可持续发展研究会水问题专业委员会、中国地质学会水文地质专业委员会和中国水利学会水资源专业委员会委员；河北省青年科协名誉理事长。

四、研究特色

针对区域性水资源、生态－地质环境的重大基础科学问题，以流域尺度的问题、过程和规律研究为主，精细尺度和大尺度有机结合，通过流域水资源和地下水形成、演化规律及其与气候、水文、生态环境、地质条件变化和人类活动影响之间相互作用机制研究，深入认识区域地下水演化与相邻的水圈、生物圈和岩石圈层之间物质通量变化规律及分区分带性，丰富地下水的资源供给功能、生态环境维持功能和地质环境稳定功能的科学内涵，完善和发展“区域地下水功能可持续性评价理论体系”。在华北平原区域地下水演化规律、海河流域水循环演化与地下水控采调控、南水北调中线地下调蓄潜力评价、西北内陆黑河流域水循环演化模式与水土资源利用阈值识别等研究方面都取得突破性进展，分别获省部级科技一、二等奖，提出的区域地下水功能可持续性评价理论方法已广泛应用于西北、华北、东北地区国土资源大调查项目中。

五、近年承担主要项目

国家科技支撑项目“华北灌溉农田减蒸降耗增效节水技术集成与示范”；

国家科技支撑课题“区域水资源特征与作物布局结构适应性研究”；

国家“973”课题“海河流域二元水循环模式与水资源演变机理”；

国家科技支撑课题“咸水规模灌溉条件下水盐动态监测与地下咸水资源可利用承载力评估”；

国家科技部项目“太行山前平原南水北调地下调蓄潜力研究”；

国家自然科学基金项目“人类活动对干旱区地下水循环变异影响阈识别”；

国际合作项目“海河流域典型区地下水变化及其成因与机制研究”；

中国地质调查局地质调查科技专题“中国北方地下水功能评价与区划综合研究”；

国土资源部重点基础性研究项目“西北典型内流盆地水循环规律与地下水形成演化模式”；

河北省应用基础研究计划重点项目“近50年京津冀区域气候变化对水资源影响研究”。

六、代表性论著

1. 张光辉. 毒性金属在包气带中迁移转化. 地震出版社，1996.

2. 张光辉，费宇红，刘克岩. 海河平原地下水演变与对策. 科学出版社，2004.

3. 张光辉，刘少玉，谢悦波等. 西北内陆黑河流域水循环与地下水形成演化模式. 地质出版社，2005.

4. 张宗祜，张光辉，任福弘等. 区域地下水演化过程及其与相邻层圈的相互作用. 地质出版社，2006.

5. 张光辉，聂振龙，申建梅等. 区域地下水功能可持续性评价理论与方法研究. 地质出版社，2009.

6. 张光辉等. 土壤水动力状态的标识特征及应用研究. 水利学报，2010-5.

7. 张光辉等. 深层水漏斗区开采量组成变化特征与机制. 水科学进展，2010-3.

8. 张光辉等. 灌溉农田节水增产对地下水开采量影响研究. 水科学进展，2009-3.

9. 张光辉等. 滹沱河流域平原区地下水流场异常变化与原因. 水利学报，2008-6.

10. 张光辉等. 降水补给地下水过程中包气带变化对入渗影响. 水利学报，2007-5.

11. 张光辉等. 地下水补给与开采量对降水变化响应特征. 地球科学，2006-6.

12. 张光辉等. 华北平原农田区地下水开采量对降水变化响应. 水科学进展，2006-1.

13. 张光辉等. 黑河流域走廊平原地下水补给源组成及其变化. 水科学进展，2005-5.

14. 张光辉等. 黑河流域走廊平原地下水补给变异特征与机制. 水利学报，2005-6.

15. 张光辉等. 海河流域水资源紧缺属性与对策. 水利学报，2003-10.

16. 张光辉等. 华北平原地下水形成与区域水文循环演化的关系. 水科学进展，2000-4.

本人于2010年10月21日通过电子邮件确认此简介。

张 奇 Zhang Qi(1966—)

性别	男	籍贯	江苏吴江
学历	博士研究生	学位	博士
职称	研究员	职务	
工作单位	中国科学院南京地理与湖泊研究所		
E-mail	qzhang@ niglas. ac. cn	电话	025-86882102
邮编	210008	通信地址	南京市北京东路73号

一、综合介绍

1984 年入河海大学水电系学习,于 1988 年获河海大学学士学位,1991 年获河海大学硕士学位。1996 年获澳大利亚奖学金资助,赴昆士兰大学(The University of Queensland)土木工程系攻读博士学位,于 2000 年获得博士学位。2000 ~ 2003 年,在澳大利亚从事科研与技术咨询工作。2004 年受中国科学院"百人计划"招聘,现为中国科学院南京地理与湖泊研究所研究员。在国外期间,发表了一系列较高水平的研究论文,代表性论文发表在《Journal of Contaminant Hydrology》、《Advances in Environmental Research》、《Water Resources Research》、《Ground Water》等本领域权威刊物上。

在流域水文过程及物质输移的模拟方面有深入的研究,成功开发大尺度流域水文模型数个,模型被澳大利亚政府部门采用,在水资源管理决策中发挥重要作用。与国外研究机构有着良好的合作关系,为《Hydrogeology Journal》、《Journal of Hydrology》、《Quaternary International》、《Hydrological Sciences Journal》、《Agricultural Water Management》等国际期刊审稿人。近期致力于湖泊与流域相互作用及模拟的研究,探求湖泊—流域相互作用条件下水文过程及输移的模拟方法及模拟机制,研制了具有自主知识产权的湖泊流域水文模型 WATLAC。与澳大利亚联邦科工组织、澳大利亚弗林德斯大学、昆士兰大学、德国波茨坦气候影响研究所等机构建立了密切的合作关系。发表论文 80 余篇,多篇论文得到 SCI、EI 收录和期刊《Science》的引用。

二、研究领域及方向

流域水文过程及模拟,地下水动力学及模拟,地表—地下水相互作用,海水入侵,污染物输移及模拟。

三、与地下水有关的代表性论著

1. Zhang Q, Volker R E, Lockington D A. Influence of seaward boundary condition on contaminant transport in unconfined aquifers. Journal of Contaminant Hydrology, 2001, 49.

2. Volker R, Zhang Q. Comment on "An analytical solution of groundwater response to tid-

al fluctuation in a leaky confined aquifer" by Jiu Jimmy Jiao and Zhonghua Tang. Water Resources Research,2001,37(1):185-186.

3. Zhang Q, Volker R E, Lockington D A. Experimental investigation of contaminant transport in coastal groundwater. Advances in Environmental Research,2002,6:229-237.

4. Volker R E, Zhang Q, Lockington D A. Numerical modelling of contaminant transport in coastal aquifers. Mathematics and Computers in Simulation,2002,59(1-3):35-44.

5. Zhang Q, Lockington D A. Discussion of "Stream-aquifer interactions: evaluation of depletion volume and residual effects from ground water pumping", by Xunhong Chen and Longcang Shu, May-June 2002,40(3):284-290. Ground Water,2003,41(3):391-392.

6. Zhang Q, Volker R E, Lockington D A. Numerical investigation of seawater intrusion at Gooburrum, Bundaberg, Queensland, Australia. Hydrogeology Journal,2004,12:674-687.

7. Zhang Qi, Adrian D Werner, Raden F Aviyanto, John L Hutson. Influence of soil moisture hysteresis on the functioning of capillary barriers. Hydrological Processes,2009,23:1369-1375.

8. Zhang Qi, Li Lijiao. Development and application of an integrated surface runoff and groundwater flow model for a catchment of Lake Taihu Watershed, China. Quaternary International,2009,208(1-2):102-108.

9. Zhang Qi, Adrian Werner. Integrated surface-subsurface modeling of Fuxianhu Lake catchment, Southwestern China. Water Resources Management,2009,23:2189-2204.

10. Zhang Q, Volker R E, Lockington D A. Modelling contaminant transport in a tide-affected groundwater system. The 6th International Conference on Hydroscience and Engineering (ICHE 2004), May 30-June 3,2004, Brisbane, Australia.

11. Zhang Q, Schaeffer J, Bradley J, Varma S, Kern A. A 3D groundwater flow model for the Collie Basin. International Groundwater Conference, Balancing the Groundwater Budget, Darwin, 12-17 May 2002, Australia.

12. Zhang Q, Viney N R. Development and testing of a distributed hydrological model with comparison to a conceptual lumped model. Proceedings of Water Down Under 2008, Incorporating 31st Hydrology and Water Resources Symposium and 4th International Conference on Water Resources and Environment Research, 14-17 April 2008, Adelaide, Australia, 1319-1329. ISBN 0858257351, Engineers Australia, 2008.

四、软件登记与专利

1. 湖泊集水域水文模拟软件(简称:WATLAC)V1.0,登记号:2009SR045430,中华人民共和国国家版权局,2009年10月12日。

2. 实用新型专利:一种陆面蒸散发过程观测系统,专利号ZL 200920170684.4,2010.6.16。

五、所获荣誉

中国科学院“百人计划”(引进国外杰出人才)入选者(2004 年入选);江苏省“333 高层次人才培养工程”中青年科学技术带头人(2007 ~ 2010 年)。

六、学术组织机构任职

《湖泊科学》编委会委员(2010—),江苏省水利学会水文水资源与环境专业委员会副主任(2010),江苏省海洋湖沼学会副理事长(2006—2009),山东大学兼职教授(2004—2007)。

本人于 2010 年 11 月 1 日通过电子邮件确认此简介。

张寿全 Zhang Shou-quan(1955.12—)

性别	男		籍贯	安徽怀宁
学历	硕士研究生		学位	理学硕士
职称	研究员		职务	副主任
工作单位	北京市发展与改革委员会			
E-mail	Shouquanzhang@ sina. com		电话	010-66410836
邮编	100031	通信地址	北京市西城区复兴门南大街丁2号	

一、综合介绍

1974年3月参加工作，1994年4月加入民革。现任十一届全国政协委员、民革中央委员、民革北京市委副主委、北京市发展与改革委员会副主任，中国科学院地质与地球物理研究所兼职博导、中国地质大学资源与环境工程北京市重点实验室第二届学术委员会主任、中国科学院研究生院客座教授、北京师范大学兼职教授。曾任北京市政协常委、提案委副主任、城建委副主任、副秘书长，北京市水务局副局长，北京市水利学会常务副理事长、中国水利教育协会副会长、国家社会发展综合（国家可持续发展）实验区专家指导委员会成员。

中国自然资源学会理事、中国第四纪科学研究会委员、中国地质学会水文地质专业委员会委员、中国应用第四纪专委会副秘书长；北京市水利专家顾问团成员、中国科学院水问题联合研究中心委员、北京市科协委员。

二、学术成就

长期从事水文地质、岩溶地下水、工程地质、环境地质与区域发展、水资源可持续利用与保护、水土保持与生态清洁小流域建设、地下水污染控制等研究，并取得创新研究成果。先后承担国家部委、中科院、北京市等重大、重点课题10余项。发表学术论文40余篇（第一作者），主编会议论文集1部，主编科研报告10余份，指导博士、硕士研究生各2名。

1982年7月毕业于合肥工业大学地质系水文地质与工程地质专业。1982年8月～1999年，在中国科学院地质研究所任实习研究员、助理研究员、副研究员，其间：1987～1990年，在中国科学院、中国科技大学研究生院、中国科学院地质研究所攻读硕士学位，获理学硕士学位。2000～2001年12月，任中国科学院地质与地球物理研究所研究员、水文地质学科负责人。

1982年4月，在大学毕业论文里，提出了北京地热田的成因应是以传导为主的观点（以往认为是以对流为主的），后被勘探实践和学术界认同。

1982年12月参加"雅砻江二滩电站坝区岩体结构研究"，对坝区缓倾结构面成因提出新认识，认为缓倾结构面的成因是沿侵入岩体和围岩构成的等效温度面收缩而成，而非传统的理论——沿侵入岩体几何面收缩的观点，有效解决了困惑生产单位二十多年的难题。

1983～1986年，参加了煤炭部和中国科学院合作的“六五”重大攻关项目——太原地区岩溶地下水资源评价和合理开发利用研究，并担任二级课题负责人以及项目野外调查队负责人。对太原地区喀斯特水资源系统的特征和喀斯特地貌演化进行了深入研究，取得了创新成果。研究报告受到煤炭部地质局评审专家的高度评价。

1989年，发表的第一篇论文《山西太原地区岩溶水文地质结构系统研究》(英文)，创造性地提出了“水文地质结构系统控制地下水系”的新观点，并建立了研究区岩溶水分布运移的三维结构模型。该论文被选为代表中国科学院参加第28届国际地质大会交流的文章。随后相继发表了《从系统理论看现代水文地质学的几个基本概念》、《构造水文地质学基本问题》、《水文地质结构系统的基本原理及其应用》、《山西太原地区岩溶地貌特征与演化》等系列论文，推动了中国地下水系统理论研究的进展；形成了独具特色的北方喀斯特地下水资源研究的方法体系，在指导沂蒙山区村庄供水、北京应急水源地勘探中屡获成功。

20世纪80年代末，承担了山东莱州三山岛滨海矿山突水防治的课题，首次利用地热学方法研究预测矿山突水，利用同位素方法研究矿山突水混合比，并结合水文地质条件对矿区稳定性进行了评价。

1990年，为山东省沂蒙山地区找水(中国科学院扶贫项目)野外水文地质技术负责人，负责实地水文地质条件分析和勘探井物探剖面的确定，所定井孔全部出水。

1993年，发起并组织召开了“中国沿海资源工程环境系统与经济发展战略”研讨会并出版了会议论文集，受到中国科学院地学部等学术界的广泛关注，苏纪兰、施雅风、陈梦熊、陈庆宣、王思敬、石玉林等不同学科的多名院士和知名专家到会作学术报告，《光明日报》、《中国科学报》、《科技日报》、中央人民广播电台等多家媒体予以重点报道。

1994年，应邀参加李政道、周光召发起召开的“二十一世纪中国的环境与发展论坛”，发表的论文《21世纪中国沿海地质环境与经济发展战略》被编入李政道、周光召主编的《绿色战略》专著。是我国较早关注沿海环境与发展问题的科技工作者之一。

1995年主持国家“八五”攻关专题“基岩港湾海水入侵成因机理研究”，提出的“三源三维”的海水入侵成因模式，建立了运用 rCl/rSO_4 比值和同位素技术结合，判别现代海水、古海水和咸卤水入侵的化学指标体系，为我国沿海地区海水入侵灾害防治提供了科学依据，受到评委会专家们的高度评价。

1996年，作为国家科委等20余部委联合成立的“国家社会综合发展实验区”专家指导委员会成员(现更名为国家可持续发展实验区)，并受国家实验区管理办公室的委托，担任赴江苏省专家调研组组长，圆满完成调研任务。撰写的论文《探索有中国特色的可持续发展之路——关于建立国家可持续发展实验区的建议》，被共青团中央、全国青联、中国科协评为“首届中国青年科技发展论坛”获奖论文，建议被科技部采纳。是较早关注国家可持续发展的科技工作者之一。

1997年，当选民革北京市委副主委，北京市政协委员、常委、提案委员会副主任。

1999年,在北京市政协发起并组织召开了"北京市水资源可持续开发利用研讨会",在主题发言中,提出了"树立流域系统的观念和可持续发展的思想;调整产业结构,建立节水型经济体系;加大节水力度;调整治污战略,构建污水资源化体系;保护地下水环境,挖掘水资源潜力"等建议,受到北京市政府的高度重视和采纳。撰写的文章《21世纪首都水问题的对策与建议》,被多家媒体转载。

2000年,提案《关于尽快开展北京地区岩溶地下水资源研究与开发利用评价》得到北京市政协主席和市政府常务副市长的批示,市计委拨专款800万元落实提案。项目成果受到时任市长刘淇同志的高度评价,认为是中央单位和北京市地方政府精诚合作的成功典范。《人民政协报》头版头条予以报道。

2001年,论文《中国水资源的可持续利用研究》被中国可持续发展研究会评为优秀论文一等奖。《科学时报》头版头条,以"首都找到新水源"为题,报道中国科学院地质与地球物理研究所张寿全研究员关于北京岩溶地下水资源研究预测的初步勘探成果,中央电视台、《北京晚报》、《北京青年报》等媒体也予以重点报道。

2002年1月出任北京市政协驻会副秘书长。先后在市政协会议上作了《公共卫生与生活节水》、《城市发展与节水》等发言,主笔的《关于推进北京节水型城市建设》获北京市优秀调研报告三等奖。在《参考消息》上撰文《中部经济将推动北京经济增长方式转变,促进环渤海区域协调发展》。

2004年4月~2009年3月,任北京市水务局副局长,分管水资源、科教、水文、水土保持、水利学会等工作。在水资源管理、水土保持、水文水资源、污水资源化和再生水利用等方面提出创新的工作思路;指导应急地下水水源地勘探、地下水资源调查、地下水监测体系和信息系统建设与管理;先后主持水务局重点项目"北京市地下水资源与环境评价"(经费1 000万元)、市科委重大项目"北京市地下水资源安全评价与污染控制技术研究与示范"。先后应邀在水利部举办的全国县(市)长培训班上作"生态小流域建设理论与实践"讲座,在中国水利学会年会上就"民生水利科技问题"作特邀报告。在水利部"水资源管理工作会"、"水土保持工作会"、"生态清洁小流域现场会"上作典型发言。

先后获共青团中央、全国青联、中国科协"首届中国青年科技发展论坛"论文奖,中国可持续发展研究会优秀论文一等奖,北京市政协优秀提案奖,大禹水利科技二等奖,北京市农业技术推广二等奖,中国水土保持学会二等奖,南水北调北京段工程优秀建设者铜质奖等,北京市优秀调研报告三等奖,北京市水务科技一等奖等。

三、代表性论文

1. Zhang Shouquan. To serve the green Olympic, to build enjoyable city, ICAP 2008 BUSAN, p70-72, 2008, Nurimaru APEC House & BEXCO.

2. Zhang Shouquan, Dai Fuchu. Isotope and hydrochemical study of seawater intrusion in Laizhou Bay, Shandong Province. Science in China, Ser. E, 2001-S1.

3. Zhang Shouquan. Discrimination of sea water intrusion causes in northern coastal plain in Laizhou City, China. Proceeding of the International Symposium on Groundwater In Environ-

mental Problems, January 12-14, 1999, Chiba University, Japan.

4. Zhang Shouquan. Study on karst hydrogeological structure system in Taiyuan Area, Shanxi Province, Chinese Academy of Sciences, Developments in Geoscience, Contribution to 28th International Geological Congress, 1989, Washington D. C. USA, Science Press.

5. 钱家忠,汪家权,葛晓光,张寿全等. 我国北方型裂隙岩溶水流及污染物运移数值模拟研究进展. 水科学进展,2003-4.

本人于2010年10月10日通过电子邮件供稿。

章光新 Zhang Guang-xin(1971—)

性别	男		籍贯	安徽池州
学历	博士研究生		学位	博士
职称	研究员		职务	
工作单位	中国科学院东北地理与农业生态研究所			
E-mail	zhgx@ neigae. ac. cn		电话	0431-85542210
邮编	130012	通信地址	吉林省长春市高新区蔚山路3195号	

一、个人简历

1990年9月由安徽省贵池县考入长春地质学院(现吉林大学)水文地质工程地质系水文地质专业,1994年7月毕业,获工学学士学位;1994年9月至1997年7月,于长春地质学院水文地质工程地质系水文地质专业,获工学硕士学位;2001年9月至2004年9月,中国科学院东北地理与农业生态研究所环境科学专业,获理学博士学位。

1997年7月分配到中国科学院长春地理研究所(现中国科学院东北地理与农业生态研究所)工作,2001年晋升为副研究员,2003年荣获第二届吉林省直属机关"十大杰出青年",中科院院长优秀奖学金获得者,2004年晋升为研究员,2004年11月至2005年11月,在英国Belfast女王大学环境工程中心作高级访问学者。2002年6月获硕士研究生指导教师资格,2005年6月获博士研究生指导教师资格。2006年5月至2009年4月,任水资源环境研究室主任,现任水文与水资源学科组组长。

二、学术兼职

中国科学院研究生院兼职教授,黑龙江大学客座教授。中国自然资源学会理事、水资源专业委员会委员,《地理科学》和《干旱区地理》期刊编委。

三、主要研究方向

流域/湿地生态水文与水资源管理,盐渍土灌区水盐运移与调控,地下水-土壤-植物-大气连续体(GSPAC)界面水文过程及生态环境效应,水环境系统综合模拟与调控。

四、主持的省部级以上及国际合作科研项目(课题)

1. 气候变化对松嫩—三江平原水资源供需的影响及适应对策研究(国家重点基础研究发展计划项目2010CB428400中专题,2010—2014,负责人);

2. 松嫩平原水资源调配的生态环境效应与安全调控(中国科学院知识创新工程水项目群项目KZCXZ-YW-Q06-2,2009—2011,负责人);

3. 试点流域生态与环境保护目标及其合理需水量研究(国家"十一五"科技支撑专题2007BAB28B03-2,2007—2010,负责人);

4. 东北嫩江调水对水循环影响与水安全研究(中国科学院知识创新课题,2007—2010,负责人);

5. 吉林省重要地表饮用水源地水质遥感监测与示范(吉林省与中国科学院科技合作高新技术产业化专项资金项目2006SYHZ0026,2006—2009,负责人);

6. 同位素水文化学技术在扎龙湿地水文循环中的应用研究(中国科学院院长奖获得者科研启动专项基金资助项目,2005—2007,负责人);

7. 典型农田生态系统水分运移与调控机理研究(中国科学院知识创新工程农业重大项目"东北地区农业水土资源优化调控机制与技术体系研究"中专题KZCX1-SW-19-2-01,2002—2006,负责人);

8. 松嫩平原水盐调控与水资源管理(中澳国际合作项目LWRR1/1998/130,2001—2005,负责人);

9. 嫩江中下游地区生态水文过程与湿地演变研究(中国科学院知识创新工程重大方向性项目"东北地区100年来LUCC及其生态环境效应研究"中课题KZCX2-SW-320-2,2001—2004,负责人);

10. 松嫩平原西部地下水合理利用与调控技术示范研究(水利部"948"农业引智项目,2000—2004,技术负责人);

五、代表性论文

发表论文80余篇,其中SCI/EI收录近20篇。

1. Zhang Guangxin, Deng Wei. The groundwater crisis and sustainable agriculture in Northern China. Water Engineering & Management, 2002, 4:13-16.

2. Zhang Guangxin, Deng Wei, He Yan. The 3D simulation and optimal management model of groundwater system based on ecological demand water. Journal of Geographical Sciences, 2002, 12(2):226-235.

3. 章光新,邓伟,何岩,Ramsis Salama. 中国东北松嫩平原地下水水文化学特征与演变规律. 水科学进展,2006,17(1):20-28.

4. Zhang G X, Deng W, Yang Y S, Salama R B. The application of hydrological response units in risk assessment of soil salinisation: a case study in Songnen Plain, Northeastern China, "亚洲发展中国家的水科学与水资源管理"国际会议,2006.6.6-10,广州.

5. Zhang G X, Deng W, Yang Y S, Salama R B. Evolution study of regional groundwater system using hydrochemistry and stable isotope in Songnen Plain, Northeastern China. Hydrological Processes, 2007, 21:1055-1065.

六、获奖情况

1. 2003年,"松嫩平原盐碱地综合治理与农业持续发展研究"获吉林省科学技术进步奖三等奖(7/8);

2. 2008年,"沼泽湿地关键生态过程与资源合理利用研究"获吉林省科学技术进步奖三等奖(8/8)。

本人于2010年10月29日通过邮件确认此简介。

赵成义 Zhao Cheng-yi(1966.7—)

性别	男		籍贯	新疆玛纳斯
学历	博士研究生		学位	博士
职称	研究员		职务	站长
工作单位	中国科学院新疆生态与地理研究所阿克苏水平衡实验站			
E-mail	zcy@ms.xjb.ac.cn		电话	0991-7885455
邮编	830011	通信地址	乌鲁木齐市北京南路818号	

一、综合介绍

西北农学院土壤物理学专业学士，西北农业大学环境保护专业硕士，中国农业大学资环学院水土开发与管理专业博士。曾在美国亚里桑那州立大学、美国农业部国家盐土实验室做高级访问学者。

新疆水土保持学会副理事长、新疆土壤肥料学会秘书长，新疆生态学会常务理事、新疆植物学会理事，美国土壤学会、美国地质学会会员，《Journal of Arid Land》、《水土保持学报》、《干旱区地理》和《干旱区研究》编委。《Ecological Modeling》、《Soil Science Society of America Journal》、《Journal of Environmental Quality》、《African Journal of Plant Science》特约审稿人。

二、研究领域

干旱区流域水文生态学理论及应用，水文与生态过程模拟，农田水利，区域土壤水盐运动及水碳耦合过程与模拟，区域生态环境质量演变与评价。

三、科研工作

先后主持和参加完成国家“973”课题、国家科学重点基金课题、省部级重点课题、国际合作课题等27项。在干旱区流域水资源利用、生态水文过程、区域生态环境演变、绿洲化过程与荒漠化过程方面具有较好的研究积累。作为项目主要完成人，曾获院、省部级科技进步奖一等奖1项、二等奖1项、三等奖3项、四等奖2项。近年来，与课题组同事、研究生合作总共发表论文92篇（与地下水有关的中文期刊论文8篇），其中SCI收录10篇，EI收录3篇。合编专著4部，申请专利14项。获2009年度王宽诚教育基金会“西部学者突出贡献奖”。

四、与地下水有关的代表性论文

Zhao Chengyi, Wang Yuchao, Chen Xi, Li Baoguo. Simulation of the effects of groundwater level on vegetation change by combining FEFLOW software. Ecological Modelling, 2005, 187: 341-351.

资料来自 http://www.egi.cas.cn/yjsjy/dsjs/bssds/200908/t20090803_2305531.html,本人于 2010 年 11 月 25 日通过电子邮件确认此简介。

赵峰华 Zhao Feng-hua(1969.12—)

性别	男	籍贯		山西
学历	博士研究生	学位		博士
职称	教授	职务		副院长
工作单位	中国矿业大学(北京)地球科学与测绘工程学院			
E-mail	zfh@ cumtb. edu. cn	电话		010-62339303
邮编	100083	通信地址	北京市学院路丁 11 号	

一、个人简历

1991 年 7 月毕业于山西矿业学院煤田地质与勘探专业,获学士学位;1994 年 4 月毕业于中国矿业大学北京研究生部煤、油气地质与勘探专业,获硕士学位;1997 年 7 月毕业于中国矿业大学北京研究生部矿产普查与勘探专业,获博士学位,并留校任教;2000 年 2 ~ 8月应邀在美国 USGS、伯明翰大学做访问学者,进行合作研究;2000 年 9 ~ 10 月在捷克共和国科学院、查理大学等进行学术访问;2004 年 10 月在澳大利亚 CSIRO 进行学术访问;现任中国矿业大学(北京)地球科学与测绘工程学院副院长。

二、主研方向

水环境地球化学与水文地质学、煤地质地球化学、石油地质学等。

三、学术成果

在煤的地球化学、煤矿酸性水地球化学方面取得重要成果。在《International Journal of Coal Geology》、《Environment Engineering & Science》、《科学通报》、《中国科学》(D 辑)、《环境科学》、《环境科学学报》、《环境化学》等重要学术期刊上发表 80 多篇学术论文(14 篇论文被 SCI 收录,30 多篇论文被 EI 收录,其中与地下水相关论著 13 篇),出版专著 2 部:《煤矿酸性水地球化学》(煤炭工业出版社,2005)和《煤中微量元素地球化学》(科学出版社,2006)。曾担任"Joint Conference of the 6th International Acid Sulfate Soil Conference and the Acid Rock Drainage Symposium(6ASSARD)"国际学术委员会委员(2008 年)。先后获 2000 年全国百篇优秀博士论文奖、教育部自然科学一等奖、霍英东教育基金会教师奖三等奖。目前承担包括国家自然科学基金项目在内的纵向科研项目 4 项。

四、主要学术兼职

担任《Journal of Environmental Management》、《Environment Engineering & Science》、《Energy and Fuel》、《Journal of Geochemical Exploration》、《International Journal of Coal Geology》等国际学术刊物论文的审稿人;担任《环境科学学报》、《煤炭学报》等重要学报的审

稿人;担任国家自然科学基金项目、国家“863”项目等国家级项目的通讯评议人;担任《环境科学与工艺》杂志编委会委员、中国煤炭学会泥炭与腐殖酸专业委员会委员。为中国地质学会会员、中国煤炭学会会员。

五、与地下水有关的代表性论文

1. 赵峰华. 煤矿酸性水地球化学. 煤炭工业出版社,2005.

2. Zhao Fenghua, Cong Zhiyuan, Sun Hongfu, Ren Deyi. 2007. The geochemistry of rare earth elements(REE) in acid mine drainage from the Sitai Coal Mine, Shanxi Province, North China. International Journal of Coal Geology, 70:184-192.

3. Zhao F, Zhu Y, Liu J, Fu Y. 2007. Aesenic species in coal mine water. homas D. Bullen and Yanxin Wang(editors): Water-Rock Interaction, 2:1305-1308.

4. 赵峰华,孙红福,李文生. 煤矿酸性矿井水中有害元素的迁移特性. 煤炭学报,2007-3.

5. Sun H, Zhao F, Tang Y, Wu S. 2007. Origin and behavior of rare earth elements in acid mine drainage. Thomas D. Bullen and Yanxin Wang(editors): Water-Rock Interaction, 1:783-787.

6. Yue Mei, Zhao Fenghua. 2008. Leaching experiments to study the release of trace elements from mineral separates from Chinese coals. International Journal of Coal Geology, 73:43-51.

7. 岳梅,赵峰华等. 煤系黄铁矿氧化溶解地球化学动力学研究. 煤炭学报,2005-1.

8. 岳梅,赵峰华等. 煤矿酸性水水化学特征及其环境地球化学信息研究. 煤田地质与勘探,2004-3.

9. 孙红福,赵峰华等. 煤矿酸性矿井水及其沉积物的地球化学性质. 中国矿业大学学报,2007-2.

本人于2010年10月21日通过电子邮件和短信确认此简介。

赵文智 Zhao Wen-zhi(1966—)

性别	男		籍贯	陕西定边
学历	博士研究生		学位	博士
职称	研究员		职务	站长
工作单位	中国科学院寒区旱区环境与工程研究所			
E-mail	zhaowzh@ lzb. ac. cn		电话	0931-4967137
邮编	730000	通信地址	兰州市东岗西路320号	

一、综合介绍

中国生态系统研究网络临泽内陆河流域研究站站长，甘肃临泽农田生态系统国家野外科学研究站站长，中国生态系统研究网络科学委员会委员，中国科学院内陆河流域生态水文重点实验室副主任，中国科学院寒区旱区环境与工程研究所水文及水土资源研究室副主任，所学术委员会、技术委员会、学位委员会委员，《中国沙漠》、《应用生态学报》、《干旱区研究》、《Chinese Geography Science》编委，甘肃省“555创新人才工程”入选者，中国科学院王宽诚西部突出贡献学者。主要从事生态水文学和恢复生态学研究。工作以来，参加和主持国家、省部科技攻关、自然科学基金项目20余项，发表学术论文(论著)100余篇(与地下水有关的中文期刊论文12篇)，其中SCI收录20余篇。2002年获中国科学院院长奖学金优秀奖。作为负责人之一(排名第三)完成的“内陆河流域生态经济学生态水文学基础理论研究”获2003年甘肃省科技进步奖一等奖；主持完成的“内陆河流域水资源紧缺性绿洲系统节水技术与途径”获2006年甘肃省科技进步奖二等奖。研究方向为生态水文。

二、与地下水有关的代表性论文

1. 胡广录，赵文智. 恢复生态地下水位的需水量及恢复方案研究——以额济纳盆地天然植被为例. 干旱区研究，2009-1.

2. 赵文智等. 荒漠区植被对地下水埋深响应研究进展. 生态学报，2006-8.

3. 李启森，赵文智. 黑河分水计划对临泽绿洲种植业结构调整及生态稳定发展的影响——以黑河中游的临泽县平川灌区为例. 冰川冻土，2004-3.

4. 赵文智等. 荒漠绿洲区芦苇种群构件生物量与地下水埋深关系. 生态学报，2003-6.

资料来自 http://sourcedb. careeri. cas. cn/zw/expert/200906/t20090613_1044526. html，本人于2010年10月21日通过电子邮件确认此简介。

赵勇胜 Zhao Yong-sheng(1961—)

性别	男		籍贯	内蒙古达茂旗
学历	博士研究生		学位	博士
职称	教授		职务	院长
工作单位	吉林大学环境与资源学院			
E-mail	zhaoyongsheng@ jlu. edu. cn		电话	0431-8502608
邮编	130026	通信地址	长春市西民主大街6号	

一、研究方向

地下水污染的模拟与评价、污染场地的控制与修复,固体废物填埋处理及污染治理等。

二、讲授课程

本科生:污染场地的调查评价与修复;硕士生:固体废物填埋场及污染控制、Water Resources and Environment、地下水污染模拟控制;博士生:污染场地的控制与修复。

三、个人简历

(一)受教育经历

1979.10—1983.7　长春地质学院水文地质工程地质系大学本科;

1983.9—1986.8　长春地质学院水文地质方向硕士研究生;

1988.9—1989.1　西安外国语学院出国留学生培训部培训英语;

1989.10—1990.10　美国爱达荷大学进修;

1991.9—1994.7　长春地质学院水文地质方向在职博士研究生;

1996.9—1997.10　荷兰代尔夫特工业大学高级访问学者。

(二)工作经历

1986.8—1996.7　长春地质学院水文地质工程地质系,先后担任助教、讲师、副教授;

1996.7—2001.5　长春科技大学环境与建设工程学院任教,1996.7 在原地矿部破格晋升教授职称;

1998—2004　国土资源部"水资源评价与管理系列模型"开放研究实验室主任;

1998.10—　吉林大学环境工程系博士研究生导师;

2001.5—2004.12　吉林大学环境与资源学院常务副院长;

2004.12—　吉林大学环境与资源学院院长。

四、主持的省部级以上及国际合作科研项目

1. 国家教委博士点基金项目,含水介质中污染质运移仿真的模型研究,1993—1995;

2. 国家自然科学基金项目,地下水中 LNAPL 污染及其控制研究,1996—1998;

3. 国家留学回国人员科研启动基金项目,固体废物场地污染质在地下环境中运移模型及污染控制研究,1998—1999;

4. 国家教委优秀年轻教师基金项目,城市垃圾地质处理方法及环境污染模拟研究,1998.8—2001.8;

5. 吉林省杰出青年科学研究计划项目,城市垃圾的地质处理研究,1999.1—2002.1;

6. 国土资源部"国土资源大调查"项目,北京市西郊南部地区垃圾填埋场地下水污染模拟及恢复治理策略研究,1999—2001;

7. 国土资源部项目,松嫩平原地下水资源及其环境问题专题研究,2003—2005;

8. 国家"十五"科技攻关计划项目"受污染场地环境风险评价及修复技术规范研究"子专题:东北地区典型污染场地及污染机制研究,2003—2005;

9. 国土资源部项目,东北地区地下水资源与地质环境调查信息系统,2004—2006;

10. 中国—巴基斯坦国际合作项目,巴基斯坦伊斯兰共和国信德省塔尔煤电联营项目电厂供水地下水资源数值模拟计算,2004—2005;

11. 国家自然科学基金项目,城市垃圾填埋场地下水污染的模拟与控制技术研究,2005—2007;

12. 国家科技部松花江水污染应急专项,松花江重大污染事件爆炸现场排水管线污染应急修复技术:污染物在地下水中的迁移及其对松花江影响预测与控制对策,2005—2006;

13. 吉林省科技发展计划重大项目,松花江重大污染事件爆炸现场排水管线污染应急修复技术,2005—2006;

14. 中石油科技项目,中石油吉化双苯厂地下水污染调查及污染防控对策研究,2005—2006;

15. 国土资源部项目,北京城市生活垃圾污染风险评价及恢复治理对策研究,2005—2006;

16. 吉林省科技重大专项,松花江流域吉林省江段特征污染物生态风险评估及防治,课题3:松花江吉林江段地表水污染对地下水的影响,2006—2008;

17. 教育部博士点基金项目,垃圾填埋场地下水污染的强化自然衰减研究,2007—2008;

18. 国家高技术研究发展计划("863"计划)项目,浅层地下水石油类污染原位修复技术,子课题:地下水土中石油污染修复 MNA 技术研发,2007.12—2010.12;

19. 国家高技术研究发展计划("863"计划)重大项目课题,重大环境污染事件污染场地净化与修复技术,2008—2011;

20. 国家水体污染控制与治理科技重大专项,松花江沿岸地下水污染控制关键技术及工程示范课题,专题5:浅层地下水有毒有机污染物的原位修复技术与示范;

21. 国家公益性行业科研专项,地下水污染风险源识别与防控区划技术研究子课题,2009—2011。

五、与地下水有关的代表性论文

1. Lin Xueyu, Zhao Yongsheng. The application of cluster analysis in research of groundwater pollution. The 18th IAH Conference, 1985, UK.

2. Lin Xueyu, Zhao Yongsheng. The research on drinking water pollution of chromium, phenol and cyanide in Shijiazhuang City. The 28th International Geolgical Congress, 1989, USA.

3. Zhao Yongsheng. The application of quantification theory (model I) in predicting and evaluating groundwater pollution. The International Forum on Groundwater and Environment, The Geological Press of China, 1992.

4. Zhao Yongsheng, Lin Xueyu. The integrated simulation model of non-conservative pollutants in unsaturated and saturated zone. The Proceedings of 30th International Geological Congress, 1996.

5. Zhao Yongsheng . Experiments on the displacement of LNAPL and water in the unsaturated zone. The International Conference on NAPL Simulation and Remediation in Groundwater, 1996.

6. Zhao Yongsheng. The moving mechanisms of LNAPL in unsaturated zone and aquifer. Journal of Geoscientific Research in Northeast Asia, 1998.

7. Majid S, Zhao Yongsheng. Simulation on underground migration of NAPLs. Journal of Geoscientific Research in Northeast Asia, 1998.

8. Zhao Yongsheng. Simulation analysis of NAPLs movement in the subsurface environment. Journal of Geoscientific Research in Northeast Asia, Vol. 2, No. 1, 1999.

9. Zhao Yongsheng. The landfill problems and the countermeasures in China. International Symposium on Groundwater Development in the Tumen River Basin and North Korea, 1999. 11.

10. Zheng Liange, Zhao Yongsheng. Landfill barrier—overview and prospect. Journal of Geoscientific Research in Northeast Asia, Vol. 3, No. 1, 2000.

11. Woo Nam Chil (Korea), Lin Xueyu, Zhao Yongsheng (China). Water quality and pollution in the Hunchun Basin, China. Environmental Geochemistry and Health, 22:1-18, 2000.

12. Zhao Yongsheng, Zheng Defeng, Hong Mei. Laboratory test on LNAPL movement in unsaturated zone and aquifer. The Proceedings of 2nd International Conference on Future Groundwater Resources at Risk, IHP-V, Technical Documents in Hydrology No. 27, UNESCO, 2000.

13. Zhao Yongsheng, et al. Research on the landfill site pollution in Beijing, China. Proceedings of 3rd International Conference on Future Groundwater Resources at Risk, Lisbon-Portugal, June, 2001.

14. 郑德凤,赵勇胜等. 轻非水相液体在地下环境中的运移特征与模拟预测研究. 水科学进展, 2002-3.

15. Dong Jun, Anthony Adzomani, Zhao Yongsheng. Overview of in-situ biodegradation and enhancement. Journal of Geoscientific Research in Northeast Asia, Vol. 5, No. 1, 2002.

16. 赵勇胜等. 城市垃圾填埋场地地下水污染的模拟与控制. 环境科学, 2002-Sup.

17. 董军, 赵勇胜*等. 垃圾渗滤液对地下水污染的 PRB 原位处理技术. 环境科学, 2003-5.

18. Zhang Bo, Hong Mei, Zhao Yongsheng, et al. Distribution and risk assessment of fluoride in drinking water in the west plain region of Jilin Province, China. Environmental Geochemistry and Health, 25:421-431, 2003.

19. Zhao Yongsheng . Study on the early warning system of groundwater resources. International Conference on Water Security for Future Generations, Changchun, China, 2004.

20. Zhao Yongsheng. Study on underground environment pollution and containment measures. China-UK Workshop on Remediation and Risk Assessment of Contaminated land, 2005, Beijing.

21. Rotich K Henry, Zhao Yongsheng (corresponding author). Municipal solid waste management challenges in developing countries—Kenyan case study. Waste Management, 26 (2006) 92-100.

22. 董军, 赵勇胜*等. 垃圾渗滤液污染羽在地下环境中的分带现象研究. 环境科学, 2006-9.

23. 董军, 赵勇胜*等. 渗滤液污染羽中沉积物氧化还原缓冲能力研究. 环境科学, 2006-12.

24. Dong Jun, Zhao Yongsheng, et al. Impacts of aeration and active sludge addition on leachate recirculation bioreactor. Journal of Hazardous Materials, 2007. 8.

25. 董军, 赵勇胜*等. 渗滤液中有机物在不同氧化还原带中的降解机理与效率研究. 环境科学, 2007-9.

26. Zhang Bo, Hong Mei, Zhang Bai, Zhang Xuelin, Zhao Yongsheng. Flurorine distribution in aquatic environment and its health effect in the Weatern Region of the Songnen Plain, Northeastern China. Environ Monit Assess (2007), 133:379-386.

27. 屈智慧, 赵勇胜*等. 包气带砂层中生物作用对垃圾渗滤液中污染物的去除研究. 环境科学, 2008-2.

28. Zhao Yongsheng, Zhang Lanying, et al. Study on the groundwater contamination site caused by petrochemical industry. Proceedings of the 9th International Symposium on Environmental Geotechnology and Global Sustainable Development, Hong Kong, p41-48, June, 2008.

29. 刘莹莹, 赵勇胜*等. 地层介质对垃圾渗滤液的 pH 缓冲性能研究. 环境科学, 2008-7.

30. 徐巍, 赵勇胜*等. 共存物及其投加方式对 Tween 80 在中砂上吸附损失的影响. 环境科学, 2008-8.

31. 董军, 赵勇胜*等. 北天堂垃圾污染场地氧化还原分带及污染物自然衰减研究. 环境科学, 2008-11.

32. 周睿,赵勇胜*等. 垃圾场污染场地氧化还原带及其功能微生物的研究. 环境科学,2008-11.

33. 李隋,赵勇胜*等. 吐温80对硝基苯的增溶作用和无机电解质作用机理研究. 环境科学,2008-4.

34. 董军,赵勇胜等. 含水层介质对垃圾渗滤液污染缓冲性研究. 环境科学,2009-2.

35. 屈智慧,赵勇胜*等. 改性膨润土作为反应型材料的双层防渗层性能研究. 环境科学,2009-6.

36. 董军,赵勇胜等. 垃圾填埋污染场地的微生物变化特征与污染行为研究. 环境科学,2009-7.

37. 周睿,赵勇胜*等. BTEX在地下环境中的自然衰减. 环境科学,2009-9.

38. Dong Jun, Zhao Yongsheng, et al. Laboratory study on sequenced permeable reactive barrier remediation for landfill leachate-contaminated groundwater. Journal of Hazardous Materials, Vol. 161, issues 1, 2009. 1, p224-230.

39. Dong Jun, Zhao Yongsheng, et al. Influence of alkalinity on the stabilization of municipal solid waste in anaerobic simulated bioreactor. Journal of Hazardous Materials, Vol. 163, issues 2-3, 2009. 4, p717-722.

40. Qin Chuanyu, Zhao Yongsheng*, Zhen Wei, Li Yusong. Study on influencing factors on removal of chlorobenzene from unsaturated zone by soil vapor extraction. Journal of Hazardous Materials, Vol. 176, issues 1-3, 15 April 2010, 294-299.

41. Zheng Wei, Zhao Yongsheng, Qin Chuanyu, Wang Bing, Qu Zhihui. Study on mechanisms and effect of surfactant-enhanced air sparging. Water Environment Research, Vol. 82, No. 11, 2010, p2258-2264(7).

六、专著与教材

1. 李广贺,李发生,张旭,刘志全,吴龙华,陈吉宁,何江涛,赵勇胜等. 污染场地环境风险评价与修复技术体系. 中国环境科学出版社,2010.

2. 杨海卿,赵勇胜等. 松嫩平原地下水资源及其环境问题调查评价. 地质出版社,2009.

3. 赵勇胜,董军,洪梅. 固体废物处理及污染的控制与治理. 化学工业出版社,2009. 2.

4. 赵勇胜,林学钰等. 环境及水资源系统中的GIS技术. 高等教育出版社,2006. 12.

5. 林学钰,廖资生,赵勇胜,苏小四. 现代水文地质学. 地质出版社,2005. 4.

6. 赵勇胜等. 水的产业化研究. 长春出版社,2002.

7. 赵勇胜,林学钰. 地下水污染模拟及污染控制和处理. 吉林科技出版社,1994.

8. [美]I·Javandel等著;林学钰,李生彩,赵勇胜,侯印伟译. 地下水运移数学模型手册. 吉林科学技术出版社,1985.

七、获得的省部级以上科研奖励及荣誉

1. 国家科技攻关项目"石家庄市地下水的科学管理",获地矿部科技成果一等奖,

1989 年获国家科技进步奖二等奖（主要参加者，1988 年）；

2. 地下水污染模拟控制和治理，获吉林省第五届青年科技奖，1988 年；

3. 吉林省西部半干旱地区水资源综合评价及合理利用研究，获吉林省科技进步奖三等奖，2003 年；

4. 松花江流域突发性污染诊断及修复技术研究，获吉林省科技进步奖一等奖，2007 年；

5. 受污染场地环境风险评价及修复的管理技术体系研究，获环保部科学技术奖一等奖，2008 年；

6. 吉林省有突出贡献的中青年专业技术人才，2008 年；

7. 吉林大学唐敖庆特聘教授（2010 年至今）。

八、社会（学术）兼职

国际水文地质学家协会（IAH）中国国家委员会副主席（2002—）；中国地质学会第七届水文地质专业委员会副秘书长（2010—2015）；中国环境科学学会首届土壤与地下水环境专业委员会副主任（2009—）；长春市政协常委、政协人资环委员会副主任；东北亚国际地学研究与教学中心理事会理事；长春市城市科学研究会理事；中国科协"参与联合国咨商工作专家库"第一批成员（水资源、环境工程领域）（2005）；中国环境学会环境教育工作委员会委员（2007）；《中国环境科学》、《吉林大学学报》（地学版）、《水文地质工程地质》、《勘察科学技术》、《地质与资源》等学术刊物编委。

资料来自 http://cer.jlu.edu.cn/cer/do/bencandy_form.php? mid=5&id=62，本人于 2010 年 11 月 25 日通过电子邮件确认此简介。

郑春苗 Zheng Chun-miao(1962. 10—)

性别	男		籍贯	福建闽侯
学历	博士研究生		学位	博士
职称	教授		职务	主任
工作单位	北京大学水资源研究中心			
E-mail	czheng@ pku. edu. cn czheng@ ua. edu		电话	010-82529073
邮编	100871	通信地址	北京大学燕南园60号楼	

一、综合介绍

1983年毕业于原成都地质学院,随后赴美国威斯康星(麦迪逊)大学留学,于1988年获得博士学位。历任美国SSPA环境与水资源咨询公司水文地质专家,美国Alabama大学地质科学系终身教授,北京大学讲席教授和水资源研究中心主任。已主持40余项美国和中国政府资助的科研项目。撰写了专著《Applied Contaminant Transport Modeling》(1995年初版,2002年再版,2009年中文版)。发表了论文100多篇,内容涉及地下水模拟、水资源可持续利用管理、含水层非均质性对溶质运移的影响,等等。开发了地下水污染模拟标准软件MT3D和MT3DMS,在100多个国家得到广泛使用。目前担任国际学术刊物《Water Resources Research》和《Journal of Hydrology》副主编,美国国家科研委员会水文科学核心小组成员,国际水文科协(IAHS)国际地下水委员会主席。美国地质学会会士,获美国地下水协会John Hem杰出贡献奖,《纽约时报》中国环境与水问题专家。2009年获得美国地质学会Birdsall-Dreiss杰出讲席奖,到世界各地70所大学及科研机构讲演和进行学术交流。

二、学习经历

1984—1988 博士(主科:水文地质;副科:环境工程),美国威斯康星大学(University of Wisconsin-Madison);

1983—1984 教育部出国代培研究生(水文地质),原成都地质学院水文地质与工程地质系;

1979—1983 学士(水文地质),原成都地质学院水文地质与工程地质系。

三、工作经历

2010— 北京大学水资源研究中心,主任、“千人计划”讲席教授;

2006—2010 北京大学水资源研究中心,主任、讲座教授;

1993—2010 美国阿拉巴马大学地质科学系,助理教授至正教授(终身职);

1988—1993 美国S. S. Papadopulos & Associates环境与水资源咨询公司,高级水文

地质专家。

四、所获荣誉

2010　国家海外高层次人才引进计划(“千人计划”)入选者;

2010　入选世界水危机专家组,未来基金会(Foundation for the Future);

2009　Birdsall-Dreiss 杰出讲席奖,美国地质学会;

2007　中国环境与水问题专家,纽约时报;

2005　美国德克萨斯大学 2005 年度 Oliver 水文地质学荣誉讲座教授;

2004　美国阿拉巴马大学文理学院 SSPA 荣誉教员;

1999　美国地质学会会士(Fellow);

1998　美国地下水协会颁发的 John Hem 杰出贡献奖获得者。

五、学术兼职(部分)

2009—　美国科学院“水文科学的机遇与挑战”战略研究小组成员;

2009—　中国国家自然科学基金委员会重大科学研究计划“黑河流域水文-生态集成研究”专家组成员;

2009—　国际水文科协(IAHS)国际地下水委员会主席;

2007—　国际期刊《Journal of Hydrology》副主编;

2005—　美国国家科研委员会水文科学核心小组成员;

2004—　美国科学基金会评委;

1998—　国际期刊《Ground Water》副主编及软件版主编。

六、代表性论著

1. Zheng C, Bennett G D. 2002. Applied contaminant transport modeling second edition. John Wiley & Sons, New York(http://www. mt3d. org/bookinfo. htm).

2. Zheng C, Wang P P. 1999. MT3DMS: a modular 3D multi-species transport model for simulation of advection, dispersion and chemical reactions of contaminants in groundwater systems. Documentation and User's Guide, Contract Report SERDP-99-1, U. S. Army Engineer Research and Development Center, Vicksburg, MS, p169. (http://hydro. geo. ua. edu/mt3d).

3. Zheng C, Bianchi M, Gorelick S M. 2010. Lessons learned from 25 years of research at the MADE site, Ground Water, DOI: 10. 1111/j. 1745-6584. 2010. 00753. x.

4. Ma R, Zheng C, Prommer H, Greskowiak J, Liu C, Zachara J, Rockhold M. 2010. A field-scale reactive transport model for U(VI) migration influenced by coupled multi-rate mass transfer and surface complexation reactions. Water Resources Research, DOI: 10. 1029/2009WR008168.

5. Zheng C, Liu J, Cao G, Kendy E, Wang H, Jia Y. 2010. Can China cope with its water crisis? —perspectives from the North China Plain. Ground Water, 48(3): 350-354, DOI: 10. 1111/j. 1745-6584. 2010. 00695. x.

6. Liu J, Zheng C, Zheng L, Lei Y. 2008. Ground water sustainability: methodology and application to the North China Plain, Ground Water, 46(6), DOI: 10.1111/j.1745-6584.2008.00486.x.

7. Liu G, Zheng C, Gorelick S M. 2007. Evaluation of the applicability of the dual-domain mass transfer model in porous media containing connected high-conductivity channels, Water Resources Research, 43, W12407, DOI: 10.1029/2007WR005965.

8. Bowling J C, Zheng C, Rodriguez A B, Harry D L. 2006. Geophysical constraints on contaminant transport modeling in a heterogeneous fluvial aquifer. Journal of Contaminant Hydrology, 85: 72-88, DOI: 10.1016/j.jconhyd.2006.01.006.

9. Wu J, Zheng C, Chien C C, Zheng L. 2006. A comparative study of Monte Carlo simple genetic algorithm and noisy genetic algorithm for cost-effective sampling network design under uncertainty. Advances in Water Resources, 29: 899-911, DOI: 10.1016/j.advwatres.2005.08.005.

10. Zheng C, Gorelick S M. 2003. Analysis of the effect of decimeter-scale preferential flow paths on solute transport. Ground Water, 41(2): 142-155.

11. Feehley C E, Zheng C, Molz F J. 2000. A dual-domain mass transfer approach for modeling solute transport in heterogeneous porous media, application to the MADE site. Water Resources Research, 36(9): 2501-2515.

12. Zheng C, Wang P P. 1999. An integrated global and local optimization approach for remediation system design. Water Resources Research, 35(1): 137-146.

13. 郑春苗,万力等. 中国地下水科学的机遇与挑战. 科学出版社,2009.

14. 郑春苗,冯夏宏. 环境地球科学. 高等教育出版社,2008.

资料来自 http://hydyo.pku.edu.cn/people/main.htm,本人于 2010 年 10 月 31 日通过电子邮件确认此简介。

郑西来 Zheng Xi-lai(1959.8—)

性别	男		籍贯	河南洛阳
学历	博士研究生		学位	博士
职称	教授		职务	副院长
工作单位	中国海洋大学环境科学与工程学院			
E-mail	zhxilai@ ouc. edu. cn		电话	0532-66781759
邮编	266100	通信地址	青岛市松岭路238号	

一、个人简历

1978.9—1982.7　中国地质大学水文地质专业，获学士学位。

1983.9—1985.7　西北大学化学系脱产进修化学专业课程。

1985.9—1988.7　长安大学攻读环境水文地质方向硕士研究生，获硕士学位。

1993.4—1993.10　联合国大学(Iceland Geothermal Training Program，IGTP)研修地热流体化学。

1994.9—1997.7　长安大学攻读环境水文地质方向博士研究生，其中于1995.3—1996.2在德国Tuebingen大学学习，获博士学位。并组织筹备和成立“干旱-半干旱水资源与环境研究中心(中德合作)”(1996年由地质矿产部批准)。

1997.9—1999.7　沈阳农业大学环境学院和德国Tuebingen大学(1997.9—1999.3)做博士后研究。

2004.10—2005.5　美国Arizona大学做高级研究学者。

1999—　中国海洋大学，教授、博士生导师，环境工程专业水资源管理与水污染控制方向学术带头人。先后指导博士后2名、博士生33名(其中已经毕业21名)、硕士生38名(其中已经毕业25名)。

二、学术兼职

现任中国海洋大学环境科学与工程学院副院长、(第十届)青岛市政协委员、青岛市水利学会副理事长、高等学校环境工程专业教学指导委员会和水资源与水环境(高职)教学指导委员会委员、国家环保总局环境影响评价专家、中国海洋大学海洋学科专家组成员。2002年被评为教育部优秀骨干教师，是《中国海洋大学学报》(自然科学版、英文版)编委会委员、《工程勘察》编委会委员、国家自然科学基金委海洋学科评审专家、教育部回国人员启动基金评审专家等。

三、主要研究方向

地下水污染过程与修复技术、水资源利用与保护、海-陆界面水盐循环。

四、主持省部级科研项目(课题)

1995.1—1997.12　黑龙江省重点项目“大庆油田地下水系统石油污染研究”;

1997.9—1999.6　辽宁省博士后启动基金项目“土－水系统石油污染动力学研究”;

1999.6—2002.12　内蒙古科技攻关项目“蒙孪井灌区土壤盐碱化控制研究”;

2000.5—2002.5　教育部骨干教师基金项目“地下水系统石油污染与调控”,获“教育部优秀骨干教师”奖(2000年);

2000.1—2002.12　国家自然科学基金项目“黄河三角洲地下水向渤海的营养盐输送及其生态环境意义”(49976028);

2000.1—2002.1　湖北省固体废物地质处置重点实验室项目“地下水中石油污染物迁移和转化规律研究”;

2003.1—2005.12　国家自然科学基金项目“水－土系统石油污染与净化过程研究”(40272108);

2005.1—2007.1　教育部博士点基金项目“滨海滩涂石油污染过程研究”(20040423016);

2006.1—2008.12　国家自然科学基金项目“咸淡水过渡带渗透性突变的机制与效应研究”(40572142);

2008.10—2010.12　负责科技部国家重大水专项“河口区生态用水河网调控关键技术”(2008 ZX07208-009-2);

2009.1—2011.12　国家自然科学基金项目“污染场地石油残留的机制与水动力效应研究”(40872150);

2010.9—2012.8　水利部公益性行业科研专项“青岛地区地下咸水体淡水恢复关键技术与示范”(201001075)。

五、著作

1.郑西来,杨喜成.地下水系统石油污染研究.西安地图出版社,1998.

2.郑西来,王秉忱,佘宗莲.土－水系统石油污染原理与应用研究.地质出版社,2004.

3.郑西来,程善福,林国庆,程桂福.滨海地下水库利用与保护.地质出版社,2007.

4.郑西来.地下水污染控制(全国统编教材).华中科技大学出版社,2009.

六、与地下水有关的代表性论文

近年来,先后在国内外发表学术论文100余篇,其中被SCI、EI、ISTP三大检索系统收录50余篇(次)。

1.郑西来等.山东氧化铝厂渣场地下水系统的环境地球化学反应模型.地球化学,1990-3.

2.钱会,郑西来.傍河取水越河稳定渗流问题的三维数值模拟研究.水利学报,1999-3(EI).

3. Zheng Xilai, Wang Bingchen, Qiu Hanxue. A new geochemical reaction model for groundwater systems. Acta Geologica Sinica,1999-1(SCI,ISTP).

4. 郑西来,邱汉学.沈抚灌区石油污染土壤恢复方案的数值模拟.地球科学,2000-2(EI).

5. Wang Bingchen, Qiu Hanxue, Zheng Xilai. The mechanism of groundwater salinization and its control in Yaoba Oasis, Inner Mongolia. Acta Geologica Sinica, 2000-1(SCI, ISTP).

6. Zheng Xilai, Qiu Hanxue. Numerical analysis on aqueous oil transport and control strategy in a soil-water system. International Symposium on Hydrogeology and the Environment, Wuhan, 163-167, 2000(ISTP).

7. Zheng Xilai, Qiu Hanxue. Numerical analysis of aqueous oil transport and control in soil-water systems. Environmental Geology, 2001-6(SCI, EI).

8. Zheng Xilai, Halldor Amannsson, Li Yongle. Chemical equilibria of thermal waters from the Guanzhong Basin, China. Journal of Geothermal and Volcanal Research, 2002, 113(SCI, EI).

9. Zheng Xilai, Balke K D. A developed technique for calculating the mass transfer between contaminated groundwater and porous media. Environmental Geology, 2002(5-6)(SCI, ISTP).

10. 崔俊芳,郑西来等.地下水有机污染处理的渗透性反应墙技术.水科学进展,2003-3.

11. Ma Yuxin, Zheng Xilai. Synthesis of poly(dodecyl methacrylate)s and their drag-reducing properties. Journal of Apllied Polymer Science, 2003, 88(SCI, EI).

12. Zheng Xilai, Li Yuying, Lin Guoqing. Behaviors of aqueous oil adsorption-release in oil-contaminated soils. Proceedings of the International Symposium on Water resources, Wuhan, 2003(ISTP, EI).

13. 郑西来,李永乐.土壤对可溶性油的吸附作用及其影响因素分析.地球科学,2003-5(EI).

14. Zheng Xilai, Wang Bingchen, Li Yuying. Studies of degradation kinetics of petroleum contaminants in soil-water systems. Geologica Sinica, 2004(3)(SCI).

15. Wan Bingchen, Zheng Xilai, Qian Hui. Numerical analysis of groundwater recharge from a partially penetrating river under riverside pumping. Geologica Sinica, 2004(3)(SCI).

16. Li Yuying, Zheng Xilai. Volatilization behaviors of diesel oil from the soils. Journal of Environmental Science, 2004, 16(6)(SCI).

17. Zheng Xilai, Wang Jichang, Zhao Shumei. Calculation of water environmental capacity and control of wasteload for the Xiaozhushan Reservoir. Journal of Harbin Institute of Technology, 2005, 12 (EI).

18. Lin Guoqing, Zheng Xilai, Zhang Xiaolong. Groundwater modeling and management of a coastal aquifer in Eastern China. Journal of Harbin Institute of Technology, 2005, 12(EI).

19. Ren Jiaguo, Zheng Xilai, Xu Mo. Phreatic evaporation regularity study in the arid climatic condition. Journal of Harbin Institute of Technology, 2005, 12(EI).

20. Gao Zengwen, Zheng Xilai, Zhao Quansheng. Effects of salt release from the bottom sediments on water quality in the polder reservoir. Journal of Harbin Institute of Technology, 2005, 12(EI).

21. Xia Wenxiang, Zheng Xilai, et al. Degradation of crude oil by indigenous microorgan-

isms supplemented with nutrients. Journal of Environmental Science,2005(4)(SCI、EI).

22. 李海明,郑西来. 滨海含水介质对垃圾淋滤液氨氮净化功能动态模拟. 中山大学学报(自然科学版),2007-4(EI).

23. 童玲,郑西来. 土壤对苯系物的吸附行为研究. 西安建筑科技大学学报(自然科学版),2007-6(EI).

24. 韩志勇,郑西来. 粉细砂水敏性试验研究. 水科学进展,2008-5(EI).

25. Gao Zengwen,Zheng Xilai . Determination of nutrient fluxes across the sediment-water interface in a nitrate-rich reservoir. ICBBE 2008,2nd International Conference on Bioinformatics and Biomedical Engineering,ICBBE 2008,2008(EI).

26. Xu Yanying,Zheng Xilai . Monitoring ORP,pH and EC for the start-up of an A/O SBR. ICBBE 2008,2nd International Conference on Bioinformatics and Biomedical Engineering,ICBBE 2008,2008(EI).

27. Li Haiming,Zheng Xilai . Adsorption of aqueous oil on sediments in the Bohai tidal flat. ICBBE 2008,2nd International Conference on Bioinformatics and Biomedical Engineering, ICBBE 2008,2010(EI).

28. Gao Zengwen,Zheng Xilai . Simulation of recovery options of brackish water aquifer in the Dagu River Area,China. ICBBE 2008,2nd International Conference on Bioinformatics and Biomedical Engineering,ICBBE 2008,2008(EI).

29. Lin Guoqing,Zheng Xilai . Vulnerability mapping of a coastal aquifer in Qingdao City, China,using Mapinfo and the DRASTIC approach. ICBBE 2008,2nd International Conference on Bioinformatics and Biomedical Engineering,ICBBE 2008,2008(EI).

30. 马玉杰,郑西来等. 地下水质量模糊综合评判法的改进与应用. 中国矿业大学学报,2009-5(EI).

31. 刘茜,郑西来等. 海水入侵过程中水-岩相互作用的土柱试验研究. 海洋环境科学,2008-5.

32. 李海明,吴锦兰. 滨海含水介质胶体对垃圾渗滤液氨氮的吸附特征. 水科学进展,2008-3(EI).

33. Juan Sun,Zheng X,A review of oil-suspended particulate matter aggregation- a natural process of cleansing spilled oil in the aquatic environment. Journal of Environmental Monitoring,11:1801-1809,2009(SCI).

34. Juan Sun,Khelifa A,Zheng X,Wang Z,Wong S,So L,Fieldhouse B,Yang C. Experimental study on kinetics of oil-suspended particulate matter aggregation. Proceedings of the 32nd Arctic and Marine Oilspill Program(AMOP)Technical Seminar on Environmental Contamination and Response,Environment Canada,Ottawa,2009:109-126(SCI).

35. Zhou Jun,Zheng Xilai,Markus Flury,Lin Guoqing. Permeability changes during remediation of an aquifer affected by sea-waterintrusion:A laboratory column study. Journal of Hydrology,376(2009):557-566(SCI).

36. Sun Juan,Khelifa Ali,Zheng Xilai. A laboratory study on the kinetics of the formation of oil-suspended particulate matter aggregates using the NIST-1941b sediment. Marine Pollution

Bulletin,60(2010):1701-1707(SCI).

七、获奖情况

1995.1—1997.12　负责黑龙江省重点项目子课题“大庆油田地下水系统石油污染研究”,获山东省教委科技进步奖三等奖(排名第一,2000)。

1997.9—1999.6　负责辽宁省博士后启动基金项目“土-水系统石油污染动力学研究”,获山东省教委优秀成果二等奖(排名第一,2002)。

2000.5—2002.5　负责教育部骨干教师基金项目“地下水系统石油污染与调控”,获“教育部优秀骨干教师”奖(2000)。

2001.11—2003.5　负责青岛市专项基金项目“大沽河流域水资源优化利用与污染控制研究”,获山东省软科学奖二等奖(排名第一,2005)。

2006.1—2008.12　负责国家自然科学基金项目“咸淡水过渡带渗透性突变的机制与效应研究”(40572142),获国家海洋总局海洋科技创新奖二等奖(排名第一,2009)。

八、主讲课程

1982.9—1990.10　长安大学水文地质与工程地质系助教,辅导和讲授课程有:水文地质原理、专门水文地质学和水文地球化学。

1990.11—1995.9　长安大学水文地质与工程地质系讲师,讲授的课程有:水文地球化学、环境水文地质和地下水动力学。

1995.10—1997.8　长安大学水文地质与工程地质系副教授,为本科生和研究生开设的课程有:同位素水文地球化学、土壤水动力学等。指导硕士研究生5名(已经毕业)。

1999.9—2005.5　中国海洋大学环境科学与工程系教授、博士生导师,为硕士生和博士生开设的课程有:环境化学、渗流理论、多孔介质流体动力学、水土污染原位治理技术。

九、发明专利

许延营、郑西来:一种污水处理方法(ZL2007100150672)。

十、计算机软件著作权

1. 宋帅,郑西来等. 水质模糊综合评价软件 V1.0.0.0(2009SR051081).
2. 郑西来,宋帅等. 地表水水质自动监测系统 V1.0(2010SR027691).
3. 郑西来,宋帅等. 大沽河洪水演进模拟软件 V1.1.0.1(2009SR051083).
4. 郑西来,宋帅等. 地表水水质预警软件 V1.0(2010SR027717).

本人于2010年10月24日通过电子邮件供稿。

郑秀清 Zheng Xiu-qing(1958.1—)

性别	女		籍贯	山西交口
学历	博士研究生		学位	博士
职称	教授		职务	院党委书记
工作单位	太原理工大学水利科学与工程学院			
E-mail	zxq6818@ sina. com. cn		电话	0351-6111206 13623674141
邮编	030024	通信地址	太原市迎泽西大街79号	

一、个人简历

1982 年毕业于原太原工业大学水利系水文地质及工程地质专业，当年留校任教；1994 年毕业于中国地质大学(北京)水文地质及工程地质专业，获工学硕士学位；1997 年毕业于中国地质大学(北京)水文地质及工程地质专业，获工学博士学位。1998 年晋升为副教授，1998 年任太原理工大学水利系副主任，2002 年晋升为教授，2004 年任太原理工大学水利科学与工程学院党委书记，2008 年被评聘为博士生导师。

二、学术兼职

中国水利学会高级会员、中国地质学会会员。

三、主要研究方向

水资源开发利用与保护、孔隙介质流动力学。

四、主持省部级科研项目(课题)

主持国家自然科学基金项目 2 项，其他纵横向课题 10 余项。

1. "水分在非饱和冻融土壤介质中入渗和保持的研究"(国家自然科学基金委员会资助(59879014)，1999—2001)；

2. "季节性冻融期不同地表条件下非饱和带土壤水分迁移转化规律的研究"(国家自然科学基金委员会资助(40472132)，2005—2007)。

五、著作

郑秀清，樊贵盛，邢述彦著. 水分在季节性非饱和冻融土壤中的运动. 地质出版社，2002.9.

六、代表性论文

发表论文 40 余篇，其中国际会议论文 4 篇，SCI 收录 3 篇，EI 收录 7 篇。

1. Zheng Xiuqing. Experimental study of infiltration into a bean stubble field during seasonal freeze-thaw period. Soil Science, 2001, 166(1)(SCI 收录).

2. Zheng Xiuqing. Infiltration into freezing and thawing soils under different field management. Journal of Irrigation and drainage Engineering, 2001, 127(3)(SCI、EI 收录).

3. Yang Jinfeng, Zheng Xiuqing. Effects of surface mulching on freezing-thawing process and moisture-heat regimes of seasonal frozen soil. Journal of China University of Geosciences. 2007.6(SCI 收录).

4. 郑秀清,樊贵盛. 冻融土壤水热迁移数值模型的建立及仿真分析. 系统仿真学报, 2001-3.

5. 郑秀清,樊贵盛. 土壤含水率对季节性冻土入渗特性影响的试验研究. 农业工程学报, 2000-6.

6. 樊贵盛,郑秀清等. 地下水埋深对冻融土壤水分入渗特性影响的试验研究. 水利学报, 1999-3.

7. 樊贵盛,郑秀清等. 季节性冻融土壤的冻融特点和减渗特性的研究. 土壤学报, 2000-1.

8. 陈军锋,郑秀清等. 地表覆膜对季节性冻融土壤入渗规律的影响. 农业工程学报, 2006-7(EI 收录).

9. 郑秀清,陈军锋等. 不同地表覆盖下冻融土壤入渗能力及入渗参数(英文). 农业工程学报, 2009-11(EI 收录).

10. 张厚泉,郑秀清等. 非饱和土壤季节性冻融过程的仿真分析. 系统仿真学报, 2010-12.

国际会议论文：

1. Zheng Xiuqing. Rational exploitation and utilization of potassium chloride in Qarhan Salt Lake. Proc. 30th International Geology Congress, Beijing, 1997, Vol. 9.

2. Zheng Xiuqing. Infiltration and redistribution of soil water during seasonal freezing and thawing periods. Proc. 29th IAHR Congress. Beijing, 2001, Theme A(ISTP 收录).

3. Zheng Xiuqing. Marjuanxiang underground thermal water system in Yangao-Tianzhen Basin. Proc. International Symposium on Hydrogeology and the Environment, Wuhan, 2000 (ISTP 收录).

4. Zheng Xiuqing, Sun Ming. Experimental study on water migration during freezing and thawing period. 第 34 届国际水文地质大会, 2006.10.

七、获得的省部级以上科研奖励

1. 冻融条件下土壤入渗规律的试验研究,获山西省科技进步奖三等奖(排名第二);

2. 土壤含水率对季节性冻土入渗特性影响的试验研究,获山西省科协优秀论文二等奖。

八、主讲课程

主讲本科生课程:工程渗流、地下水动力学、Groundwater Simulation 等。

主讲研究生课程:非饱和带水动力学、溶质迁移理论、孔隙介质流动力学等。

九、指导研究生情况

指导硕士研究生 24 名,博士研究生 2 名。

本人于 2010 年 11 月 25 日通过电子邮件确认此简介。

周爱国 Zhou Ai-guo(1966.3.26—)

性别	男		籍贯	湖北仙桃
学历	博士研究生		学位	博士
职称	教授		职务	
工作单位	中国地质大学(武汉)环境学院			
E-mail	aiguozhou@ cug. edu. cn		电话	027-67883060,67883479
邮编	430074	通信地址	中国地质大学(武汉)环境学院	

一、综合介绍

1985 年 7 月毕业于武汉地质学院(现中国地质大学)并留校工作,1996 年 5 月获工学硕士学位,2004 年 5 月获工学博士学位。1997 年 9 月晋升为副教授,1997 年被评为湖北省跨世纪学术骨干,1999 年入选中国地质大学跨世纪中青年学科带头人计划,2002 年 6 月晋升为教授,2005 年评为博士生导师,是多个国家专家委员会成员。

主研方向:从事水文地质工程地质环境地质教学与科研工作,在城市环境地质、矿山环境地质、地质生态学、同位素水文地质学等领域有一定程度的探索和心得。在教学研究、研究生培养方面也进行了诸多尝试,获得不少体会,并取得良好效果。

科研与学术业绩:近年来,主持国家自然科学基金项目 4 项、国土资源大调查国家专项科研项目 10 余项,作为主要骨干参与国家自然科学基金重点项目 1 项。两项研究成果获地矿部三等奖。在国内外公开发表学术论文 110 余篇,其中第一作者论文 25 篇,第二作者论文 50 篇,第三、第四作者论文 35 篇。近 5 年来公开发表论文 80 余篇,进入三大检索 20 余篇。

二、近年主持的省部级以上科研项目

1. 硝酸盐三氧同位素在线测试新技术及其在地下水污染研究中的应用,国家自然科学基金项目(编号 40972157),2008—2010;

2. 氯代 VOCs 氯同位素在线测试新技术及其在地下水污染研究中的应用,国家自然科学基金项目(编号 08043017),2008—2010;

3. 硫酸盐中^{17}O 和^{18}O 同时测试技术及其应用,国家自然科学基金项目(编号 400572140),2006—2008;

4. 年轻地下水 SF_6 测年技术及其应用,国家自然科学基金项目(编号 40372112),2004—2006;

5. 长江中游 2 万年以来的季节分辨气候记录:季风、ENSO 和太阳变化,国家自然科学基金重点项目(编号 400531004),第三参加人,2006—2009;

6. 城市地质环境评价方法专题研究,国土资源大调查国家专项,专题项目负责人,

2006—2011；

7. 青藏高原资源开发的环境承载力评价方法与综合研究，国土资源大调查国家专项项目，工作项目负责人，2008—2010；

8. 基于遥感的矿山地质环境评价研究，国土资源大调查国家专项项目，工作项目负责人，2010—2011。

三、代表性论文

1. Zhou A G, Yang Y, Cai H S, et al. Investigation of groundwater nitrogen contamination in Anyang and Linzhou district using the isotopes of N-15 and O-18 in NO_3^-. Water Resources and the Urban Environment, China Environmental Science Press ,326-330,2003.

2. 周爱国等. 水环境硝酸盐氮污染研究新方法——^{15}N 和 ^{18}O 相关法. 地球科学，2003-2.

3. 周爱国等. 地质环境生态适宜性评价指标体系研究. 地质科技情报，2001-2.

4. Zhou Aiguo, Li Zhijian, Chen Meisen. Geo-environmental problems in the Tonglushan Mining Area, Hubei, China. Hydrogeology and the Environment, China Environmental Science Press, 2000. 10.

5. Zhou Aiguo, Tang Zhaohui, Wang Zhiji. Prediction of rebuilding of bank slopes for the new site of Wushan town in three-gorge reservoir area. Hydrogeology and the Environment, China Environmental Science Press, 2000. 10.

6. 周爱国等. 北方地区地下水系统退化的气候干旱化效应. 地球科学，2000-5.

7. Zhou Aiguo, Ming Gouli, et al. Nitrate contamination as a cause of the high incidence of esophagus cancer at Linzhou and Anyang, Henan Province, P. R. China. Water Rock Interaction (WAI-11). June 7-July 2, 2004. New York. 2004 Taylor & Francis Group, London, ISBN 90-5809-6416.

8. Zhou Aiguo, Guan Yiqun, et al. Contrastive Experiment Study of Treating Soft Foundation for Bridge of the Freeway—on Certain Test Portion of the Jingzhu Freeway. Geotechnical Engineering in Soft Ground, Tongji University Press, 2001. 4.

9. 周爱国等. 硝酸盐中 ^{15}N 和 ^{18}O 的测试新技术及其在地下水氮污染防治研究中的进展. 地质科技情报，2001-4.

10. Zhou A G, Cai H S, Liu C F. New Way in NO_3—N contaminative study of water environment— correlative method of ^{15}N & ^{18}O. Environmental Concerns and Emerging Abatement Technologies (Volume Ⅱ), 2001. 9. P-P-13. 国际会议.

11. 周爱国等. 中国西北内陆盆地水分垂直循环及其生态学意义. 水科学进展，2005-1.

四、专著

1. 周爱国，蔡鹤生. 地质环境质量评价理论与应用. 中国地质大学出版社，1998. 8.

2. 周爱国，唐朝晖等. 隧道工程现场施工技术. 人民交通出版社，2004. 3.

3. 周爱国，孙自永，马瑞. 干旱区地质生态学导论. 环境科学出版社，2007. 1.

4. 周爱国，周建伟等. 地质环境评价. 中国地质大学出版社，2008. 5.

5. 梁合成，周爱国等. 城市建设用地地质环境评价与区划. 中国地质大学出版社，2010. 10.

6. 万军伟，刘存富，晁念英，王佩仪，陈刚，周爱国等. 同位素水文学理论与实践. 中国地质大学出版社，2003. 10.

本人于 2010 年 11 月 25 日通过电子邮件供稿。

周金龙 Zhou Jin-long(1964.3.16—)

性别	男		籍贯	浙江龙游
学历	博士研究生		学位	博士
职称	教授		职务	新疆维吾尔自治区 重点学科负责人
工作单位	新疆农业大学水利与土木工程学院			
E-mail	zjzhoujl@163.com		电话	13263381574
邮编	830052	通信地址	乌鲁木齐市南昌路42号 新疆农业大学水利学院	

一、个人简历

1980年9月由浙江省龙游县考入武汉地质学院(现中国地质大学)水文地质工程地质系水文地质专业,1984年7月毕业,获工学学士学位;2007年3月至2009年12月在中国科学院地质与地球物理研究所攻读地质工程专业水文地质方向博士学位,2010年1月通过论文答辩,2010年3月获工学博士学位。

1984年8月自愿到新疆工作。1984年8月至2001年2月在新疆地矿局第二水文地质工程地质大队从事水文地质、环境地质、工程地质勘察、实验研究工作,1993年2月获工程师任职资格,1995年12月破格晋升为高级工程师,1998年6月起任该队副总工程师。

2001年2月调入新疆农业大学,2002年9月转评为副教授,2005年11月晋升为教授,2006年6月获硕士研究生指导教师资格,2010年5月获博士研究生指导教师资格。2004年9月至2009年8月任新疆农业大学水利与土木工程学院地下水教研室主任。现任新疆维吾尔自治区水文学及水资源重点学科负责人、水文水资源重点实验室主任、水利水电工程学科(国家重点培育学科)水文学及水资源方向学术带头人、水文学及水资源利用教学团队(自治区优秀教学团队)学术带头人。

二、学术兼职

中国地质大学(武汉)环境学院兼职教授(2008.2—),新疆绿水水资源科技服务有限责任公司高级工程师(2001.2—)、技术负责人(2004.9—)、监事(2008.10—),新疆地质学会第九届理事会常务理事(2007.3—)、新疆岩石力学与工程学会副秘书长(2008.4—),《水利学报》等期刊审稿人。

三、主要研究方向

干旱区地下水资源开发与生态环境保护,地下水脆弱性评价,干旱灌区水盐运移机制和模拟,中盐度地下水灌溉技术与盐碱地改良。

四、主持的省部级以上科研项目(课题)

主持省部级以上科研项目(课题)5 项,主持厅局级纵向课题及横向课题 21 项,作为主要成员参与省部级以上科研项目(课题)17 项、横向课题 18 项。

1. 极端干旱区高盐度潜水蒸发机理及计算方法研究(国家自然科学基金项目 51069016/E090203,2011—2013,负责人);

2. 中盐度地下水源膜下滴灌技术开发与示范(2007.9—2011.12,新疆维吾尔自治区重大科技专项课题 20073117-3,独立主持);

3. 不同水质膜下滴灌棉田水盐调控技术集成与示范(2007.9—2010.12,国家科技支撑计划"干旱区膜下滴灌农田盐分调控与微咸水利用技术研究"课题第四子课题 2007BAD38B01-4,独立主持);

4. 灌区水盐调控与盐碱地综合治理技术集成与示范(2007.9—2010.12,新疆维吾尔自治区重大科技专项"灌区盐渍化土壤改良技术集成与盐土农业建设示范"课题(20073314-4)第二子课题,独立主持);

5. 新疆地下水资源调查与评价(2003—2004,水利部,第二主持人)。

五、著作

出版专著 10 部,教材 2 部:

1. 周金龙,李建华,向永编著. 实用地下水水情预报方法及其 BASIC 语言程序. 新疆科技卫生出版社,1994.4.

2. 周金龙,虎胆·吐马尔白,董新光,郭西万,周义编著. 新疆平原区大气降水、灌溉水、土壤水与地下水水量转化关系实验研究. 新疆科技卫生出版社,2002.6.

3. 董新光,周金龙,陈跃滨编著. 干旱内陆区水盐监测与模型研究及应用. 科学出版社,2007.8.

4. 董新光,邓铭江主编;王智,刘丰,赵伟,周金龙,姜卉芳副主编. 新疆地下水资源. 新疆科技出版社,2005.10.

5. 郭西万,董新光,姜毅,陈亮,孙艳,周金龙编著. 新疆准噶尔盆地油田区地下水及其利用. 新疆科技卫生出版社,2000.6.

6. 张忠学主编;马耀光,周金龙副主编. 工程地质与水文地质(高等学校水利学科专业规范核心教材·农业水利工程). 中国水利水电出版社,2009.7.

7. 王孔伟,周金龙主编. 工程地质与水文地质(全国高等院校水利水电类精品规划教材). 黄河水利出版社,2009.8.

8. 周金龙编著. 内陆干旱区地下水脆弱性评价方法及其应用研究. 黄河水利出版社,2010.5.

9. 李国敏,李锋,周金龙等编著. 关中盆地地下热水循环规律及可持续开发利用. 科学出版社,2010.7.

10. 周金龙著. 新疆地下水研究. 黄河水利出版社,2010.8.

11. 周金龙主编. 中国地下水科学院士及博士生导师简介. 黄河水利出版社,2011.3.

12. 周金龙主编. 新疆地下水科学事业的发展与成就. 中国水利水电出版社,2011. 10.

六、代表性论文

发表论文90余篇,其中国际会议论文7篇。

1. Zhou Jinlong, Li Guomin, Liu Feng, et al. DRAV model and its application in assessing groundwater vulnerability in the arid areas: a case study of pore phreatic water in Tarim Basin, Xinjiang, Northwest China. Environmental Earth Science, 2010, 60(5): 1055-1063(DOI: 10.1007/s12665-009-0250-y)(SCI 收录).

2. Zhou Jinlong, Dong Xinguang, Li Guomin. Evaluation of groundwater quality in Xinjiang Plain Area. Frontiers of Environmental Science & Engineering in China, 2010, 4(2): 183-186(SCI 收录).

3. Zhou Jinlong, Li Qiao, Li Xianwen. Impact of mineral concentration on capillary water rise in sandy soil. 2011 International Symposium on Water Resources and Environmental Protection(ISWREP 2011), Xi'an, China, May 20-22, 2011(in press).

4. Zhou Jinlong. Calculation of Groundwater use by natural vegetation in the Non-irrigated Plain Areas. The Workshop on Civil Engineering and Energy Engineering(CEEE 2011), Inner Mongolia, China, July 15-17, 2011(in press).

5. Qiao Xiaojuan, Li Guomin, Li Ming, Zhou Jinlong, et al. Influence of coal mining on regional karst groundwater system—a case study in west mountain area of Taiyuan City, North China. Environmental Earth Science(20100430 接收).

6. Li Qiao, Zhou Jinlong. Preliminary analysis of the necessity and effectiveness of desalting leaching using spring irrigation for use of brackish water for under-film drip irrigation of cotton. The Workshop on Civil Engineering and Energy Engineering(CEEE 2011), Inner Mongolia, China, July 15-17, 2011(in press).

7. 周金龙. 新疆平原区地下水污染现状评价. 第四届海峡两岸土壤及地下水污染与整治研讨会(2008年8月,西安).

8. 周金龙. 新疆平原区地下水均衡及其参数试验研究. 地下水资源与环境2006国际地下水专题学术研讨会(2006年7月22~23日,北京).

9. 靳孟贵,刘延锋,董新光,周金龙. 节水灌溉与农业面源污染控制研究. 地质科技情报,2002-1(EI 收录).

10. 董新光,姜卉芳,邓铭江,周金龙. 内陆盆地的盐分布与平衡分析研究. 水科学进展,2005-5(EI 收录).

11. 汪丙国,靳孟贵,何雨江,周金龙. 微咸水膜下滴灌灌溉制度试验研究. 地质科技情报,2010-5.

七、获得的省部级以上科研奖励

1. 1992年"石河子市城市地质勘察"获原地质矿产部找矿四等奖(3/5);

2. 2003年《内陆干旱区潜在蒸发量的计算》获新疆第七届自然科学优秀论文三等奖

(1/2)；

3.2005年《新疆平原区地下水资源评价误差来源分析》获新疆第八届自然科学优秀论文三等奖(1/3)；

4.2006年7月“干旱内陆河流域水盐监测与模型研究及应用”获新疆维吾尔自治区2005年度科技进步奖二等奖(4/9)；

5.2007年1月“干旱区绿洲耗散型水文模型及其在塔里木河流域的应用”获教育部科技进步奖二等奖(11/21)；

6.“新疆水资源可持续利用及重点工程布局综合研究”获2007年度国家科技进步奖二等奖(9/10)。

八、主讲课程

主讲本科生地下水利用、水利工程地质、工程地质及水文地质、环境水利学、地学概论和景观地貌学基础等课程；主讲硕士研究生水文地质学、水文地球化学、地下水动力学和地下水污染与防治等课程；主讲博士研究生现代水文地质学等课程。

九、研究生培养

1999年以来，协助指导5名硕士研究生和1名博士研究生；2006年以来，独立指导9名硕士研究生(其中中国地质大学(武汉)3名，新疆农业大学6名)。

十、发明专利

一种地下咸水棉田膜下滴灌方法(受理号201010502299.2)，发明人：周金龙，董新光，姚新华等，申请人：新疆农业大学。

本人于2011年3月16日供稿。

周念清 Zhou Nian-qing(1964.7—)

性别	男		籍贯	湖南石门
学历	博士研究生		学位	博士
职称	教授		职务	副系主任
工作单位	同济大学土木工程学院水利工程系			
E-mail	nq. zhou@ tongji. edu. cn		电话	13061733208
邮编	200092	通信地址	上海市四平路1239号	

一、个人简历

1985年9月由湖南省石门县考入核工业部地质学校(现更名为甘肃工业职业技术学院)放射性水文地质专业,1987年7月毕业;1994年9月获得南京大学地球科学系水文地质与工程地质专业理学硕士学位;1998年9月至2001年8月在南京大学地球科学系水文学及水资源专业攻读博士学位,2001年8月通过论文答辩,2001年9月获工学博士学位;2002年1月至2004年1月在同济大学土木工程博士后流动站做博士后研究。

1987年7月至1991年8月在核工业第四研究设计院从事水文地质勘察工作,任技术员;1994年7月至1998年8月在核工业第四研究设计院从事技术管理与软件开发工作,担任室主任,1995年11月晋升为工程师;2001年8月至2001年12月在卓达房地产集团公司总工办从事技术管理工作,2001年11月晋升为高级工程师;2004年1月博士后出站留同济大学土木工程学院地下建筑与工程系任教;2006年11月同济大学成立水利工程系,作为水文学与水资源学科带头人调到水利工程系工作至今,2007年6月被评为教授。2009年3月至2009年8月获德国巴登-符腾堡基金资助,应邀到德国斯图加特大学水力研究所和岩土工程研究所做高级访问学者,先后还访问了柏林工业大学、海德堡大学、瑞士苏黎世大学等。

2004年6月通过同济大学高级职称复核,2004年11月获硕士研究生指导教师资格,并开始招收硕士研究生;2007年11月获博士研究生指导教师资格。2006年11月至今任同济大学水利工程系水文学与水资源教研室主任,学科带头人。2010年11月开始担任水利工程系副主任。目前是国内外20余家期刊的审稿人。

二、学术兼职

中国自然资源学会水资源专业委员会委员,中国水利学会地下水科学与工程专业委员会委员。

三、主要研究方向

工程地下水数值模拟与计算,矿山地下水治理,地下水污染治理与土壤修复,核电厂

及重大工程场地稳定性评价,环境水文地质评价。

四、主持的省部级以上及国际合作科研项目(课题)

主持省部级以上科研项目(课题)3 项;作为主要成员参与省部级以上科研项目(课题)6 项、横向课题 30 余项。

1.“安全岛”模式下核电场地构造控稳与参数特征分析(国家自然科学基金项目:41072208,2011—2013,负责人);

2.“利用断层中流体包裹体迹面参数研究边坡稳定性及地质灾害”(中国博士后基金资助项目:200303330,2003—2004,课题负责人);

3.“地铁循环荷载作用下黏土微观结构变形破坏机理研究”(上海市博士后基金资助项目,2002—2003,课题负责人)。

五、著作

出版专著 4 部,教材 3 部,译著 1 部:

1. 袁一平,宋金英主编;周念清参编. 微机操作上机与应用实习指导. 河北科学技术出版社,1997. 3.

2. 杨卓舒主编,周念清参编. 中国市场经济大辞典. 中国经济出版社,2000. 10.

3. 朱学愚,钱孝星主编;周念清参编. 地下水水文学. 环境科学出版社,2005. 5.

4. 刘斌著,周念清参编. 烃类包裹体热动力学. 科学出版社,2005.

5. 刘斌著,周念清参编. 地壳构造流体. 科学出版社,2008.

6. 唐益群,周念清等编著. 软土环境工程地质学. 人民交通出版社,2007. 5.

7. 唐益群,王建秀,杨坪,周念清编著. 工程地下水. 同济大学出版社,2011. 1.

8. C. W. Fetter 著;周念清,黄勇译. 污染水文地质学. 高等教育出版社,2011.

六、代表性论文

发表论文 70 余篇,其中 SCI 收录 10 篇、EI 收录 25 篇,国际会议论文 8 篇。

1. Zhou N Q, Qian J Z, Tang Y Q. Study of the fractures in the reactor foundations of the Third Phase Qinshan Nuclear Power Engineering, China. The International Journal of Rock Mechanics and Mining Sciences. 2004, 41(3):402(SCI 和 EI 收录).

2. Zhou Nianqing, Tang Yiqun, Tang Heping. Groundwater waves in a coastal fractured aquifer of the Third Phase Qinshan Nuclear Power Engineering Field. Journal of Shanghai Jiaotong University. 2005, 4:441-445(EI 收录).

3. 周念清等. 饱和黏性土体中孔隙水压力对地铁振动荷载响应特征分析. 岩土工程学报,2006-12(EI 收录).

4. Zhou Nianqing, Tang Yiqun, Deng Yonghua, et al. Structural characteristics and mechanical properties of rock mass in the field of Tianwan Nuclear Power Plant, China. Journal of Shanghai Jiaotong University. 2006, 4:512-517, 524(EI 收录).

5. Zhou N Q, Wang Y, Li C X. The carbon cycle in wetlands and its relationship to global change. WR-12 International Conference. Taylor & Francis Group. Thomas D. Bullen & Yanxin

Wang- Editors. 2007:1517-1590(SCI 收录).

6. 周念清等. 利用灵山洞钟乳石中流体包裹体研究更新世古环境. 岩石学报,2007-9(SCI 收录).

7. Zhou N Q, Wei C Y, Jiang S M, et al. The regional stability and the site stability of phase Ⅲ Qinshan nuclear power plant, China. Asia-Pacific Power and Energy Engineering Conference(APPEEC). 1-7:19-22(SCI 和 EI 收录).

8. Zhou N Q, Tang Y Q, Liu B. Paleoenvironment research of quaterary period using fluid inclusion in puding stalactite of karst cave, Guizhou Province, China. Geochimica et Cosmochimica ACTA. 73(13):A1526(SCI 收录).

9. Zhou Nianqing, Zhao Zaili, Qin Min, et al. Site earthquake characteristics and dynamic parameter test of phase Ⅲ Qinshan Nuclear Power Engineering. Journal of Shanghai Jiaotong University. 2009, 14(4):450-455(EI 收录).

10. 周念清等. MODFLOW 在三门峡铝土矿地下水疏排模拟中的应用. 同济大学学报(自然科学版),2009-12(EI 收录).

11. Zhou N Q, Pieter A Vermeer, Lou R Q, et al. Numerical simulation of deep foundation pit dewatering and optimization of land subsidence controlling. Engineering Geology. 2010, 116(3-4):251-260(SCI 收录).

12. Zhou Nianqing, Bernhard Westrich, Jiang Simin, et al. A coupling simulation based on a hydrodynamics and water quality model of the Pearl River Delta, China. Journal of Hydrology(SCI 收录).

七、获得的省部级以上科研奖励

共 7 项,与地下水有关的 3 项:

1. 2009 年 1 月,"基岩地下水运移机理及水环境模拟"获教育部自然科学奖二等奖(3/6);

2. 1994 年,主持的"内蒙古克什克腾旗广兴源乡供水管井施工工程"获部级优秀工程奖三等奖(中国核工业总公司文件,核总计发[1994]355 号);

3. 2003 年"中国北方岩溶裂隙水特征研究"获江苏省科技进步奖三等奖(9/11)。

八、主讲课程

主讲本科生地下水动力学、水文地球化学、普通地质学、工程地质学等课程;主讲硕士研究生地下水渗流理论、环境水文地质学、地下水数值模拟与计算和地下水污染修复与防治等课程;主讲博士研究生渗流力学Ⅱ等课程。

九、研究生培养

自 2005 年开始招收硕士研究生以来,已培养硕士研究生 8 名,协助指导已毕业博士研究生 1 名,在读硕士研究生 7 名、博士研究生 1 名。

本人于 2010 年 11 月 30 日通过电子邮件供稿。

周　训 Zhou Xun(1963.4—)

性别	男		籍贯	广西玉林(兴业)
学历	博士研究生		学位	博士
职称	教授		职务	副院长
工作单位	中国地质大学(北京)水资源与环境学院			
E-mail	zhouxun@ cugb. edu. cn		电话	13436593800
邮编	100083	通信地址	北京市海淀区学院路29号	

一、基本情况

1982 年毕业于武汉地质学院(现中国地质大学)。1992 年起任副教授,1997 年起任教授,2001 年增列为博士生导师。先后为本科生和研究生主讲 10 余门课程,指导研究生 80 余名。1999 年赴美国 Michigan 大学访问和从事合作研究。担任《Ground Water》副主编(2001—2005)和《水文地质工程地质》、《地下水》、《现代地质》、《Geoscience Frontiers》编委,国际水文地质学家协会(IAH)中国国家委员会副秘书长,中国资源综合利用协会地温资源综合利用专业委员会副主任、中国地质学会水文地质专业委员会委员、中国能源研究会地热专业委员会委员。为《Ground Water》组织的中国学者研究地下水的论文已在该期刊 2004 年第 42 卷第 4 期和 2005 年第 43 卷第 4 期集中出版。先后参加或主持完成国家级、省部级等各类科研项目 30 余项。获省部级成果二等奖 2 项、三等奖 1 项, 中国青年地质科技奖“银锤奖”和第七届北京青年优秀科技论文一等奖。先后在国内外学术期刊和学术会议上发表论文 100 余篇(中文期刊论文 60 余篇),有 20 篇发表在国际学术期刊上的英文论文被 SCI 收录,多篇论文被 SCI 引用,合作出版专著 5 部,出版教材 6 部。

二、主要研究领域

海岸带地下水,地下热水(温泉),地下卤水,矿泉水,地下水循环及其模拟,地下水与地质环境,水资源与水环境等。

三、主要科学贡献(主要学术成绩)

提出了涌流(出)泉、浅循环泉、深循环泉等泉的类型;总结出中国地下热水的氘和氧 18分布特点,包括不存在明显的氧 18 漂移;推导出确定海岸带咸淡水界面位置的一般的基础理论公式,发展了沿用 100 多年的咸淡水界面经典理论;用有限项傅氏级数描述海潮和海岸带地下水位变化;建立了包含抑制海水入侵约束条件的海岸带地下水管理模型;提出了广西北海市滨海含水层偏酸性地下水的形成机理;提出了地下热水的分布类型、资源特征和开采原则;提出了温泉附近热水钻井呈自流时可以增加地下热水开采量的观点;对沉积盆地型地下热水系统的压力场和温度场同时进行了三维数值模拟和预测计算;提出了深层地下热水钻井动水位升高值的计算方法；分析西北干旱地区额济纳绿洲非饱和带土壤水分、盐分的分布及其对地表植被演变的影响；在三维数值模拟中以边界条件刻画通过越流的激发补给量，论证了埋藏型地下水源地的保证程度；探索出了适合地下卤水资源量评价的方法等。

四、代表性论文

1. 周训，陈明佑等. 地下热水运移数学模型简介. 地质科技情报，2002-1.

2. 周训，陈明佑等. 天津市深层基岩地下热水系统数值模拟中若干问题的处理. 地球科学，2002-2（EI）.

3. 周训，李慈君. 海水蒸发轨迹线及其应用. 地球科学，1995-4.

4. 周训. 深层卤水单井可采资源量的预测. 地球科学，1992-5.

5. 周训，李慈君. "四川盆地深层地下卤水资源量评价及其方法的研究"成果. 地质科技情报，1991-4.

6. Zhou Xun, Li Cijun. Hydrogeochemistry of deep formation brines in the central Sichuan Basin, China. Journal of Hydrology, 1992, 138(1)(SCI).

7. Zhou Xun, Li Cijun. Subsurface brine resources in the Sichuan basin of China. In: Suokko T, Soveri J. (Eds.), Future Ground Water Resources at Risk, Poster Papers of the International Conference, Helsinki, Finland, 1994.

8. Zhou Xun, Li Cijun, Ju Xiumin, Du Qiang, Tong Lihong. Origin of the subsurface brines in the Sichuan Basin. Ground Water, 1997, 35(1)(SCI、EI).

9. Zhou Xun, Chen Mingyou, Ju Xiumin, Ning Xuesheng, Wang Juping. Numerical simulation of seawater intrusion near Beihai, China. Environmental Geology, 2000, 40(1/2)(SCI).

10. Zhou Xun, Chen Mingyou, Wan Li, Wang Juping, Ning Xuesheng. Optimal groundwater development in coastal aquifers near Beihai, China. Journal of China University of Geosciences, 2000, 11(3).

11. Zhou Xun, Chen Mingyou, Li Minglang, Zhao Weiming. Occurrence and modeling of geothermal water in the basement aquifer system near Tianjin, China. In: Wang Y. and Liang X. (Eds.), Proceedings of the International Symposium on Hydrogeology and the Environment. Beijing: China Environmental Science Press, 2000(ISTP).

12. Zhou Xun, Chen Mingyou, Zhao Weiming, Li Minglang. Modeling of a deep-seated geothermal system near Tianjin, China. Ground Water, 2001, 39(3)(SCI、EI).

13. Zhou Xun, Chen Mingyou, Liang Chisheng. Optimal schemes of groundwater exploitation for prevention of seawater intrusion in the Leizhou Peninsula, Southern China, Environmental Geology, 2003, 43(8)(SCI).

14. Zhou Xun, Fang Bin, Wan Li, Cao Wenbing, Wu Shengjun, Feng Weidong. Some factors affecting the ecological environment near the town of Ejina in Northwest China. In: Wang Y. (Eds.), Proceedings of the International Symposium on Water Resources and the Urban Environment. Beijing: China Environmental Science Press, 2003(EI、ISTP).

15. Zhou Xun, Fang Bin, Shen Ye, Zhang Hua, Lin Li, Lin Jianwang. Hydrogeochemistry and origin of thermal groundwater in bedrock aquifers in Tianjin, China. Journal of China University of Geosciences, 2004, 15(1).

16. Zhou Xun, Wan Li, Fang Bin, Cao Wenbing, Wu Shengjun, Hu Fusheng, Feng Weidong. Soil moisture potential and water content in the unsaturated zone within the arid Ejina Oasis in Northwest China. Environmental Geology, 2004, 46(6-7)(SCI、EI).

17. Zhou Xun, Jiu J Jiao, Mary P Anderson. Special section on groundwater research in China feature in this issue of Ground Water. Ground Water, 2004, 42(4)(SCI、EI).

18. Zhou Xun, Fang Bin, Chen Mingyou, Zhao Liang, Zhang Hua, Shen Ye. Predictive simulation of three exploitation schemes for the brines in the Bieletan section of the Charham Salt Lake, China. Environmental Geology, 2006, 49(7)(SCI、EI).

19. Zhou Xun, Fang Bin, Wan Li, Cao Wenbing, Wu Shengjun, Feng Weidong. Occurrence of soluble salts and moisture in the unsaturated zone and groundwater hydrochemistry along the middle and lower reaches of the Heihe River in Northwest China. Environmental Geology, 2006, 50(7)(SCI、EI).

20. Zhou Xun, Ruan Chuanxia, Yang Yanyan, Fang Bin, Ou Yecheng. Tidal effects of groundwater levels in the coastal aquifers near Beihai, China, Environmental Geology, 2006, 51(4)(SCI、EI).

21. Zhou Xun, Chen Mingyou, Fang Bin, Zhang Hua, Shen Ye, Yao Jinmei. An analysis of the infer-aquifer recharge for a deep-seated aquifer system tapped by a wellfield. Environmental Geology, 2006, 51(4)(SCI、EI).

22. Zhou Xun, Yan Xia, Li Juan, Yao Jinmei, Dai Wenyu. Evolution of the groundwater environment under a long-term exploitation in the coastal area near Zhanjiang, China. Environmental Geology, 2007, 51(5)(SCI、EI).

23. Zhou Xun, Zhang Hua, Zhao Liang, Shen Ye, Yan Xia, Li Rui, Zhang Li. Some factors affecting TDS and pH values in groundwater of the Beihai Coastal Area in Southern Guangxi, China. Environmental Geology, 2007, 53(2)(SCI、EI).

24. Zhou Xun, Zhou Haiyan, Fang Bin, Li Juan, Wang Ying. Hydrochemistry and formation of the Huailai hot spring in Hebei, China. In: Bullen TD, Wang Y. (Eds.), Water-Rock Interaction, Proceedings of the 12th International Symposium on Water-Rock Interaction, WRI12, Kunming, China. Taylor & Francis, New York, 2007.

25. Zhou Xun, Li Juan, Zhou Haiyan, Fang Bin, Yu Lan, Li Shijun. Increase in thermal groundwater due to a flowing well near the Songshan hot spring in Beijing, China. Environmental Geology, 2008, 53(7)(SCI、EI).

26. Zhou Xun, Zhou Haiyan, Zhang Li. Characteristics of piezometric heads and determination of fresh water-salt water interface in the coastal zone near Beihai, China. Environmental Geology, 2008, 54(1)(SCI、EI).

27. Zhou Xun, Yao Jinmei, Zhang Hua, Li Rui, Xu Fang. Modeling of water-rock interac-

tions in an aquitard of sandy clay in the coastal area near Beihai, China. Environmental Geology, 2008, 56(1)(SCI、EI).

28. Zhou Xun. Determination of aquifer parameters based on measurements of tidal effects on a coastal aquifer near Beihai, China. Hydrological Process, 2008, 22(SCI).

29. Zhou Xun, Fang Bin, Zhou Haiyan, Li Juan, Wang Ying. Isotopes of deuterium and oxygen-18 in thermal groundwater in China. Environmental Geology, 2009, 57(8)(SCI、EI).

30. Zhou Xun, Wang Ying. Brief review on methods of estimation of the location of a fresh water-salt water interface with hydraulic heads or pressures in coastal zones. Ground Water Monitoring & Remediation, 2009, 29(4)(SCI).

31. Kent S Murray, Zhou Xun, Michael McNulty, David Mazur. Relationship between land use, near-surface geology and water quality in an urban watershed, Southeast Michigan, USA. In: Wang Y. and Liang X. (eds), Proceedings of the International Symposium on Hydrogeology and the Environment. Beijing: China Environmental Science Press, 2000(ISTP).

32. Han Zaisheng, Zhou Xun. Artificial recharge of groundwater in Northern China. Proceedings of Scientific Workshop on "Augmenting Groundwater Resources by Artificial Recharge in Southeast Asia", Hochiminh City, December 15-17, 2004.

33. Yao Jinmei, Zhou Xun. Simulation of oxidation of iron and manganese in groundwater near Zhanjiang in Guangdong, China. In: Bullen TD, Wang Y. (Eds.), Water-Rock Interaction, Proceedings of the 12th International Symposium on Water-Rock Interaction, WRI12, Kunming, China. Taylor & Francis, New York, 2007.

34. Zhou Haiyan, Zhou Xun, Chai Rui, Yu Lan, Liu Chunhui, Li Liangping. Occurrence and evolution of the Xiaotangshan hot spring in Beijing, China. Environmental Geology, 2008, 53(7)(SCI、EI).

五、近期主持的省部级以上科研项目

1. 地矿部青年地质学家基金项目"滨海含水层海水入侵最优控制研究"(编号:Qn979829);

2. 国土资源部科技专项计划第二项目"河西走廊黑河流域水资源开发对生态环境的影响研究"(编号:200010302)的第三课题"黑河流域绿洲包气带水分、盐分的分布和运移研究";

3. 国家计委高技术产业化推进项目"广东省雷州半岛地下水资源开发利用产业化推进"(编号:343)下属子项目"雷州半岛海水入侵预防研究";

4. 国家自然科学基金项目"滨海含水层天然偏酸性地下水形成机理的研究"(编号:40172087);

5. 国家自然科学基金国际交流与合作项目"中国广西北海市滨海含水层偏酸性地下水的分布、形成和环境效应的研究"(编号:40214009);

6. 教育部科学技术研究重点项目"沉积盆地型中低温地下热水资源的可持续利用研究"(编号:重点 02026);

7. 教育部博士学科点科学研究基金项目“海潮对滨海含水层地下水位动态影响的研究”(编号:20020491001);

8. 北京市自然科学基金项目“北京市深层地下热水资源可再生能力的研究”(编号:8042019);

9. 教育部科学技术研究重点项目“滨海多含水层－火山岩台地地下水系统水循环及其演化研究”(编号:105032);

10. 国家自然科学基金项目“断裂－深循环型中低温地下热水资源可再生能力的研究”(编号:40572147);

11. 北京市教育委员会共建课题建设计划“北京市地下水、土壤可持续利用研究”(编号:JD104910555)下属专题“北京市地下热水资源的形成与演变”;

12. 教育部博士学科点专项科研基金项目“长序列海潮影响下滨海含水层地下水位解析解和数值计算”(编号:20070491522);

13. 国家高技术研究发展计划(“863”计划)课题“集成水路循环污水处理技术研究”(编号:2007AA06Z351);

14. 北京市自然科学基金项目“北京市温泉资源的形成、演变与可持续利用”(编号:8083030);

15. 国家自然科学基金项目“中低温地下热水钙华形成的影响因素研究”(编号:40972163);

16. 国家重点基础研究发展计划(“973”计划)子课题“古钾盐矿层的化学破坏与再成矿、埋藏古卤水的富集和预测”(编号:2011CB403005)。

六、专著与教材

1. 李慈君,杨立中,周训,陈明. 深层卤水资源量评价的研究. 地质出版社,1992.
2. 杨立中,周训等. 深层地下水渗流的研究. 成都科技大学出版社,1995.
3. 周训,陈明佑,李慈君. 深层地下热水运移的三维数值模拟. 地质出版社,2001.
4. 周训. 水文地质学习题集(中英文对照). 地质出版社,2002.
5. 陈剑平主编;付荣华,吴志亮,陈志新,陈剑平,周训,韩宝平,童荣鑫,蔡鹤生合编. 环境地质与工程. 地质出版社,2003.
6. 周训,胡伏生,何江涛,王旭升,赵亮. 地下水科学概论. 地质出版社,2009.
7. 周训,方斌,赵亮,李占玲. 水文地质专业英语. 地质出版社,2010.
8. 周训,周海燕,方斌,沈晔. 地下水科学专业英语. 地质出版社,2010.
9. 周训,金晓媚,梁四海,沈晔,张红梅. 地下水科学专论. 地质出版社,2010.

七、获得的省部级以上奖项

1992 年获地矿部科技成果二等奖,1993 年获“北京市高等学校优秀青年骨干教师”称号,1998 年获广西科技进步奖三等奖,1999 年获中国青年地质科技奖——银锤奖,2003 年获湖北省优秀硕士学位论文(指导教师)奖,2003 年获第七届北京青年优秀科技论文一等奖,2006 年获国土资源部科学技术奖二等奖。

八、主讲课程

博士生课程：水资源与环境研究进展——地下热水专题和咸淡水界面专题，地下水科学前沿——海岸带地下水动力学研究、地下热水研究进展，水资源研究新进展——地下热水资源评价新进展。

硕士生课程：专业英语，现代水文地质——海水入侵、沉积盆地水文地质学，地下水环境工程——岩溶塌陷、海水入侵。

工程硕士生课程：现代水文地质工程地质、专业英语。

本科生课程：水文地质学基础、水文地质学、环境学概论、固体废物处理处置工程、专业英语、水文地质进展（双语课程）、地下水科学概论、地下水科学专论。

指导硕士生、博士生80余名，指导50余名本科生完成毕业论文。

本人于2010年11月24日通过电子邮件确认此简介。

周志芳 Zhou Zhi-fang(1962.4—)

性别	男		籍贯	江苏丹阳
学历	博士研究生		学位	博士
职称	教授		职务	院长
工作单位	河海大学地球科学与工程学院			
E-mail	zhouzf@ hhu. edu. cn		电话	025-83787140
邮编	210098	通信地址	南京市西康路1号	

一、个人基本信息

1983 年毕业于华东水利学院(现河海大学)水文地质及工程地质专业,1990 年在河海大学地质及岩土工程系获水文地质及工程地质专业工学硕士学位,1998 年在南京大学地球科学系获水文学及水资源专业博士学位。

1983 年在华东水利学院农田水利系水文地质教研室任教;1991 年在河海大学工程勘测系任教,晋升为讲师;1993 年在河海大学破格晋升为副教授;1998 年在河海大学破格晋升为教授;1999 年在河海大学获水文学及水资源专业博士生导师资格。

历任河海大学水文地质实验室主任、地质及岩土工程系副主任、地质及岩土工程系系主任、地质资源与地质工程学科主任、教务处副处长、地下水科学与工程研究所所长、土木工程学院院长等职务。现任河海大学教授、博士生导师、地球科学与工程学院院长。

主要从事水文地质、岩土工程和环境工程领域的教学与科研工作。研究方向:水文地质条件评价、地下水污染与防治、岩(土)体工程与环境等。

二、研究生培养情况

培养硕士研究生:程鹏环,殷国峰,王锦国(1996);王淑琴(1997);王军辉(1998);朱艳红,黄勇(1999);汪北华,李筱艳,陈卫东(2000);吴蓉(2000);戴春华,陈静(2001);姜海霞,陈永忠(2002);杜慧丽,尹兴锋,徐平(2004);周勇,郭家朋,袁金芹,赵庆龙,曾新翔(2005);蔡金龙,马闯,万延阳,陈耿(2006);王志刚,高宗旗(2007);王照竹,丁秀平,刘国庆(2008);窦智,李兆峰,崔子腾,李通(2009);蒙璐,戴云峰(2010)。

培养博士研究生:王锦国(1999);唐红侠(2000);黄勇,吴蓉,朱海生,周玉新(2002);陈静,郭耿新,田胜(2003);傅志敏,李成柱,卢刚(2004);汪北华,谈叶飞(2005);付延龄,王文远(2006);周彦章,徐海洋(2007);蔡金龙(2008);韩江波(2009);刘国庆(2010)。

三、主持的省部级以上科研项目

1. 多尺度随机裂隙介质中溶质运移规律研究,2006—2008,国家自然科学基金项目;
2. 裂隙岩体的渗流与力学特性研究,2003—2006,国家自然科学重点基金项目;

3. 裂隙介质溶质与热量运移研究,1999—2001,教育部骨干教师基金项目;

4. 层状岩体破坏准则及稳定性分析,2001—2002,国家电力基金项目;

5. 裂隙岩体中地下水溶质与热量运移的试验和理论研究,2002—2004, 国家自然科学基金项目;

6. 金沙江溪洛渡水电站大坝及洞室防渗方案研究(国家"九五"攻关项目),1997—1998;

7. 工程地质综合分析技术的开发和应用研究(国家"九五"攻关项目),1997—1998;

8. 峨口铁矿边坡水文地质及三维渗流场研究(国家"八五"攻关项目),1993—1995;

9. 裂隙水运动规律及水量计算(水电基金项目),1987—1989;

10. 典型地区地下水污染与修复技术研究(公益性行业科研专项),2009—2011;

11. 山前平原区河道水污染对地下水的影响研究(公益性行业科研专项),2010—2011。

四、获得的省部级以上科研奖励

1. 润扬长江公路大桥关键技术研究,获国家科技进步奖二等奖,2008;

2. 润扬长江公路大桥关键技术研究,获中国公路学会科技进步奖特等奖,2006;

3. 裂隙介质水流理论及应用,获教育部科技进步奖二等奖,2010;

4. 获中国青年地质科技奖——银锤奖,中国地质学会,2001;

5. 复杂水文地质环境下深基坑降水及周边沉降控制研究,获中国公路学会科技进步奖二等奖,2005;

6. 银北地下水调控研究,获宁夏自治区科学技术进步应用成果二等奖,1996;

7. 黄河下游近代河床变迁地质研究,获黄河水利委员会科技进步奖二等奖,2010;

8.《工程水力学反问题》(著),获全国优秀科技图书暨科技进步(著作)奖三等奖,国家新闻出版署,1999;

9. 岩体地下水数值模拟及渗透张量反分析研究,获水利部科技进步奖三等奖,1997;

10. 裂隙水运动规律与水量计算,获水利部科技进步奖三等奖, 1991;

11. 获"江苏省优秀青年骨干教师"称号,江苏省教委,1996.10;

12. 江苏省"333 跨世纪学术、技术带头人培养工程"培养人才,1996;

13. 工程地质综合分析技术的开发和应用研究,获中国电力科技进步奖三等奖,2002。

五、发表的代表性论文

1. 周志芳等. 新安江水电站三坝段扬压力异常机理分析. 岩土工程学报,1998-4.

2. 周志芳等. 坝基各向异性岩体内渗透力的三维边界元分析. 岩土工程学报,1992-2.

3. 周志芳. 有限分析法在反求裂隙岩体渗透张量中的应用. 水利学报,1993-5.

4. 周志芳等. 复杂岩体地下水运动的有限分析法计算. 水科学进展,1997-3.

5. 周志芳等. 岩体渗透系数张量的半解析计算. 水利学报,1997-9.

6. 周志芳. 任意各向异性岩体渗透系数张量的半解析计算. 水利学报,1999-3.

7. 周志芳等. 确定岩体渗透参数的结构面控制反演法. 南京大学学报,1999-3.

8. 周志芳等. 三峡工程大坝坝基渗控分析. 岩石力学与工程学报,2001-5.

9. 周志芳. 河流峡谷区地下水温度异常特征分析. 水科学进展,2003-1.

10. 周志芳等. 深基坑降水与沉降的非线性耦合计算. 岩土力学,2004-12.

11. 周志芳等. 岩土体渗透性参数现场快速测试系统开发. 岩石力学与工程学报,2008-6.

12. 王锦国,周志芳等. 地下水热量运移模拟的 BEM-FAM 耦合法. 水利学报,2001-5.

13. 王锦国,周志芳. 裂隙岩体地下水溶质运移的尺度问题研究. 水科学进展,2002-2.

14. 王锦国,周志芳等. 基于压水试验资料的岩体透水性分形特征研究. 岩石力学与工程学报,2003-4.

15. 王锦国,周志芳. 基于分形理论的裂隙岩体地下水溶质运移模拟. 岩石力学与工程学报,2004-8.

16. 吴蓉,周志芳. 基于指示克拉格法的裂隙介质渗透性参数空间分布规律分析. 水利学报,2004-6.

17. 周玉新,周志芳. 矿山排土场非线性渗流数值计算. 岩石力学与工程学报,2004-5.

18. 唐红侠,周志芳. 水劈裂过程中岩体渗透性规律及机理分析. 岩土力学,2004-8.

19. 周玉新,周志芳. 矿山排土场非线性渗流计算. 岩石力学与工程学报,2004-13.

20. 黄勇,周志芳等. 改进的随机步行法在溶质运移模拟中的应用. 岩石力学与工程学报,2004-14.

21. 周志芳. 3-Dimensional boundary element analysis of fracture flow in a rock mass, A. A. Balkema/Rottedam/Brookfield/1990,第十二届国际边界元会议文集(日本).

22. 周志芳. Discussion on problems of numerical reverse of fissure water, A. A. Balkema/Rotttedam/Brookfield/1991,国际环境水力学会议(中国香港).

23. 周志芳. A study on the computation use of water resources in irrigation project. Nanjing University Press, 1991,国际地下水资源会议文集.

24. 周志芳. A case study on the computation of uplift in a dam foundation by bemamd the selection of the optimal drainage plan. Nanjing University Press, 1991,国际地下水资源会议文集.

25. 周志芳. Inverse analysis for hydrogeological parameters of the rock mass inlaxiwa hydroelectric project. Hohai University Press, 1992. 10,国际拱坝会议论文集(中国南京).

26. 周志芳. Graph-analytic method for conductivity tensor in rock mass, 8th International IAEG Congress, A. A. Balkema, Rotterdam, 1998.

27. Zhou Zhifang. Inverse analysis of groundwater movement parameters in double fractured media . Proceedings of the 4th International Conference on Dam Engineering—New Developments in Dam Engineering, 2004.

28. Zhou Zhifang. Influence of rain on stability of unsaturated rock slope. Proceedings of the 4th International Conference on Dam Engineering—New Developments in Dam Engineering, 2004.

29. Zhou Zhifang. Numerical modeling for positive and inverse problem of 3D seepage in

double fractured media. Jouranl of Hydrodynamics, 2005-2.

30. Chen Jing, Zhou Zhifang, Jia Suobao. Analytical solution of groundwater fluctuations in estuarine aquifer. Jouranl of Hydrodynamics, 2005-5.

31. Chen Jing, Zhou Zhifang. A new two-dimensional analytical solution of groundwater fluctuations in coastal aquifer. Proceeding of IAHR XXXI Congress 2005, Korea.

32. Huang Yong, Zhou Zhifang. The effect of connectivity for fractured rocks on fluid flow through fractures. Proceeding of IAHR XXXI Congress 2005, Korea.

33. Zhou Yanzhang, Zhou Zhifang . Simulation of thermal transport in aquifer: a GWHP system in Chengdu. Jouranl of Hydrodynamics, 2009, 21(5).

34. Huang Yong, Zhou Zhifang. A field test data research based on a new hydraulic parameters quick test technology. Jouranl of Hydrodynamics, 2010, 22(4).

六、出版专著、译著、教材

1. 裂隙介质水动力学原理(著). 高等教育出版社, 2007.
2. 工程水力学反问题(著). 河海大学出版社, 1997.5.
3. 黄河下游近代河床变迁地质研究(著). 黄河水利出版社, 2009.
4. 水文地质计算(编著). 水利电力出版社, 1995.5.
5. 裂隙介质水动力学(著). 中国水利水电出版社, 2004.
6. 水电水利工程钻孔抽水试验规程. 中华人民共和国电力行业标准, DL/T5213—2005, 2005.6.
7. 钻孔振荡式渗透试验规程. 中国水电工程顾问集团公司企业标准, Q/HYDROCHINA005—2009.
8. 水利水电工程大型通用程序集. 河海大学出版社, 1999.8.

七、主要学术兼职

1997年受聘为中国地质教育协会常务理事, 2000年江苏省注册咨询专家, 2001年受聘为《水资源保护》杂志编委会委员, 2001年国际工程地质与环境协会会员, 2001年教育部教学指导委员会地质工程专业委员会委员, 2006年水利学会地下水科学与工程专业委员会主任, 2006年水电规划设计标准化技术委员会第二届委员会委员, 2006年教育部教学指导委员会地质工程专业委员会委员, 2006年中国水力发电工程学会理事, 2007年中国水力发电工程学会地质及勘探专业委员会委员, 2009年中国地球物理学会地热专业委员会委员。

本人于2010年11月8日通过电子邮件供稿。

朱立军 Zhu Li-jun(1958.11—)

性别	男		籍贯	江苏南京
学历	博士研究生		学位	博士
职称	教授		职务	主任
工作单位	喀斯特环境与地质灾害防治教育部重点实验室(贵州大学)			
E-mail	ljzhu@ gzu. edu. cn		电话	0851-6829333(办)
邮编	550002	通信地址	贵州省贵阳市贵州大学蔡家关校区喀斯特实验楼	

一、个人简历

1982 年毕业于贵州工业大学地质系地质矿产普查与勘探专业。

1987 年贵州工业大学矿床学硕士研究生毕业，获理学硕士学位。

1995 年中国科学院研究生院博士研究生毕业，获理学博士学位，是中国第一位环境矿物学博士。

1982 年 1 月留校任教，1988 年至 2004 年 7 月，历任贵州工业大学地质系党总支副书记兼系副主任、系主任、副校长、校长。

1998 年入选贵州省跨世纪科技人才(矿物资源与环境学科唯一入选者)。

2000 年 5 月入选国家教育部百名高等学校骨干教师培养计划。

2001 年，被中国科学院地球化学研究所聘为环境地球化学专业博士生导师。

2003 年，被浙江大学聘为“矿物学 · 岩石学 · 矿床学”专业博士生导师。

2003 年，入选贵州省省管优秀专家。

2004 年 8 月至 2007 年 2 月，任贵州大学党委常委、常务副校长(正厅级)。

2005 年至今，喀斯特环境与地质灾害防治教育部重点实验室主任、学术委员会副主任，岩溶环境地质学学术带头人。

2005 年，被贵州大学聘为“矿物学 · 岩石学 · 矿床学”专业博士生导师。

2007 年 2 月至 2008 年 6 月，任贵州省地质矿产勘查开发局局长。

2008 年 6 月至今，任贵州省国土资源厅厅长。

二、学术兼职

中国探月科学工程专家委员会委员，贵州省省管专家，中国矿物岩石地球化学学会理事，贵州省地质学会副理事长，贵州省岩石力学与工程学会副理事长，中国地质教育协会理事，中国地质学会环境矿物学专业委员会委员，国土资源部动力学重点实验室学术委员会委员，喀斯特环境与地质灾害防治教育部重点实验室学术委员会副主任，《中国岩溶》、《高校地质学报》、《贵州地质》等学术刊物编委。

三、主要研究方向

长期从事喀斯特环境地质地球化学研究，碳酸盐岩风化成土地球化学过程与环境效应、岩溶地下水系统演化及生态环境效应研究。

四、主持的省部级以上及国际合作科研项目（课题）

1. 贵州喀斯特地下水系统污染敏感性及矿物净化应用研究（贵州省委组织部知识分子工作办公室，高层次人才特助经费，2005—2007）；

2. 贵州岩溶地下水系统水文地球化学特征及环境效应（贵州省省长基金项目，2003—2006）；

3. 贵州岩溶地下水系统污染敏感性及其自然净化机理研究（贵州省长专项基金项目，黔省专合字（2005）114 号，2005—2006）；

4. 贵州省能量管理系统 EMS 的实用化研究（贵州省省长基金项目，2001—2003）；

5. 贵州早期后生生物特征及其演化环境动力学研究（国家重大基础研究前期研究专项，2000CCC02600，2003—2005）；

6. 贵州喀斯特地下水系统污染敏感性与天然矿物净化机理研究（贵州省重点实验室建设专项，2004—2006）；

7. 贵州省煤矿充水条件与突水预测及防治（贵州省科技厅重大科技专项前期项目，2006—2007）；

8. 贵州喀斯特地下水系统污染敏感性及矿物净化应用研究（教育部骨干教师基金项目，2000—2003）；

9. 碳酸盐岩红土氧化铁矿物微结构及其力学效应定界研究（国家自然科学基金项目，49962002，2000—2002）；

10. 贵州碳酸盐岩风化成土机理及环境效应（贵州省跨世纪人才基金项目，1999—2002，项目负责人）；

11. 中国南方碳酸盐岩风化成土地球化学过程与环境变化（国家自然科学基金重点项目，49832002，1999—2002）；

12. 贵州省喀斯特环境与环境矿物学研究（贵州省省长基金项目，2002—2004）；

13. 岩溶地区公路石质边坡防护与环境保护研究（交通部西部交通建设科技项目，2001—2003）；

14. 岩溶区红黏土路用矿物复合材料应用研究（交通部西部交通科技项目，200131879072，2002—2004）；

15. 贵州岩溶地区筑路集料及分布规律研究（交通部西部交通建设重点科技项目，200131879079，2002—2005）；

16. 贵州省矿物岩石地球化学重点学科建设项目（贵州省教育厅，2002—2004，项目负责人）；

17. 贵州岩溶地下水系统污染敏感性及矿物净化应用研究（国家自然科学基金项目，40463001，2005—2007）；

18. 贵州岩溶地下水系统污染敏感性及矿物净化研究（贵州省省长基金项目，贵州科技厅，2004—2007）；

19. 喀斯特地区矿山环境污染修复的应用基础研究（贵州省科技厅重点实验室项目，2006—2009）；

20. 煤系固体废弃物资源化技术——煤矸石资源化技术子课题（贵州省科技厅重大专项，2006—2007）；

21. 茅台酒原产地地质地理学研究（贵州茅台科技联合基金重大专项，2007—2009）；

22. 碳酸盐岩风化成土生物地球化学过程与成土速率（国家重点基础研究发展计划（“973”计划），2006CB403200）。

五、著作

1. 朱立军，李景阳编著. 碳酸盐岩风化成土作用及其环境效应. 地质出版社，2004.

2. 朱立军，李景阳编著. Weathering-Pedogenesis of Carbonate Rocks and its Environmental Effects（碳酸盐岩风化成土作用及其环境效应英文版）. 地质出版社，2005.

3. 廖义玲，朱立军编著. 贵州碳酸盐岩红土. 贵州人民出版社，2004.

4. 万国江等（合著）. 碳酸盐岩与环境（卷一）. 地震出版社，1995.

六、与地下水有关的代表性论文

发表论文 60 余篇，其中被 SCI 和 EI 收录 30 余篇。

1. Zhu Lijun, et al. The weathering-pedogenesis of carbonate rocks and its environmental effects in subtropical regions. Acta Geologica Sinica（English Edition），2008，82（5）（SCI）.

2. Yu Xiaohong，Zhu Lijun，et al. Adsorption of mercury on laterite from Guizhou Province，China. Journal of Environmental Science，2008，20（11）（SCI）.

3. He Shouyang，Zhu Lijun，et al. The geochemical characteristics of aqueous rare earth elements in shallow karst groundwater in Guiyang City，China. Chinese Journal of Geochemistry，2011（1）（in press）（EI）.

4. Yu Xiaohong，Zhu Lijun，et al. A study on the adsorption of chromium on laterite from Guizhou Province，China. Chinese Journal of Geochemistry，2009，28（2）（EI）.

5. 何守阳，朱立军等. 典型岩溶地下水系统地球化学敏感性研究. 环境科学，2010-5（EI）.

七、获得的省部级以上科研奖励及荣誉称号

1. 1996 年，获中国矿物岩石地球化学学会第三届青年科学家优秀论文一等奖；

2. 1998 年，被国家人事部和教育部评为全国教育系统劳动模范，并授予全国模范教师称号；

3. 1998 年，获贵州省科技进步奖二等奖，获奖成果为“黔中喀斯特区域侵蚀及环境效应”（排名第一）；

4. 2004 年，获贵州省科技进步奖二等奖，获奖成果为“碳酸盐岩风化成土机理及其工

程环境效应”（排名第一）；

5.2008 年，获贵州省科技进步奖二等奖，获奖成果为“贵州岩溶石漠化防治的地学理论与应用研究”。

八、主讲课程

主讲博士研究生环境矿物学等课程。

九、研究生培养

截至 2010 年年底，培养已毕业博士研究生 2 名，在读 4 名；培养硕士研究生 20 余名。

本人于 2010 年 11 月 29 日通过电子邮件供稿。

左　强 Zuo Qiang(1965—)

性别	男		籍贯	湖北
学历	博士研究生		学位	博士
职称	教授		职务	
工作单位	中国农业大学资源与环境学院			
E-mail	qiangzuo@ cau. edu. cn		电话	010-62732504
邮编	100193	通信地址	北京市海淀区圆明园西路2号	

一、个人简历

1982年9月至1986年7月，南京大学水文地质及工程地质专业，理学学士；

1986年9月至1991年10月，武汉水利电力学院（现武汉大学）农田水利工程专业，工学博士；

1991年11月至1993年10月，北京农业大学土壤学博士后流动站，博士后；

1993年10月至2001年12月，中国农业大学资源环境学院，副教授；

2001年12月至今，中国农业大学资源环境学院教授；

2003年4月至2005年3月，国家自然科学基金委员会工程与材料科学部流动编制项目主任。

二、教学课程

农业水资源利用与管理（本科生，2001—2008）；土壤水动力学（硕士生，1994—）；土壤作物系统模拟（博士生，1996—2007）。

三、主持的省部级以上科研项目

1. 非饱和带的盐渍化与污染及其对地下水污染的影响（1999—2002，科技部）；

2. 冬小麦根系吸水特性与根系构型及根/冠关系的研究（2002—2004，教育部）；

3. 冬小麦根系吸水功能与根系分布互反馈机制的研究（2005—2007，教育部）；

4. 新世纪优秀人才支持计划（2005—2007，教育部）；

5. 冬小麦根系吸水、吸氮功能与根系分布互反馈机制的研究（2006—2008，国家自然科学基金项目）；

6. 水盐调控精量灌溉技术（2006—2010，科技部“863”计划，协助主持）；

7. 咸水灌溉条件下冬小麦根系对水、氮的吸收及其对水盐运动的影响（2008—2010，国家自然科学基金项目）。

四、与地下水有关的代表性论文

1. 左强. 求解对流 - 弥散方程的改进交替方向有限单元法. 水利学报,1993-3(EI).

2. 左强等. Hanks 蒸发试验的模拟与分析. 水利学报,1995-7(EI).

3. 左强等. 应用 Microlysimeter 研究作物根系吸水特性. 水利学报,1998-6(EI).

4. 左强等. 反求根系吸水速率方法的探讨. 农业工程学报,2001-4(EI).

5. Zuo Q, Zhang R. Estimating root-water-uptake using an inverse method. Soil Science, 2002,167(9)(SCI).

6. 左强等. 反求根系吸水速率方法的检验与应用. 农业工程学报,2003-2(EI).

7. Zuo Q, Meng L, Zhang R. Simulating soil water flow with root-water-uptake applying an inverse method. Soil Science,2004,169(1)(SCI).

8. Zuo Q, Jie F, Zhang R, Meng L. A generalized function of wheat's root length density distributions. Vadose Zone Journal,2004,3(1)(SCI).

9. 左强等. 应用实测含水量剖面估算冬小麦相对根长密度. 农业工程学报,2004-4(EI).

10. 罗长寿,左强等. 冬小麦生长条件下改进遗传算法在根系水盐运移模型中的应用研究. 农业工程学报,2005-11(EI).

11. Zuo Q, Shi J, Li Y, Zhang R. Root length density and water uptake distributions of winter wheat under sub-irrigation. Plant and Soil,2006,285(1-2)(SCI).

12. Shi J, Zuo Q*, Zhang R. An inverse method to estimate the source-sink term in the nitrate transport equation. Soil Sci. Soc. Am. J.,2007,71(1)(SCI).

13. Wang C, Zuo Q*, Zhang R. Estimating the necessary sampling size of surface soil moisture at different scales using a random combination method. J. of Hydrology,2008,352(3-4)(SCI).

14. Shi J, Zuo Q*. Root-water-uptake and root nitrogen mass of winter wheat and their simulations. Soil Sci. Soc. Am. J.,2009,73(6)(SCI).

15. Zhu X, Zuo Q*, Shi J. Analyzing soil soluble phosphorus transport with root-phosphorus-uptake applying an inverse method. Agricultural Water Management,2010,97(2)(SCI).

五、获奖情况

1. 灌溉农田土壤水分高效利用的调控机制(农业部科技进步奖(甲类)二等奖,1999,排名第四)。

2. A Generalized Function of Wheat's Root Length Density Distributions(Zuo Q, Jie F, Zhang R, Meng L. 2004, Vadose Zone Journal,3:271-277)入选"科学在行动"(Science in Action)计划,美国农学会、作物学会和土壤学会(ASA-CSSA-SSSA),2004,排名第一)。

3. 新世纪优秀人才支持计划(教育部,2005,排名第一)。

六、专著或教材

1. Zhang W, Zuo Q. 1995. Design and management of dual-function subsurface drainage systems, In: Subirrigation and Controlled Drainage, Edited by H. W. Belcher and F. M. D'Itri, p63-95, Lewis Publishers, Boca Raton, U. S. A.（论文第二作者，编著论文集）.

2. 李韵珠，李保国编著. 土壤溶质运移. 科学出版社，1998（编著第6、7、8章）.

3. 李保国，龚元石，左强等. 农田土壤水——动态、模型及应用. 科学出版社，2000（编著第5、8章）.

4. Peter H Gleick 原著；左强，林启美等译. 世界之水（译自 The World's Water 1998—1999, The Biennial Report on Freshwater Resources, 1998, p301, Island Press, U. S. A.）. 中国农业大学出版社，2000.

5. 左强，李品芳等. 农业水资源利用与管理（普通高等教育"十五"国家级规划教材）. 高等教育出版社，2003.

资料来自 http://www.cau.edu.cn/zihuan/ms.php? ID=57，本人于2010年10月22日通过电子邮件确认此简介。

附录1 未入编本书正文的与地下水有关的10位院士简介

陈志恺院士

（水利部科学技术委员会）

陈志恺（1926.11.28—），水利规划水文水资源专家。上海市人。1950年毕业于上海交通大学，获工学学士学位。曾任中国水利水电科学研究院水资源所所长，现任水利部科学技术委员会委员。

研究工作分两个阶段：改革开放前，主要从事工程水文、暴雨洪水方面的研究；改革开放后，致力于水资源评价、水资源规划等方面的研究和应用。在水文科研方面，主要完成了“中国暴雨洪水频率计算方法”、“设计洪水和设计暴雨的计算方法”，为《设计洪水计算规范》的制订提供了科学依据。主持并完成了“中国暴雨参数图集”和“中国水文图集”编制工作，后者曾获得1978年全国科技大会自然科学奖。1963年和1975年两次参加了海河“63·8”和淮河上游“75·8”特大暴雨的现场调查、报告编写和全国特大暴雨普查的工作，1975～1978年参加了全国可能最大暴雨的计算方法和“全国可能最大点暴雨等值线图”的编制工作，以及设计“洪水标准”和“设计洪水计算规范”的修订工作。1979年以后，主要对全国区域水资源问题进行研究。1981年主持完成了“中国水资源初步评价”工作，为我国水资源评价的途径和方法取得了试点经验。该项研究1985年获得国家科技进步二等奖。1980年后，华北京津冀鲁等地区持续干旱，出现了水资源危机，国家从1985年开始，将“华北地区的水资源问题”列为“六五”、“七五”、“八五”国家科技攻关项目。作为项目和课题的主要负责人，完成了“华北地区水资源数量、质量及其可选用量的研究”，并通过大量试验研究，提出了“降水－地表水－土壤水－地下水”转化的关系模式，为统一各部门的地表水和地下水的评价成果提供了科学依据。为此该课题1991年获得了国家科技进步奖三等奖。1985～1990年主持完成的“华北和胶东地区水资源开发利用

和供需平衡分析”项目，获得水利部科技进步奖一等奖。1991年获得由国家科委、国家计委、财政部联合颁发的荣誉证书。作为“八五”和“九五”黄河和西北水资源攻关项目顾问，倡导将水资源与区域宏观经济、生态环境联系起来研究，具体指导了20多个专题研究；参加了三峡论证、南水北调论证等工作和一系列水资源重大国际合作项目；参加了中国工程院主持的“中国可持续发展水资源战略研究”和“西北地区水资源配置、生态环境建设和可持续发展战略研究”有关的专题研究。

2001年当选为中国工程院院士。

资料引自 http://www.cae.cn/swordcms/html/images/member.htm？159。

程国栋院士

（中国科学院寒区旱区环境与工程研究所）

程国栋(1943.7.11—)，冻土学家，生于上海。1965年毕业于北京地质学院。中国科学院兰州分院院长、冻土工程国家重点实验室主任、寒区旱区环境与工程研究所研究员。曾任中国科学院兰州冰川冻土研究所所长、寒区旱区环境与工程研究所所长、国际冻土协会主席。

从事冻土学和干旱区生态水文和生态经济研究。创造性地提出了近地面厚层地下冰形成的重复分凝机制，被国际冻土界誉为“程氏假说”。提出的高海拔多年冻土分布的三向地带性理论被广泛引用。近年来提出的冷却路基的新思路和新方法，在青藏铁路建设中被全面采用。代表作有《厚层地下冰形成的重复分凝机制》和《局部因素对多年冻土的影响及其对青藏铁路设计的启示》。1984年获中国科学院重大科技成果一等奖，2003年获甘肃省科技进步奖一等奖。

1993年当选为中国科学院院士。

资料引自 http://sourcedb.cas.cn/sourcedb_ad_cas/zw2/ysxx/dxb/200906/t20090624_1804482.html。

胡海涛院士

（中国地质环境监测院）

胡海涛(1923.10.21—1998.10.31),工程地质与环境地质专家。四川省自贡市人。1946年毕业于国立中央大学,获学士学位。地质矿产部环境地质所研究员。20世纪50年代,负责进行三峡工程坝区、坝段、比选工程地质勘察,提出《长江三峡水利工程枢纽初步设计要点阶段工程地质勘察报告》,推荐三斗坪坝址为三峡工程设计坝址。参与撰写《长江三峡工程地质地震论证报告》。60年代中期,主持青藏铁路选线及站场供水的水文工程地质调查,成果获科学大会奖。80年代初,负责广东核电站规划选址的区域稳定性研究。90年代,主持并参与黄河大柳树坝址工程地质论证研究。学术上继承发展了李四光教授提出的"安全岛"学术思想,建立了区域地壳稳定性的理论和方法,并提出了"地下水网络"学说。在国内外学术会议和期刊上发表学术论文60余篇,专著3本。

1994年当选为中国工程院院士。

资料引自 http://www.cae.cn/swordcms/html/images/member.htm? 684。

雷志栋院士

（清华大学水利系）

雷志栋(1938.1.4—),农田水利工程专家,湖南省澧县人。1960 年清华大学水利系本科毕业,1965 年研究生毕业。1965 年至今在清华大学工作,1994 ~ 1999 年曾任水利系系主任。

主要从事土壤水、“四水”(大气水、地表水、土壤水、地下水)转化和农田水利、水文水资源的应用基础研究,应用于节水灌溉和灌区水资源合理配置与利用。主编的《土壤水动力学》专著,曾获水利部优秀科技图书一等奖;发表论文百余篇。长期工作在一线,参加或主持了塔里木河干流整治及生态环境保护、叶尔羌河平原绿洲四水转化关系、叶尔羌河平原绿洲耗水分析及宁夏青铜峡灌区续建配套与节水改造规划等项目工作。获国家科技进步奖二等奖 2 项,省部级科技进步奖一、二等奖 7 项。

2007 年当选为中国工程院院士。

资料引自 http://www.cae.cn/swordcms/html/images/member.htm?767。

茆 智院士

（武汉大学水利水电学院）

茆智（1932.9.20—），节水灌溉工程专家，出生于江苏省南京市。1953 年 7 月毕业于华东水利学院（现河海大学）。现任武汉大学水利水电学院教授。

长期致力于节水灌溉研究与开发。20 世纪 90 年代以来，主持并完成 8 项国家及国际合作的重要节水灌溉研究项目，成果已在 4 省（市、区）累计推广 166 万 hm^2，增产粮食 27.4 万 t，节水 13 亿 m^3，经济效益 4 亿多元。学术方面，提出了先进、实用的需水量和灌溉实时预报理论与方法和水稻节水高产的灌溉模式，首创性地提出了水分生产函数时空变化规律和作物受旱复水后生长产生“反弹”的理论及其指导节水灌溉的方法，为灌溉工程的运行、规划设计和水资源开发利用提出了先进、实用的节水理论与技术。

近 8 年来，作为第一获奖人获国家科技进步奖二等奖、教育部提名国家科学技术奖科技进步一等奖、湖北省科技进步奖二等奖各 1 项和水利部科技进步奖二等奖 2 项。2000 年获国际灌溉排水委员会颁发的国际农业节水技术突出贡献奖（该年全球仅茆智一人获此奖项）。

2003 年当选为中国工程院院士。

资料引自 http://www.cae.cn/swordcms/html/images/member.htm? 495。

石元春院士

（中国农业大学）

石元春（1931.2.18—），土壤学专家，出生于湖北省武汉市。1956年北京农业大学研究生毕业。曾任北京农业大学校长。现任中国农业大学教授。1991年当选为中国科学院院士。任国家科技奖励委员会委员，长期从事土壤地理和盐渍土改良的研究和实践。提出了黄土高原更新世古土壤地理、分类以及在时间和空间上发展演替的系列。提出的半湿润季风气候区水盐运动理论，揭示了黄淮海平原旱涝盐碱共存和交相为害的自然现象。还提出旱涝盐碱实行综合治理和治理的实质是对区域水盐运动的科学调节和管理，调节管理的枢纽和杠杆是浅层地下水的采补等一系列观点。此项研究具有重要理论意义，对我国黄淮海平原旱涝盐碱的综合治理起了重要指导作用，并在主持的河北曲周旱涝盐碱综合治理实验区的实践中取得重要突破。提出了对区域综合治理具有重要意义的"PWS"区域水盐运动监测预报体系。

1994年当选为中国工程院院士。

资料引自 http://www.cae.cn/swordcms/html/images/member.htm? 186。

汪集旸院士

（中国科学院地质与地球物理研究所）

汪集旸(1935.10.11—),地热、水文地质学家,生于江苏吴江。1956年毕业于北京地质学院水文与工程地质系。1962年7月在莫斯科地质勘探学院获苏联地质矿物学副博士学位。1995年当选为中国科学院院士。2001年当选为国际欧亚科学院院士。中国科学院地质与地球物理研究所研究员。1989年至2001年任国际地热协会(IGA)主席团成员。

1970年以来,长期从事地热理论和应用研究,在大地热流、深部地热、地热资源以及油田-矿山地热等方面作出系统突出贡献。代表作有《中低温对流型地热系统》(1993)、《Geothermics in China》(1996)、《神奇的地热》(2001)和《地热利用技术》(2005)等。

资料引自 http://sourcedb.cas.cn/sourcedb_ad_cas/zw2/ysxx/dxb/200906/t20090624_1804287.html。

王　浩院士

(中国水利水电科学研究院水资源研究所)

王浩(1953.8.13—),水文水资源专家。出生于北京市,1989 年毕业于清华大学,获博士学位。曾任中国自然资源学会副理事长,现任中国水利水电科学研究院水资源研究所所长、教授级高级工程师。

长期从事流域水循环及其生态环境效应方面的基础研究、水资源规划与管理方面的应用基础研究,以及水资源经济学和复杂系统决策理论方法方面的应用研究。主持和参与多项国家科技攻关项目、国家重点基础研究("973")发展规划项目,自然科学基金重点项目,国家级重大咨询项目,主持和参与了多项国家级、流域级、省级重大规划项目,并在十余项重大国际合作项目中担任中方专家组组长和专家。

出版专著十余部,发表论文百余篇。曾获国家科技进步奖二等奖三次,省部级科技进步奖四次,中国优秀图书奖一次,被授予"全国先进工作者"等荣誉称号,中央国家机关"五一"劳动奖章获得者。

2005 年当选为中国工程院院士。

资料引自 http://www.cae.cn/swordcms/html/images/member.htm? 736。

张在明院士

（北京市勘察设计研究院）

张在明(1942.7.4—2009.12.4),岩土工程与工程勘察专家,出生于云南省昆明市,原籍河南省济源市,1965年毕业于北京工业大学,后在美国和加拿大做访问学者多年,曾任北京市勘察设计研究院总工程师、顾问总工程师,北京工业大学双聘教授。曾担任中国土木工程学会土力学与岩土工程分会理事长。

从事工程勘察和岩土工程专业生产和研究工作,负责重大工程勘察和岩土工程项目的策划、实施与审定。主持的重大项目在百项以上,解决了很多难度很大的工程问题。研究工作有:工程评价与数值分析、计算机应用、土的动力特性与地震反应分析、地下水非饱和渗流,主持全国行业技术发展要点制定等。

国家勘察大师,北京市有突出贡献专家,获北京市“五一”劳动奖章;获国家级优秀工程奖4项,优秀软件奖1项,部市级优秀工程奖13项,部市级科技进步奖11项;出版专著2本和译著2本,在国内外发表论文70余篇。

2003年当选为中国工程院院士。

资料引自 http://www.cae.cn/swordcms/html/images/member.htm?474。

贾福海院士

（国土资源部科学技术高级咨询中心）

贾福海（1914.8.23—2004.10.3），水文地质、工程地质学家，生于山西原平。1941 年毕业于西南联合大学地质系。1980 年当选为中国科学院学部委员（院士）。曾任国土资源部科学技术高级咨询中心高级顾问、科学技术顾问委员会委员、高级工程师。长期从事水文地质、工程地质工作。在三门峡水库工程地质勘测工作中，对该地新生代地层的划分提出了独特的分层原则，对我国当时第四系地层的划分有重要的意义。指导上海地面沉降研究、参加长江三峡坝址最终报告的编写和天津城市供水勘察等重大科学研究工作，取得了重要成果。积极倡导地表水、地下水的综合利用，在把地表水转化为地下水方面提出了重要的见解。1960～1963 年对越南红河流域水利规划和地层划分作出了贡献。代表作有《对三门峡水库三门系的初步认识》和《论上海基底碳酸盐岩层储水的可能性，探索控制地面沉降的新措施》等。

资料引自 http://sourcedb.cas.cn/sourcedb_ad_cas/zw2/ysxx/ygysmd/200906/t20090624_1810039.html。

附录2　中国地质学会第七届水文地质专业委员会委员名单

名 誉 主 任:张宗祜　院士,中国地科院水环所
卢耀如　院士,中国地科院水环所
刘昌明　院士,中国科学院地理科学与资源研究所
薛禹群　院士,南京大学地球科学系
林学钰　院士,吉林大学环境与资源学院
袁道先　院士,中国地科院岩溶所
沈照理　外籍院士,中国地质大学(北京)
李烈荣　研究员,中国地质环境监测院
黄志兴　研究员,中国地科院水环所

主　　任:石建省　所长/研究员,中国地科院水环所

副 主 任:(按姓氏笔画排序)
万　力　副校长/教授,中国地质大学(北京)
王焰新　副校长/教授,中国地质大学(武汉)
文冬光　副主任/研究员,中国地质调查局水环部
田庭山　副院长/研究员,中国地质环境监测院
关凤峻　司长/研究员,国土资源部地质环境司
许　模　教授,成都理工大学环境与土木工程学院
李文鹏　总工/研究员,中国地质环境监测院
张发旺　副所长/研究员,中国地科院水环所
张永波　副所长/研究员,中国地科院水环所
武　强　所长/研究员,中国矿业大学地球科学与测绘工程学院
武选民　主任/研究员,中国地质调查局财务资产部
侯金武　院长/研究员,中国地质环境监测院
侯春堂　副所长/研究员,中国地科院地质力学所
郭建强　副主任/研究员,水文地质环境地质中心
高振宇　副局长/研究员,河北省地矿局
陶庆法　副司长/研究员,国土资源部地质环境司

徐军祥　总工/研究员,山东省地勘局
徐建芳　总工/研究员,河北省地矿局
殷跃平　主任/研究员,中国地质调查局水环部
傅耀军　副局长/研究员,中国煤田地质总局水文地质局
韩子夜　所长/研究员,中国地科院勘探所
蒋忠诚　副所长/研究员,中国地科院岩溶所

秘　书　长: 张发旺　副所长/研究员,中国地科院水环所

常务副秘书长: 张兆吉　副总工/研究员,中国地科院水环所
张光辉　副总工/研究员,中国地科院水环所
申建梅　处长/研究员,中国地科院水环所
程彦培　主任/研究员,中国地科院水环所

副 秘 书 长: (按姓氏笔画排序)

王文科　院长/教授,长安大学环境科学与工程学院
王明玉　研究员,中国科学院
孙建平　处长/研究员,水文地质环境地质中心
许广明　教授,石家庄经济学院环境工程学院
李国敏　研究员,中国科学院地质所
吴吉春　教授,南京大学水科学系
吴爱民　研究员,中国地质环境监测院
宋献方　研究员,中国科学院地理所
邵景力　教授,中国地质大学(北京)水资源与环境学院
庞忠和　研究员,中国科学院地质所
周爱国　教授,中国地质大学(武汉)环境学院
郝爱兵　研究员,中国地质调查局水环部
赵勇胜　院长/教授,吉林大学环境与资源学院
夏日元　研究员,中国地科院岩溶所

委　　员: (按姓氏笔画排序)

于开宁　处长/教授,石家庄经济学院科技处
王广才　教授,中国地质大学(北京)水资源与环境学院
王开章　教授,山东农业大学水利与土木工程学院
王红旗　教授,北京师范大学水资源研究院
王恩志　教授,清华大学水利系
王贵玲　主任/研究员,中国地科院水环所

王晓光　研究员,沈阳地调中心
冯小铭　研究员,南京地调中心
孙红文　教授,南开大学环境科学与工程学院
孙伯年　教授,兰州大学资源环境学院
孙继朝　主任/研究员,中国地科院水环所
孙晓明　研究员,天津地调中心
刘　洁　教授,北京大学
刘少玉　主任/研究员,中国地科院水环所
刘长礼　主任/研究员,中国地科院水环所
刘再华　研究员,中国地科院岩溶所
任　理　教授,中国农业大学资源与环境学院
李广贺　教授,清华大学环境工程系
李向全　主任/研究员,中国地科院水环所
李　铎　院长/教授,石家庄经济学院环境工程学院
李满州　研究员,河南省地质环境监测院
陈宗宇　主任/研究员,中国地科院水环所
陈南祥　院长/教授,华北水利水电大学资源与环境学院
张翠云　主任/研究员,中国地科院水环所
张翼龙　主任/研究员,中国地科院水环所
苏　强　研究员,建设部勘察设计院
余秋生　院长/研究员,宁夏地勘局勘察院
郑万模　研究员,成都地调中心
周　训　副院长/教授,中国地质大学(北京)水资源与环境学院
侯光才　研究员,西安地调中心
郭庆十　副院长/教授级高工,河北省地勘局勘察院
唐益群　教授,同济大学地下建筑与工程系
曾溅辉　教授,石油大学盆地中心
靳孟贵　教授,中国地质大学(武汉)环境学院
谢新民　研究员,中国水利水电科学研究院水资源研究所

秘　书: 倪增石　副编审,中国地科院水环所
韩占涛　副研究员,中国地科院水环所

张发旺研究员供稿。

附录3 中国水利学会地下水科学与工程专业委员会第一届委员名单

主 任 委 员:周志芳 教授,河海大学

副主任委员:(按姓氏笔画排名)

万 力 教授/副校长,中国地质大学(北京)

王文远 教授级高工/总工,中国水电顾问集团昆明勘测设计研究院

王焰新 教授/副校长,中国地质大学(武汉)

朱海生 教授级高工,江苏省水利厅

余钟波 教授,University of Nevada Las Vegas,USA

吴吉春 教授,南京大学

张幼宽 教授,Iowa University,USA

杨 建 教授级高工/副总工,中国水电顾问集团成都勘测设计研究院

周创兵 教授/副校长,武汉大学

庞忠和 研究员,中科院地质与地球物理研究所

秘 书 长:赵 坚 教授,河海大学

常务副秘书长:王锦国 副教授/系主任,河海大学

委 员:(共55名,按姓氏笔画排名)

万 力 教授/副校长,中国地质大学(北京)

万伟峰 高工,黄河勘测规划设计有限公司地质工程院

马 滕 教授/副院长,中国地质大学(武汉)环境学院

方树星 教授级高工/副局长,宁夏回族自治区水利厅

王 媛 (女)教授,河海大学岩土工程研究所

王 智 高工,新疆维吾尔自治区水文水资源局

王文远 教授级高工/总工,中国水电顾问集团昆明勘测设计研究院

王文科 教授/院长,长安大学环境科学与工程学院

王志刚 教授级高工,松辽水利委员会水文局

王恩志 教授,清华大学水利水电工程设计研究所

王振龙 高工/所长,安徽省水利厅

王焰新 教授/副校长,中国地质大学(武汉)

王锦国 副教授/系主任,河海大学

邓东明　高工/总工,云南省水利水电勘测设计研究院
付　敏　(女)处长,江西省水利厅
只德国　教授级高工/副处长,海河水利委员会水文局
刘建立　研究员,中科院南京土壤研究所
朱海生　教授级高工,江苏省水利厅
阮晓红　(女)教授,南京大学
曲　炜　(女)教授级高工,北京中水江源地下水保护利用研究所
何　桥　教授级高工,内蒙古自治区水利厅
余钟波　教授,University of Nevada Las Vegas,USA
吴吉春　教授,南京大学
吴昌瑜　(女)教授级高工/副总工,长江科学研究院
吴剑峰　教授,南京大学
张　伟　教授级高工/总工,天津市水文水资源勘测管理中心
张幼宽　教授,Iowa University,USA
张济洲　高工/处长,河北省水利厅
李龙辉　高工/副总工,黑龙江省水文局
李砚阁　教授级高工/主任,南京水利科学研究院
束龙仓　教授,河海大学水文水资源与环境学院
杨　建　教授级高工/副总工,中国水电顾问集团成都勘测设计研究院
杨明华　高工,河南省水利厅
杨金忠　教授,武汉大学水利水电学院
肖万春　教授级高工/副总工,中国水电顾问集团贵阳勘测设计研究院
陈　喜　教授,水文水资源与水利工程科学国家重点实验室
陈　静　(女)高工,江苏省水文水资源勘测局
周创兵　教授/副校长,武汉大学
周志芳　教授,河海大学
周念清　教授,同济大学水利工程系
庞忠和　研究员,中科院地质与地球物理研究所
胡大可　教授级高工/副总工,中南勘测设计研究院
赵　坚　教授,河海大学
赵为民　教授级高工/总工,黄河水利委员会
骆祖江　教授,河海大学地球科学与工程学院

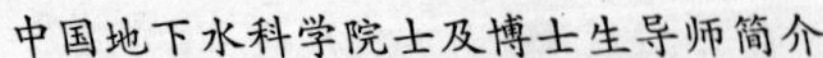

涂淑辰　(女)高工,湖南省水利厅

翁修荣　总工,陕西省水利工程勘察规划研究院

钱名开　副局长,淮河水利委员会水文局

钱家忠　教授,合肥工业大学资源与环境工程学院

尉成海　高工,辽宁省水利厅

曹淑敏　教授级高工,水利部综合事业局

梁　军　高工/处长,四川省水利厅

谢新民　教授级高工,中国水利科学研究院

楼峰青　高工/副处长,浙江省水文局

廖伦国　高工/主任,重庆市水利局

周志芳教授供稿。

附录4 中国自然资源学会第一届水资源专业委员会委员名单

(2004年4月26日中国自然资源学会水资源专业委员会成立大会通过)

科学顾问: 刘昌明 院士,中国科学院

陈志恺 院士,中国工程院

陈家琦 教授级高工,中国水利水电科学研究院

主任: 夏军 研究员/副主席,中科院地理科学与资源研究所/国际水资源协会(IWRA)

副主任: 陈传友 理事长/研究员,中国自然资源学会

王浩 所长/教授级高工,中国水科院水资源研究所

刘健 副局长/研究员,中国科学院资源环境局

庞进武 副司长/教授级高工,水利部规划计划司

邓伟 所长/研究员,中科院东北地理与农业生态研究所

李原园 副总工/教授级高工,中国水利水电规划设计总院

陈敏健 所长/教授级高工,南京水利水电研究院水资源所

胡和平 所长/教授,清华大学水文水资源研究所

张发旺 副所长/研究员,国土资源部水文地质工程地质研究所

康绍忠 教授,中国农业大学农业节水中心主任

邵益生 研究员,建设部城市水资源中心主任

沈冰 所长/教授,西安理工大学水资源研究所

杨金忠 常务副主任/教授,武汉大学水资源与水电工程国家重点实验室

秘书长: 姚治君 研究员,中科院地理科学与资源研究所

副秘书长: 张祥伟 博士/高工,水利部规划计划司

于静洁 研究员,中科院地理科学与资源研究所

委员:(排名不分先后)

孙保平 教授,中国林业大学水保系

王忠静 教授,清华大学水利系

郭怀诚 教授,北京大学资源环境系

徐宗学 副所长/教授,北京师范大学水科学研究所

赫方华 副院长/教授,北京师范大学环境学院

任　理　教授,中国农业大学

黄冠华　教授,中国农业大学

韩宝平　院长/教授,中国矿业大学环境与测绘学院

冯启言　教授,中国矿业大学环境与测绘学院

武　强　所长/教授,中国矿业大学(北京)

邵东国　教授,武汉大学水利水电学院水资源与水电工程科学国家重点实验室

梅亚东　系主任/教授,武汉大学水利水电学院

胡铁松　教授,武汉大学水利水电学院

伍新木　教授,武汉大学商学院

任立良　院长/教授,河海大学水资源环境学院

董增川　教授,河海大学水资源环境学院

曾光明　教授,湖南大学环境科学与工程系

陈晓宏　主任/教授,广州中山大学水资源研究中心

董新光　教授,新疆农业大学水利与土木工程学院

陈晓飞　教授,沈阳农业大学水利学院

程春田　教授,大连理工大学土木建筑工程学院

周寅康　教授,南京大学城市与资源学系

周启友　教授,南京大学地球科学系

王国祥　教授,南京师范大学地理科学学院

纪昌明　教授,华北电力大学(北京)能源与动力工程学院动力工程系

南忠仁　教授,兰州大学资源环境学院环境科学与工程系

左其亭　教授,郑州大学水利与环境学院

谢永刚　所长/教授,黑龙江大学资源环境与灾害经济研究所

樊鸣放　副院长/副教授,长沙理工大学河海工程学院

商彦蕊　副教授,河北师范大学资源与环境科学学院

钟平安　教授,河海大学水资源环境学院

束龙仓　主任/教授,河海大学水资源环境学院

陈元芳　主任/教授,河海大学水资源环境学院

陈　喜　教授,河海大学水资源重点实验室

杨　侃　副教授,河海大学水资源环境学院

余新晓　副院长/教授,北京林业大学水土保持学院

王西琴　副教授,中国人民大学环境学院

胡国华　副教授,湖南师范大学
胡四一　副院长/教授级高工,水利部南京水科院
张寿全　研究员,中科院地质与地球物理研究所
张人禾　院长/研究员,中国气象科学研究院
王秀辉　主任/研究员,中国林科院生态水文室
陈　曦　副所长/教授,中科院新疆地理所
张喜英　研究员,石家庄农业现代化所(遗传所)
张兆吉　研究员,国土资源部水文地质工程地质研究所
康跃虎　研究员,中科院地理科学与资源研究所
宋献方　研究员,中科院地理科学与资源研究所
康尔泗　研究员,中科院寒区旱区环境与工程研究所
颜　勇　处长/高工,水利部水资源司
姜文来　研究员,中国农业科学院
陈　进　副院长/教授级高工,长江水利委员会长江科学院
刘世荣　副院长/研究员,中国林业科学研究院
穆宏强　处长/教授级高工,长江水资源保护局水资源处
刘晓燕　局长/教授级高工,黄河水利委员会科技外事局
王　玲　所长/教授级高工,黄河水利委员会水资源研究所
尚宇鸣　教授级高工,黄河水利委员会水利水电规划设计院
沈健聪　副总工/教授级高工,珠江水利委员会
何　杉　副总工/教授级高工,海河水利委员会
史晓新　高工,水利部水利水电规划设计总院
张继群　高工,水利部水资源管理中心
段　伟　副总工/教授级高工,北京市水利局
林旭佃　局长/教授级高工,广东省水文局
胡兴林　高工,甘肃省水文水资源勘测局
张会言　处长/高工,黄河水利委员会水利水电规划设计院
沈大军　教授级高工,中国水科院水资源研究所
汤鑫华　社长/编审,中国水利水电出版社
邓　群　主任/高工,中国水利水电出版社国际部
李国敏　研究员,中科院地质与地球物理研究所
方创琳　研究员,中科院地理资源所区域与城市规划设计研究中心
李丽娟　研究员,中科院地理科学与资源所

贯绍凤　副研究员，中科院地理科学与资源研究所
张士峰　副研究员，中科院地理科学与资源研究所
刘苏峡　副研究员，中国科学院地理科学与资源研究所
莫兴国　副研究员，中科院地理科学与资源研究所
高彦春　副研究员，中科院地理科学与资源研究所
王金霞　副研究员，中科院农业政策研究中心
赵志新　副主任/高工，北京市水文总站
张桂花　副研究员，中国城市设计研究院
莫　罹　工程师，建设部城市水资源中心
边　际　研究员，建设部城市水资源中心
李　琳　工程师，建设部城市水资源中心
袁少军　高工，中国城市规划设计研究院
宋兰合　副主任，建设部城市水质监测中心
万育生　教授级高工，水利部水资源管理中心
张捷斌　研究员，中科院新疆生态与地理研究所

引自 http://www.baidu.com。

附录5 中国环境科学学会土壤与地下水环境专业委员会组织机构

经中国环境科学学会通过、中国科学技术协会和中华人民共和国民政部批准，成立中国环境科学学会土壤与地下水环境专业委员会，专业委员会挂靠在清华大学。

土壤与地下水环境专业委员会由主任委员、副主任委员和委员组成，专业委员会下设秘书处。第一届土壤与地下水环境专业委员会(2009年11月25日通过)构成如下：

主任委员：李广贺 清华大学

副主任委员：李发生 中国环境科学研究院
林玉锁 环境保护部南京环境科学研究所
文冬光 中国地质调查局
杜 郁 北京建工环境修复公司
谢 晖 伊尔姆环境资源管理
骆永明 中科院南京土壤研究所
陈同斌 中国科学院地理科学与资源研究所
王焰新 中国地质大学(武汉)
赵勇胜 吉林大学
熊 健 AECOM公司

委员：郭书海 中国科学院沈阳应用生态所
李小平 华东师范大学
邵春岩 沈阳环境科学研究院
李国敏 中国科学院地质与地球物理研究所
张文辉 杭州大地环保有限公司
胡振琪 中国矿业大学(北京)
刘 翔 清华大学
王红旗 北京师范大学
姜 林 北京市环境保护科学研究院
王广才 中国地质大学(北京)
仵彦卿 上海交通大学
吴吉春 南京大学
陈 威 南开大学
熊运贵 北京新北水水泥有限责任公司

覃晓宁　碧辟(中国)投资有限公司
杨雪燕　铜业协会
邓　皓　中国石油安全环保技术研究院
宋　云　轻工业环境保护研究所

秘　书　长:张　旭　清华大学

副秘书长:王　慧　清华大学

引自 http://www.sgwe.org(土壤与地下水环境网)。

参考文献

[1] 中国地下水科学战略研究小组.中国地下水科学的机遇与挑战[M].北京:科学出版社,2009.

[2] 中国科学院兰州文献情报中心,中国科学院地学情报网.中国科学院地球科学家名录[M].兰州:甘肃科学技术出版社,1990.

[3] 国土资源部地质环境司,中国地质调查局.地下水耕耘者(一)[M].北京:中国大地出版社,2003.

[4] 籍传茂,王建民.贾福海院士九十华诞纪念专集[M].北京:地质出版社,2004.

[5] 中国地质大学水资源与环境学院,环境学院,工程学院.山高水长——王大纯教授九十华诞贺文集[M].北京:地质出版社,2005.

[6] 中国地理学会.中国地理学家及地理单位名录[M].北京:学苑出版社,2006.

[7] 任福弘,石建省.润物无声——张宗祜院士八十华诞庆贺文集[M].北京:中国大地出版社,2006.

[8] 孙文盛.先行颂·奠基[M].北京:中国文史出版社,2007.

[9] 陈梦熊.中国地下水研究论文选集——陈梦熊院士90华诞暨从事地质工作65周年纪念[M].北京:中国大地出版社,2007.

[10] 哈承祐.残荷雨声续集[M].北京:地质出版社,2008.

本书参考了相关中文期刊,包括:《吉林大学学报》(地球科学版)、《冰川冻土》、《长江科学院院报》、《地球化学》、《地球科学——中国地质大学学报》、《地质科技情报》、《地球科学与环境学报》、《地球学报》、《地球与环境》、《地学前缘》、《地质论评》、《地质通报》、《地质学报》、《地质与勘探》、《干旱区地理》、《干旱区研究》、《干旱区资源与环境》、《高校地质学报》、《工程勘察》、《河海大学学报》(自然科学版)、《环境工程学报》、《环境科学》、《环境科学学报》、《环境科学与技术》、《勘察科学技术》、《水动力学研究与进展》、《水科学进展》、《水利水电技术》、《水利学报》、《水土保持研究》、《水文》、《水文地质工程地质》、《水资源保护》、《水资源与工程学报》、《土壤通报》、《土壤学报》、《西北地质》、《现代地质》、《中国环境科学》、《中国农村水利水电》、《中国岩溶》、《资源科学》等。

本书部分资料引自相关网站,包括相关高校、科研院所、勘察单位网站及 www.baidu.com、www.cnki.net 等。